치유와 사회변화를 위한

# 집단 인간중심 표현예술

Natalie Rogers 지음

전태옥 · 이수진 옮김

Σ 시그마프레스

치유와 사회변화를 위한

# 집단 인간중심 표현예술

발행일 | 2016년 1월 20일 1쇄 발행

저자 | Natalie Rogers
역자 | 전태옥, 이수진
발행인 | 강학경
발행처 | ㈜시그마프레스
디자인 | 우주연
편집 | 이지선

등록번호 | 제10-2642호
주소 | 서울시 영등포구 양평로 22길 21 선유도코오롱디지털타워 A401~403호
전자우편 | sigma@spress.co.kr
홈페이지 | http://www.sigmapress.co.kr
전화 | (02)323-4845, (02)2062-5184~8
팩스 | (02)323-4197

ISBN | 978-89-6866-535-6

## The Creative Connection for Groups
Person-Centered Expressive Arts for Healing and Social Change

＊ 책값은 책 뒤표지에 있습니다.

이 도서의 국립중앙도서관 출판예정도서목록(CIP)은 서지정보유통지원시스템 홈페이지 (http://seoji.nl.go.kr)와 국가자료공동목록시스템(http://www.nl.go.kr/kolisnet)에서 이용하실 수 있습니다.(CIP제어번호 : CIP2016000212)

세계 곳곳에서 우리의 인간중심 표현예술치료 워크숍과 수료 과정에 참여하는 수많은 참가자들에게 이 책을 바칩니다. 창조적 과정을 통해 몸, 마음, 그리고 영혼을 탐구하고, 변화시키고, 치유하고자 하는 여러분의 용기와 의지가 나와 동료들이 이 분야의 이론과 실습을 발전시키는 데 있어 무한한 밑거름이 되고 있습니다. 이런 공동노력을 통해, 우리는 집단을 촉진하는 방법을 끊임없이 진화해 갈 것이고 예술을 사용해 인류가 내면세계와 세계 평화를 찾도록 도울 것입니다.

나의 창조성의 원천이자 그 창조성을 일깨우는 사람인
나의 어머니 헬렌 엘리엇 로저스에게도 이 책을 바칩니다.

나탈리 로저스는 인간중심 집단의 효과적인 촉진자가 되려면 무엇이 필요한가를 명쾌하게 보여 준다. 이 책은 이론적인 배경과는 상관없이 집단을 이끄는 모든 전문가에게 유용할 것이다. 저자는 사용하는 기법이 중요한 것이 아니라 집단 안에서 사람들에게 위험을 감수할 수 있게 하는 우리의 존재 방식이 안전한 분위기를 창조하는 데 결정적인 요인임을 상기시키고 있다.

    **마리안 슈나이더 코리**(Marianne Schneider Corey), MA, MF
    집단 상담 : 과정과 실제의 저자

매우 영향력이 있는 이 책은 사람들이 표현예술을 통해 자아를 인식할 수 있도록 도와주는 유용한 방법들을 담고 있다. 그리고 인간중심 치료의 토대를 확장시킨다는 면에서 집단 상담 분야에 크게 기여하는 문헌이다. 로저스 박사의 저술 방법은 사적이고 명료하며 호기심을 자극한다.

    **제럴드 코리**(Gerald Corey), Ed.D., ABPP
    상담심리학의 외교관, 풀러턴에 소재한 캘리포니아주립대학교의 인간 서비스 및 상담 명예교수, 집단상담의 이론과 실제의 저자

수십 년에 걸친 나탈리 로저스의 헌신적인 작업과 연구 결과가 이 중요한 책에 반영되어 있어서 많은 사람들에게 유익을 주게 되어 매우 기쁘다. 나탈리는 쉽게 와 닿으면서도 격조 높은 언어와 이미지들을 사용해서 표현예술치료의 핵심 원칙과 실제, 그리고 세계 여러 나라에 적용한 고무적인 사례들을 보여 준다.

    **다리아 할프린**(Daria Halprin)
    타말파연구소의 창설자, 동작중심 표현예술치료의 저자

이 책은 사회적 격변기에 처한 우리들에게 딱 알맞다. *Art in Action: Expressive Arts and Social Change*(Ellen and Stephen Levine 편저)와 같은 작업과 결합할 때 표현예술은 개인의 발전 차원을 넘어서 우리 모두에게 영향을 미치는 좀 더 폭넓은 세계적인 관심사의 차원으로 우리를 데려간다.

    **스티븐 레빈**(Steven Levine)
    유럽 대학원 부총장 겸 표현예술 박사과정 학과장

인간중심 접근법을 통해 몸의 변화를 이해함으로써 나탈리 로저스와 그녀의 동료는 인간 복지의 핵심 차원에 영향을 준다. 이 알찬 책은 표현예술, 그리고 세계의 치유와 변화에 관심이 있는 모든 이들을 위한 필독서이다. 종합적이고 영감을 주는 책이다!

**커크 슈나이더**(Kirk Schneider), Ph.D.
실존적 인본주의 연구소 부소장, *Awakening to Awe, Existential-Humanistic Therapy*의 저자

나탈리의 책은 칼 로저스의 내담자중심 치료(Client-Centered Therapy)를 영적인 깨달음이라는 좀 더 미묘한 경험적 심리학으로 변형시킨 것이다. 개인의 진화는 이제 집단의 진화로 확대되는데, 그 목표는 다름 아닌 우리 인간성의 실현을 통해 세계 평화를 이루는 것이다. 나탈리의 작업은 인본주의 심리학 역사에 있어서 확고한 자리매김을 하고 있다.

**유진 테일러**(Eugene Taylor), Ph.D.
세이브룩대학교 심리학과 인문학 대학 교수, *The Mystery of Personality: A History of Psychodynamic Theories*의 저자

이 역사적인 책은 표현예술을 자신의 전문 분야에 받아들이기를 원하는 모든 이들을 위한 것이다. 이것은 특히 조직 및 다문화적인 영역을 포함한 집단 환경에서 의식과 공감, 그리고 창의성을 발전시키고자 하는 사람들에게 초점을 맞춘 것이다. 나탈리의 창의적인 작업은 갈등, 복잡한 역사, 정치 세력이 있는 환경에서 일하는 동료들에게 영감과 희망을 주며, 진정한 길잡이가 된다. 이것은 아주 실질적이며 삶의 질을 높이는 책이다.

**콜린 라고**(Colin Lago)
독립 카운슬러, 감독, 트레이너, 컨설턴트, *Handbook of Transcultural Counselling and Psychotherapy*의 편저자

나탈리의 새 책은 실용적인 지혜와 다문화에 적용한 사례, 그리고 생동감 있는 그림들을 담은 경이로운 보물창고이며, 삶의 변화와 역량을 강화하기 위해 표현예술 집단과 관련된 학생·전문가·치료사들을 위한 유용한 자료들을 많이 담고 있다.

**피오나 장**(Fiona Chang), REAT, RSW, M. Soc. Sc.
홍콩대학교 명예강사, 인간중심 표현예술 훈련 프로그램 창설자

이 책은 집중적인 훈련 프로그램을 실시하는 데 있어서 일본의 인간중심 표현예술 촉진자들에게 또 하나의 지원자료가 될 것이다. 참석자들이 인간중심 표현예술이 영혼에 깊이 와 닿고 긍정적인 변화를 가져다준다고 말할 때 나는 행복을 느낀다. 이런 깊은 작업을 할 수 있는 안전한 집단 환경을 창조하는 법을 가르쳐준 나탈리에게 감사한다.

**교코 오노**(Kyoko Ono), MA, REAT
임상심리사, 도쿄에 소재한 표현예술치료연구소의 창립자

인간중심 표현예술의 철학이 한국인들이 소중하게 여기는 가치관과 잘 부합된다고 생각한다. 한국의 치료사들은 남들을 돕기 전에 자신을 치유하는 데 관심을 갖는다. 그들은 인간중심 표현예술의 집단 촉진자가 되기 위해 필요한 경험과 자료를 이 책에서 얻을 수 있을 것이다.

**전태옥**, MA, PATR
한국 인간중심표현예술치료연구소 창립자/소장

뛰어난 책이다. 이 책은 다양한 내담자와 문화가 함께한 수년간의 작업과 학문에 바탕을 두었고 치유와 성장을 위한 표현예술 경험을 풍성하게 제공한다. 표현예술은 개인을 도울 수 있고, 세상을 도울 수 있다.

**루스 리처즈**(Ruth Richards), M.D., Ph.D.
세이브룩대학교와 하버드의과대학, *Everyday Creativity and New Views of Human Nature*의 편저자

예술과 창의성, 그리고 공동체를 통해 인간의 영혼을 치유하는 데 관심이 있는 사람들에게 이 책은 값진 선물이다. 나탈리 로저스는 아버지 칼 로저스의 치료법의 원칙을 예술 영역에 응용해 왔다. 나는 이 책이 치유가 기계적인 기법이 아니라 자아와 타인과의 깊은 접촉을 통해 일어난다는 것을 이해하는 많은 사람들에게 호응을 받을 것이라 예견한다.

**데이비드 N. 엘킨스**(David N. Elkins), Ph.D.
미국심리학협회, 인본주의심리학회 32 지구, 회장, *Humanistic Psychology: A Clinical Manifesto: A Critique of Clinical Psychology and the Need for Progressive Alternatives*의 저자

이 종합적인 책은 나탈리의 존재와 영혼의 치유적인 품성을 전달해 주며, 인간중심 표현예술을 집단 작업의 모든 측면에 통합시키는 구체적인 단계, 실습, 그리고 사례들을 보여 준다. 마지막 장에서는 나탈리가 세계 곳곳에 뿌린 씨앗이 그녀에게서 배운 학생들을 통해서 살아난 풍성한 자료가 제공되면서 활기를 띤다. 치료, 교육, 일, 개인의 성장, 공동체 장면에서 다문화적으로 적용되어 희망, 변형적인 치유, 그리고 평화를 가져다준다!

**로리 라파폴트**(Laury Rappaport), Ph.D., REAT, ATR-BC
노트르담드나무르대학교 예술치료과 부교수, 포커싱 미술치료 : 내 몸이 들려 주는 지혜와 창의적 메시지의 저자

교육 분야에서 역사적으로 미국이 보여 준 창의성은 세계적으로 인정받고 있는데, 우리는 이 독창성의 불길을 꺼트리는 방향으로 가고 있는 것 같다. 나탈리 로저스 박사는 최근의 혁신적인 창작을 통해 창의성에 대한 우리의 열망을 일깨우고 있다. 그녀는 '무대 위의 성자'의 허상을 무너트리고 우리를 '곁에서 안내'한다. 그녀는 사적이면서도 심미적이고 진정으로 영감을 주는 이 책에서 이론과 실제를 아우르는 다양한 개념들을 서로 잘 연결시킨다. 나탈리는 보살피는 일을 하는 전문가 모두에게 공감을 불러일으킬 멋진 여정으로 우리를 안내한다.

**H. 제롬 프라이버그**(H. Jerome Freiberg)
미국교육연구협회 연구원, *Beyond Behaviorism: Changing the Classroom Management Paradigm*의 편저자

이 책은 보물상자이다! 이 책은 내가 아르헨티나에서 인간중심 표현예술을 가르치고 촉진하는 데 엄청난 도움을 줄 것이다.

**그라시엘라 보티니**(Graciela Bottini), Ph.D.
아르헨티나 인간중심표현치료연구소 창립자/소장

나탈리는 다시 한 번 해냈다. 인간중심의 원칙과 표현예술의 실제와의 관계를 강조하여 모든 집단 촉진자가 비언어적 요소들을 작업에 통합시키게 함으로써 지평을 넓히는 데 관심을 갖게 한 점을 나는 특히 귀하게 생각한다.

**알베르토 세그레라**(Alberto Segrera), MA
멕시코시티에 소재한 유니버시다드 이베로아메리카나 명예교수

표현예술에 대한 나탈리의 독특한 접근법과 인간의 존엄성에 대한 그녀의 신념, 그리고 예술이 갖는 개인과 사회의 치유력으로 가득 채워져 있는 아주 유용한 책이다. 그녀의 명료성과 창의성을 결합하여 사람들에게 영감을 주는 과정을 체계적인 사고로 조화롭게 잘 이루어져 있다. 이 책은 아주 감동적이다. 그리고 친근하면서도 새롭게 형성된 개념이 신선하게 느껴졌다.

**주디스 A. 루빈**(Judith A. Rubin), Ph.D., ATR-BC
피츠버그대학교 및 피츠버그 심리분석센터 교육자, 예술로서의 미술치료의 저자

창의성을 가지고 개인이나 집단, 또는 조직을 대상으로 작업하는 사람이라면 누구나 반드시 읽어야 할 지침서이다. 집단 내의 창의성과 지구 의식과의 관계에 대한 나탈리의 비전은 우리 시대를 위한 하나의 영감이 된다. 그녀의 책은 값진 보물이며 표현예술의 대표작이 될 것이다.

**올리비아 호블리젤**(Olivia Hoblitzelle), Ph.D.
내곁에, 당신의 저자

나탈리의 책은 매력적이며 매혹적이다. 그녀는 깊은 지혜의 근원에서 그리고 가슴에서 우러나는 글을 쓴다. 그녀의 책은 인간관계의 본질을 담고 있으며, 창조적 표현이 갖는 치유력에 관심이 있는 사람이라면 모두 이 책을 꼭 읽어야 한다.

**진 악터버그**(Jeanne Achterberg), Ph.D.
세이브룩대학교 교수, *Intentional Healing: Consciousness and Connection for Health and Well Being*(Sounds True Audio Books)의 저자

그녀의 접근 방법은 이스라엘의 네베샬롬에서부터 캘리포니아의 산타로사에 이르기까지 다양한 워크숍과 훈련 프로그램에서 검증되었다. 각 프로그램은 문화나 국가를 초월하는 개인적인 변화의 문을 열었다. 창조적 연결은 나탈리의 작업에 영감을 주었던 인간중심 치료 모델과 어깨를 나란히 하는 강력한 인본주의적 치료 과정이다.

**도날드 모스**(Donald Moss), Ph.D.
세이브룩대학교 심신의학대학 학장, APA 30지구 회장, *Handbook for Mind-Body Medicine for Primary Care*의 편저자

탁월한 지혜를 담은 이 책 안에는 심리학과 예술의 세계, 그리고 개인의 변화와 사회변화의 세계가 융합되어 있다. 재능과 온정을 가진 교육자, 예술가, 그리고 치료사가 주는 진정한 유산이다.

**아프탑 오머**(Aftab Omer), Ph.D.
메리디안대학교 총장, *The Spacious Center: Leadership and the Creative Transformation of Culture*의 저자

1980년대에 내가 나탈리와 그녀의 아버지 칼과 함께 인간중심 과정을 통해 사회를 변화하는 작업에 적용하는 일을 하고 있을 때 나탈리는 표현예술에 대한 역할에 막 집중하기 시작했다. 그러나 그 당시 이미 심각한 갈등이나 고통이 있는 상황이었음에도 불구하고 창조적 표현, 내면 작업, 그리고 사회적 행위와의 관계는 사회와 개인의 변화를 위한 강력한 과정이라는 것을 분명히 알 수 있었다. 이 책은 오랜 기간에 걸쳐 사회변화의 핵심을 탐구한 그녀의 헌신적 작업의 결과다. 그녀의 작업이 세이브룩에 소개되어서 오래전에 받았어야 할 인정과 연구지원을 받을 수 있도록 지원하게 된 것을 자랑스럽게 생각한다. 이론과 실제가 이제 완성되었고 탁월하다. 이 책은 아주 훌륭하다.

**모린 오하라**(Maureen O'Hara), Ph.D.
세이브룩대학교 명예총장, 미국 국제 선물포럼 회장, *The Handbook of Person-Centered Psychotherapy and Counselling*의 공편저자

나탈리 로저스의 이 새로운 책에 대해, 그녀가 창조적 연결을 어떻게 확장시켜 왔는지, 그리고 자신의 오랜 경험과 수많은 치료사들의 적용을 통해 어떻게 숙성해 왔는지에 대해 호기심을 갖지 않을 사람이 누가 있겠는가.

**파울로 J 닐**(Paolo J Knill), Ph.D., REAT
스위스유럽대학원(EGS) 원장, *Lösungskunst*(Art as Solution)의 저자

그녀의 책은 우리가 누구인지 알고 싶어 하는 임상치료사들과 우리 모두에게 아름답고도 마음이 훈훈해지는 유용한 선물이다.

**제임스 S. 고돈**(James S. Gordon), M.D.
심신의학센터 창립자/소장, *Unstuck: Your Guide to the Seven Stage Journey Out of Depression*의 저자

개인과 집단, 그리고 공동체를 치유하고, 사회변화와 세계 평화를 촉진하는 데 대한 나탈리 로저스의 지속적인 헌신은 아주 인상적이며 영감을 불러일으킨다.

**키스 튜도**(Keith Tudor), Ph.D.
뉴질랜드 오클랜드 AUT대학교 부교수, *Person-Centered Therapy: A Clinical Philosophy*의 공저자

# 추천의 글

1984년, 나탈리 로저스는 캘리포니아 주에 있는 산타로사에 인간중심표현치료연구소(Person-Centered Expressive Therapy Institute, PCETI)를 설립했다. 나탈리 로저스와 저명한 심리학자이자 그녀의 아버지인 칼 로저스의 친구로서, 나는 인간중심 접근법의 상담과 인본주의 원칙에 입각한 표현예술치료를 조화시킨 연구소가 탄생하는 것을 보게 되어 기뻤다. 두 영역은 모두 자기실현을 향한 인간의 의지에 관한 것인데, 나탈리는 이것을 창조성과 동일시한다. 나탈리는 자신이 쓴 책 인간중심 표현예술치료 : 창조적 연결(*The Creative Connection*)(이정명 외 공역, 2007)에서 표현예술이 내담자 정신의 여러 가지 측면들 사이에서, 내담자와 치료사 사이에서 그리고 자연의 모든 피조물들과 연결해 주는 영적 근원과 내담자 사이에서 연결고리 역할을 할 수 있는 방법을 명료하게 설명했다.

이 놀라운 책, 치유와 사회변화를 위한 집단 인간중심 표현예술에서 나탈리는 서로 다른 문화를 연결하는 것과 집단의 상호작용을 발전시키는 방법, 그리고 의미 있고 역동적인 사회변화를 가져오는 방법을 독자들에게 설명한다. 그녀가 사용하는 주된 방법은 창조적 연결이다. 즉 그것은 글쓰기와 그림 그리기, 동작하기, 소리 등을 순차적으로 사용하여 자기를 드러내고 온전하게 자신을 표현하기 위해 벽을 허무는 과정이다.

이 책은 전문적인 표현예술치료사뿐만 아니라 자신이 속한 단체나 기업, 그리고 집단 내에서 의식과 창조성을 증진시키고자 하는 사람들을 위한 교과서가 될 것이다. 이 책 속에는 진실되고 효율적인 삶을 살고자 하는 사람들에게 힘을 주는 특별한 종류의 치유가 있다.

세계 여러 곳에서 가르치고 일한 경험을 바탕으로 나탈리의 경험 창고는 차고 넘친다. 그녀가 경험한 것 중 가장 기억에 남을 만한 이야기는 2006년에 동료들과 함께 촉진했던 이스라엘 여성과 이스라엘-팔레스타인 여성들을 위한 워크숍이다. 이때 두 집단의 관계는 매우 안 좋은 상태였다. 그럼에도 불구하고 표현예술 과정은 그 두 집단 구성원들에게 온정을 갖고 의사소통을 할 수 있도록 도왔고, 다른 갈등구조의 집단들에게 본보기가 되었다. 이 프로젝트는 인간중심 표현예술치료와 창조적 연결이 민족과 종교, 국경을 넘어 모든 사람을 도울 수 있는 공통점을 찾는 방법을 보여 주는 한 예이다. 나탈리와 그녀의 동료들은 이 프로그램을 사용하여 두 집단 여성들 사이의 상호 이해관계에서 얻은 이점을 시간이 흐른 뒤에도 이어 가도록 현지 촉진자를 훈련시켰다. 이 작업은 직관뿐 아니라 이성, 비선형적 역동뿐 아니라 선형적 문제해결, 마음뿐 아니라 머리를 사용하는 좋은 예가 된다.

이 책에서 나탈리는 촉진자들이 인간중심 상담과 심리치료의 초석인 정직과 성실, 공감, 긍정적 관심을 억제하는 장애물을 밝히고 제거함으로써 자기를 드러내는 과정을 경험해야 한다고 강조한다. 나는 지난 몇 년간 다수의 인간중심 표현예술치료와 그와 관련된 주제로 워크숍과 훈련을 촉진한 적이 있다. 나탈리처럼 나도 서로 다른 문화에서 나타나는 뚜렷한 방해물에 많은 주의를 기울였다. 예를 들면, 브라질에서는 감정 표현은 쉽게 하지만 신뢰에 관한 문제는 그만큼 쉽지 않았고, 특히 집단 구성원들이 매일 서로 상호작용을 할 때 그 현상이 두드러졌다. 중국에서는 참가자들이 별 어려움 없이 임시 공동체를 만들고, 신뢰는 당연한 것으로 받아들이는 것 같았다. 일본 참가자들은 종종 '둘씩', '셋씩' 짝지을 때 내가 재촉해야만 했다. 신뢰 문제 때문에 삶에 대한 이야기를 나눌 때 망설이는 경우가 있었지만, 일단 비언어적 예술작품 만들기에 돌입하면 그들은 재빨리 크레용과 물감, 점토를 사용해서 정교한 상징들을 만들었고 사신들의 다양한 이야기들을 쏟아 내있다.

멕시코에서는 참가자들의 자발성을 불러일으키기가 수월했다. 그러나 그들은 워크숍에서 배운 것을 워크숍 이후에 행동으로 옮기는 전략에 대해 논의할 때 종종 머뭇거렸다. 독일 참가자들이 '긴장을 풀도록' 하는 데는 특별한 노력이 필요했지만, 집단이 끝날 무렵 후속 절차를 계획하고, 이메일을 통한 가상 공동체를 만들어 워크숍 중에 그들이 결심했던 것들을 서로 상기시켜 주고 이행하도록 돕는 데는 아주 조직적이었다.

　나탈리가 제공하는 과정의 한 가지 독특한 측면은 촉진자들이 자신들의 작업에 대해 의도를 설정하고, 신화적인 의미를 가진 참가자들을 초대하는 것을 표현예술의 시작으로 보는 관점이다. 이 구조는 내면세계를 표현하고 영혼을 풍성하게 할 기회를 갖기 위해 예술적 자질이 있어야 할지도 모른다는 참가자들의 염려를 미리 막아 준다. 부족의 샤먼들은 부족민들의 영혼을 돌봄으로써 공동체를 섬기고, 나탈리는 참가자들이 비슷한 기능을 하는 '내적 샤먼'을 찾도록 도와준다.

　촉진자로서 나탈리와 나는 많은 사람들의 정서적 반응에 반응할 준비가 되어 있고, 특히 가슴 아픈 경험을 하고 있는 사람들을 위해 온전하게 깨어 있는 방법을 알고, 혹은 해결되지 않은 슬픔, 분노, 실패감 같은 것을 건드리는 활동을 할 때 서로 지지할 수 있도록 돕는 방법을 알고 있다. 표현예술 세션 중에 다듬어지지 않은 거친 것들이 나올 수도 있다. 참가자가 성폭행을 당한 경험을 노출하거나 분노를 폭발하는 경우, 하염없이 눈물만 흘리는 경우도 있다. 예술을 통해 표현함으로써 격렬한 감정이나 불편한 기억들을 즉시 표현할 수 있다. 가끔 집단 전체가 불평이나 논쟁, 잘못을 전가하는 것과 같은 모습으로 '그림자'를 나타내는 경우가 있다. 나탈리는 집단 구성원들이 예술을 이용해서 이러한 문제들을 어떻게 표현하고 표출할 수 있는지, 그리고 노련한 촉진자가 참가자들의 다양한 걱정을 포용하기 위해 판토마임, 역할극, 그리고 연극공연들을 사용할 수 있는 방법을 설명한다. 이 책을 읽는 독자들이 기억해야 할 것은 이 책의 주제가 표현예술이라고 해서 모든 결과물이 아름답고 훌륭한 예술일 필요는 없다는 것이다. 하지만 표현된 내용은 그 작품의 작가는 물론 집단 구성원들에게도 매우 깊은 의미가 있을 것이다.

　이 책은 '집단의 그림자'를 변형하기, '몸에 내재해 있는 지혜'에서 배우기, 집단 과정을 사용해 '지구의식 깨우기'에 대해 내가 어디에서도 본 적이 없는 폭넓은 자료를 담고 있다. 나탈리는 이 책 후반부에서 가족의 전통을 따르고 있다. 칼 로저스가 자신의 저서에서 라틴아메리카와 북아일랜드, 구소련, 남아프리카공화국에서 자신이 진행했던 워크숍과 각국에서 경험했던 놀라운 반응들에 대해 논의했던 기억이 난다. 이후에 내가 브라질과 러시아를 방문했을 때 인간중심 접근법이 수없이 많은 사람들, 심지어 칼 로저스를 한 번도 만난 적이 없는 많은 사람들의 삶을 어떻게 변화시켰는지에 대한 이야기를 워크숍 참가자들이 들려준 것으로 봐서 그의 워크숍은 분명한

'파급효과'가 있었음을 알 수 있었다.

나탈리도 유명한 아버지의 발자취를 따랐다. 표현예술치료와 창조적 연결의 영향은 인간중심 접근법과 창조적 연결이 중요한 사회적 변화를 가져온 스웨덴, 멕시코, 그리고 몇몇 나라들의 이야기를 통해 이 책에 잘 나타나 있다. 게다가 나탈리는 자신의 발자취를 남겼고, 그녀의 수많은 제자들이 세계 곳곳에서 그녀의 일을 이어 가고 있다. 나는 나탈리가 세이브룩대학교에 창설한 인간중심 표현예술치료 과정을 거친 많은 사람들과 이야기를 나누어 보았다. 그들은 이 과정을 통해 개인적으로 무엇을 배웠는지, 그리고 이 놀라운 경험을 자신의 내담자들에게 얼마나 전달하고 싶은지에 대해 경이로움과 감탄을 쏟아낸다.

인간중심 접근법과 다른 인본주의적 접근법을 단지 '뉴 에이지'라거나 '감정 표현이 너무 솔직하다'라고 치부해 버리는 것은 너무 안이한 행동이다. 인간중심 상담의 유용성을 증명해 주는 연구 자료는 이러한 고정관념을 반복적으로 무너뜨린다. 많은 연구에 따르면 인간중심 접근법은 산산이 부서진 삶을 치유하고, 20세기의 폭력이 남긴 황폐화된 문화를 수정하는 잠재력을 가지고 있다. 21세기에 이런 변화를 낳고 양육하기에 나탈리 로저스만큼 효과적인 내과의나 산파는 없다. 이 놀라운 책이 이 세상을 치유하는 데 중요한 역할을 할 것이다. 역사적으로 바로 이 시점에 꼭 필요한 책이다.

**스탠리 크리프너**(Stanley Krippner)

캘리포니아 산 라파엘, 2010년 12월

스탠리 크리프너 박사는 샌프란시스코에 있는 세이브룩대학교 심리학 교수이자 미국 심리학회 4분과 특별회원이다. 그는 미국 심리학회에서 국제 심리학발전에 지대한 공헌을 한 사람에게 수여하는 공로상을 받았다. 크리프너 박사는 *The Mythic Path: Discovering the Guiding Stories of Your Past*(2006), *Haunted by Combat: Understanding PTSD in War Veterans*(2010), *Extraordinary Dreams*(2002)를 포함해서 많은 책을 썼다.

# 서문

이 책의 내용이 수년 동안 마음속에 맴돌기는 했지만, 막상 대학원생들에게 내가 책을 쓸지도 모른다고 조심스럽게 말했더니 그들은 "빠르면 빠를수록 더 좋아요! 저희는 지금 그 책이 필요해요. 너무 기다려져요!"라고 반응했다. 이 책이 유용하게 쓰일 것임을 알자 나의 두려움과 저항이 사라졌다. 지난 35년 동안 동료들과 함께 세계를 다니며 집단을 촉진하면서 내가 경험해 온 핵심과 기쁨, 그리고 영감을 나누고 싶다. 어떤 의미에서 이 책은 나의 책이 아니라 우리의 책이다. 나는 인본주의적 가치관을 우리의 삶 속으로 가져오기 위해 우리가 작업하는 이유와 방법에 대해 이 책에서 나누고 있다.

나의 일은 심리학 영역에서 에이브러햄 매슬로(Abraham Maslow), 나의 아버지인 칼 로저스(Carl Rogers), 클락 무스타카스(Clark Moustakas), 진 휴스턴(Jean Houston), 프란시스 보건(Frances Vaughan), 제임스 부젠탈(James Bugental), 롤로 메이(Rollo May)와 같은 저명인사들의 학문적 배경에 근거를 두고 있다. 표현예술과 창조성 분야에는 특히 칼 융의 저서 기억, 꿈, 사상(*Memories Dreams and Reflections*)(조성기 역, 2007)과 최근에 발간된 레드북(*Redbook*)(김세영 역, 2012)을 통해 나는 많은 개념을 명확히 깨닫게 되었고, 레드북은 그 자신이 표현예술가임을 보여 줬다고 생각한다. 나는 또 제이니 린(Janie Rhyne)과 션 맥니프(Shaun McNiff), 파울로 닐(Paolo Knill), 팻 앨런(Pat Allen), 다리아 할프린(Daria Halprin), 주디스 루빈(Judith Rubin), 지니 악터버그(Jeannie Achterberg), 루스 리처즈(Ruth Richards)의 사려 깊은 연구에 큰 빚을 지고 있다.

나는 비교문화 작업에 많은 열정을 많이 기울였다. 나는 늘 이탈리아 문화와 대조되는 일본 문화와 같은 다양한 사회 구조에 대해 배우고 이해하는 데 끌린다. 유럽에 있는 대부분의 나라와 라틴아메리카에 있는 많은 나라, 그리고 아시아의 여러 나라에 가서 작업을 하는 것이 아주 기뻤다. 일을 하러 여행을 다니면서, 나는 수년에 걸쳐 꽃피워 온 변함없는 우정도 얻었다.

내 스타일의 집중적인 집단 프로그램을 개발해 온 몇 년 동안, 나는 나 자신이 표현예술과 인간중심 접근법이라는 두 가지 영역을 상담과 집단 과정에 연결하는 교량 역할을 할 수 있는 독특한 위치에 있다는 사실을 깨닫게 되었다. 1984년에 나는 인간중심표현치료연구소(Person-Centered Expressive Therapy Institute, PCETI)를 설립했고, 그곳에서 동료들과 2년 동안, 6주 과정 훈련 프로그램(a two-year, six-week intensive residential training program)을 개발했다. 프로그램 진행 중에 참가자들로부터 피드백을 받아 효과가 있는 것과 없는 것을 가려냈다. 몇 년간 조율 작업을 하면서 우리는 **창조적 연결** 과정이 심오한 결과를 가져온다는 것을 알게 되었다. 전 세계적으로 교사와 다양한 집단의 리더들, 그리고 치료사들도 그것을 사용하고 있다. 세이브룩대학교는 현재 정규 과정 속에 이 과정을 포함하고 있다. 세이브룩대학원의 많은 학생들은 이 프로그램을 자신의 논문을 위한 탐색적 연구로 사용했다. 표현예술의 타당성을 뒷받침해 주는 증거들이 늘어 가고 있다. 나는 이 분야를 좀 더 연구하기를 강력하게 권한다.

이 책에는 많은 탐색활동과 실습이 있지만 나의 핵심 메시지는 표현예술집단을 촉진할 때 저변에 깔려 있는 이론과 가치관, 그리고 개념들이다. 제1장에서 나는 인간중심 접근법에 대한 나의 배경과 훈련, 그리고 표현예술집단 작업이 어떻게 진화해 왔는가에 대해 설명한다. 이 두 가지 개념을 통합하는 것은 단숨에 일어나지 않았다. 이론과 방법론이 점차적으로 어우러졌다.

제2장에서는 이스라엘의 네베샬롬에서 이스라엘 여성들과 팔레스타인 여성들이 함께한 획기적인 워크숍을 우리 세 사람이 어떻게 촉진했는가를 이야기함으로써 이론에 생명을 부여한다. 잠재적인 촉진자를 훈련하기 위해 우리가 왜 특별한 시작을 했는가에 대한 이유를 짚고 넘어갈 필요가 있다. 이 과정에 빛을 발하기 위해 관련 내용들을 사용한다.

만약 당신이 이 일을 하고자 한다면 이 책의 핵심인 제3장, '인간중심 표현예술 촉진자 되기'를 보면 된다. 인간중심 방식으로 집단을 촉진하는 것이 적절한 상호작용과 함께 논의되어 있다. 이 장의 제2절에서는 집단 내에서 발생할 수 있는 좀 더 어려운 문제들을 다루는 방법을 몇 가지 소개한다.

제4~9장에는 메시지가 상세하게 기술되어 있다. 여기서는 방법을 설명하는 것이 많으므로 이 책을 읽는 독자들이 독창적 아이디어를 가지고 실험하거나 그 아이디어와 연합해서 사용할 수도 있다. 내가 '나의 촉진법'이라는 표현을 의도적으로 사용하는 이유는 그것이 유일한 방법은 아니기 때문이다. 나는 모든 촉진자가 공유하는 가치관 내에서 자신만의 스타일을 찾도록 항상 강조한다. 기획과 준비는 이 가치관들을 실행에 옮기는 데 중요한 역할을 한다. 제4장에 이것에 대한 몇 가지 제안이 소개되어 있다.

제5장에서는 집단 과정이 진행됨에 따라 예술작품을 나눌 때 특별한 의사소통 기술과 지침을 알려 주는 것이 도움이 된다고 제안한다. 지난 수년에 걸쳐 나는 집단의 주기에 따라 일정한 패턴을 가지는 특별한 주제와 문제들이 있고, 특별한 표현예술 탐색활동이 이러한 문제들을 드러내도록 도와주며, 우리가 그 이슈를 다루는 작업을 할 기회를 갖게 된다는 사실을 깨달았다. 제5~9장에서는 개인 작업과 집단 작업 모두에서 강렬한 감정 탐색하기, 공동체 구현하기, 슬픔과 상실감 치유하기, 영성으로 오픈하기를 포함하여 집단의 초기, 중기, 마지막 단계에 대해 설명한다.

집단의 중기에는 개인 및 집단의 그림자가 나타난다. 이 내용을 제6장에서 다루고 있는데 이 어두운 에너지를 표출하는 탐색활동을 제시하고 그것을 건설적인 행동으로 변형하는 방법을 모색하고 있다.

참가자들은 몸의 지혜 과정(Body Wisdom course)이 자기수용과 통찰의 전환점이 된다고 종종 말한다. 이것을 촉진하는 방법은 제7장에 나와 있다.

제8장은 공동체를 정의하고 세상에서 일어난 비극적인 사건에 대해 창조적 과정으로 반응한 감동적인 이야기들을 심도 있게 다룬다. 나는 참가자들이 새로운 세계에 대해 의식을 하도록 인도하면서 집단 공명(collective resonance)이 나타나는 방법을 설명한다. 치유와 사회변화를 위해 표현예술을 사용하는 몇 가지 과정에 대해서도 논한다.

나는 워크숍을 계획할 때 마무리와 끝내기가 항상 어렵다. 동료들이 의미 있는 방식으로 마무리 짓는 것이 얼마나 중요한지 나에게 가르쳐 주었다. 제9장은 의미 있는 마무리를 위해 유용한 방법을 제시한다.

나는 특히 마지막 장인 제10장 '그들 자신의 목소리로'에 대한 기대가 크다. 우리 프로그램을 마친 사람들이 자신의 일터에서 인간중심 표현예술을 어떻게 적용하고 있는지에 대한 이야기를 들려준다. 다양한 사례들이 아주 고무적이다. 아동, 청소년, 노인, 암환자, 말을 더듬는 사람들, 난민 아동, 그리고 역량을 강화하기 위한 집단을 대상으로 한 작업에 대해 촉진자들은 그들 자신의 언어로 말한다. 그들은 제2외국어로서 영어를 가르치는 것에 대해 말하고, 고등교육 기관과 직장에서 우리의 가치관과 방법론을 적용하는 방법에 대해 나눈다. 어떤 독자들은 제10장을 가장 먼저 읽고 싶을지도 모른다. 이 장은 마지막이 곧 또 다른 시작이라는 깨달음을 강화시켜 준다. 지난 30년간 계속된 우리의 작업은 마치 거대한 연못에 돌 하나를 던지는 것 같았다. 이 28명의 저자들은 인간중심 표현예술치료의 파급효과에 대한 증인들이다. 앞으로도 경험이 풍부한 인간중심 표현예술 촉진자들이 자신들의 경험을 글로 나눌 것이다.

나는 인간중심 표현예술의 개념과 방법론을 입증하기 위해 (혹은 입증하지 못했다 하더라도) 점진적으로 발전하고 있는 연구에 대해 자랑스럽게 생각한다. 이 논문들은 참고문헌 목록에 있다. 게다가 인간중심 표현예술 훈련 프로그램이 아르헨티나, 일본, 한국, 홍콩에서 진행되고 있다. 이것이 어떻게 진행되고 있는지 자료에서 읽어 보고, 필요하다면 연락처를 참고하기 바란다.

## 감사의 글

내 평생 작업의 집결체인 이 책을 집필하는 동안 나를 응원해 준 분들께 감사의 말을 전하며 이 글을 끝맺고자 한다. 우선, 나의 첫 번째 책 인간중심 표현예술치료 : 창조적 연결(이정명 외 공역, 2007)을 출판해 준 Science & Behavior 출판사의 밥과 베키 스피처(Bob & Becky Spitzer)에게 감사한다. 책 쓰는 것을 시작하기도 전에 좋은 출판사를 만날 거라는 확신이 나로 하여금 이 책을 쓰는 작업을 무사히 마치게 해 주었다. 탁월한 편집자인 레인 블로클리(Rain Blockley)는 수년 동안 나와 함께 일했고 짧은 생애를 마치기 직전까지 나를 도와주었다. 그녀는 마음이 깊고 사려 깊은 사람이었다. 테리 힐러(Terry Hiller)와 나는 환상적인 팀을 이루었고 그녀는 집필 기간 내내 훌륭한 조언과 꼭 필요한 편집 작업을 해 주었다. 원고에 대한 그녀의 조언과 영감이 있었기에 모든 것이 순조롭게 진행되었고 마침내 이 책이 탄생하게 되었다.

친구들과 동료들도 책의 각 장이 나올 때마다 읽고 귀중한 의견을 제시해 줌으로써 큰 도움이 되었다. 솔직하고 의미 있는 피드백을 해 준 올리비아 호블리젤(Olivia Hoblitzelle)과 셜리 데이비스(Shellee Davis), 게리 코리(Garry Corey), 크리스틴 에반스(Christine Evans), 앨리슨 윌슨(Allison Wilson), 로리 라파포트(Laury Rappaport)에게도 깊은 감사를 전한다.

15년간 나의 조수 역할을 충실히 해 온 얀 프란시스(Jan Francis)는 나의 직업 생활이 체계적으로 유지되도록 내가 하는 모든 일에 심리학자이자 작가로서 그녀의 지식을 나누어 주었다. 그녀는 세련된 안목으로 나의 집필 작업에 의미를 더했다.

나는 집필의 외로운 여정에서 감정적 지원 또한 아주 중요한 핵심이라는 것을 알게 되었다. 나는 오랫동안 함께해 온 소규모의 두 여성지지집단에 참여하고 있는데 하나는 뮤즈(Muse)집단이고 다른 하나는 노부인(Crones)집단이다. 그들은 내가 힘겨운 시간을 보낼 때 내 말을 들어주고, 활기가 넘칠 때는 함께 기뻐해 주었다. 내 친구들, 즉 여행지에서 글쓰는 친구인 올리비아 호블리젤과 서로 깊이 지지해 주는 친한 친구인 가일 레어드(Gail Laird), 오랫동안 서로 가이딩과 멘토링을 나누어 온 예술가이자 작가인 콜린 키버트(Coeleen Kiebert)도 마찬가지였다. 모두에게 감사를 전한다!

공동 촉진자와 협력해서 일하는 것은 재미도 있고 자극이 되기도 한다고 말하고 싶다. 우리가 책임감을 나누어 가질 때 참가자들 또한 본보기를 통해 배운다.

자신들의 나라에서 표현예술 작업을 하도록 나를 초대해 준 해외 촉진자들에게도 감사를 표한다. 영국의 테스 스터록(Tess Sturrock)과 디나 브라운(Dinah Brown), 노르웨이의 콜럼버스 슬레이브슨(Columbus Slavesen), 스웨덴의 페 아플레모(Per Aplemo), 덴마크의 스벤드 앤더슨(Svend Anderson), 그리스의 콘스탄시아 코르코타(Konstantia Kourkouta), 독일의 사비네 레너트(Sabine Lehnert), 러시아[나와 함께 공동 촉진한 프렌 매시(Fran Macy)와 클레어 피츠제랄드(Claire Fitzgerald)]의 알렉스 오를로브(Alex Orlov), 슬라바 초프킨(Slava Tsopkin), 마리나 카사노바(Marina Kasanova), 아르헨티나의 그라시엘라 보티니(Graciela Bottini), 그리고 1970년대 후반 멕시코에서 가진 획기적인 성별관계집단을 촉진했던 알베르토 세그레라(Alberto Segrera)와 페페 고메즈(Pepe Gomez) 모두에게 감사한다.

고향인 여기에서 표현예술을 처음으로 공동 촉진한 사람들은 내가 인간중심표현치료연구소(PCETI)의 교직원으로 초빙한 여성들이다. 마리아 곤잘레스-블루(Maria Gonzalez-Blue)와 셜리 데이비스, 아닌 우티가아드(Anin Utigaard), 패트리샤 워터스(Patricia Waters). 우리는 함께 프로그램의 기초를 다졌고 다양한 곳에서 함께 치료 작업을 촉진했다. 세이브룩대학교에서 셜리 데이비스와 나는 8년 동안 이 프로그램을 촉진했다. 크리스틴 에반스는 그다음 프로그램에 합류했다. 미리암 라베스(Miriam Labes), 수 앤 해런(Sue Ann Herron)과 나는 9일 과정 워크숍을 세 번 참석하러 미국에 온 한국인 집단을 위해 공동으로 촉진했었다. 수년에 걸쳐 루시 바브라(Lucy Barbera)와 나는 여러 곳에서 즐겁게 일했다. 이 놀라운 사람들을 가르치고 촉진하는 일은 내 삶을 풍요롭게 했고 오래도록 변하지 않는 우정을 선물해 주었다.

이 책의 마지막 장을 위해 시간을 내어 집단 작업의 경험을 나누어 준 28명의 저자들에게도 감사의 말을 전한다.

 나의 세 딸, 자넷(Janet), 프란시스(Frances), 나오미 혹스(Naomi Fuchs)는 나에게 놀랄 만한 지지와 격려를 보내 주었다. 프란시스와 나는 1984년에 인간중심표현치료연구소를 공동으로 설립했다. 프란시스의 지지와 전문성에 말할 수 없는 고마움을 느낀다. 그녀는 수년간 연구소의 교수진으로 일했다. 나는 세 딸과 한두 번쯤은 워크숍을 공동 촉진해 본 적이 있다. 내가 야성적이고 창조적인 모험을 할 때도 나를 받아 준 것이 너무 고맙다. 프란시스가 한번은 "엄마, 우리가 뭘 더 할 수 있겠어요?"라고 말했다.

 집단 과정에 대한 탁월한 저서의 저자들인 제럴드 코리와 마리안 코리(Gerald and Marianne Corey)에게도 감사를 전하고 싶다. '합의'하에 제럴드와 나는 집필 중인 책에 관해 서로 도움과 조언을 주고받았다.

 세이브룩대학교의 수료증 프로그램(certificate program) 제안서를 내도록 조언해 준 마우린 오하라(Maureen O'Hara)와 내가 하고 있는 일이 인본주의 심리학에 새롭고 중요한 한 장을 더하는 일이라는 사실을 깨닫도록 도와준 세이브룩대학교의 유진 테일러(Eugene Taylor) 박사의 지지와 격려에 무한한 감사를 전한다. 그는 수 앤 해런이 박사학위 논문으로 나의 경력에 관한 모든 것을 아우르는 전기를 쓰고 있을 때 그녀를 격려하고 멘토링해 주었다. (수 앤의 논문에 대한 자세한 사항은 참고문헌에 나와 있다.) 그는 아트 보하트(Art Bohart)와 스탠리 크리프너(Stanley Krippner), 지니 악터버그(Jeannie Achterberg), 스티브 프리츠커(Steve Pritzker), 루스 리처즈(Ruth Richards), 탐 그리닝(Tom Greening), 그 외 많은 이들과 함께 세이브룩에서 진행되고 있는 우리 프로그램의 중요한 지지자이다.

 마지막으로 내가 첫 번째 책을 집필하도록 격려하고 언제나 나를 믿어 준 영원한 멘토이자 지지자인 멜빈 서드(Melvin Suhd)에게도 감사를 전한다.

# 차례

**인간중심 표현예술 촉진자 되기**

 **표현예술 촉진자들 : 계획과 준비**

**제2부**  **집단의 수명주기**

 **표현예술 경험 : 시작 단계**

# 6 집단의 중반기 : 그림자에 빛 밝히기, 영혼 회복하기

# 창조적 연결 과정

참가자들이 작업한 컬러작품들

# 7 표현예술을 통해 몸의 지혜 발견하기

# 8 치유와 사회변화를 위한 표현예술

# 9 마무리 단계 : 시작임과 동시에 끝

### 제3부 ┃ 그들 자신의 목소리로

# 10 그들 자신의 목소리로 : 인간중심 표현예술집단 촉진의 적용

### ❶ 특정 집단에 표현예술을 사용하는 치료사들  282

PART 1

# 표현예술과 인간중심 집단 역동의 통합

# 1

# 창조적 연결
## 집단을 위한 표현예술

창조성은 당신을 어려움과 두려움의 끝에서 건져 내어,
새로운 가능성인 신나는 여행을 하게 한다.
−캐롤 와타나베(Carole Watanabe)[1]

전 세계가 많은 분야에서 고통을 받고 있는 지금, 치유와 조화, 건설적인 사회변화를
추구하고 있는 사람들의 능력을 강화하고, 그리고 서로 하나가 되도록 연결하는 것
은 21세기가 직면하고 있는 큰 도전이다. 지구 온난화와 폭력, 기근, 핵전쟁으로 모든
생명체가 소멸될 수도 있는 이 시대에, 좀 더 넓은 의미의 공동체를 형성하는 것은 간
단한 문제가 아니다.

　세계가 새로운 방향을 찾도록 돕기 위해 다양한 방법이 모색되고 있고 다양한 사람
들과 다양한 운동들이 결성되고 있다. 현재의 파괴적인 사이클을 바꾸기 위해서는 의
식의 근본적인 변화가 있어야 한다.

　1993년에 쓴 나의 책 인간중심 표현예술치료 : 창조적 연결(이정명 외 공역, 2007)은
개인 심리치료를 향상시키고 심화시키기 위해 표현예술을 사용하는 것에 초점을 맞
추었다. 내담자중심 심리치료 접근법의 일부로서 창조적 연결 과정을 사용하는 것으
로 이론과 사례들을 설명했다. 이에 비해 이 책은 **변형과 치유, 그리고 사회변화를 위해
내면 여행을 하는 사람들을 돕는 모든 형태의 집단**을 잘 촉진할 수 있도록 창조적 연결
을 강력한 도구로 사용하는 데 초점을 맞추고 있다. 표현예술을 순차적으로 사용하면

개인과 집단은 개인의 어려움, 공동체의 어려움, 그리고 세계적인 어려움을 효과적이고 강력하게 직면하여 변형을 경험할 수 있다.

창조적 표현을 통해 자신(가치관, 사고, 감정, 소망, 꿈)을 알아가는 것은 요즘 세상에 반드시 필요하다. 서구 문화는 거의 로봇과 같다. 우리가 읽고 보고 듣는 것의 대부분이 평면적 화면이다. TV나 인터넷, 영화 같은 수동적인 오락(음악을 듣기는 하지만 만들지는 않고, 시나 수필을 읽기는 하지만 절대 쓰지 않는 것)에 우리 자신을 한정시킨다면 우리는 일부만 살아 있는 것이다.

미국의 교육제도에서 예술은 '부차적인' 것으로 가볍게 취급되고 있다. 학생들은 학교의 예산에 따라 예술을 배우기도 하고 배우지 못하기도 한다. 예술은 정규교육과정에 가장 마지막으로 포함되고, 예산이 삭감되면 가장 먼저 없어진다. 이런 현상에 대해 우리는 어떤 대가를 치르는가? 몇 가지 생각해 보면 우리 아이들은 삶의 질과 문제해결 능력을 향상시키는 데 필요한 상상력과 창의성이 결여된 채 자라게 될지도 모른다. 우리는 아이들에게 더 많은 것을 주어야 한다! 마음과 생각을 열어 주는 살아 있는 에너지 원으로서 예술을 받아들여야 한다고 나는 호소한다. 우리는 인생에서 가장 흥미로운 차원인 창조적 과정을 놓치고 있다. 표현예술은 3차원, 4차원, 5차원이다! 표현예술에서 우리는 최종 결과물(비록 그것이 멋지고 의미 있는 것일 수도 있지만)에 대해서 크게 관심을 갖지 않는다. 우리는 내면의 자원을 자각할 때 창조성 그 자체로 활기를 얻는다.

정치집단에서부터 호스피스 봉사자, 중독 재활집단, 사업가 등 다양하고 많은 집단이 이 접근법을 사용한다면 많은 혜택을 볼 수 있다.

1974년부터 현재까지(2011) 나는 미국을 비롯해 영국, 러시아, 스웨덴, 노르웨이, 덴마크, 벨기에, 독일, 이탈리아, 스위스, 일본, 한국, 멕시코, 아르헨티나, 칠레, 브라질, 콜롬비아를 포함한 수많은 나라의 사람들에게 이 창조적 연결 과정을 가르치고 촉진하는 기쁨과 열정, 그리고 특권을 누렸다. 내가 다녔던 나라의 이름을 나열하는 것만으로도 많은 사람, 장소, 문화, 멋진 인생을 사는 친구들에 대한 즐거운 기억들이 떠오른다. 각 집단은 놀랍도록 독특하면서도 놀랍도록 흡사하다. 지난 35년 동안 내가 경험했던 것 중 일부를 여러분들과 나누게 되어 마음이 훈훈하다. 이 책이 당신의 존재 방식과 행동 방식에 영감을 주기를 바란다.

## 생명력으로서의 창조성

인간이 타고난 창조성을 깨닫는 것은 표현예술 과정의 기본이다. 진정한 사람되기(*On Becoming a Person*)(주은선 역, 2009)라는 책에서 나의 아버지 칼 로저스[2]는 창조적인 인간이 절실하게 필요한 사회에 대해 논하고 창조성의 이론을 제시했다.

> 창조성의 원동력은 인간이 자신을 실현하고 자신의 잠재력을 최대한 발휘하려는 성향과 동일한 것 같다. 이 원동력은 심리치료에서 치유력과 같은 것으로서 아주 깊은 곳에서 발견된다. 이 말은 모든 유기적인 인간 생명체 안에 분명히 존재하는 방향성, 즉 확장하고 뻗어 나가고 성장하고 성숙하고자 하는 강한 욕구를 의미하고, 유기체 혹은 자신의 모든 능력을 표현하고 실현하려는 성향을 의미한다.[3]

인간은 온전한 자신이 되고자 하는 선천적인 충동을 가지고 있다는 깊은 신념은 나의 표현예술 작업에 있어서 기본이다. 적절한 환경만 주어지면 사람들이 엄청난 자기-치유 능력을 발휘하는 것을 보아 왔기 때문에 나는 **치유력**이라는 말의 진가를 인정한다. 당신이 인정받고 신뢰받는다고 느낄 때, 그리고 계획을 짜거나 기획하거나 논문을 쓰거나 혹은 진정한 자신이 되기 위해 당신의 개별성을 사용하도록 지지를 받은 그때를 생각해 보라. 이것에 대해 생각해 보면 아마 흥미진진하고 활기를 느끼고 개인적으로 확장되는 느낌이 들 것이다.

잠재력을 온전히 실현하고 온전한 존재가 되고자 하는 이런 성향은 우리 사회에서 과소평가되며 간과되고 있다. 나는 당신이 자신의 이 측면에 귀 기울이기를 바란다! 당신 속에 실현하고자 하는 충동이 있다는 것을 깨닫고 인정할 때, 당신은 모든 사람 속에 있는 이 소중한 힘에 대해 더욱 인정하게 될 것이다. 당신과 타인 속에 있는 창조성을 돌보는 것은 느끼고 표현하고 건설적으로 행동하는 능력을 활성화시키는 것이다. 이것이 바로 우리 세상이 필요로 하는 중요한 능력이다.

## 창조적 연결® 이론

내가 지난 35년간 탐색해 온 과정을 나는 창조적 연결이라고 부른다. 이 책 전반에 걸쳐 나는 그것을 표현예술과 동일한 개념으로 사용할 것이다. 그것은 자신을 드러내기 위해 토론하기 전에 차례로 모든 예술을 사용하는 하나의 시스템이다. 예를 들면, 의식하면서 **동작**하는 것은 우리가 깊은 감정들을 느낄 수 있도록 하고, 그 감정들을 색, 선 혹은 형태로 표현할 수 있다. 그것은 우리가 누구인가에 대해 알 수 있도록 실마리를 제공한다. 우리가 동작과 예술활동을 한 후 바로 글을 쓸 때 그 과정에서 자연스러운 흐름이 나타나고 가끔 시로 나타나기도 하는데, 이것 역시 자신의 여러 측면을 드러내는 것이다. 한 가지 예술 형태 속에 창조성이 넘치도록 하기 위해 다른 한 가지의 예술을 사용하는 것 사이에 중요한 연결관계가 존재한다. 예를 들어, 나는 글을 쓸 때 매시간 일어나서 춤을 추는 것이 상상력을 자극하고 마음에 새로운 생각과 단어를 떠오르게 한다. 만일 슬픔 속에서 통찰을 얻고자 한다면 시간을 내서 감정을 담아 그림을 그리거나 점토로 무엇을 표현하면 감정이 해소된다. 어쩌면 이미지나 색을 통해 내가 느끼던 슬픔의 근원을 새롭게 이해하게 될 수도 있다. 그러므로 한 가지 표현예술 형태가 다른 표현예술 형태의 창조적 에너지를 일깨우게 된다. 동작이 글쓰기와 그림 그리기를 강화하기도 하고 색칠이나 콜라주, 점토 작업이 통찰과 새로운 아이디어를 주기도 한다. 소리내기와 노래 부르기는 마음을 열고 이미지를 떠올리게 한다. 떠오르는 이미지를 그림으로 그리거나 색으로 표현하거나 조각을 하면서 우리는 집단 작업에서 새로운 발견을 하게 된다. 자각은 개인 및 세계적 이슈에 대한 관점과 견해에 영향을 미친다.

집단이 창조적 연결 과정을 할 때 치유하고 변형시키는 예술의 힘은 부인할 수 없고 마법과도 같다. 이런 집단을 촉진하는 것은 모든 꽃이 자신의 속도에 맞춰 꽃잎을 펼치듯이 마치 햇살 아래에 있는 장미덤불에서 장미꽃이 하나씩 꽃을 피우는 그 순간을 목격하는 것과 같다. 집단의 따뜻하고 수용적인 환경에서 꽃잎 하나하나가 그 꽃의 정수를 드러낸다. 감정이 자극을 받으면 그것은 보다 나은 자기이해와 창조성의 자원이 된다. 워크숍에서 우리는 각 개인이 새로운 가능성을 깨닫도록 부드럽게 허용하고, 새로운 깨달음이 생길 때마다 개인과 집단의 의식은 조금씩 변한다. 그 움직임은 다른 모든 존재와 우리의 연결을 발견하는 중심부로 옮겨 간다. 우리는 우리의 내적 자원과 연결하고, 세계와 우주로 뻗어가려고 한다.[4]

한 참가자가 창조적 연결 과정을 통해 작업한 것에 대해 이렇게 말했다.

나는... 너무나 많은 '언어 이전(preverbal)'의 지식을 배웠습니다.... 모든 시간은 이 정보들을 활용할 수 있도록 짜여져 있습니다. 나는 움직이고 운동감각적 정보에 접촉하여 내 몸에 집중하고 음악을 듣는 것에 집중하고 내 눈에 집중합니다. 나는 뇌와 입만 사용하는 것과는 대조적으로 모든 감각에 연결되어 있습니다. 뭔가를 알기 위해 생각과 목소리뿐만 아니라 손과 눈에 집중할 때... 그림을 그리면 그 심오한 정보를 얻는 데 도움을 줍니다. 당신은 알고 있다는 사실을 몰랐다는 것을 알게 될 것입니다. 왜냐하면 그것은 언어 이전의 것이기 때문입니다....[5]

점차적으로 연구와 경험에서 얻은 자료를 통해 우리는 온전하게 깨어 있고 의식하고 창조적으로 되기 위해서 몸의 모든 시스템을 사용하는 것이 중요하다는 것을 알기 시작한다. 춤을 추거나 조깅, 기공, 태극권을 할 때 명확하게 생각하고 내적 균형을 즐기는 우리의 능력이 향상된다. 동작을 하고 나서 시각예술을 사용하면 우리는 생각이 자유롭고 깊어지는 것을 발견하고, 창조성이 증대된다. 춤을 추거나 그림을 그린 후에 글을 쓸 때도 적절한 단어들이 저절로 '튀어나오는' 듯하다. 한 가지 창조적 형태와 다른 창조적 형태 사이의 관계를 깨닫는 것이 표현예술을 통해 집단의 과정을 북돋우는 열쇠이다. 다음 몇 장에 걸쳐 나는 자신과 집단 발달을 향상시키기 위해 모든 예술과 창조적 연결을 적용하는 방법과 사례를 제시할 것이다.

## 인간중심 표현예술의 배경과 개념

정의에 따르면 표현예술치료는 다양한 양식이다. 상대적으로 새로운 전문 분야인 이것은 1970년대에 시작되었다. 그때 예술치료법은 동작치료, 미술치료, 음악치료, 심리극, 그 외 특성화된 형태로 나뉘어졌다. 이런 치료들과 그것들을 지지하는 단체들이 여전히 존재하고 그리고 그것들이 갖는 장점이 있다. 하지만 그것들은 모든 형태의 예술을 사용하고 다양한 이론을 포함하는 표현예술과는 다르다. 스티븐과 엘렌 레빈(Stephen and Ellen Levine)의 저서 **표현과 치료 : 철학, 이론, 적용**(*Foundations of Expressive Arts Therapy*)(최은정 역, 2013)은 진화하고 있는 실제와 이론에 대해 설명하고 있다.[6] 나의 아버지 칼 로저스의 가치관과 방법론을 통합하는 나의 인간중심 접근법은 창조적 연결 과정으로 다른 것과 분명히 구별된다. 그리고 다양한 접근법이 있지만 모든 형태의 표현예술치료를 하는 치료사들은 국제표현예술치료협회(IEATA)[7]에서 서로 배운다. IEATA 회의에서는 세계 곳곳에서 모인 치료사, 교육자, 예술가들이 경험적인 프로그램과 토의를 통해 서로의 일을 공유한다.

## 인간중심 접근법

창조적 연결은 나의 아버지가 개발한 인간중심 접근법의 가치관과 방법론에 그 기초를 두고 있다. 그의 접근법은 모든 집단 과정의 기본 골격이다. 그는 안전하고 공감적이며 판단하지 않는 환경이 주어지면 모든 인간은 자기실현을 할 능력을 가지고 있다고 믿는다. 창조적 연결은 이 철학에 뿌리를 두고 있다. 창조성을 위해 즐겁고 예술적이고 고무적인 분위기를 조성하고 집단 구성원들에게 표현예술 탐색활동을 제시할 때, 우리는 각 참가자의 자기실현 능력을 존중한다. 나의 주된 의도는 참가자들이 자신의 진정한 모습을 자유롭게 드러낼 수 있도록 이해와 신뢰가 바탕이 된 환경을 만드는 것이다.

　인간중심 접근법으로 집단을 촉진하는 훈련을 이미 받은 치료사들은 작업현장에서 창조적 연결을 위한 그들만의 방법을 찾기 바란다.

## 인간중심 표현예술은 어떻게 진화해 왔나

오빠와 내가 어렸을 때 화가였던 나의 어머니는 창조적 과정을 매우 자연스럽게 우리에게 소개했다. 어머니는 우리가 아무런 평가나 비판을 받지 않고 마음껏 그림을 그리고 색칠하고 조각할 수 있도록 격려했다. 내가 다니던 진보주의 학교에서는 미술실이 항상 개방되어 있고 교사들도 내가 하고자 하는 것을 적극 지지했다. 어떻게 하면 더 향상될 것인가에 대한 조언만 있었지 점수를 매겨서 나를 실망시키는 일은 결코 없었다! 우리 모두가 다 창조적 능력을 가지고 있다는 깊은 의식이 생겼다.

　성인이 되어 내가 심리학자로서 개인 내담자들을 만나기 시작했을 때, 나는 그들과 소통을 하기 위해 그들에게 예술매체를 제안하기로 했다. 그 과정이 그들에게 유용한지 확인해 보았고, 대부분의 내담자는 그렇다고 말했다.

칼과 나탈리(1980)

나의 표현예술 작업은 1974년 내가 보스턴에서 캘리포니아로 거주지를 옮기면서 시작되었다. 이사를 하기 전에 나는 결혼한지 20년이 되었고 세 자녀를 두고 있었으며, 남편이 교수로 있던 브랜다이스대학교에서 심리학 석사학위를 받았다. 이혼했을 때 나는 인생에서 새로운 일을 시작해 보고 싶어 한다는 것을 깨달았다. 여름 내내 샌프란시스코 베이 지역에서 시간을 보내며 그곳에서 생활하는 것이 어떤지 알아본 후 나는 이사를 했다. 부모님이 캘리포니아 남부 라 호이아(La Jolla)에 살고 있어서 나는 쉽게 방문할 수 있었다.

부모님을 만나러 갔을 때 아버지에게 나와 함께 프로젝트를 해 보지 않겠느냐고 물었다. 아버지는 기뻐했다. 그래서 아버지 집에서 그의 타자기로 아버지와 나의 기술로 할 수 있는 열흘간의 집중적인 대형집단 워크숍을 위한 초안을 작성했다. 아버지의 세계적 명성이 100명 이상의 사람을 쉽게 모을 것임을 알았기 때문에, 우리는 6명의 심리학자를 더 초청했다. 집단으로서 인간중심 접근법 워크숍[8]이라고 부르는 것을 우리는 함께 만들었다. 1970년대 실험 단계 동안에도 이 워크숍은 범위가 국제적이

나탈리와 칼은 1982년 일본에서 워크숍을 진행했다.

었다.

열흘간 프로그램이 진행되는 동안 대형 집단의 사람들이 모여 앉아서 자신들의 삶에 대해 이야기하고, 감정이 가득한 그들의 비극, 혼란, 두려움, 딜레마와 같은 이야기들을 들려주었다. 운영진으로서 우리는 진심으로 귀를 기울이고 그들의 감정을 반영하는 데 능숙했다. 우리는 이런 개인적인 순간들을 위해 안전한 공간을 마련했다 사람들이 자신의 놀라운 이야기를 드러내고 100명 이상의 사람들은 수용력을 가지고 그 이야기를 듣는 안전한 용기(container)가 되었다.

나는 움직이는 것을 좋아하는 사람이라서 날마다 한 자리에 앉아 있는 것이 몹시 불편했다. 그래서 '어떻게 우리가 한 자리에서 오전에 세 시간, 오후에 세 시간, 저녁에 세 시간씩 앉아 있을 수 있단 말이지?'라는 생각이 들었다. 어느 워크숍 중에 나는 마침내 "미술 재료가 잘 갖춰진 작업실이 있는데 개인적인 이슈를 다른 방법으로 깊이 탐구해 보고 싶은 사람은 오세요. 예술을 사용해서 자신을 탐구하는 실험을 해 봅시다."라고 말했다. 창의적인 표현에 관심이 있는 몇 사람과 운영진으로는 자레드 카스(Jared Kass)와 마리아 보웬(Maria Bowen)이 나와 함께했다. 우리 세 사람은 이 집단을 위해 놀이 시간을 만들었다. 놀랍게도 그 시간은 참가자들의 내면에 있는 에너지가 열려 놀라운 통찰과 변형을 가져왔다. 내 아버지의 인간중심 접근법은 이런 흥미진진한 새로운 방법을 만드는 데 견고한 기초가 되었다. 우리는 안전하고 판단하지 않으며 창의적인 환경을 만들었고, 사람들이 자신의 사회적 탈을 벗고 내면의 진리를 발견하도록 자극하고 허용하였다.

좋은 촉진자가 되는 최고의 길은 참가자들에게 자주 피드백을 받는 것이라는 사실은 예나 지금이나 마찬가지이다. 그래서 우리는 그렇게 했다. 시간이 흐르면서 우리는 피드백을 통해 많은 지식을 얻었다. 스스로에게 "우리는 무엇을 배우고 있는가? 효과가 있는 것은 무엇이고 효과가 없는 것은 무엇인가?"라는 질문을 끊임없이 했다. 참가자들은 의상, 드라마, 역할놀이, 그리고 미술 재료를 가지고 자신의 마음에 접촉하는 방법을 찾게 되고, 수용적인 집단 안에서 오래된 상처는 치유받게 된다는 것을 우리는 알게 되었다. 참가자들이 배우는 만큼 우리도 배웠다. 그것은 흥미진진하고 실험적인 시간이었다.

우리는 또 말을 거의 하지 않고 움직임과 시각예술, 소리, 글쓰기를 차례로 사용하는 것이 자아/자기(self/Self)의 경험을 더 심화시키고, 신선한 통찰과 개인 성장으로 인도하는 것으로 보았다.

여기서 내가 자아(self)라고 표현할 때는 우리의 에고를 포함한 몸에 제한된 인격체를 말한다. 반면 자기(Self)는 우리가 온전히 정렬되어 경계도 없는 무한히 창조적인 원천을 의미한다. 자기는 우리가 평범한 자각 상태를 넘어 우리를 우주적 존재에 연결시키는 자각 상태를 경험하는 순간을 말한다.

이렇게 창조적 연결이라는 것이 진화되기 시작했다. 나의 주된 초점은 집단 구성원들이 말을 사용하거나 사용하지 않으면서 두려움이나 수치심, 희생자와 같은 감정을 안전하게 탐구할 수 있는 인간중심 환경을 만들고 지지하는 것이다. 인간이 분노와 폭력, 상실, 비탄, 혼동 같은 너무나 불안정한 상태에 놓여 있기 때문에 나는 이런 창조적 과정이 반드시 필요하다고 생각한다. 오늘날 곳곳에 산재한 슬픔, 분노, 절망감을 치유하도록 촉진할 수 있는 사람들은 인류가 기쁨과 창조성, 공동체 내에서의 개인의 역량강화와 같은 인간성을 회복하도록 돕는 것이라고 할 수 있다. 공감적이고 판단하지 않는 환경이 제공된 창조적 연결은 생명력과 치유 에너지를 불러일으키고, 개인의 변화뿐만 아니라 건설적인 사회변화가 일어나도록 자극한다.

# 치유적인 양상-명상, 동작, 미술, 음악, 글쓰기

## 명상

예술의 한 형태로 여겨지지는 않지만 명상은 창조성에 있어서 필수적인 요소이다. 우리는 명상을 통해 우리 자신을 고요함으로 데리고 간다. 거기서 우리는 무한한 존재를 향해 마음을 열 수 있다. 고요하고 수용적이고 호흡을 의식하는 것과 같은 훈련은 우리가 자기표현을 할 수 있도록 우리를 내면으로 이끈다. 우리의 창조성은 내적 에너지원과 미지의 세계를 직면하려는 의지와 직접적으로 연결되어 있다. 모든 것이 존재하면서 아무것도 존재하지 않는 고요한 공간에 있을 때, 우리는 창조성이 꽃을 피우도록 정원을 가꾼다.

집단 세션을 시작할 때 나는 명상 벨을 울리고 몇 분간 고요한 시간을 가지면 촉진자로서 최상의 상태가 된다. 사람들이 안정감을 느끼고 호흡에 집중하도록 가끔 나는 몇 마디 말을 한다. 이것은 그들의 생각과 염려를 즉시 떨쳐 버리고 현재에 깨어 있도록 도와준다. 우리는 또 아침식사 전에 명상, 기공 혹은 태극권 등을 하는 시간을 가지면 그날 활동에 질적으로 좋은 영향을 미친다는 것을 알게 되었다.

명상에 버금가는 또 다른 방법은 모두에게 그림을 그리도록 초대하는 것인데, 눈을

나탈리가 이탈리아에서 명상을 안내하고 있다.

감고 종이의 질감을 느껴 보고 그 경험에 주의를 기울이도록 제안하는 것이다. 만약 참가자가 점토를 선택한다면 눈을 감고 점토를 주무르면서, 흙의 차갑고 촉촉함을 느끼면서 그들의 감각을 일깨우도록 초대한다.

이런 형식의 명상은 우리가 상상을 잘할 수 있도록 도와준다.

## 동작

동작은 우리 삶에서 끊임없이 일어난다. 우리가 쉴 새 없이 움직이고 있기 때문이다. 호흡도 움직임이고 눈동자를 움직이는 것도 움직임이다. 자동으로 늘 하는 것이기 때문에 우리는 움직임에 대해 생각하지 않는다. 하지만 창조적 연결에서는 우리가 느낌을 자각하고 그 느낌을 걷기, 춤, 혹은 자연스럽게 흘러나오는 다른 형태의 움직임으로 표현하도록 허용한다. 이것은 대부분의 사람에게 깊은 배움이 된다. 왜냐하면 우리 문화에서는 의자에 정지 상태로 앉아 있거나 혹은 살을 빼거나 유연성과 끈기를 얻기 위해, 아니면 더 많은 에너지를 얻기 위해 '운동'을 하지만, 그 움직임과 우리들의 느낌 사이에 어떤 관계가 있는지 결코 의식하지 못하기 때문이다. 감정을 탐색하기 위해 몸을 움직이는 것은 우리를 일깨우는 경험이다. 굉장한 통찰을 얻을 수 있다.[9]

자신을 이해하기 위한 움직임

미술작품 만들기를 통해 자신을 이해하기

안나 할프린(Anna Halprin)과 함께한 초기 훈련과 나중에 그녀의 딸 다리아 할프린 (Daria Halprin)과 함께한 훈련 덕분에 나는 몸과 신체 언어의 정확한 지혜를 온전히 깨달을 수 있었다. 자신의 책 동작중심 표현 예술치료-움직임, 은유 그리고 의미의 세계 (*The Expressive Body In Life, Art, and Therapy*)(김용량 외 공역, 2006)에서 다리아는 다음 과 같이 말한다.[10]

> 움직임은 몸이 표현하는 주요 언어이기 때문에 우리에게 깊은 감정과 기억을 가져 다준다. 우리가 움직이는 방법은 또 장애를 일으키거나 반복적인 패턴을 드러낸다. 절망, 혼동, 두려움, 분노, 기쁨 등 우리의 몸속에 살고 있는 것이 무엇이든지 우리 가 동작으로 표현할 때 그것이 표출될 것이다. 의식적으로 온 마음을 담아서 표현할 때 움직임은 통찰과 변화를 위한 수단이 된다. 창조적으로 온 마음을 담아 움직이는 사람(mover)으로서 우리는 새로운 방법으로 자신을 실험하고 개방하고 탐구하면서 표면에 드러나는 모든 것을 탐색할 수 있다. 무의식적으로 나오는 이런 움직임에서 우리는 미처 깨닫지 못한 것을 분명히 더 많이 보게 된다.... 육체적인 몸, 감정적인 몸, 그리고 사고하는 몸의 가장 깊은 차원까지 가서 우리의 어떤 조건과 역사로부터 스스로 자유롭게 할 수 있다. 그러면 동작은 우리 인생을 살아가는 삶의 방식에 대 한 은유가 된다.

## 미술

색과 선, 형태, 이미지를 사용하여 내적 본질을 표현하는 것은 우리 대부분에게 생소 하다. 우리는 미술작품을 보러 미술관에 가거나 혹은 그림 그리기 수업에 참가한다. 물론 모두 멋진 경험이다. 그러나 우리가 어떻게 느끼는가를 발견하고 표현하기 위 해 미술작품을 만드는 **과정**에 초점을 맞추는 것은 아주 다르다. 모든 예술은 창조자 의 생각과 감정을 표현하지만, 자신의 감정을 발견하고 그 감정들을 전달하기 위해서 의도적으로 작품을 만드는 것은 우리에게 우연히 일어나지 않는다. 나는 내면을 탐 구하는 여정과 자신을 표현하는 것은 **결과물**을 만드는 것이라기보다 **과정**이라고 강조 한다. 사실 그 과정의 결과가 심오하고 아름다운 어떤 것일 수도 있고, 우리가 그것을 보고 통찰을 얻을 수도 있다. 그러나 그 과정이 바로 치유를 가져오는 치료제이다.[11]

## 음악과 소리

음악을 만들고 소리를 창조하는 것, 그리고 음악을 듣는 것은 마음을 움직이고 기쁨을 주며 우리가 슬퍼하도록 도와주고 달래 주며 치유해 준다. 음악의 힘은 좋고 나쁜 다양한 이유로 마음과 생각을 아는 데 사용될 수 있다. 음악의 영향력을 알기 때문에 우리는 움직임이나 예술활동의 배경으로 사용할 음악을 고르는 데 신중을 기한다. 조용한 음악은 부드러운 감정을 이끌어 낸다. 나는 힘과 역량강화, 생동감, 그리고 에너지에 관한 감정을 격려할 때는 강한 음악을 사용한다. 우리 각자는 음악에 다르게 반응한다. 따라서 집단 구성원들에게 예술활동을 할 때 배경음악을 원하는지 물어보는 것이 중요하다.

집단활동에서 우리는 즉흥적으로 음악을 연주할 수 있도록 악기를 준비해 둔다. 북과 손에 드는 타악기는 참가자들이 가장 선호하는 악기이다. 참가자들이 춤을 추거나 동작을 할 때, 그리고 소리를 낼 때 종과 간단한 호루라기, 목판, 딸랑이 등이 사용하기에 편하다.

게다가 우리는 자각의식과 치유 에너지를 자극하기 위해 가락을 맞추거나 노래를 할 때 목소리의 떨림을 사용하며,[12] 이것은 소리를 듣는 능력을 키운다. 그리고 이것은 감정을 이해하고 표현하는 또 다른 수단이기도 하다.[13] 어떤 집단에서 평범하고 지적인 한 남성이 집단이 공동으로 사용하는 방에서 아무도 없을 때 혼자 노래를 하거나 통곡을 하면서 마음껏 울 수 있다는 사실을 우리는 발견했다. 이것은 그에게 엄청난 해방감을 주었고, 그가 수년 동안 마음속에 품어 왔던 깊은 슬픔을 표현하는 유일한 방법이었다.

## 글쓰기

참가자들은 매일 워크숍을 통해 자신이 조금씩 진전해 갈 때 자신의 생각과 감정을 적는다. 즉흥적인 감각이나 의문, 통찰, 감정(바로 그 순간에 떠오르는 것)에 집중하면 나중에 되돌아볼 때 좋은 자료가 된다. 직관적이고 창조적인 것이 꿈처럼 떠오른 순간을 즉시 잡아서 기록할 필요가 있다. 자유로운 글쓰기, 즉 철자나 문법이 틀리더라도 고치려 멈추지 않고 계속 적는 것이 즉각적인 생각을 붙들어 놓는 한 가지 방법이다. 그렇게 적는 의도는 다소 불편함을 느낄 때조차 자신에게 온전하게 정직해지려는 것이다. 각자가 쓴 글은 사적인 것이므로 그 내용 중 어떤 것을 다른 사람과 나눌 것인지 결정하는 사람은 언제나 그 개인이다. 글쓰기의 유일한 목적은 거울의 역할이다.

한 참가자는 다음과 같이 적었다.

> 한때는 완벽해 보였던 내 인생이 누더기가 되었다.... 글 쓰는 것이 마치 형편없는 컨트리송 같았고 나는 그것을 쓰는 것에 대해 불평을 했다. 임시 제목은 '너무 오랫동안 처져 있었어. 그것이 나한테 달린 것 같아'였다.... 나는 매일 노트에 분노와 고통, 두려움을 쏟아부으면서 글을 쓰기 시작했다. 글쓰기는 놀라운 카타르시스를 경험하게 했고, 각 문단을 끝낼 때마다 훨씬 홀가분해진 것을 느꼈다. 상황은 변하지 않았지만 변하는 것은 바로 나였다. 글 쓰는 과정을 통해 나는 명료해지고 올바로 보는 능력을 얻었으며, 그리고 점점 더 강해졌다. 글쓰기는 내가 신뢰하는 친구가 되었다.... 그 힘들었던 시기는 이미 오래전에 끝났지만 나는 매일 글 쓰는 것을 결코 멈추지 않았다.[14]

그래서 이들(명상, 미술, 동작, 음악과 소리, 글쓰기)은 고독, 외로움, 현대 생활의 소외감으로부터 벗어나 개인으로서 그리고 공동체의 구성원으로서 우리가 가지고 있는 잠재 능력을 자각하는 쪽으로 가기 위해 창조적 연결 과정에서 사용하는 도구들이다.

## 표현예술을 통해 그림자에서 빛으로 나오기

우리가 거울을 볼 때 우리의 그림자(자각하기를 거부하는 우리 자신의 어떤 측면들을 담고 있는 그릇)와 우리 사신의 깊이를 볼 수 있다. 어떤 사림들은 평생 동안 분노를 부인한다. 또 어떤 사람들은 사랑하고 온정을 베풀 수 있는 능력을 숨기거나 폐쇄한다. 움직임, 소리, 색, 드라마는 그림자를 깨닫게 하고 그것을 온전히 탐색하는 기회를 제공해 준다. 예를 들면, 분노를 커다란 종이 위에 휘갈겨서 그 에너지의 일부가 해소되고 변형될 때까지 한다. 온정적이고 치료적인 환경에서 진정한 자신을 표현할 때 에너지가 발산된다. 그것은 자신의 감정에 대해 책임을 지고 건설적인 행동으로 나아갈 수 있도록 자극과 통찰을 준다. 궁극적으로 이것은 자존감을 향상시키고 사랑을 주고받는 능력을 길러 주며, 적극적인 시민이 되려는 동기를 부여한다. 표현예술집단은 어두운 영역을 탐색하고 직면하며 그것을 빛으로 나오게 하는 안전한 장소이다.

나는 표현예술이 서구 문화로부터 물려받은 개인주의와 많은 사람이 열망하는 진정한 공동체 의식을 하나로 통합하는 연결고리라고 생각한다. 세계 곳곳에서 표현예술 워크숍을 촉진하면서 보낸 35년의 경험을 통해서 나는 창조적 과정을 통해 보호막이 벗겨지고 우리의 그림자가 빛 가운데 드러날 때 우리의 모습은 거의 비슷하다는 것을 알게 되었다. 즉 고통과 환희가 일반적이고, 신화와 원형이 보편적이다.

우리가 어릿광대의 탈을 쓰면 순간적으로 우리의 슬픔은 사라지고, 수호천사를 만들면 두려움은 줄어든다. 신나는 하루를 보내고 나서 우리는 젖은 종이 위에 노란색과 초록색을 흩뿌리면서 그것이 꽃 모양이 되도록 재미있게 만들 수 있다. 사랑하는 이의 죽음 후에 그 비극을 바라보는 시각이 변형될 때까지 우리는 회색과 검정색, 푸른 눈물과 붉은 분노를 그림으로 표현할 수 있다. 그러면 우리는 다시 느낄 수 있고, 다시 사랑할 수 있다. 모든 문화권에서 그것은 동일하다. 즉 우리가 공감적이고 안전한 집단에서 이런 활동을 한다면, 집단 구성원들 간의 유대관계가 형성되고 하나됨을 경험한다.

나는 표현예술 경험에 대해 부정적으로 느끼는 사람을 거의 본 적이 없다. 이 과정을 통해서 자신의 갑옷을 미처 녹이지 못하는 사람들이 있기도 하다. 하지만 대부분은 우리 자신과 타인에 대한 경험을 변화시키고 고양시키는 이 과정과 이것이 가진 능력에 대해 기쁨을 감추지 못한다. 서로 다른 문화권에 있는 개인과 집단이 변화하는 과정을 지켜볼 수 있어서 나는 이 일을 열정적으로 계속해 오고 있다. 촉진자로서 우리는 집단의 분위기를 만들지만, 집단 구성원들은 서로의 말에 귀를 기울이고 서로 격려함으로써 지지적인 환경을 만드는 데 큰 역할을 한다.

## 치유와 사회변화를 가져오는 표현예술의 예

창조적 연결을 사용한 결과 치유가 일어나고 공동체 의식이 고취되었으며 사회변화에 대한 긴박감이 자극되었던 한 훈련집단에 대한 나의 경험을 나누고자 한다. 이 집단은 이전에 이미 2주 동안 개인 작업을 하며 서로 함께 시간을 보낸 적이 있기 때문에 자유롭게 움직이고 서로 개방되어 있는 상태였다.

때는 아름다운 캘리포니아 지역에 땅 안개가 서서히 걷히고 따뜻한 햇살이 비치려는 1월의 어느 쌀쌀한 아침이었다. 미국과 전 세계에서 온 20명의 참가자가 창조적 연결을 경험하기 위해 모였다. 나는 워밍업 시간과 간단한 명상 시간을 가지면서 그들이 편안하게 서로 연결하도록 돕고자 했다. 나의 기본적인 전제는 각 개인의 매우 다양한 특성을 수용하되 그들 자신이 이해받고 사랑받고 있다고 느낄 수 있는 방법으로 수용하는 것이었다. 이 참가자들은 여섯 과정 중 세 번째 과정에 참가하고 있으므로 스스로 개방되어 있고 솔직하고 타인을 존중하고 자신에 대한 책임은 자신에게 있다는 우리의 기본 철학을 이미 이해하고 있었다.

우리가 벽과 바닥이 낡은 삼나무로 짜인 넓고 오래된 극장에 모였을 때 나는 오시비사(Osibisa)라는 활력이 넘치는 아프리카 음악을 틀어 놓았고 모두가 리듬에 맞추어 몸을 움직이기 시작했다. 늘 그렇게 하듯 우리는 워밍업으로 자유롭게 움직였다. 모두가 몸을 풀고 난 후, 나는 집단이 하나의 큰 원으로 모여 우리가 보통 해 왔던 그다음 활동을 한다. 하루를 시작하기 위해 몸과 마음을 조율하는 활동을 한다. 모두가 손을 잡고 서서 눈을 감고 심호흡을 한다. 나는 집단이 명상을 하도록 안내한다.

> 뿌리가 땅속 깊이 들어가는 것을 상상해 보세요. 그리고 땅의 에너지가 여러분 몸의 모든 부분을 통해 올라가도록 하세요. 이제는 하늘 에너지에 집중합니다. 그것이 여러분을 깨끗하게 씻도록 하세요. 마지막으로 손을 통해서 이 공간에 있는 모든 사람과 연결하도록 여러분의 마음 에너지를 보냅니다.

## 탐색활동 : 이것이 바로 나

시작하는 절차가 끝나고 우리는 그날 아침에 할 활동에 대해 이야기하고 있었다. 각 참가자들이 움직임을 통해 자아의 모든 측면을 탐색하는 한 형태인 '이것이 바로 나'라는 춤을 추는 동안 안전한 공간을 유지하기 위해 나는 이 상황을 지켜보는 증인이 될 것이라고 설명했다. 모두가 준비되었을 때 나는 다음과 같은 말을 한다.

### 동작

> 눈을 감고 시간을 가지면서 내면으로 들어가 여러분이 느끼고 있는 것이 무엇인지, 그리고 여러분이 한 인간으로서 어떤 사람인지 살펴봅니다. 몸이 여러분의 감정과 기분, 즉 여러분의 모든 측면을 천천히 표현하도록 두세요. 동작이 내 안에서 밖으로 표출되도록 합니다. 동작과 함께 내고 싶은 소리가 있으면 어떤 소리라도 표현하세요.

공간이 조용해지자 참가자들이 움직이기 시작한다. 한 사람이 태아 자세로 바닥에 누워서 뱀처럼 움직이고 있다. 한 남성은 기도하는 자세로 앉아서 햇빛이 창문을 통해 자신의 가슴을 따뜻하게 비추도록 하고 있다. 또 한 여성은 자신의 목을 천천히 문지르고 다음은 어깨를, 그다음은 팔을 문지른다. 또 다른 여성은 바닥에 누워 몸을 동

그렇게 말아서 움직이지 않고 있다. 그러다가 일어나서는 주먹을 휘두르다가 발을 구르고 손뼉을 치면서 방 주위를 걸어 다닌다. 그녀는 다시 누웠고 자신의 머리를 베개 밑으로 묻는다. 어떤 사람은 그 방 한가운데 공간을 원하는 것처럼 보인다. 그녀는 바닥에 앉아 발길질을 하고 밀어내기도 하고 마침내 바닥에 쭉 뻗어 반듯하게 눕는다.

나는 다양한 자세와 움직임을 보면서 경이를 느꼈다. 거기엔 슬픔을 표현하는 사람도 있고 비난을 표현하는 사람도 있고 평온함을 표현한 사람도 있다. 집중을 하는 것이 뚜렷하게 보인다. 각자 다른 사람을 전혀 개의치 않고, 온전히 자기탐색에만 몰입하는 듯하다. 옆에서 다른 사람들이 같은 활동을 할 때는 특별히 집중이 잘된다. 10분이 지난 후 나는 이렇게 말한다.

> 여러분은 다음 내가 하는 말에 저항이 일어날 수도 있습니다. 하지만 한번 시도해보기 바랍니다. 자, 동작으로 이것을 표현해 보세요. 이건 내가 아니야! 난 이런 것을 해 본 적이 거의 없어.

처음에는 이 지침이 약간의 혼란과 혼동을 일으켰지만 몇몇 사람이 서서히 움직이기 시작했다. 영적 환희에 찬 것처럼 보이던 한 여성은 발을 구르고 고함을 지르기 시작했다. 그녀의 화난 얼굴과 휘젓는 팔을 보면서 나는 그녀가 오랫동안 이 감정을 억제해 왔다는 것을 알았다. 매우 적극적이고 시끄러웠던 한 남성은 조용히 일어나 3분 동안 침묵을 지켰다. 이전 10분 동안 자아탐색에 대한 날카롭고 진실한 분위기를 경험했다면, '이건 내가 아니야'라는 활동에서는 특별한 생동감을 불러일으켰다.

### 예술표현

"움직임을 천천히 마무리하세요."라고 나는 제안한다. "눈은 계속 감고 있으면서 여러분이 진심으로 느끼는 감정이 어떤 것인지 경험해 보세요. 그 감정들이 어떤 색, 어떤 모양 혹은 어떤 형태를 연상시키나요? 여러분이 가진 감정이 어떤 것이든 그것을 점토 작업의 재료로 사용하세요. 혹은 점토가 싫으면 그림을 그리거나 콜라주를 해도 됩니다."

방을 둘러보니 20명의 참가자가 묵묵히 작업에 몰두하고 있다. 한 여성이 콧노래를 부르고 있고, 다른 한 사람은 점토가 모양을 이뤄 가는 것을 보면서 신음 소리를 낸다. 모두들 창조 과정에 빠져 있다. 각자가 자신만의 세계에 심취해 있지만 다른 사람들의 집중력에 영향을 받고 있다. 참가자들이 얼마나 더 침묵을 지킬지 궁금하다. 아무도 그들에게 조용히 하라고 하지 않았다. 나는 한 번도 종교를 가진 적은 없지만, '이것은 마치 교회예배 시간을 연상하게 하는군'이라는 생각이 번득 들었다. 우리는 함께 신성한 공간을 만들었다.

나는 점토가 완전한 모양을 갖출 때까지 조용히 방을 거닐었다. 어떤 작품은 크고 투박하고, 어떤 것은 섬세하다. 입체작품에서 나오는 강력한 개인적인 메시지들이 나를 놀라게 한다. 이 작품들은 참가자들의 깊은 내면의 근원에서 나온 것임이 분명하다.

## 글쓰기

45분 후, 대부분의 참가자가 점토 작업을 마치자 나는 글쓰기를 제안했다. 집중된 에너지가 계속된다. 3시간의 세션을 마무리하기 위해 각 참가자들은 파트너를 찾아 자신이 경험한 것을 나눈다. 길고 조용했던 아침 시간이 이제는 말로 표현하는 시간이다. 초기 단계에서 자기개방을 하고 친밀한 관계가 이루어진다.

## 오전 활동 되짚어 보기

오후에 모여서 우리는 오전 활동에 대해 이야기한다. 우리는 방금 경험한 과정을 이해하고자 하는 전문가 집단이다. 이것은 또 공동체 의식을 고취시켜 준다. 나는 각자 경험한 것을 나누자고 제안한다.

데이비드는 의자를 약간 뒤로 빼면서 "그것은 저의 좌뇌 기능을 일단 보류한 거예요. 제 감각이 지금 살아났어요. 우뇌만 사용하면서도 살 수 있고 기능할 수 있고 사회에 공헌하는 구성원이 될 수 있다는 사실을 깨달았어요." 그는 자신이 발견한 새로운 사실에 놀라는 듯하다.

마리아는 데이비드와 반대되는 경험을 한다. "나는 좌뇌를 쓰지 않는 것이 아니라, 오히려 의도를 가지고 집중해서 양쪽 뇌를 강력하게 통합하는 것이 중요한 문제였어요. 이 의도와 초점에 맞춰 특별한 경험을 했어요. 좌뇌와 우뇌가 조화를 이룰 때 나는 몸으로 그것을 느낄 수 있었어요."

리즈는 "나는 계속 놀랄 수밖에 없었어요! 마치 깨어 있는 것 같으면서도 무의식은 활발하게 움직였어요."라고 말한다.

디나는 "그것은 마치 자기가 자신의 목격자가 되는 것 같은 느낌이네요."라고 덧붙인다.

나에게 참가자들이 주는 의견의 생명력과 강도는 우리가 방금 경험한 창조적 과정만큼이나 강렬하다.

리나의 말은 이 모든 것을 요약하는 것 같다. "내 자신의 모습을 다른 사람들 속에서 계속 보게 되는 것 같아요. 우린 여기서 공통적인 주제를 만나고 있네요."

## 집단의식은 진화한다

위의 예에서 보듯이 우리가 안전한 공간에서 내면을 여행하면 신성함이 나타난다. 즉 집단의식이 드러난다. 표현예술은 모든 사람의 마음으로 흘러가서 영적 수준에서 모든 사람과 연결되는 강으로 우리를 데리고 간다. 나의 아버지는 종종 이렇게 말했다.

"우리가 아주 깊은 개인적인 것을 발견할 때, 우리는 보편적인 것과 연결된다." 이 말은 엄청난 의미를 가지고 있다. 개인의 성장을 돕는 집단은 더 넓은 의미의 공동체와 효과적인 사회활동으로 가는 다리 역할을 한다.


## 요약

이 장에서 나는 창조적 연결이 어떻게 진화해 왔는지에 대해 나누었다. 모든 감각을 활용하여 깊은 감정의 뚜껑을 열기 위해 한 가지 예술 형태에서 또 다른 예술 형태를 안내하는 것이 얼마나 중요한가에 대해 설명해 왔다. 즉 그림, 콜라주, 점토, 움직임, 글쓰기 등을 통해 감정을 외적인 형태로 드러내는 것의 중요성을 말한다. 이 과정은 우리가 자아와 타인을 신뢰하는 안전한 환경에 있을 때만 효과를 발휘할 수 있다. 창조 정신은 타인의 판단이나 분석이 없을 때 잘 자라므로 인간중심 접근법의 핵심 요소는 이런 환경을 만드는 것이다. 말을 사용하지 않을 경우에도 표현예술 과정이 얼마나 효과적인지에 대해 나누었다. 개인은 내적 힘과 믿음, 자신에 대한 자신감을 얻어 새로운 길을 가는 모험을 한다. 개인과 집단이 예술을 통해 자신의 그림자 측면을 탐색할 때 그들은 '어둠' 속에 있는 동료들을 발견한다. 두려움을 힘과 자신감으로 변형할 수 있을 때 자신과 다른 사람들을 위한 온정을 갖게 된다. 이 전체 과정이 일어날 때 집단의식이 생기고, 공동체 구현과 건설적인 사회활동으로 활력이 넘치는 에너지가 흐른다. 이런 생각과 과정은 다음 장들에서 더 확장될 것이다.

다음 장에서는 이스라엘에서 있었던 주말 워크숍에 대한 이야기를 통해 이 책에 소개된 이론과 실제를 요약하고 표현예술이 국제적 갈등을 해결하는 데 얼마나 역동적인 역할을 하는지 보게 될 것이다. 그것은 적대적 관계에 있던 두 집단 사이의 갈등을 해결하자는 것이 시작이었다. 그리고 이스라엘과 팔레스타인 여성들 사이에 서로 이해하기 위한 동기가 부여되었고, 계속적인 작업을 해 나갈 시발점이 되었다.

## 주석

1. Carole Watanabe, *The Ecstatic Marriage of Life and Art* (Sebastopol, CA: www.artfully.com/books.htm, 2008).

2. Carl Rogers, *On Becoming A Person: A Therapist's View of Psychotherapy* (Boston: Houghton Mifflin, 1995).

3. Ibid. p. 351.

4. Natalie Rogers, *The Creative Connection: Expressive Arts As Healing* (Palo Alto, CA: Science and Behavior Books, 1993).

5. Anonymous student quote from the dissertation: T. Goslin-Jones, "The Perceived Effects of a Person-Centered Expressive Arts Program" (2010).

6. Stephen K. Levine and Ellen G. Levine, eds. *Foundations of Expressive Arts Therapy: Theoretical and Clinical Perspectives* (London: Jessica Kingsley Publishers, 1999).

7. IEATA: www.ieata.org.

8. The Person-Centered Approach summer workshops (1974-1980). Staff included Carl Rogers, Natalie Rogers, John K. Wood, Alan Nelson, Jared Kass, Maria Bowen, Maureen O'Hara, Joanne Justyn, Betty Meador, Frances Fuchs, Dick Vittitow, Marion Vittitow.

9. For further discussion on movement as healing, see *The Creative Connection: Expressive Arts as Healing,* chapter 4.

10. Halprin, Daria, *The Expressive Body in Life, Art and Therapy* (London: Jessica Kingsley Publishers Ltd, 2003) p. 18.

11. For further discussion of visual art as healing see *The Creative Connection: Expressive Arts as Healing,* chapter 5.

12. Don G. Campbell, *The Roar of Silence: Healing Powers of Breath, Tone, and Music* (Wheaton, IL: Theosophical Publishing House, 1989).

13. W.A. Mathieu, *The Listening Book: Discovering Your Own Music* (Boston: Shambhala, 1991).

14. Judy Balian, "Writing Your Way to Greater Creativity," www.excoveries.com, accessed January 12, 2010.

# 2

## 이스라엘 여성들과 팔레스타인 여성들
### 예술을 사용하여 집단 의사소통 향상시키기

우리가 누군가를 배척하기 위해 벽을 쌓는다면,
그것은 우리 자신을 막는 벽을 쌓는 것이다.
−이스라엘 참가자

이 책은 용기와 창조적 표현, 온정, 협동 그리고 세상을 치료하기 위해 개인의식, 집단의식, 세계의식을 일깨우는 것에 관한 것이다. 이것은 작은 일이 아니다. 2006년 이스라엘과 팔레스타인이 서로 첨예하게 대립하고 있을 무렵 두 동료와 함께 나는 이스라엘에서 한 워크숍을 촉진했다. 인간중심 표현예술 과정을 통해 이 두 민족집단 구성원들은 서로 온정과 용기를 나누고 의사소통 능력을 증진하게 되었다.

## 워크숍 아이디어의 탄생

이 워크숍을 열고자 하는 생각은 내가 '평화를 위한 표현예술'이라는 제목으로 기조연설을 했던 2005년 국제표현예술치료협회(IEATA)[1] 워크숍에서 태동되었다. 그 연설에서 영감을 받은 이릿 헬퍼린(Irit Halperin)이 나에게 이스라엘에 와서 워크숍을 진행해 달라고 요청했다. 이릿은 이스라엘인 어머니이자 이스라엘과 팔레스타인 국경을 따라 배치된 군 검문소에서 일어나는 학대 사건의 자료를 모으는 평화운동가였다. 그녀는 그 상황을 모니터링하는 여성들을 인터뷰한다. 이릿과의 만남은 우리의 공동

작업으로 꽃피웠다. 비밀리에 표현예술 워크숍을 기획했다. 이스라엘에서 갈등 구조에 있는 두 집단 사이에 의사소통의 문을 열기 위하여 우리는 그 워크숍에 '평화로운 미래를 위해 이스라엘 여성과 팔레스타인 여성이 서로 화해하기 : 분리된 사람들을 서로 연결하기 위해 경청 기술과 표현예술을 사용하기'라는 주제를 붙였다.

3세대 촉진팀을 구성하기 위해 우리는 미리암 라베스(Miriam Labes)를 초빙했다. 그녀는 캘리포니아의 아르카타(Arcata)에 있는 자신의 표현예술 작업실에서 개인치료를 하고 있는 열정적인 치료사이다. 이 워크숍에 대한 광고가 우리 팀이 처음으로 하는 임무였다. 우리는 다음과 같은 광고를 생각해 냈다.

워크숍의 제목과 초대장은 다른 민족집단을 이해하고자 하는 사람들의 참가를 격려한다.

## 평화로운 미래를 위해 이스라엘 여성과 팔레스타인 여성이 서로 화해하기

분리되어 있는 사람들을 서로 연결하기 위해 경청 기술과 표현예술을 사용하기

이스라엘 사회가 나라의 미래에 대한 중요한 결정을 해야 할 때 이스라엘과 팔레스타인 분파들은 두려움과 좌절, 소외감을 조장한다. 이제 여성활동가들이 이 갈등을 해결하는 데 핵심 역할을 할 것이다.

우리는 이스라엘과 팔레스타인 여성활동가들에게 인간중심 표현예술 워크숍을 제안한다. 인간중심 접근법의 철학은 만약 공감적이고 진실하며 따뜻한 환경이 주어진다면 모든 사람은 자기 스스로 결정을 내릴 능력을 가지고 있다는 사실을 존중하는 것이다. 안전한 공간이란 대화와 개인적 이야기, 그리고 때로는 갈등이 발생할 수도 있는 곳을 말한다. 팔레스타인 여성들은 팔레스타인과 이스라엘 두 곳에서 초대받아 온 사람들이다.

표현예술 치료사, 평화운동가, 그리고 남녀평등주의자인 우리는 화해를 촉구하는 데 있어서 여성의 역할이 중요하다고 믿는다. 이스라엘과 팔레스타인 여성들은 얼마 동안 서로 대화를 시도하려고 한다. 사랑과 희망을 주는 여성 지도자들과 여성 정책 입안자들이야말로 중동 지역 미래의 핵심 인물이다. 이 워크숍을 통해 두 집단 여성들은 서로 개인적·정치적 상황에 대해 더 깊이 이해하는 기회를 갖게 되고 몇 가지 건설적인 행동지침을 빈틈없이 계획하는 시간을 갖게 된다.

전화와 이메일을 통해 서로 연락을 취하면서 우리의 우정이 깊어졌을 때 두 동료와 나는 평화와 화해를 촉진하는 데 있어서 여성의 역할이 중요하다는 사실에 동의했다. 우리는 양쪽 집단 모두 결국에는 승자가 되도록 협동과 타협이라는 목적을 가지고 양측의 요구에 귀를 기울이는 것이 필요하다고 강조했다. 우리의 목적은 워크숍 후 또 다른 사람들에게 동일한 워크숍을 제공할 수 있는 소집단의 지도자를 훈련하고, 그들이 갈등을 해결하는 평화적인 방법을 모색하도록 돕는 것이었다. 우리는 최적의 의사소통을 위해 히브리어를 말할 수 있는 사람에 한해서 참가할 수 있도록 제한했다. 이스라엘에 거주하는 팔레스타인인은 이스라엘에서 히브리어를 사용하기 때문에 그런 여성을 찾기란 쉬웠다. 하지만 미국인인 우리 두 사람을 위해서 쉴 새 없이 히브리어를 영어로 통역했다.

집단의 대상을 모으기 위한 광고를 만들면서 촉진자들은 워크숍의 진정한 목적을 되새기게 된다. 사용된 단어들이 많은 것을 전달한다. 처음에는 장황하고 명확하지 않은 단어를 많이 사용하지만 우리는 가장 숭고한 우리의 희망을 기억하면서 힘을 합쳐 간결하고 강력한 문구를 만들었다.

## 고무적인 장소

이틀간의 워크숍 중 첫날 아침 모임에서 우리는 아랍어로 와하트 알살람(Wahat al-Salam)이라고도 알려져 있는 이스라엘의 네베샬롬(Neve Shalom, 히브리어로 '평화 마을')에 있는 한 커다란 공간에서 만났다.

우리는 시골에 있는 아름다운 장소를 골랐다. 그곳은 주변을 둘러싸고 있는 언덕이 보이고 공기가 잘 통하고 빛이 잘 드는 공간이었다. 이런 환경이 개인적으로 솔직함을 불러일으킨다.

## 자기소개와 서로 친숙해지기

우리는 참가자들이 도착할 때 한 사람씩 반갑게 맞이했다. 그것은 마음을 따뜻하게 하고 안전함을 느끼게 한다. 즐거운 음악이 분위기를 한층 북돋았다. 우리는 제5장에 언급한 '서로 친숙해지기' 활동 몇 가지를 사용해서 동작을 하면서 서로를 알아 가는 시간을 가졌다. 참가자들이 방 안을 돌아다니면서 말을 하지 않고 서로 옆을 지날 때마다 팔꿈치를 가볍게 부딪히고 어깨를 스치고, 마지막으로 모든 참가자와 눈을 맞추었다. 우리는 참가자들에게 자신을 간단하게 소개하도록 했다. 그리고 촉진자인 우리 여성(어머니, 딸, 직업인 등)으로서 우리가 누구인가를 간단하게 요약해서 소개하는 것은 나누는 내용을 지적인 차원에 국한시키지 않고, 개인적인 이야기를 나누도록 촉진한다. 조심스럽게 워크숍 지침(촉진자들이 제안하는 모든 것을 할 필요는 없다는 것까지 포함해서)에 대해 설명하는 것은 집단의 안전과 개인 역량강화를 위해 반드시 필요하다.

워크숍 초반에 참가자들을 일어나게 해서, 의자에서 벗어나게 함으로써 앉아서 듣는 패턴을 깬다. 이것은 자신의 몸과 교감하고 근육의 긴장을 풀어 주는 기회이다. 방안의 에너지가 딱딱하고 두려움이 가득하던 분위기에서 자유롭고 이완된 분위기로 재빨리 바뀐다.

집단에서 개인적인 이야기를 나눌 정도로 충분한 신뢰를 쌓는 데는 시간이 필요하고, 자신의 감정에 집중하는 것과 촉진자들이 판단하거나 비난하거나 누구 편을 들지 않을 것이라는 느낌이 필요하다.

도 소개하고 워크숍의 목적과 지침을 알려 주었다.

그다음 우리는 여성들에게 다음과 같이 제안했다. "방안을 이리저리 다니면서 여러분이 어디에 긴장을 담고 있는지 그곳에 집중해 보세요. 신체 중 어느 부분에서 긴장을 느끼나요? 이 음악에 맞춰 부드럽게 움직일 때 그 긴장을 이완할 수 있는지 보세요. 동작을 통해 스트레스를 표출하는 방법을 찾아보세요."

촉진자들과 함께 9명의 유대인 여성과 7명의 팔레스타인 여성이 작곡가 겸 가수인 엔야(Enya)[2]의 음악에 맞춰 부드럽게 움직였다. 팔은 높이 뻗어 올리고 발은 쿵쿵 구르고 몸은 땅에 닿도록 구부렸다. 한 젊은 여성은 단호하고 빠른 속도로 다른 여성들 사이를 누비고 다녔다.

오전의 첫 탐색활동의 목표는 새로운 환경에서 편안함을 느끼고 신체의 긴장을 이완시키고 비언어적 활동을 통해 신뢰를 쌓는 것이다. 어느 집단에서든 처음 만나는 사람들은 수줍고 불안하고 두렵고 알고 싶으며 흥분된 감정을 느낀다. 이 특별한 참가자들(유대계 이스라엘인과 팔레스타인계 이스라엘인) 사이에는 역사적인 배경뿐 아니라 현재 정치적 장애물도 존재했다. 그들은 아마 경청하는 안전한 분위기에서 자신들의 개인적인 이야기를 나누면서 그 장애물을 줄이는 법을 배우고자 이 워크숍에 왔을 것이다.

한 참가자는 워크숍에 참가하기 위해 아기를 돌볼 사람을 찾는 것이 어려웠다고 말했다. 이릿이 연민을 느끼며 "여기에 참가하기 위해 많은 노력을 하셨군요."라고 반응했다.

다른 한 여성은 "이런 상황이 매우 새롭고 생소하게 느껴져요."라고 말했고, "이런 집단에 있는 것이 쉽지 않죠."라고 내가 반응했다.

세 번째 사람이 "내가 왜 여기 왔는지, 이 워크숍은 어떤 효과가 있을지 잘 모르겠어요."라고 하자, 미리암이 "어떤 결과가 나올지에 대해 의구심이 드는군요."라고 반응했다.

자유로운 동작을 하는 시간에 우리 세 촉진자들은 집단 구성원들과 함께 방 안을 돌아다니면서 그들에게 알려 줄 지침을 말했다. 그러면 그 지침을 히브리어로 통역을 했다. 우리는 참가자들을 보기를 원했고, 참가자들은 우리가 봐 주기를 원했다.

우리는 참가자들에게 누군가의 옆으로 조용히 지나갈 때 그 사람과 눈을 맞출 것을 제안했다. 서정적인 음악이 계속 흘러나오고 모든 면에서 적이었던 여성들이 서로의 눈을 바라보며 '상대방'의 영혼을 들여다보는 것이다.

이것은 촉진자들이 각 여성들의 이야기에 공감적으로 반응하는 것이다. 우리 목소리의 톤, 깊은 배려와 이해를 통해 집단의 신뢰가 쌓이기 시작한다.

자유로운 동작을 촉진자들이 함께할 때 촉진자로서 가지는 긴장감을 해소할 수 있다. 그것은 또한 우리는 '참가자 여러분들을 관찰하기'보다 '당신들과 함께하기를 원합니다'라는 의미가 포함되어 있기도 하다.

## 예술을 통해 내적 · 외적 평화 경험하기

### 탐색활동

우리는 서로 깊이 이해하기 위해서 한 가지 예술활동을 제안했다. 이 활동은 세 가지 그림을 그리는 것이다.

1. 평화. 당신이 경험한 내적 그리고 외적 평화는 어떤 것인가?

2. 평화를 방해하는 것. 평화를 방해하는 요소 중에서 당신이 경험한 것은 어떤 것인가?

3. 평화를 방해하는 것을 극복하기. 평화를 방해하는 요소를 극복하는 데 대한 당신의 개인적인 생각은 무엇인가?

우리는 모두에게 다음과 같은 지침을 주었다. "세 장의 커다란 종이와 파스텔이나 오일 파스텔 한 통씩 준비하고 작업하기 편한 장소를 찾으세요. 모든 사람이 준비되면 그다음 순서를 설명하겠습니다."

나이가 좀 든 여성들이 한 테이블에 모였다. 상대적으로 젊은 여성들은 바닥에 앉았다. 라트룬 계곡(Latrun Valley)을 마주보고 경사가 완만한 푸른 언덕이 창밖으로 내

신체적 긴장이 해소되면 집단 내 다른 사람들과 친해지기가 쉬워진다. 음악에 맞춰 움직이면서 눈 맞추기를 하는 것은 새로운 사람을 알아가는 데 있어서 편안하고 효과적인 첫 단계이다.

우리는 이 집단을 위해 특별히 이 활동을 고안했다. 하지만 촉진자들은 다른 집단에도 이 활동을 쉽게 사용할 수 있다.

려다보이는 큰 공간에서 워크숍을 하는 것은 행운이었다. 여성들은 각각 종이 세 장을 겹쳐서 백보드에 고정시켰다.

"잠시 동안 눈을 감고 종이의 질감을 느껴 보세요."라고 우리가 말했다. 대화가 중단되고 손이 종이를 탐색하는 동안, 명상적인 분위기가 방을 가득 채웠다. "종이의 질감을 느끼면서 평화에 대한 생각과 감정에 집중합니다. 여러분의 몸이 평화를 경험하도록 하세요. 음악을 켜겠습니다."[스티븐 헬펀(Steven Halpern)[3]의 '내적 평화'] "눈을 감은 채 음악을 들으면서 음악의 리듬에 맞춰 손이 공중에서 춤을 추도록 해 보세요."

"준비가 되면 언제든지 눈을 뜨고 평소에 사용하지 않는 손, 또는 양손으로 색을 선택합니다. 어떤 것이든 종이 위에 자유롭게 표현하세요. 결과에 대해 걱정하지 마세요. 가장 중요한 것은 과정임을 기억하세요. 5분 동안 이 작업을 하겠습니다. 여러분이 지금 하고 있는 활동에는 옳고 그름이 없습니다."

참가자들이 내적 평화를 느끼도록 동기를 부여하면서 명상적인 분위기로 참가자들을 초대하면, 그들은 먼저 자신의 희망과 꿈을 발견한다. 이것은 그들의 좌뇌 영역을 사용하는 것에서 우뇌활동으로 데려가 직관과 창조성이 흘러나오게 된다. 이 활동은 아름다운 예술작품을 만드는 데 초점이 있는 것이 아니라 그 과정에 초점을 두는 것임을 확인하는 것이다. 그것은 참가자들이 자신의 내적 비판에서 해방되는 데 도움이 된다.

여성들이 차가운 종이의 질감을 경험하기 위해 손바닥을 종이에 올려놓으면서 분위기가 숙연해졌다. 우리는 그들이 파스텔로 종이에 그림을 그리면서 깊이 집중하는 모습을 지켜보았다. 그들이 작업을 마쳤을 때 우리는 그들이 일어서서 자신의 작품을 바라보도록 했고 선과 리듬, 색을 보면서 영감이 떠오르는 대로 몇 가지 동작을 해 보라고 제안했다. "동작을 하는 동안 어떤 단어가 떠오르면 그 단어를 종이에 적으세요."

참가자들은 같은 절차를 반복해서 나머지 두 그림도 그렸다. '평화를 방해하는 것'과 '그 방해하는 것을 극복하기'. 여성들이 예술 작업과 글쓰기를 통해 내면 여행을 하는 동안 신성함이 공간을 가득 채웠다.

그다음에 다음과 같은 지침을 주었다. "세 가지 그림을 다 마쳤으면 다음 단계는 여러분이 느끼는 평화로움을 나타내는 자세를 취하는 것입니다. 그런 다음, 평화를 막는 방해물을 상징하는 자세도 취해 봅니다. 몇 분 동안 이 두 가지 자세를 번갈아 가며 취하면서 동작을 바꿀 때 무엇이 필요한지 알아봅니다. 당신의 몸이 알려 주도록 두세요."

우리는 그들이 평화를 표현하는 의미 있는 자세를 발견하는 모습을 보았다. 어떤 참가자들은 팔을 밖으로 뻗었고 또 어떤 이들은 앉은 자세로 명상을 했다. 그런 다음 각 개인은 평화의 방해물을 표현하는 자세로 바꾸었다. 성난 몸짓이 대부분이었다. 우리는 그들이 한 가지 자세에서 다른 자세로 천천히 옮기는 것을 보았고, 그들이 동작을 바꾸면서 무엇을 경험하고 있는지 궁금했다.

음악과 동작은 참가자들이 자신들의 감정을 지적으로 그리고 운동감각적으로 인지하도록 도와준다. 따라서 그들은 생각, 감정, 이미지를 종이 위에 표현하고 몸속에 있는 색과 이미지를 감지하며, 기록하기 위해 더 많은 감정과 생각을 창조한다. 한 예술 과정이 그다음 예술 과정을 자극하고 심화시킬 때 집단 구성원들은 통찰력과 창조성이라는 내적 영역에 눈을 뜨게 된다.

## '상대방'과 의사소통하기

그다음 여성들은 다른 민족집단에 속한 누군가와 자신의 작품과 그 작품을 만드는 과정에 대해 나누었다.

매우 활기차게 서로 이야기를 나누면서 30분이 지났다. 그런 다음 우리는 전체 집단에서 이야기를 나누었다. 한 유대인 여성이 자신의 과정에 대해 나누었다.

> 내가 두려워하지 않고 이것을 이야기 하고... 내 몸과 교감하는 것은 중요합니다. 음악에 맞춰 첫 번째 그림을 그릴 때, 나는 색깔을 임의로 골랐습니다. 각 색깔이 상징하는 의미에 얽매이지 않으려고 노력했어요. 그러나 놀랍게도 나에게 밝은 파랑색은 기쁨과 열린 마음, 그리고 미래를 바라볼 수 있는 것을 상징했습니다. 일어나서 작품이 있는 곳으로 다가갈 때 '의지'라는 단어가 떠올랐습니다. 나에게 '의지'는 신뢰, 편안함, 두려움 없이 눈을 감을 수 있는 것을 의미합니다. 마치 요람 속에 있는 것처럼.

집단 구성원들의 수가 홀수였기 때문에 이릿이 한 참가자의 파트너가 되었다. 또 다른 방법은 마지막 쌍은 세 사람이 함께 나누는 것이다.

> '평화를 막는 방해물에 대한 내 경험'이라는 두 번째 그림에는 오렌지색으로 X자가 그어져 있습니다. 이것이 평화를 방해하는 요소에 대한 이미지입니다. 이 그림을 그리는 과정은 내 몸의 아랫부분, 즉 내 열망을 담고 있는 부분에서 나왔습니다. 강한 X자는 상대편의 말을 들어보지도 않고 그의 의견을 무시해 버리는 것을 표현한 것입니다.... 그것은 시끄러운 소음이 되고 나는 두통을 느낍니다.

> 세 번째 그림은 방해물을 극복하는 것을 상상한 그림입니다. 매우 희미한 그림입니다. 여기, 숨을 쉴 수 있는 가능성이 있습니다.... 한 발 뒤로 물러나서 나 자신이 새로워지는 것입니다.

"내가 두려워하지 않는 것이 중요합니다....
나에게 '의지'는 신뢰와... 두려움 없이 눈
을 감을 수 있는 것을 의미합니다."
(유대인 여성)

"나의 두 번째 그림은 '평화를 막는 방해물에 대한 내 경험'입니다.
X자는 상대편의 말을 들어보지도 않고 그의 의견을 무시해 버리는
것을 표현한 것입니다.... 그것은 시끄러운 소음이 되고 나는 두통
을 느낍니다." (유대인 여성)

빨간 점들은 지워질 수 없는 역사입니다. 세계 역사죠. 우리는 역사의 그 발자취들을 존중하
는 것 같지 않습니다.

나의 찢어진 부분을 치유하는 것은 숨 쉬는 것과 같습니다. 다시 채우기 위해 자신을 비우는
것 말입니다. 치유될 수 없는 것이 있다는 것도 사실인 것 같습니다. 치유되지 않는 상처, 긁
힌 자국, 딱지도 있습니다.

다음은 아랍 여성이 자신의 그림에 대해 나눈 것이다.

나의 첫 번째 그림은 파란 하늘과 푸른 잔디가 있는 봄에 대한 것입니다. (애원하는 듯한 목소
리로) 우리 모두는 왜 봄의 식물처럼 되지 못하는 걸까요?

나는 두 번째 그림을 검은 종이 위에 그렸습니다. 이것은 그 장벽 옆에 있는 예루살렘 내부입
니다. (그녀는 이스라엘이 웨스트 뱅크 안에 짓고 있는 벽을 말했다. 그 장벽은 마을과 도시,
영토를 분리시키는 6미터 높이의 콘크리트 장벽이다.) 여러분은 유대인 지역과 팔레스타인
지역 간의 차이를 보고 있습니다. 유대인에 속한 부분에는 나무와 건물이 있고 모든 것이 푸
른색입니다. 팔레스타인 지역에는 아무것도 없습니다. 산책을 하러 갈 때 나는 어둠을 느낍니
다. 초목이라고는 찾아볼 수가 없습니다. 오로지 유대인 지역에만 초목이 있습니다. 너무 마
음이 아픕니다.

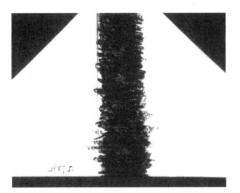

"콘크리트 벽이 우리 공동체를 분리시킵니다."
(아랍 여성)

"이 상황에서는 정의라고는 찾아 볼 수가 없습니다."
(아랍 여성)

세 번째 그림은 내 가족에 대한 것입니다. 가족은 내가 생각하고 싶은 대상입니다. 정부에는 아무리 노력해도 아무런 변화가 일어나지 않지만 내 가정에서는 상황을 더 좋게 하기 위해 뭔가를 할 수 있습니다. 나는 집에서만 영향력을 발휘할 수 있습니다!

## 인간중심 집단 촉진하기 : 대조와 쟁점

우리가 진행하고 있던 과정을 되돌아보면서 내가 "우리는 여기서 깊은 고통에 대해 듣고 있습니다. 한쪽에는 거의 아무것도 없는데, 장벽 너머에 있는 다른 쪽에는 풀과 나무가 있고 풍성함이 있는 것을 볼 수 있습니다. 이것이 차별을 조장하는 정책과 관련이 있다고 이해되는데 내 생각이 맞습니까?"라고 말했다.

참가자들은 이 활동을 통해서 정치적인 주제를 추상적인 방법이 아니라 매우 개인적인 방법으로 나누게 되었다. 개개인은 정치적 상황 때문에 생긴 개인적인 일들에 대해 이야기했다. 한 모슬렘 여성이 자신의 그림을 들어올렸다. "나는 이 상황에 엄청난 좌절감을 느낍니다. 이 불평등한 상황에 대해 내가 할 수 있는 것은 아무것도 없다는 사실이 억울합니다."

이릿이 "저도 역시 무력감을 느낍니다. 이것은 여러분의 책임이기도 하지만 (유대인으로서) 제 책임이기도 합니다."

집단에서 나타나는 강한 차이를 이런 공감적인 방법으로 요약하는 것은 인간중심 촉진 과정의 일부분이다.

"장벽 너머 저쪽에 있는 것을 나도 원합니다. 유대인 지역에는 나무와 건물이 있고 모든 것인 초록색입니다. 팔레스타인 지역에는 아무것도 없습니다. 마음이 너무 아픕니다." (아랍 여성)

"기능에 대한 우리의 능력은 단절되었습니다." (아랍 여성)

한 유대인 여성은 "나는 평화를 사랑합니다. 나는 가족과 인생도 사랑합니다. 그리고 지금 이 집단에 있어서 행복합니다. 하지만 이스라엘은 이스라엘의 성장에 모슬렘들을 동참시키지 않고 동일한 권리와 기회를 제공하지 않는 큰 실수를 범했습니다. 이제 우리는 시한폭탄을 가지고 있습니다. 아랍계 이스라엘인을 모든 아랍인에게로 나아가는 교량으로 보지 않고 오히려 그들을 소외시켰습니다. 예를 들면, 법은 아랍인과 유대인을 같은 수를 고용하도록 규정되어 있습니다만, 이스라엘 공무원 중 2%만이 아랍계입니다."

다른 유대인 여성이 그녀를 맞받아쳤다. "그럼 왜 당신들이 외치지 않았습니까?"

그러자 한 팔레스타인 여성이 덧붙였다. "팔레스타인 여성으로서 우리는 미운 오리새끼 콤플렉스 때문에 고통받고 있습니다. 우리는 어떻게 외쳐야 할지도 모릅니다. 우리는 유대인 여성들의 도움이 필요합니다. 10월 폭동은 아랍인들이 변하고 있음을 이스라엘 정부에 알리는 경종과 같은 사건이었습니다. 그들은 아직도 우리가 낙타를 타고 다닌다고 생각하는 모양입니다! 그들(이스라엘인)은 그것을 폭동이라고 부르지만 우리는 그것을 하나의 시위라 부릅니다. 우리의 진정한 적은 검열제도라고 생각합니다. 모든 TV 채널에서 아랍어 뉴스는 하루에 30분밖에 안 합니다. 우리는 정보를 얻을 길이 없습니다."

한 모슬렘 여성이 말했다. "당신은 우리가 외쳐야 한다고 말했는데 1948년 이후로 우리 아이들은 학교에서 우리들의 진정한 역사를 배울 기회를 박탈당했습니다. 아이들은 우리가 점령당하고 있는 것에 대해 전혀 배우고 있지 않습니다. 우리가 점령을 당하고 산다는 현실을 직면하고 싶지 않기 때문에 점령하에 있는 사람들은 술에 취하고 게으른 것처럼 보입니다. 우리는 부인하고 있습니다. 우리는 평화롭게 살고 싶습니다. 머지않아 우리는 마땅히 받아야 할 권리를 받을 가치가 없다고 믿게 될 것입니다.”

이즈음에 이르자 아랍 여성들은 자신들의 분노와 좌절감에 대해 계속 이야기할 정도로 충분히 안전함을 느끼고 있었다. 평화운동을 하는 몇몇 유대인 여성은 귀를 기울여 들었다. 한 모슬렘 여성이 이렇게 말했다. “만약 학교에서 점령에 대해 배우지 않으면 유대인 아이들조차 그것을 전혀 배우지 못할 것입니다.”

또 다른 모슬렘 여성이 덧붙였다. “3명의 의사가 쓴 아랍인의 정체성과 소속감에 대한 책이 있습니다. 이 책은 학교에서 금지되었습니다. 이스라엘 교육부 장관이 그 책을 금지시켰습니다. 우리 아이들은 자신이 누구인지 진정한 느낌을 갖고 있지 않습니다. 하지만 우리는 우리 민족의 역사를 친구들에게 전달하고 우리 자녀들에게 가르칠 수 있습니다! 우리는 그 책을 집집마다 전달할 수 있습니다. 지금이 바로 그때입니다! 나크바의 첫 세대들에게 거리낌 없이 말하고 우리들에게 정보를 전해 달라고 요청할 수 있습니다.”

‘나크바(Nakba, 재앙 혹은 정치적 대변동)’라는 말은 두 번의 추방을 의미한다. 1948년 팔레스타인에 거주하던 아랍인들이 자신들의 집에서 처음으로 추방되었다. 1967년 그들은 다시 집에서 추방되었고 땅을 몰수당했다.

이 시점까지 유대인 여성들은 공감하면서 모슬렘 여성들의 말을 듣고 있었다. 그들은 이미 그 상황을 알고 있었고 모슬렘 여성들의 말에 반박하거나 역사적인 견지에서 이스라엘의 입장을 옹호하지 않았다. 하지만 그다음 만남에서 한 유대인 여성은 모슬렘 여성들에게 그들의 힘을 정치적으로 보여 주라고 응원했다.

> 인간중심 촉진의 한 측면은 그런 토론이 계속되는 동안 태도와 신체 언어로 온전히 깨어 있는 상태를 유지하는 것이다. 참가자들은 우리가 그 자리에 함께 있고 경청하면서 강한 반대의견이 있을 경우라도 안전하게 지켜 줄 것임을 안다.

## 드러난 갈등

한 유대인 여성이 물었다. “여러분(모슬렘 여성들) 중 몇 명이 최근 선거 때 이스라엘 국회를 대표하는 국회의원을 뽑는 데 권리를 행사했습니까?" 침묵이 흘렀다. "이스라엘 국회에 아랍인들의 의견을 대변해 줄 20명의 아랍인 국회의원이 선출될 수도 있었을 텐데 팔레스타인 아랍인들이 권리를 행사하지 않아서 너무 실망스럽습니다."

한 유대인 여성이 "여성으로서 나는 투표를 하지 않았습니다. 남자들이 통제하는 데 지쳤습니다. 여성당이 있으면 좋겠습니다!"라고 반응했다.

또 다른 유대인 여성은 "이것은 권리에 대한 문제가 아닙니다."라고 말했다.

긴장감이 높아지고 여성들은 서로의 말을 듣고 있지 않았다. 서로의 의견에 귀를 기울이도록 하기 위해 나는 "심호흡을 한 번 합시다. 잠시 동안 조용히 있도록 하겠습니다."라고 제안했다. 침묵을 지키는 사람도 있고 눈물을 흘리는 사람도 있다. 나는 계속 이어 갔다. "저는 양쪽 모두가 가지고 있는 깊은 고통과 두려움, 좌절감, 분노의 말을 듣고 있습니다. 서로의 말을 계속 들을 수 있는지 봅시다."

한 모슬렘 여성이 말했다. "다음 달에 이스라엘의 독립기념일이 있습니다. 우리는 항상 그날을 축하하도록 강요받았습니다. 올해 내 아이들은 그것을 축하하지 않기로 결심했습니다. 그 아이들은 더 많은 걸 알고 있습니다. 그날이 우리의 독립기념일이 아닌 것도 압니다. 제 아들은 서른세 살 입니다. 그 아이가 열네 살이었을 때, 제가 그것을 설명해 주었습니다."

긴장감이 너무 고조되어서 참가자들이 서로의 말에 귀를 기울이지 않을 때 해결책을 제시하는 것이 아니라 '잠시 휴식'을 취하면서 내면을 살피고 서로에게 반응하기 전에 깊이 생각해 보도록 중재하는 것이 도움이 된다.

촉진자는 자신이 부당한 상황을 만들었다는 말을 듣게 되면 자신의 입장을 변호하지 않고 즉시 인정함으로써 신뢰를 회복할 수 있다.

토론은 계속되었고, 특히 모슬렘 여성들이 아랍어로 서로 의견을 주고받았다. 이릿은 참가자들이 부분적으로 대화를 나누기보다는 전체 집단에서 의견을 나누도록 제안했다. 한 팔레스타인 여성이 이렇게 반응했다. "아랍어로 이야기를 나누는 것은 나에게 자연스러운 것입니다. 그런데 여기서도 뭔가(나의 아랍어)를 포기하도록 강요받는 것 같군요."

이릿은 그녀의 관점을 이해했고 "여기서 아랍어를 사용하지 못하는 것이 당신에게 부당하게 느껴지는군요. 워크숍 광고지도 히브리어와 영어로만 인쇄되고 아랍어는 제외되었네요."라고 말했다.

한 유대인 여성이 아랍어를 빠뜨린 부분에 대해 온정을 느끼며 말했다. "우리가 말하는 것을 영어뿐만 아니라 아랍어로도 통역할 필요가 있습니다."

한 팔레스타인 여성은 "이것은 나에게 고통스러운 주제입니다. 나는 사회복지사인데 일할 때는 사람들에게 아랍어로 말하지만 보고서는 히브리어로 써야 합니다. 아랍어를 사용하지 않으면 내 아랍어 능력을 잃어버리게 됩니다. 히브리어가 내 생각과 삶을 침해하고 있습니다."라고 말했다.

이릿이 "맞아요. 여기에 2명의 유대인 촉진자가 있는데 1명은 이스라엘에서, 또 1명은 미국에서 왔습니다. 하지만 팔레스타인 촉진자는 없군요. 다음 워크숍에서는 꼭 팔레스타인 촉진자를 찾겠습니다."라고 말했다.

또 한 여성은 자신의 작품 만드는 과정을 나누기 위해 자신이 그린 세 장의 그림을 가져왔다.

> 나는 색을 골랐습니다. 약간의 초록색이 섞인 노란색은 팔레스타인 집입니다. 유대인 집에는 검은색 담장이 있습니다. 이것은 그들의 영혼 안에 있는 담장입니다. 우리도 담장을 가지고 있다는 사실을 압니다. 우리는 많은 공통점을 가지고 있습니다. 집은 우리 삶의 근원을 상징합니다. 집은 삶의 모든 것을 의미합니다. 또한 여기 검은 부분이 있습니다. 우리 모두는 이 주제를 잘 다루어야 합니다!
>
> 이 두 번째 그림은 우리 모두에게 보다 더 강한 것이 있다는 걸 보여 줍니다. 바로 우주의 평화입니다. 미국의 쌍둥이 빌딩을 향해 비행기가 날아가는 9월 11일 사건이 있었습니다. 그 참극을 벌인 건 인간이 아닙니다! 그 사건은 온 세상을 검은색으로 물들였습니다. 그 테러범들은 극단주의자들이었습니다. 그 사건이 평화에 대한 꿈을 없애 버릴까 봐 두렵습니다. 희망이 무너졌습니다! 모두가 아랍인들이 그렇게 했다고 생각합니다. 하지만 한 민족으로서 우리는 그것과 아무런 상관이 없습니다.
>
> 세 번째 그림은 우리 마을입니다. 유대인과 모슬렘 사이에는 많은 공통점이 있습니다. 여기에 나는 자살폭탄으로 스스로의 삶을 포기하는 사람들 대신 평화로운 짐마차를 그렸습니다. 항상 너무나 많은 보복이 있습니다. 대지를 피로 물들이지 말고 장미를 심읍시다.

> 숙련된 촉진자는 계획 단계의 실수를 인정한다. 많은 촉진자는 이런 경우에 우리 세 사람이 촉진자가 된 이유를 설명하거나 변호할 것이다. 여기서 이릿은 팔레스타인 여성들의 고통을 인정하고 다음 워크숍에서 그 상황을 바꾸는 것에 동의했다. 이런 수용이 있었으므로 그 작업을 계속 진행할 수 있었다.

첫날 아침 분위기는 산만하고 혼란스러웠다. 여성들은 자녀의 전화를 받으러 밖으로 나가기도 했다. 점심식사 후, 많은 사람들은 모슬렘 여성들이 어디 있는지 궁금해 촉진자는 집단 구성원들의 필요를 충족하기 위해 유연한 자세를 갖고 시간표를 조정할 책임이 있다.

늘 그렇듯이 배경과 견해가 다른 사람들이 모이면 지적이고 추상적인 토론이 종종 논쟁과 비난의 시간으로 바뀐다. 여기서 우리는 '지배하는 힘'을 가진 사람들과 '그 힘 아래에 있는' 사람들을 다루고 있었다. 예술활동을 하기 위해 토론을 잠시 중단하는 것이 마치 토론을 끝내는 것처럼 보일 수도 있다. 우리가 제공하는 예술활동은 여성들이 이론적인 생각보다는 자신들의 개인적·정치적인 감정과 만나도록 도와준다. 예술 과정의 결과물을 가지고 나누면 그 토론은 정치적 체계 내에서의 개인적인 표현이 되고, '상대편'은 더 쉽게 귀를 기울일 수 있다.

하며 자리에 앉아서 기다리고 있었다. 왜 이렇게 안 오지? 화가 나기 시작했다. 그들은 돌아와서 다음과 같이 설명했다. "처음에 지침에서 말해 준 대로 우리는 우리 자신을 잘 챙기고 있습니다. 우리는 하루에 다섯 번씩 정해진 시간에 기도를 해야 합니다."

모슬렘이 아닌 우리는 그들의 종교적 관습에 대해 무지했음을 깨달았다. 그들의 종교의식에 대한 토론이 이어졌고, 그들의 기도 시간에 맞추기 위해 다음 날 시간표를 수정했다.

기도와 기도하기 전에 반드시 샤워를 해야 하는 관행에 대해 나누면서 월경과 각기 다른 문화와 다른 세대에서 여성을 대하는 남성의 태도에 대해 깊이 있는 토론이 이루어졌다. 신속하게 흐르는 대화 속에 모유 수유, 산아 제한, 신, 기도에 대한 다양한 의견이 나왔다. 온화한 반론뿐만 아니라 웃음이 넘쳤고, 곤경과 여성이 가진 힘에 대해 서로 이해할 수 있었다.

오후의 표현예술활동을 통해 참가자들은 평화와 평화를 막는 방해물, 그리고 특히 민족 간의 관계에 대한 그들의 생각과 느낌을 계속 나눌 수 있었다. 이 주제에 대해 토론하면서 분위기가 다시 한 번 고조되었다. 감정과 반응이 격해져 다른 사람의 의견을 듣는 것이 어려웠다. 많은 참가자들이 서로 이해하려는 노력을 멈추었다.

## 촉진자들의 협동 : 관찰한 내용을 공유하기

오후 세션을 마칠 때까지 우리는 다양한 주제를 탐색했다. 촉진자 회의에서 미리암이 그 내용을 다음과 같이 요약했다.

집을 안전하게 지키기

자신을 돌보고 타인들을 돌보기

지배받는 사람들과 지배하는 사람들

억압과 자유

직면과 연결

평화와 전쟁

슬픔과 고통, 유머와 기쁨

침범당함과 지지받음

알려진 것과 알려지지 않은 것

개인적인 것과 정치적인 것

상처와 치유

두려움과 사랑

## 리더십 나누기

오후 세션을 마치기 전에 우리는 "저녁 세션은 여러분들이 공동으로 진행할 것입니다."라고 공고했다. 저녁 세션에 모였을 때 이 여성들의 창조성이 온전하게 발휘되었다. 그들은 각자 그들 문화에서 온 노래를 부르고 춤을 추었다. 웃음, 음악, 협동, 춤이 주는 치유가 가득했다. '당신과 내가 세상을 바꿀 수 있어요'라는 노래가 나오자 그들은 유대인과 팔레스타인 스타일의 서클댄스를 화려한 스카프를 흔들면서 추었다.

## 탐색활동 : 점토를 사용해 의사소통하기

둘째 날 아침에 점토를 사용해 무언의 대화를 하였다. 우리는 여성들에게 '다른' 민족집단에서 파트너를 찾도록 제안했다. 그들은 작은 탁자에 서로 마주 앉아서 가운데에 커다란 종이 한 장(18″ × 24″)을 놓았다. 각 여성은 커다란 점토를 한 덩어리씩 가지고 있었다. 지침은 한 사람이 종이 위에 점토(어떤 모양이든 상관없음)를 놓는다. 그녀의 파트너는 자신이 가지고 있는 점토로 새로운 모양을 만들어서 자신이 원하는 곳에 놓는다. 첫 번째 여성이 탑을 만들어서 종이 위에 놓는다고 치자. 그러면

촉진자로서 우리는 집단 내에서 어떤 일이 일어나고 있는지 서로 확인할 필요가 있고 또 그러기를 원한다. 우리는 서로 이해하기 위해 각자 관찰한 것과 느낀 감정을 공유한다. 촉진자들 중 한 사람이 불안해하거나 자기비판적인 느낌을 갖는다면 우리는 온정과 지지를 담아 그 말을 듣는다. 다른 촉진자의 어떤 행동이나 나태함 때문에 한 촉진자가 화가 난다면 그것 또한 표현되고 해결되어야 한다. 참가자들은 촉진자 팀이 얼마나 잘 돌아가는지를 민감하게 느낀다. 가정에서 자녀들이 부모의 무언의 행동을 잘 감지하듯이 참가자들은 자신들의 리더 사이의 해결되지 않은 의견대립에 민감하다. 촉진자들은 서로를 지지할 뿐만 아니라 자신의 마음을 열고 정직해지는 법을 알아야 한다.

저녁 세션 때 리더십을 참가자들에게 맡김으로써 촉진자들은 촉진해야 하는 책임에서 자유롭다. 이렇게 함으로써 참가자들은 자신들의 역량을 강화하고 함께 일하는 법을 배울 기회를 갖는다. 함께 즐거운 시간을 갖는 것은 삶의 깊은 좌절감을 나누는 것만큼 치유적일 수 있다.

이 활동은 여성들이 말을 하지 않고 친밀한 상호작용을 하도록 한다. 다른 사람이 만들어 놓은 것에 자신의 점토를 얹음으로써 '다른 의견'을 표현하고 상호작용을 하는 기회를 가진다. 말로 나누기 전에 각자에게 글로 적어 보면 나눔에 진정성을 더하게 된다. 자신의 생각을 먼저 글로 적으면, 사람들은 즐거움뿐만 아니라 좌절감에 대해서도 더욱 정직해지는 경향이 있다. 적은 것을 소리 내어 읽는 것은 두 사람 사이에 존재하는 진짜 문제를 깨닫도록 도와준다.

두 번째 여성은 머리 모양을 그 탑 위에 올려놓아서 작품의 의미를 바꿀 수도 있다. 말을 하지 않으면서 첫 번째 파트너가 만든 모양이 수용될지 아니면 그것이 어떤 모양으로 바꾸어질지는 그 활동의 역동성의 일부이다. 한 사람이 자신이 만든 것을 지키기 위해 그것을 자신 쪽에 있는 종이의 모퉁이에 놓을 수도 있다. 파트너는 다른 모양을 그 위에 올려놓음으로써 상대방의 공간으로 들어갈 수도 있다. 이것이 두 사람 사이의 '대화' 방식이다. 이 활동은 약 20분 동안 계속되었다.

그런 다음 우리는 그들에게 자신의 경험을 글로 적도록 했다. 마지막으로 그들은 파트너와 나누는 시간을 가졌는데, 우리는 그들이 적은 것도 함께 나누도록 제안했다.

이번에도 우리는 이 활동을 통해 여성들이 보여 준 집중력에 놀랐다. 촉진자로서 우리는 조용히 주변을 걸어 다니며 다양하게 상호작용하는 모습을 지켜볼 수 있었다. 어떤 여성들은 그들이 함께 '놀이활동'을 하는 것처럼 웃었다. 또 어떤 여성들은 아주 진지한 분위기였다. 한 종이 위에는 작은 점토 조각들이 서로 가까이 쌓여 원이 시작되는 형태를 이루고 있었다. 또 다른 쌍의 종이에는 점토 조각들이 서로 멀리 떨어져 있었다. 하나는 계속 커져 가고 있었고, 또 다른 곳에서는 점토 조각들이 다리(bridge) 모양을 이루고 있었다.

활기찬 토론이 계속 이어졌다. 몇몇 파트너 사이에는 약간의 갈등과 의견대립이 있었다. 이 활동에서 경험한 것을 나누기 위해 모두 모였을 때 우리는 다양한 이야기를 들을 수 있었다. 여성들이 서로 협력할 수 있는 방법에 대해 통찰을 준 이야기가 있었다.

**유대인 여성** : 나는 다가가고 있었는데 거기에는 내 파트너가 쌓은 벽이 항상 있었습니다. 덫에 걸린 느낌이었습니다.

**그녀의 팔레스타인 파트너** : 사실 내가 이 활동을 시작할 즈음에 엄청난 감정이 요동치는 상태였습니다. 나는 나를 위한 강한 기지를 만들고 싶었습니다. 내 파트너가 좋은 사람인 줄은 알지만 그녀가 내 기지를 방해하고 침범한다는 느낌이 들었습

점토 대화 : 아랍인과 유대인

점토 대화의 결과물

니다. 사방에서 그렇게 느꼈습니다. 그래서 벽을 만들었는데 그녀가 거기에 구멍을 냈습니다. 잠시 동안 나는 강한 중심이 필요하다고 느꼈습니다. 내가 중요한 중심을 만들었을 때도 그녀는 그 주변에 테두리를 둘렀습니다. 나는 그것을 벗겨 버렸습니다. 마치 전쟁 같았습니다. 나는 스스로를 보호해야 한다고 느꼈습니다.

유대인 여성 : 나는 티백을 가지고 와서 그것을 가운데 심었습니다. 그러자 그녀는 커피 포트에서 검은 커피가루를 가져왔습니다. 그때 우리가 상처 난 곳에 붕대를 감은 것처럼 우리가 연결된 곳은 바로 그곳이라고 느꼈습니다.

팔레스타인 여성 : 나는 나 자신을 보호해야 한다고 느꼈습니다. 입구를 만들자 그녀가 또 다른 입구를 만들었습니다. 나는 그쪽 문을 닫아 버리고 내 문을 더 크게 만들었습니다. 우리 사이에 틈이 느껴져서 그녀에게 미안했습니다. 우리가 만든 그 집에서 그녀가 나갔을 때 나는 연결되었다고 느꼈습니다.

## 견해 차이를 이해하기

그들의 대화에 대한 반응으로 나는 이렇게 말했다. "두 사람 중 한 사람은 상대방에게 다가가고자 하는 것 같네요. 하지만 상대방은 그것을 끊임없이 침해라고 느끼는군요. 여기서 당신은 무엇을 배웠는지 스스로에게 물어보는 것이 중요합니다. 다른 사람이 당신의 행동을 어떻게 받아들이는지 이해하는 데 도움이 됩니다.

여기서 촉진자는 서로의 다른 관점을 상대방이 자신의 행동을 어떻게 받아들이는가에 대한 이해를 돕는 데 사용한다. 누가 옳은가 그른가에 초점을 맞추지 않고 무엇을 배울 것인가에 초점을 맞춤으로써 두 참가자 모두에게 새로운 관점을 제공한다.

이것이 우리가 보다 섬세하게 대화하는 데 어떤 도움이 될 수 있을까요?"

몇몇 참가자들은 이 경험이 즐겁고 유익하다고 말했다. 다른 사람들은 자신의 파트너에 대해 좀 더 깊이 알게 되었다고 했다. 깊이 묻혀 있는 생각과 감정을 끌어낼 수 있기 때문에 활동 후에 글쓰기를 하는 것은 도움이 된다.

## 마무리 : 직면하려는 의지, 사랑하려는 의지

둘째 날(마지막 날) 우리는 집단 구성원들에게 워크숍에 대한 평가의 한 방법으로 몇 가지 질문을 하고, 그들의 언어로 적도록 제안했다. 그들에게 다음의 문장을 완성하도록 부탁했다. "나에게 이 집단은 ~이었다." 그런 다음 원한다면 자신들이 적은 것을 나누도록 했다. 다음은 그들이 적은 것 중 몇 가지이다.

선물이자 기회였다.

강렬한 감정적 경험이었고 아마도 내 인생의 전환점이 될 것이다.

잠시 동안은 중요한 경험이 될 것 같다.

내가 살고 싶은 이상적인 공동체이다.

한 문장만 쓰는 이 기법은 감정적인 경험을 장황하게 설명하지 않고 전체적으로 요약하게 된다. 이 문장을 집단에서 나누면 참가자들의 다양한 경험을 모두 들을 수 있는 기회가 된다. 촉진자는 그 문장이 프로그램에 대한 비판적인 내용이든 긍정적인 내용이든 "감사합니다."라고 간단하게 응답한다. 또는 비판적인 반응에서 배울 점이 있다면, 촉진자는 "다음 프로그램에 참고하겠습니다."라고 말하면서 긍정적인 반응뿐만 아니라 모든 반응을 존중한다.

이 집단에서는 아무도 부정적인 반응을 적지 않았다. 그래서 "이 집단에서 다른 문화에 대해 무엇을 배웠는지 한두 문장으로 표현해 볼까요?"라고 제안했다.

상대편도 역시 고통받고 있다는 걸 배웠다.

만날 수 있으면 모든 것을 말할 수 있다.

종교적인 여성은 자신들의 교리에 신실할 수 있지만 행동에도 자유로울 수 있다.

나는 더 이상 외면할 수 없다. 아랍 문화와 언어를 더 열심히 배워야겠다. 나는 지혜를 배웠다.

우리 모두 똑같다. 우리 모두는 살 장소, 존중, 그리고 자유를 원한다.

그들의 삶은 힘들다. 그래서 우리는 만나야 한다.

우리는 강해지기 위해 자기안전이 필요하다. 포기하지 않기 위해.

마지막으로 우리는 그들에게 "나는 오늘 ~한 느낌을 가지고 떠난다."를 적도록 했다.

다른 사람들이 나를 있는 그대로 사랑하는 것이 가능하다.

좋은 감정을 가지고 떠나며 이 사람들과 계속 연락하고 싶다.

나는 새로운 친구들과 새로운 희망을 얻었다.

좌절감과 혼동을 느끼며 떠난다.

피곤함, 흥미로움, 만족스러움, 감사함, 흥분, 임무 그리고 깊은 만남을 기대하며 떠난다.

집단이 나눔을 할 때 우리는 더 깊이 연결되는 것을 느꼈다. 참가자들은 함께한 시간에 대해 감사하고 이런 기회를 더 많이 갖기를 원했다. 그들은 서로에게 고마움을 표현했고, "나는 양쪽에서 온 여성들을 만나서 기쁩니다. 특히 함께 웃을 수 있고 존경하는 아랍 여성들을 만나서 반갑습니다. 우리가 평화를 이루지 않으면 시간을 낭비하는 것입니다."라고 말했다.

마무리를 위해서 우리는 손을 잡고 노래를 불렀다. 우리 촉진자들은 그들이 개인적인 이야기들을 깊이 있고 진지하게 나눈 데 대해 고마움을 전했다. 각 주제에 대해 마음을 열고 양쪽 면을 바라보았을 때 우리는 창조적 해결책을 찾을 수 있었다. 한 여성이 "만일 우리가 기꺼이 직면하기를 원한다면 우리는 기꺼이 사랑할 수 있습니다. 우리는 그렇게 할 용기가 있습니다."라고 말했다.

> 끝맺음은 중요하다. 듣기 좋은 말만 할 필요는 없지만 집단 구성원들과 촉진자들이 어떤 이유로든 워크숍 경험이 의미 있는 시간이었음을 인정할 필요는 있다. 촉진자들은 불만이든 칭찬이든 참가자들이 그 과정에 대해 말한 것을 되짚어 본다.

# 후기

이 집단은 이릿과 팔레스타인 표현예술 치료사와 함께 세 번을 더 만났다. 그 후 그들은 촉진자 없이 자발적으로 지속적인 모임을 가졌다. 이 여성들은 팔레스타인계 이스라엘인과 유대계 이스라엘인들 사이의 갈등과 두 문화 사이의 충돌에서 자신들이 할 수 있는 역할에 대해 끊임없이 배우고 있다고 이릿은 보고했다. '상대편'에 대한 이해와 온정을 개발하는 것은 여전히 큰 과제이다.

## 주석

1. For information about IEATA, see their website: www.ieata.org.
2. Enya, *The Memory of Trees* (UK: Warner Bros, 2008) CD.
3. Steven Halpern, *Inner Peace* (Open Channel Sound Company, 2002) CD.

# 3

# 인간중심 표현예술 촉진자 되기

집단 리더로 성공하는 열쇠는
보다 효율적인 인간이 되기 위한 끝없는 여정에 전념하는 것이다.
−제랄드 코리(Gerald Corey)[1]

## 1 감정적으로 안전한 환경

이 책을 손에 들었다면, 당신은 표현예술 촉진자가 되기를 원할지도 모른다. 어쩌면 당신은 이미 집단을 몇 번 인도하거나 촉진해 본 경험이 있고, 그 집단의 과정을 향상시키기 위해 표현예술을 사용하고 싶은 경우인지도 모르겠다. 좋다! 당신이 먼저 경험하고, 이 역동적인 탐색활동들을 다른 집단에 적용하는 것을 배울 때, 당신 안에 내재해 있는 창조적 잠재력을 발산하는 통로가 열릴 것이다. 당신이 창조적 연결 과정을 다른 사람에게 제공하기 전에 경험이 많은 표현예술 촉진자와 함께 개인 성장을 위한 작업을 충분히 경험하기를 권한다. 심리치료사들이 실습 전에 그들 자신이 직접 심리치료를 받는 것과 마찬가지로, 창조적 연결을 통해 내적 여정을 경험하는 것은 당신을 촉진자로서 준비시키고 가르칠 수 있는 자격을 준다. 그러면 풍성한 무의식의 영역으로 당신을 데리고 가는 예술의 힘을 온전히 이해하게 될 것이다. 또 당신이 촉진하는 집단에 이 방법을 소개하는 데 자신감을 갖게 될 것이다.

## 촉진자가 되기까지 나의 훈련

촉진자가 되기까지 내가 받은 훈련은 1970년대에 보스턴에서 시작되었다. 나는 온실(Greenhouse)이라고 불리는 경험적 훈련 프로그램에 참여했다. 그 당시 브랜다이스대학교[2] 교수였던 모리 슈워츠(Morie Schwartz)와 필 슬레이터(Phil Slater), 그리고 에살렌연구소(Esalen Institute)[3]의 교육 담당자였던 젝키 도일(Jackie Doyle)이 프로그램을 이끌었다. 일 년 이상 우리는 여러 번 5일 과정의 훈련과 일주일에 한 번씩 저녁 모임을 가졌다. 그 프로그램을 통해 우리는 라이히 요법(Reichian), 생물에너지론(Bioenergetics), 게슈탈트(Gestalt), 타비스톡(Tavistock)을 포함한 다양한 형태의 대체치료(alternative therapy)와 집단 과정 방법론을 간단하게 경험했다. 우리는 또 개인적으로 그리고 정치적으로 서로를 지지할 뿐만 아니라 도전하기도 하면서 매우 활동적인 참만남집단(encounter group)이 되었다.

나는 이혼 문제로 오랫동안 고민을 해 오던 중이라, 이 집단에서 많은 지지와 도움을 받았다. 남녀평등주의와 관련된 서적을 읽어 본 적도 없고, 순종적인 가정주부로서의 역할을 잘 이해하지도 못했기 때문에 그 집단은 나에게 생각해 볼 거리를 제공해 주었다. 어느 주말에 남녀평등주의자이면서 작가인 베티 프리댄(Betty Friedan)이 우리와 합류했다. 나는 풋내기 남녀평등주의자로서 하나씩 배워 가면서 놀라고 두려움에 떨었으며 기뻐했다. 그녀는 남성들이 속옷만 입고 '무대 위'에 올라가게 하고, 우리 여성들은 야유를 보내거나 환호를 하면서 무기명 투표를 해서 매력남을 뽑는 대회를 열었다. 나는 남성들에게 좀 미안했지만 한 가지 교훈을 얻었다. 그들은 미인대회에서 혹은 해변가에서 자신들이 여성들에게 휘파람을 불고 하는 것이 끔찍한 행동이라는 메시지를 얻었다. 내가 고통받고 있는 것이 우리 문화가 나에게 여성으로서 당연히 해야 하는 것으로 생각하는 역할 기대 때문임을 깨달았다.

그 온실집단에서 내가 입고 있던 갑옷을 하나씩 벗어 내고 고통 속으로 뛰어들어서 진정한 나로 있을 수 있는 새로운 방법을 찾았고, 그 집단 환경에서 온전히 깨어 있을 때 나는 공감과 지지를 받았다. 그 당시 나의 삶에서 이것은 엄청난 배움의 단계였다. 나는 수줍고 조용한 참가자에서 내 의견이 가치 있으며, 그것은 말할 수 있는 것이라고 느끼는 사람으로 바뀌었다.

3세대 : 프란시스 훅스, 칼 로저스, 나탈리 로저스

온실집단 촉진자들을 경험하고 관찰하면서 나는 내가 얼마나 집단 리더가 되고 싶은지 또 얼마나 집단 리더가 되고 싶어 하지 않는지 알게 되었다. 각 촉진자가 깊은 고통을 겪고 있는 사람들과 함께 일하는 모습을 보면서 나는 아버지의 기본 원칙인 공감, 진정성, 무조건적 긍정적 관심만 있으면 치료적으로 도움이 될 방법이 많이 있다는 것을 알았다.

2년 과정을 마칠 때쯤 나는 온실집단 동료인 도리 애플(Dorri Apple)과 공동으로 첫 집단을 촉진했다. 소중한 경험을 나누었던 사람으로부터 지지를 받고, 그 사람과 의견을 나누는 것이 나에겐 아주 소중했다. 우리는 그 집단을 '여성들을 상담하는 여성 상담자들'이라고 불렀다. 수년 동안 치료사로 활동해 왔고 혼자된 여성으로서 새로운 삶을 막 시작한 나에게 이 주제는 상황에 꼭 맞는 것이었다. 나 자신의 위기를 탐구할 수 있었다. 도리와 내가 이 집단을 위해 표현예술활동을 준비하면서 우리 자신의 삶도 살펴보았다. 특히 기억에 남는 것은 그들 삶의 여러 단계를 경험할 수 있도록 촉진자가 안내하는 명상(guided meditation) 시간이었다. 명상 후 여성들은 말려진 종이를 길게 펴서 이미지와 상징으로 그들의 생명선을 그렸다.

그 후 그들은 활동에 대해 글을 쓰고 그것을 나누었다. 집단 구성원들과 함께 그 활동을 하면서 나는 어렸을 때 집에 있는 작은 요트에서 언제나 선원이었지 선장이 될 거라고 기대한 적이 한 번도 없다는 사실을 깨달았다. 이것에 대해 나누는 것이 내 방

레드 토마스가 1985년 표현예술치료연구소(PCETI)에서 아버지와 딸, 손녀를 소개하고 있다.

식으로 진실함을 나누는 것이었다. 참가자들이 자신들의 이야기를 나눌 때 나는 내 자신이 경험하고 있는 딜레마에 대해 솔직하게 나누었다. 도리와 나는 촉진자들이 집단에서 자신들의 고민을 적절하게 오픈하고 함께 탐색하고 나누고자 할 때, 참가자들이 가장 안전하게 느끼고 많은 것을 배우게 된다는 우리의 신념을 바탕으로 행동하고 있었다. 이것은 진실함(congruence)이라는 인간중심 철학의 기본이다. 30년 후, 그 여성들 중 몇 명은 아직도 그 집단을 기억하고 있다고 나에게 말했다.

## 투명해지는 것에 대하여

이 이야기를 하는 배경은 촉진자들의 신념, 즉 촉진자들이 갖고 있는 철학적 견해는 참가자들에게 그대로 전달된다는 것을 분명하게 말하고자 하는 것이다. 우리가 투명할 때만 그들이 우리에게 도전할 수 있고 우리와 의견을 같이 할 수 있다. 종교적·정치적 견해는 아주 섬세하게 저변에서 흐르고 있기 때문에 그것을 개방하는 것이 중요하다. 예를 들어, 이 여성집단에 결혼한 사람, 이혼한 사람, 그리고 다른 여성 파트너와 함께 생활하는 사람들이 있었다. 만약 도리나 내가 이혼은 잘못된 것이라는 확신이나 레즈비언은 부도덕한 일이라는 믿음과 같은 강한 종교적 혹은 정치적 가치관을 가지고 있었다면, 이 가치관을 집단원들에게 미리 말하고 알릴 필요가 있다. 촉진자들은 자신들의 편견을 숨길 수 있다고 생각할지 모르지만 서로 밀접하게 연관된 우리의 신념들은 교묘한 방법으로 드러나서 참가자들에게 영향을 미친다. 당신이 어디에 서 있는가를 정직하게 밝히는 동시에 다른 사람들의 견해를 기꺼이 수용하는 것이 더 생산적이다. 나는 종종 정치적 문제에는 진보적이지만 다른 사람들의 관점을 듣는 데는 열려 있다고 말한다. 나는 모든 사람에게 서로 반대되는 의견도 나눌 수 있도록 제안한다.

공동 촉진자와 함께 첫 집단을 시작하는 것은 나에게 꼭 필요한 것이었다. 그 후 수년 동안 나는 나보다 경험이 더 많은 사람들과 함께 일했다. 그중 몇 사람은 조직 리더십⁴을 위한 집단 촉진자를 훈련하는 국제기관인 국제훈련연구소(National Training Labs, NTL)에서 훈련을 받은 사람들이었다. 나는 감정 표현을 잘 듣고 반응하는 인간중심 접근법을 배웠기 때문에 집단의 폭넓은 역동성에는 초점을 맞추지 않았다. NTL에서 훈련받은 사람들은 한 발짝 뒤로 물러나서 전체 집단의 일반적인 경향을 분석하도록 배운 것 같았다. 만약 집단이 숲이라면 나는 몇 그루의 나무가 양분이 필요하다는 사실을 발견할 것이고, NTL 촉진자들은 먹구름이 숲을 덮고 있다는 사실을 알게될 것이다. 그 당시에 나는 여성으로서의 나를 주장하는 법을 배우고 있었으므로 남성과 공동으로 촉진을 하면 성별에 대한 문제가 제기될 수 있었다. 다른 것도 많았지만 우리는 그것을 해결해 나가는 과정을 통해 배웠다. 우리가 참가자들과 함께 우리의 과정에 대해 나누면, 그들은 또한 이것으로부터 배웠다.

표현예술의 경험적 측면과 인지적 측면 두 가지 모두에 대한 연구가 계속 진행 중이었는데 그 연구들에 대한 나의 바람이 표현예술을 사용한 인간중심 접근법의 역동성을 탐색할 수 있는 훈련 프로그램을 개발하는 동기가 되었다. 노르웨이에서 (1982~1984) 동료 콜럼버스 샐브젠(Columbus Salvesen)과 함께 촉진했던 집단(2년에 걸친 4주간의 프로그램)에서 우리는 참가자들에게 일어나는 깊은 개인적인 변화를 볼 수 있었다. 그동안 집단 구성원들은 친밀해지고 서로 지지와 응집력이 생긴다는 것을 알게 되었다. 이런 결과를 보면서 나는 고향인 캘리포니아에서 내 훈련 프로그램을 개발하고자 하는 영감을 받았다.

# 인간중심표현치료연구소

1984년, 프로그램을 공동 개발할 동료를 찾고 있을 때 예술가이자 치료사인 나의 딸, 프란시스 훅스(Frances Fuchs)에게 이 일을 할 시간과 능력, 그리고 관심이 있었다는 사실은 나에게 큰 행운이었다. 우리는 인간중심표현치료연구소(Person-Centered Expressive Therapy Institute, PCETI)라는 2년 과정 프로그램을 계획하면서 일 년 동안 함께 일했다. 프란시스는 4년 동안 PCETI의 교수진이었다. 이전에 PCA 직원들과 함께 일하며 느꼈던 자극을 기대하면서 우리는 아버지(칼 로저스)와 레드 토마스(Red Thomas, 소노마주립대학교), 그리고 댄서이자 동작치료사인 내 친구 한 사람을 첫 번째 과정의 교수진으로 초빙했다. 나는 아버지를 내가 만든 프로그램 강사로 초청하게 되어 기뻤고, 상황은 아주 흥미로운 방식으로 흘러갔다. 프란시스도 강사였기 때문에 우리는 3세대라는 측면을 활용하여 각자의 창조적 발전과 이들이 어떻게 서로 연결되어 있는지에 대한 토론에 가족 패널로 참석했다. 참가자들에게서 받은 피드백에 따르면 그들은 창조성이라는 주제만큼 우리 가족의 역동성에도 관심을 가졌다.

그 후 몇 년 동안 나는 공동 교수진이 될 만한 사람을 참가자들 중에서 찾고 있었다. 시간이 흐르면서 셜리 데이비스(Shellee Davis), 마리아 곤잘레스-블루(Maria Gonzalez-Blue), 아닌 우티가아드(Anin Utigaard), 패트리샤 워터스(Patricia Waters) 등과 함께 프로그램을 개선하고 확장하고 촉진했다. 그 후 20년 동안, 1984~2004년까지 PCETI는 세계 곳곳에서 참가자들이 모여드는 생동감 넘치는 프로그램이었다. 참가자들은 배운 것을 가지고 자신의 특정 내담자에게 적용했다(제10장 내용 참조).

6주 과정 PCETI 훈련 프로그램을 통해 표현예술집단 동료들과 함께한 20년간의 경험에서 이 책 내용의 대부분을 얻었다. 참가자들이 우리에게서 배우듯이 우리도 그들에게서 배웠다. 가르침과 촉진에 즐거움을 더해 준 것은 바로 이 상호학습 사이클이었다. 집단 내의 다양한 욕구에 따라 다양한 탐색활동을 활용한다는 개념과 더불어 다양한 활동을 공동으로 개발하였다. PCETI는 많은 어려움을 겪었지만 특히 재정적인 것이 가장 어려웠다. 하지만 그 프로그램은 우리에게 엄청난 만족감을 주었고, 사람들이 진정한 자신의 모습을 발견하고 힘을 얻도록 신체적·감정적·영적인 공간을 제공해 주었다.

　　2004년에 샌프란시스코에 있는 세이브룩대학원 연구센터에서 이 프로그램을 정규과정에 포함시키기로 했다. 네 번째 2년 과정은 학교 이름이 세이브룩대학교로 바뀌는 2011년에 시작된다. 어떤 학생들은 자신들의 학위논문으로 인간중심 표현예술의 어떤 측면들을 연구하기도 했다. 집단에게 인간중심 표현예술을 사용한 촉진 기술을 가르치는 것은 우리 훈련 프로그램의 일부이다. 우리는 참가자들에게 표현예술로 자신들의 동료집단을 촉진하고, 즉시 글로 써서 피드백하거나 말로 피드백을 하는 기회를 제공한다. 그들을 격려하고 코치하는 교수진으로서 우리는 촉진에 대한 새로운 것을 배운다.

　　이 장은 촉진자의 역할에 초점을 맞추고 있지만, 다음 장에서는 특별한 탐색활동을 할 때 사용할 수 있는 구체적인 지침이 나와 있다. 또한 참가자들의 질문과 도전에 대해 적절하게 반응하는 예도 있다. 이 흥미진진한 여정에 당신을 초대한다! 당신의 가르치는 사람으로서의 삶뿐만 아니라 당신의 삶 전체가 변화될 것이다.

## 표현예술집단과 언어집단의 차이

내가 경험한 언어집단은 여러 면에서 억압적인 것 같다고 나는 언급해 왔다. 물론 말은 중요하다. 하지만 언어집단에 대한 내 경험에 따르면 사람들은 자신의 차례가 되면 무슨 말을 할지 생각하느라 바빠서 다른 사람들의 말에 귀를 기울이지 못한다. 그리고 대형집단에 자신을 드러내는 것에 대한 두려움이 크게 작용한다. 게다가 한 사람이 자신의 경험을 나눌 때 듣는 사람들은 비슷한 경험을 떠올리거나 나누는 사람의 말에 반응하기 위해 생각과 감정이 휘저어지게 된다. 이때 떠오른 기억, 생각, 감정은 갈 곳이 없다. 이것들은 이야기를 듣는 사람이 자신이 이야기할 순서를 기다리는 동안 몸과 마음속에 저장된다.

　　그렇다면 집단 구성원 각자가 이야기를 나눌 기회를 어떻게 갖느냐 하는 의문이 생긴다. 당연히 우리 각자는 성숙한 방법으로 자신의 반응을 자제하는 법을 배워야 한다. 하지만 인간중심 표현예술집단에서는 대형 원으로 모여 한 시간 정도면 모든 참가자가 자신들의 감정을 예술을 통해 표현하고 이완할 수 있다. 모두 동시에! 전체 집단에서 반드시 한 사람씩 모두 이야기를 나누어야 할 필요는 없다. 그러나 결과적으로 모든 참가자는 다른 모든 구성원에게 알려질 기회를 갖게 된다.

표현예술집단을 경험하지 않은 사람들을 위해서 가장 간단하게 설명하는 길은 각 세션의 전체적인 개요를 알려 주는 것이다.

## 표현예술 세션 : 개요

우리는 큰 원으로 둥글게 모여서 세션을 시작한다. 촉진자가 자신을 소개하고 그 집단의 목적에 대해 이야기하고 표현예술을 하는 데 필요한 지침을 안내한다(제5장 참조). 시작하고 한 시간 이내에 참가자들은 자리에서 일어나 서로 알아가기 위해 말을 사용하지 않고 주변을 돌아다닌다. 딱딱하고 불안하던 에너지가 즐겁고 여유로운 에너지로 금방 전환된다. 그런 다음 각자 30~45분 동안 점토나 색으로 표현예술작품을 만든다. 이때 점점 편안하고 친숙해지는 에너지가 개인적인 주제와 내적 영역에 집중하는 에너지로 바뀐다. 그다음 순서로 각자 다른 한 사람을 선택하여 자신의 작품에 대해 나누는데, 이때 피상적인 잡담은 건너뛰고 바로 개인적인 주제로 옮겨 간다. 이렇게 함으로써 집단의 첫 세션에서 모두가 개인적인 관심사에 대해 다른 한 사람과 깊이 있게 이야기를 나눌 수 있다. 벌써 안전한 느낌이 쌓이기 시작한다.

그 세션을 마치기 전에 우리가 방금 한 동작과 예술작품을 통해 우리의 삶에 대해 느낀 점을 다 함께 나누기 위해 우리는 큰 원으로 다시 모인다. 이런 방법은 언어집단이 서로 친해지고 신뢰를 쌓아 가는 방법과는 매우 다르다.

오후 세션 혹은 두 번째 세션에서 이 워크숍에 참가하게 된 참가자들의 의도를 탐색하기 위해 우리는 그들에게 동작과 미술활동, 그리고 글쓰기를 하도록 제안한다. 자기탐색이 끝나면 모든 참가자는 큰 원으로 모여 나눈다. 모두 볼 수 있도록 시각화된 자신의 의도는 결코 말로 표현할 수 없을 정도로 많은

만다라를 함께 만듦으로써 신뢰를 쌓아 감

것을 말해 준다.

각 세션은 우뇌 기능과 관련된 활동과 자아의 직관적인 면, 비선형적인 면, 창조적인 면, 상상력이 풍부한 측면을 사용하는 활동을 포함한다. 모든 참가자는 세션마다 예술활동을 통해 개인적인 발견을 할 시간을 갖고, 한두 사람과 깊은 나눔을 할 시간을 가진다. 발견한 내용을 요약해서 전체 집단에서 나눈다. 이 형식은 짧은 시간에 자기발견을 할 수 있도록 자유를 허용함으로써 언어로 만나고 직면하는 데 필요한 시간을 줄인다. 비록 직면할 경우가 생긴다 하더라도 사람이 서로서로 만나는 데 초점을 두는 것이 아니라 예술을 통해 자신을 만나고 그리고 개인의 한계를 넘어서는 여정을 위해 집단의 지지를 받는 것에 초점을 두는 것이다. 예술을 통해 내면의 삶을 나눌 때 다른 사람들의 공감적 경청과 배려를 불러일으킨다.

워크숍의 주제, 구성원들의 에너지, 그리고 그들의 관심 분야에 맞는 독특한 표현예술 탐색활동을 선택하는 것이 중요하다.


## 집단에 대한 나의 신조

수년간 집단을 촉진하면서 나는 나의 신조를 점진적으로 발전시켜 왔다. 이 신조는 내가 개인 내담자들에게 사용하는 것과 유사하다. 하지만 특별히 집단에만 적용되는 몇 가지 문장을 추가했다. 당신도 당신만의 신조를 적어 볼 수 있다. 시간을 내어 촉진자로서의 역할과 참가자들에 대한 책임에 관해 당신이 가지고 있는 신념과 가치관에 대해 생각해 보는 것은 당신의 신조를 만드는 좋은 기초 활동이 된다. 각 집단을 시작하기 전에 다시 한 번 상기하는 의미에서 나의 신념을 읽는 것을 나는 좋아한다. 나의 신념은 다음과 같다.

> 나는 당신이 위험을 무릅쓰고 이 집단에 참여한 것을 알고 있다. 당신이 온정적이고 판단받지 않는 환경에서 표현예술을 사용하여 감정적·육체적으로 안전하게 내면 여행을 하도록 내가 할 수 있는 한 모든 것을 할 것이다.

> 내면 여행을 하는 것이 두렵고, 흥분되고, 힘든 모험이 될 수 있다는 것을 나는 안다.
> 이 여행을 하는 당신을 나는 지지하고 격려할 것이다.

나는 당신의 내면 여행에 대해 다른 사람들과 나누는 기회를 제공할 것이다. 즉 미술작품, 글쓰기, 그리고 동작. 당신은 이것을 반드시 해야 하는 것이 아니고, 하도록 강요받지도 않을 것이다.

나는 함께 있기는 하지만 당신이나 집단의 모든 구성원을 방해하지 않을 것이다.

나는 당신이 스스로를 돌보는 법을 안다고 믿는다. 나는 당신을 책임지지 않을 것이며 당신의 권한을 빼앗지도 않을 것이다.

또한 나는 한 개인으로서든 혹은 집단의 한 구성원으로서든 당신을 버리지 않을 것이다.

우리가 의사결정을 할 때 나는 한 개인으로서 당신을 존중할 것이고 집단을 존중할 것이다. 우리가 개인과 집단의 요구에 귀를 기울인다면 집단 과정이 더욱 효과가 있을 것이라고 나는 믿는다.

나는 당신과 당신의 믿음체계에 가끔씩 도전할 때도 있겠지만 당신과 당신의 진실을 항상 존중할 것이다.

나는 당신을 개인으로서 격려하고, 우리를 집단으로 격려하여 새로운 일을 시도하고 미지의 세계로 모험하는 위험을 무릅쓰도록 할 것이다. 하지만 결코 강요하지는 않을 것이다.

나는 당신이 타고난 창조성을 열도록 돕고 그리고 내적 핵심을 발견하도록 돕기 위해서 당신에게 표현예술 매체를 제공할 것이다. 당신은 이 매체를 사용하지 않을 자유가 있다.

나는 가끔 당신에게 내 의견을 전달하고 피드백할 것이다. 하지만 그것이 당신에게 의미가 있는지 항상 확인할 것이다.

나는 최선을 다해 나 자신의 경계와 당신의 경계를 존중할 것이다.

내가 말하고 행동하는 이유를 당신이 알 수 있도록 나의 가치체계와 신념을 당신과 나눌 것이다.

나는 언제나 당신에게 배울 준비가 되어 있다.

이 신조를 읽거나 들을 때 참가자들은 자신들이 나에게 어떤 것을 기대할 수 있는지 알게 된다. 나는 나 자신과 집단 구성원들에게 한 약속을 존중한다. 집단을 위해 개인의 성장을 촉진하겠다는 약속은 각자 자기 자신을 드러내는 법을 배울 수 있고 진실하도록 지지받을 수 있는 안전한 환경을 유지하는 데 대해 책임을 지는 것이다.

## 집단의 에너지 감지하기

촉진자에 대한 나의 이미지는 모든 개인과 전체로서 집단이 가지고 있는 에너지를 감지하기 위해 안테나를 세우고 있는 것이다. 에너지가 매우 낮을 때(종종 점심식사 후), 우리는 사람들을 깨우고 정신을 차리도록 돕기 위해 음악을 켜고 춤을 추거나 빠른 활동을 한다. 음악에 맞춰 스카프를 가지고 15분 정도 춤을 추거나 '리더 따라 하기' 놀이를 하는 것이 우리의 몸뿐만 아니라 뇌에 어떤 유익을 주는지 실로 놀랍다.

혹은 집단 내에 억압된 화가 있다고 느낀다면, 우리는 그 화산 같은 에너지가 건설적인 방법으로 표출되도록 돕기 위해 표현예술활동을 제공한다. 일주일 과정을 하는 집단인 경우 보통 3~4일째가 이런 좌절감을 털어 버리기에 좋은 시점이다. 나무 쪼개기 활동(제6장 참조)이 유용하다. 말로 나누는 것은 중요하지만 그것이 항상 필요한 것은 아니다.

촉진자의 역할은 개인과 집단의 분위기에 항상 깨어 있는 것이다. 매 세션을 시작하기 전에 공동 촉진자와 나는 "이 집단이 더 발전하려면 지금 무엇이 필요하다고 생각하세요?"라고 말하면서 서로에게 묻는다.

## 집단을 위한 인간중심 표현예술의 '만약 – 그러면' 이론

### 만약

우리가 인간의 가치와 존엄성, 그리고 스스로 방향을 찾아가는 능력(self-direction)에 대해 우리의 깊은 철학적 신념을 가지고 심리적으로 안전하고 자유로운 환경을 창조한다면,

### 그리고

동작, 미술, 소리, 글쓰기, 그리고 심리극과 같은 표현예술을 통해 사람들이 자신을

나란히 그림을 그리는 것은 신뢰를 쌓게 한다.          예술작품에 대해 나누는 것은 신뢰를 쌓게 한다.

드러내도록 우리가 자극하고 격려한다면,

*그러면*

참가자들은 진실하고 자신감이 있으며 온정적인 자신의 창조성(그들 내면의 정수 혹은 진실)의 깊은 우물을 두드릴 수 있을 것이다.

*궁극적으로*

이 통합 과정은 개인이 자신의 생명 에너지와 만나고 우주와 완전 일치하도록 돕는다.


## 집단 내 신뢰감 형성하기

당신이 개인의 성장을 위해 안전한 환경을 창조하고자 한다면(언어로 나누는 집단이든 표현예술을 통해 나누는 집단이든) 열쇠는 신뢰감을 형성하는 것이다.

　내가 사람이나 상황을 신뢰할 때 나는 진실할 수 있고 온전하게 나 자신일 수 있다. 심지어 나의 어두운 면까지 드러내고 싶을 수도 있다. 집단을 신뢰하기 위해서는 내가 슬프거나 우울하거나 두렵거나 실망하거나 좌절하거나 화가 날 때 촉진자가 나를 수용해 주고 나를 위해 그 자리에 있어줄 것인지 알 필요가 있다. 참가자로서 나는 나의 불안감을 드러낼 수 있기를 원한다. 내 뼛속까지 그리고 내 몸의 세포 하나하나가 이 신뢰감을 느낄 필요가 있다. 나는 내 마음속 깊이 숨겨 두었던 이야기를 꺼냈을 때 버림받지 않을 것임을 알아야 한다. 나는 투명하고 마음을 터놓고 솔직할 수 있다는 것을 느끼고 싶다.

나의 기쁨, 관능성, 황홀함, 영적 믿음, 그리고 신비로운 체험들에 대해 이야기한다 해도 내가 받아들여질 것인지에 대해 알고 싶다. 그리고 나는 집단 내에서 일어나고 있는 일에 대해 자유롭게 반대하거나 도전해도 집단 리더가 저지하거나 비난하지 않기를 원한다.

이것은 내 편에서는 엄청난 기대이고, 이런 나의 기대는 다른 사람들도 마찬가지일 것이다. 대부분의 사람은 이만큼 생각해 보지는 않겠지만 이런 종류의 안전함을 집단이 제공한다면 그들은 자유롭게 변화를 경험할 수 있으며 잊을 수 없는 경험이라고 생각할 것이다.

대부분의 사람은 자기 자신을 드러낼 때 불안감을 느낀다. 참가자들이 자신을 드러낼 때 촉진자가 이것을 어떻게 듣고 어떻게 반응하는가에 따라 신뢰할 수 있는 분위기를 형성할 수도 있고 불안감을 형성할 수도 있다.

촉진자들은 참가자들이 집단 과정을 신뢰하도록 만들 수는 없다. 참가자들을 존중하고 보듬어 주고 심지어 사랑함으로써 신뢰를 얻는다. 효과적인 집단 촉진자가 되는 것은 자신의 '존재 방식'과 아주 관련이 많다. 촉진자 자신이 온전히 깨어 있고, 배려하고, 돌보고, 진실하고, 적절하게 반응하는 능력 없이는 어떤 방법과 기술을 동원해도 신뢰를 얻을 수 없다. 여기에 사람들을 건설적으로 도전하도록 하는 능력도 포함된다.

## 안전감과 극도로 민감한 주제를 점검하기

집단 과정이 시작될 때 참가자들은 신뢰감을 시험한다. 참가자가 촉진자의 인간중심적인 공감과 진실성, 배려하는 모습을 볼 때 그들은 자신의 사회적 가면(그들이 보통 다른 사람 앞에서 보여 주는 모습)을 벗기 시작하는 만큼 안전하게 느끼기 시작한다. 그런 다음 서로 상호작용을 할 때 촉진자가 보여 주는 공감적 경청 기술을 꽤 신속하게 사용한다. 이것이 집단의 신뢰감을 향상시킨다.

집단 구성원들이 얼마나 많은 신뢰를 쌓아 왔는지 그리고 얼마나 오랫동안 만나 왔는지, 이것과 관계없이 참가자들은 끊임없이 '나의 이런 모습 혹은 저런 모습을 보여 주는 것이 괜찮을까?'라는 의문을 가진다. 촉진자는 민감한 사안이나 내가 '극도로 민감하다'고 말하는 주제에 대해 경계태세를 유지해야 하며 적절하게 반응하는 방법을 찾아야 한다. 이것은 종종 과정을 진행하는 속도를 늦추거나, 누군가의 고통을 깊이 듣기 위해 멈추거나, 눈물을 흘릴 수 있도록 여유를 가지거나, 누군가가 분노나 두려움을 발산하도록 두는 것을 의미한다. 또는 참가자가 표현한 신비한 경험이나 '비현실적'인 경험을 수용하거나 그것에 반응하는 것을 의미하기도 한다. 점차적으로 신뢰가 쌓이고 또 쌓인다.

때로는 한 참가자가 다른 참가자에게 집단의 '리더'보다 더 나은 촉진자가 될 수도 있다. 내가 가장 이해하기 힘들어하는 참가자를 잘 이해하는 참가자가 집단 내에 항상 있을 수 있다. 만약 우리가 위험을 감수하면서 말하고 있는 어떤 사람의 말을 잘 듣고 그리고 그 사람에게 잘 반응하기 위해 시간을 갖는다면, 참가자들은 곧 서로에게 의미 있는 방식으로 존재하는 법을 배우게 된다. 집단이 공감적으로 경청하는 기술을 받아들이는 속도는 인간중심 접근법으로 집단을 촉진하는 것을 확인하는 측면이다. 만약 필요하다면 촉진자는 이 기술을 참가자들에게 가르칠 수 있다. 그러면 그들은 어려운 상황에 있을 때 서로서로 적절하게 반응할 수 있다.

75세 때의 칼

## 칼 로저스 집단의 핵심 조건

집단의 신뢰감을 쌓기 위해서 우리는 칼 로저스의 핵심 조건에 의존한다. 간단히 말해서 그가 말하는 내담자중심 또는 인간중심 접근법의 전제는 다음과 같다.[5]

개인은 자기를 이해하고 자아개념을 바꾸고 기본 태도와 자기주도적인 행동을 할 수 있는 어마어마한 자원을 내면에 가지고 있다. 촉진자의 심리적인 태도라고 정의할 수 있는 분위기가 제공된다면 이런 자원은 개발될 수 있다.

성장을 위한 기본 조건이 주어진다면 한 개인의 잠재력을 온전히 발휘할 수 있는 그 능력은 집단에게도 가능하다. 제럴드 코리(Gerald Corey)는 이것을 다음과 같이 요약했다.

> 인간중심 접근법은 인간이 그들의 잠재력을 온전히 실현하고자 하는 인간의 경향성에 기본 신뢰를 두고 있다는 것을 로저스(1986)는 분명히 했다. 마찬가지로 인간중심 치료는 건설적인 방향으로 움직임으로써 인간의 잠재력을 개발하는 집단의 능력에 대한 깊은 신뢰감에 근거를 두고 있다. 한 집단이 앞으로 나아가기 위해서는 구성원들이 보통 숨기고 싶은 다양한 측면을 보여 줄 수 있고 새로운 행동으로 옮겨 갈 수 있는 수용적이고 신뢰감 있는 분위기를 개발해야 한다.[6]

이 장의 앞 부분에서 설명했듯이 나는 건강한 집단 과정을 위해 칼 로저스의 '만약—그러면' 이론을 적용했다. 촉진자가 어떤 가치관이나 태도를 갖고 있다면 긍정적이고 성장을 가져오는 분위기가 개인과 집단 전체에 존재하게 된다. 촉진자의 세 가지 태도는 진실성, 수용, 공감이다. 로저스의 원문은 이 내용을 잘 설명해 준다.

> 성장을 촉진하는 분위기를 만들기 위해서 반드시 필요한 세 가지 조건이 있다. 이 조건들은 우리가 이야기하고 있는 치료사와 내담자, 부모와 자녀, 리더와 집단 구성원, 교사와 학생, 관리자와 직원 사이의 관계에 적용된다. 사실 이 조건들은 개인의 성장이 목표가 되는 어떤 상황에도 적용될 수 있다.[7]

## 일치성

첫 번째 요소는 진실성, 진정성 또는 일치성이라고 불릴 수 있다. 관계 속에서 치료사가 직업적인 면과 개인적인 면을 너무 내세우지 않으면 않을수록 내담자(혹은 집단 구성원—편집자)가 변하고 건설적인 방식으로 성장할 가능성이 더 높다.

## 무조건적 긍정적 관심

변화를 가져오는 분위기를 만드는 데 있어 두 번째 중요한 자세는 수용, 돌봄, 혹은 소중히 여기기(내가 '무조건적으로 긍정적인 관심'이라고 부르는 것)이다. 내담자(혹은 집단 참가자—편집자)가 그 순간에 어떤 것을 겪고 있든지 치료사가 긍정적이고 수용적인 자세를 보이면 치료적 효과나 변화가 더 쉽게 일어난다. 치료사(혹은 촉진자—편집자)는 내담자에게 그 순간 어떤 감정(혼동, 분노, 두려움, 화, 용기, 사랑, 자긍심)이 일어나든 그것을 받아들일 준비가 되어 있다. 치료사(혹은 촉진자)의 그러한 배려는 무소유적이다. 치료사는 조건에 따라 내담자(혹은 집단 구성원—편집자)를 소중히 여기는 것이 아니라 온전하게 그의 존재를 귀하게 생각한다.

### 공감적 이해

관계를 촉진하는 데 있어서 세 번째 측면은 공감적 이해이다. 이것은 치료사(혹은 집단 촉진자—편집자)가 집단 구성원이 경험하고 있는 감정과 개인적 의미를 정확하게 감지하고 이해한 내용을 내담자에게 정확하게 전달하는 것을 의미한다. 치료사가 역할을 가장 잘할 때 치료사는 내담자의 아주 깊은 사적인 세계로 들어가서 그들이 인식하고 있는 의미뿐만 아니라 인식하지 못하고 있는 의미까지도 명확하게 할 수 있다. 이토록 민감하고 적극적인 경청은 우리 삶에서 매우 드물다. 우리는 듣는다고 생각하지만 진정한 이해력, 즉 진정으로 공감하면서 듣는 경우는 거의 없다. 하지만 내가 알기로는 이런 매우 특별한 종류의 듣기가 변화를 가져오는 가장 큰 힘 중 하나이다.[8]

집단 촉진자로서 나는 이 세 가지 태도 혹은 '존재 방식들'이 신뢰, 안전함, 성장을 촉진하는 데 있어서 가장 중요하다는 것을 알게 되었다. 표현예술집단 촉진자는 창조성을 자극하기 위해 구조와 탐색활동을 제공할 뿐만 아니라 모든 사람의 말에 감정과 생각이 일어날 때마다 거기에 귀를 기울이는 것 또한 아주 중요하다.

## 공감 대 연민, 그리고 진정한 의도

나의 아버지가 제안한 핵심 조건들의 정의를 촉진자의 역할에 적용함으로써 한층 더 발전시키고 싶다. 공감(empathy)이라는 단어는 종종 연민(sympathy)을 의미하는 것으로 오해되기도 한다. 사전에 따르면 공감은 '한 사람의 느낌과 생각 그리고 동기를 다른 사람이 쉽게 이해할 정도로 아주 친밀하게 이해하는 것'이라고 정의되어 있다. 한편 연민은 '한 사람에게 영향을 미치는 것이 다른 사람에게도 똑같이 영향을 미치는 관계'라고 설명되어 있다. 공감은 상대방이 느끼는 감정을 내가 느끼지 않고도 그 감정을 온전하게 이해하는 것인 반면 연민은 상대방의 감정을 그대로 느끼거나 상대방을 측은하게 여기는 것을 말한다. 이 두 가지 사이에는 엄청난 차이가 있다. 많은 치료사 혹은 촉진자 지망생들은 말하는 사람의 어려움을 자신의 것으로 느끼지 않으면서 공감적으로 듣는 것이 어렵다고 토로한다. 공감적으로 듣기 위해서는 수많은 시간의 훈련과 슈퍼비전, 그리고 피드백을 받는 것이 필요하다.

하나는 어떤 사람을 공감적으로 이해하고 그 사람을 당신의 마음과 생각으로 받아들이는 것이고, 또 다른 하나는 이해한 내용을 그 사람에게 정확하게 전달하는 것이다. 촉진자는 그 사람이 이해받았음을 알도록 말로 반응해 주어야 한다. 다른 말로 바꾸어 말하기, 반영하기, 반복해서 말하기, 적극적인 경청 이 모두는 촉진자가 이해했음을 알려 주는 언어적 반응을 일컫는 말이다. 종종 이 개념은 잘못 이해되고 잘못 적용되어서 촉진자가 앵무새처럼 되기도 한다. **핵심은 개인의 감정과 지적 내용 두 가지 모두를 정확하게 이해하고자 하는 진정한 의도를 가지는 것이다.** 그러면 당신은 개인의 깊은 의미와 감정에 도달하는 직관적이고 상상력이 풍부한 반응을 할 수 있다. 의사소통을 하고자 하는 사람은 우리의 최고 스승이다. 만약 참가자가 "아니요, 내가 의미하는 건 그게 아니에요."라고 말한다면 촉진자는 그가 말한 것을 바꾸어 말할 수 있다.

인간중심 접근법을 더 깊이 이해하기 위해서는 칼 로저스의 저서, 특히 칼 로저스 리더(*The Carl Rogers Reader*)[9], 사람-중심 상담(*A Way of Being*)(오제은 역, 2007)[10], 진정한 사람되기(*On Becoming A Person*)(주은선 역, 2009)[11]를 읽어 보기 바란다.


## 공감적 반응 : 두 가지 예

예술작품 만드는 것을 막 마치고 집단 구성원들과 그것의 의미를 나누고 있는 한 참가자에게 공감적으로 반응하는 한 예를 들어 보자. 이 글을 읽을 때 촉진자의 관심 어린 목소리를 듣기 바란다. 그렇지 않으면 이렇게 글로 읽을 때는 딱딱하게 들린다.

루이스는 "나는 창조적이지 않아요. 내 작품과 쓴 글도 다른 사람들이 한 것만큼 좋지 않아요. 내가 이 집단에 있는 것이 맞는지도 잘 모르겠어요. 다른 사람들이 만든 걸 보면 너무 창피해요."라고 끊임없이 말한다. (그녀는 집단 내에서 이런 말을 자주 한다.)

촉진자는 우선 그녀의 감정을 이해할 수 있다.

> **촉진자** : 다른 사람들이 만든 작품을 보면 기분이 좋지 않다고 여러 번 말했어요. 어쨌든 당신의 작품을 다른 사람의 것과 비교할 때는 끔찍함을 느끼는군요.

> **루이스** : 맞아요. 제 자신을 비난하지 않으려고 하는데 어쩔 수가 없어요. 여기서 뿐만이 아니라 이게 원래 제 모습이에요.

> **촉진자** : 그러니까 당신 속에 있는 혹독한 비난자가 항상 괴롭힌단 말이군요.

> **루이스** : 네. 이런 느낌을 가지는 것이 지긋지긋해요. 정말 안 그랬으면 좋겠어요.

> **촉진자** : 당신 속에 있는 괴물 같은 비난자가 당신의 영혼을 괴롭히고 있는 것처럼 들리네요. 루이스 당신은 집단에 있는 것이 맞는지 모르겠다고 말했어요. 예술작품과 글쓰기에 대해 힘든 감정을 가지고 있더라도 당신은 이 집단의 중요한 구성원이라는 것을 당신이 알기를 원해요.

촉진자가 자신의 깊은 감정을 이해하고 지지한다는 것이 분명해지자 루이스는 조금 안도하기 시작한다. 그녀는 무조건적 긍정적 관심을 받았다. 이 시점에서 촉진자는 말을 멈추고 집단 구성원들이 반응할 기회를 준다. 전형적으로 몇몇 사람은 루이스의 작품을 보고 그 안에서 사신들에게 정말 의미 있는 뭔가를 발견한다. 다른 한 구성원은 이 시간은 작품을 만드는 과정에 대한 시간이지 결과물을 내기 위한 시간이 아니라고 상기시켜 줄 수도 있다. 또 다른 구성원은 점심시간에 직업인이자 엄마로 살아가는 것에 대해 나누었던 대화가 매우 유용했다고 그녀에게 말해 줄 수도 있다. 다른 사람들은 그들도 자신이 만든 미술작품이 마음에 들지 않는다고 말할 것이다. 자기비판적이지 않기가 어렵다.

루이스는 촉진자와 집단 구성원들이 자신을 수용해 주었다고 느끼기를 바란다. 그녀가 자신을 너무 힘들게 하는 것에 대해 아무도 비난의 말을 하지 않았다. 그들은 충고의 말도 하지 않았고 단지 그녀가 혹독하게 자신을 비난하는 말을 듣고 몇 가지 건설적인 피드백을 했을 뿐이다.

두 번째 예 : 촉진자는 둘째 날 음악이 켜지거나 움직이거나 춤을 추자는 말이 나올 때마다 조지가 방 한쪽 구석으로 가는 것을 보았다. 촉진자는 조지에게 부드럽게 말한다. "아까 보니까 우리가 동작활동을 할 때마다 당신은 구석에 있는 걸 더 좋아하는 것 같아요."

조지 : 나는 춤을 추거나 동작하는 게 편하지 않아요. 십대 때는 춤추는 걸 좋아했는데 지금은 싫어요.

촉진자 : 어쨌든 동작하는 것에 대한 취향이 사라졌군요.

조지 : 내가 춤을 추려고 하면 제 아내는 정말 당황해요. 그래서 나는 자신감을 잃었어요. 내가 형편없다는 걸 알거든요. 그러니 그냥 여기 앉아 있을게요.

촉진자 : 동작할 때 빠지거나 다시 들어오는 건 언제나 당신의 선택이에요. 살면서 움직이는 걸 즐긴 적이 있다면, 여기서 다시 한 번 더 시험해 보는 것도 괜찮을 것 같아요. 우리는 진지할 뿐 아니라 즐기기 위해서 여기에 왔거든요.

촉진자가 조지에게 이렇게 반응하는 것을 보면 집단 구성원들 중 어떤 사람은 어느 시점에 조지에게 함께 합류하자고 격려할 것이다. 이것이 그가 음악과 움직임이라는 영혼 속으로 돌아가는 데 필요한 전부일 수도 있다. 아니면 그는 여전히 구석에 있기로 선택할지도 모른다. 어떤 경우든 그는 존중받을 것이다.

한 사람의 감정(춤추는 것에 대한 당황스러움, 색을 사용하는 것에 대한 부끄러움이나 두려움 같은 그런 감정)을 위로하려 하지 않고 있는 그대로 수용하는 것은 그 개인에게 자신의 모습, 즉 두렵거나 어색하거나 심지어 반항적인 모습 그대로 괜찮다는 느낌을 준다.

## 경험에 개방하기와 평가의 주체를 내면에 두기

창조성을 기를 때 우리는 주의를 기울여야 하는 내적 조건이 있다는 것을 알게 된다. 인간중심 접근법은 그 내적 조건들을 경험에 개방하기와 평가의 주체를 내면에 두는 것이라고 정의한다.

경험에 개방하기는 방어적이지 않고 미리 판단하지 않으며 있는 그대로 존재하는 그 순간을 인지하는 능력이다. 이것은 엄격하지 않고 새로운 개념과 신념에 대하여 개방하며 명료하지 않은 것도 수용하는 것을 말한다.

촉진자에게 있어서 집단 구성원들에 대한 판단과 선입견을 버리는 것은 언제나 쉽지 않은 하나의 도전이다. 경험에 개방하는 것은 각 사람을 어떤 범주로 나누거나 정형화시키지 않고 독특한 존재로 보는 것을 의미한다. 이것은 촉진자가 집단의 진동에 너지와 조화를 이룰 때 깨닫는다. 그것은 또 자신의 가치관을 유지하면서도 자신의 믿음과 상반되는 신념을 수용하는 것을 의미한다. 즉 그것은 새로운 아이디어와 개념을 기꺼이 고려해 보려는 의지이다.

### 평가의 주체를 내면에 두기

어떤 사람이 다른 사람들의 반응에 귀 기울일 수는 있지만 그들의 반응에 지나치게 연연하지 않을 수 있다면 그는 평가의 주체를 내면에 두는 능력을 개발해 온 것이다.

촉진자는 참가자들로부터 많은 인정을 필요로 하지 않을 때 가장 일을 잘한다. 심지어 다른 사람들이 하는 피드백에 열려 있을 때 우리는 어떤 자신감을 가진다. 이 자질은 훈련과 경험을 통해서만 얻을 수 있다. 매 과정이 끝난 후 참가자들이 제출하는 서면 평가를 통해 인정과 건설적인 비평에 대한 나의 욕구가 채워진다. 촉진자가 끊임없이 인정받기를 원한다면 그는 자신이 얼마나 지적이고 현명하고 영리한지 보여주기 위해 무엇인가를 할 것이다. 이것은 사람들의 이목을 끌려고 노력하는 것이라 집단에 전혀 도움이 되지 않는다. 진정한 자신감과 교만 사이에는 큰 차이가 있으며, 후자는 다른 사람들의 감정에 대해 전혀 열려 있지 않은 경우이다.

## 평가가 없는 분위기

안전한 환경은 외적 평가가 없는 분위기를 필요로 한다. 서구 사회에서는 경쟁, 점수, 그리고 평가하는 것이 일반적이다. 판단과 평가가 최소화되거나 아예 존재하지 않는 분위기에 있는 것은 놀랍고, 신선하고, 자유를 느끼게 하고 활력을 주는 일이다.

참가자가 표현예술 매체를 가지고 실험하고 탐구할 때 촉진자가 판단을 하지 않는 것은 중요하다. 만일 판단이나 평가를 받으면 우리 대부분은 싹이 트기 시작하는 창조적 노력을 멈출 것이다. 하지만 판단이 없는 자유를 경험할 때 우리는 내적 평가 기준을 개발한다. 우리의 기준을 권위자에게 맞추어 정하는 것이 아니라 우리 자신의 평가에 가치를 두는 것이다.

"참가자의 작품을 평가하거나 판단하지 않고서 어떻게 반응하지요?"라고 당신이 물을지도 모르겠다. 그 답은 그 작품에 등급을 매기지 않으면서 반응을 하는 것이다. 작품을 판단하는 것과 미묘한 차이밖에 없다 하더라도, 그 작품에 반응하는 것은 분명히 다르다. 만일 우리가 그림이나 시, 춤에 대해 반응이 일어난다면 그것은 판단이 아니라 그저 반응이다.

내게 있어서 반응을 한다는 것은 다음과 같은 의미이다. "내 생각에 이 글은...(꽤 흥미롭다 혹은 지루하다)." 혹은 "내 경험에 의하면 저 그림은 아주 감각적이다, 혹은 우울하게 느껴진다." 혹은 "저 조각을 볼 때 나는 ~을 느낀다."와 같이 일인칭으로 문장을 만드는 것을 의미한다. 이런 식의 말은 "당신의 시는 생명력이 없군요.", "당신의 그림은 참 훌륭하군요." 또는 "당신의 조각품은 좀 흉측하네요."라고 말하는 것과는 아주 다르다. 뒤에 나온 표현들은 단언적인 판단적 표현이다. 하지만 우리의 반응(우리의 투사)에 대해 우리가 책임질 때 작품을 만든 작가가 우리의 반응과 자신의 내적 평가 간의 차이를 구별하도록 우리가 허용하게 된다.

촉진자가 참가자에게 그의 작품(혹은 동작이나 글쓰기)이 아름답거나 멋지다고 이야기하고 싶은 유혹을 느낄 때 그렇게 하지 않는 것이 최선이다. 하나의 예술작품에 대해 개인적 찬사를 보내는 것은 또 다른 '아름다운' 작품에 대한 기대를 부추기기 때문이다. 가장 바람직한 방법은 촉진자가 작가에게 그 작품이 자신에게 의미하는 바가 무엇인지를 묻는 것이다. 그 작가가 피드백을 요청하면 나는 "흥미로운 색상과 나

선형의 선이 나에겐 감동적이네요. 보고 있으면 난 에너지가 느껴져요."와 같은 말을 함으로써 내가 투사하고 있다는 것을 확실히 말한다. 이것은 작품의 가치를 평가하지 않으면서 개인적인 반응을 표현하는 것이다. 집단의 다른 구성원들도 종종 유사한 방법으로 자신들의 의견을 나누며, 가장 자기비판적인 구성원에게조차 지지를 보낸다. 원하는 것은 참가자들이 적절한 때에 신뢰와 감사를 스스로에게 줄 수 있는 것이다. 자신의 재능과 능력에 대해 긍정적인 생각을 가지는 것은 건강한 자존감을 개발하는 것과 동일선상에 있다. 자신을 정직하게 평가할 수 있을 때 우리는 타인으로부터 끊임없이 인정을 받고자 하는 욕구에서 벗어난다.

　집단 과정의 맨 첫날 우리는 자신을 투사하는 것과 평가하는 것의 차이점에 대해 설명하고 예를 든다. 이 지침은 예술작품에 반응하는 구체적인 방법으로서 인쇄물로 되어 있다. 당신의 미술작품이 형편없는 점수를 받거나 당신이 만든 조각이 완전히 잘못 이해될 때 그것이 얼마나 충격적일 수 있는지에 대해 언급되어 있다.

## 허락하기

우리가 촉진자로서 자주 하는 말이 있는데 이 말은 사람들로 하여금 자신의 내적 비난을 멈추고 실험을 즐기도록 도와주는 것이다. 그것은 다음과 같다.

　"이것을 하는 데는 옳고 그름이 없습니다." (미술 재료를 사용하는 것이든 음악에 맞춰 몸을 움직이는 것이든 글쓰기이든.)

　"어질러져도 괜찮아요."

　"다른 사람들이 당신의 작품에 대해 뭐라고 할지 전혀 신경 쓰지 마세요."

　"우리 모두는 춤을 출 때 가끔 어색하고 서투르다고 느낄 수 있어요. 그러니 그 내적 비난을 내려놓고 음악에 맞춰 움직이면서 즐길 수 있는지 한번 보세요."

　사람들이 긴장하는 것을 볼 때가 이런 말을 상기시켜 주기 좋은 때이다. 또한 촉진자로서 우리는 적절하다면 참가자들과 상호작용을 하면서 그들을 안내하는 동시에 동작으로 하는 탐색활동에 항상 참여한다. 모두 그림을 그릴 때 나는 가끔 기분에 따라 크고 지저분한 작품을 만들면서 활동에 참여한다. 그러면 사람들은 나를 한쪽에 서 있는 비판자가 아니라 집단의 일부라고 느끼고 미술작품이 반드시 아름다운 산물일 필요가 없다는 것을 깨닫는다. 물론 적절한 때 참여하는 것이 이 일을 더 즐길 수 있도록 한다.

하지만 방 안에 있는 참가자들에게 어떤 일이 일어나고 있는지 절대 놓치지 않고 종종 하던 일을 멈추고 방 안을 거닐기도 하며 그들이 활동에 집중하고 있을 때 옆에 가만히 있기도 한다.

## 표현되지 않는 감정에 반응하기

안전하고 신뢰할 수 있는 환경을 만들려면 촉진자는 참가자의 목소리 톤이나 신체 언어가 말보다 더 많은 것을 표현할 때 그것을 인지할 수 있어야 한다. 우선, 나는 보통 그 상황을 눈여겨보고 기억장치에 담아 둔다. 나는 앨리스가 방어적인 자세로 항상 원 바깥쪽에 앉는 것을 볼 수 있다. 또는 누군가가 고통스러운 감정을 나눌 때마다 존은 주제를 바꾼다. 캐롤라인이 장애인 언니에 대해 나눌 때, 비록 활기찬 목소리로 말하기는 하지만 목이 메이는 것을 알아차릴 수도 있다. 나는 신체 언어나 목소리의 톤에 반응하는 것이 그 사람으로 하여금 수용된다고 느낄지 아니면 위협적이라고 느낄지 이해하려고 노력한다. 나는 캐롤라인에게 (관심 어린 목소리로) "언니에 대해 아주 긍정적인 것 같은데 말할 때 당신의 목이 좀 메는 것 같네요. 이 상황에 대해 하고 싶은 말이 있어요?"라고 반응할 것이다. 이런 방식으로 내가 관찰(진실이나 해석이 아님)한 것을 말하고 그녀에게 말을 덧붙이거나 마무리할 기회를 준다. 이런 종류의 감수성과 반응은 개인이 안전하게 느끼도록 도와준다. 만약 내가 "당신은 언니에 대해 이야기할 때 목이 메는군요. 실제로 무슨 일이 있는지 말해 보세요."라고 말한다면 그녀는 당황하거나 공격받았다고 느낄 것이고, 다른 사람들 또한 그것을 보게 될 것이다.

말로 표현되지 않은 감정이나 느낌의 징후를 보이는 사람들에게 반응하는 시간을 가짐으로써 집단에 있는 다른 사람들에게 점차적으로 이 역할을 하도록 격려하고 그리고 서로 반응하도록 격려하게 된다.

이것은 내가 특별한 관심이 필요한 말 혹은 주제(red flag words or issues)라고 부르는 것과 연결된다.

## 특별한 관심이 필요한 주제

나의 안테나는 항상 특별한 관심이 필요한 주제들을 찾고 있다. 우리가 원으로 모여서 "지금 이 순간에 당신이 느끼는 것을 자세로 표현하세요."와 같이 말 혹은 동작으로 점검할 때 누군가가 깊은 고뇌를 암시하는 무언가를 말할 수도 있다(혹은 자세로 보여 줄 수도 있다). 나는 관심을 기울인다. 어떤 여성은 감정이 없는 목소리로 "인생은 별로 살 가치가 없어요."라고 말한다. 그리고 다음 사람이 또 자신의 느낌을 말한다. 이 과정이 계속된다. 나는 마음속에 빨간 깃발을 들고 그토록 필사적인 메시지를 던진 여성에게 다시 기회가 돌아오길 기다린다. 어느 시점에 이르면 나는 그녀에게 자신이 말했던 내용에 대해 덧붙일 것이 있는지 물어볼 것이다. 혹은 그녀가 미술활동과 집단 나눔을 할 때 분명히 눈여겨볼 것이다. 집단활동이 끝나면 나는 그녀와 대화를 좀 더 나누어 볼 것이다.

한 남성이 감정 없는 목소리로 "제 여동생이 지난달에 자살했어요."라고 언급하고 말을 멈춘다. 이 남성은 또 다른 요주의 인물이다. 촉진자로서 우리는 미술, 소리내기, 글쓰기를 통해 이 남성이 그런 말을 하도록 한 숨겨진 불안감을 더 표현할 수 있는 기회를 찾는다.

나의 요지는 촉진자가 심각하고, 숨겨진 감정에 대한 실마리를 감지해야 한다는 것이다. 우리는 어느 누구에게도 그들이 원하지 않는 것을 드러내도록 주장하거나 강요하지 않는다.

하지만 우리는 그런 감정을 말이나 창조적 표현을 통해 탐색하고, 표출하고, 변형할 것인지 선택하도록 제안하는 것이다.


# 촉진자의 어떤 자질이 심리적으로 안전감을 주는가

촉진자로서 도움이 될 만한 개인 자질 몇 가지를 살펴보자. 한 집단에서 우리는 이 질문에 대한 답을 떠오르는 대로 적어 보았다. 그 목록은 다음과 같다.

| | | |
|---|---|---|
| 진정한 | 초대하는 | 친절한 |
| 편안함 | 개방적인 | 깨어 있는 |
| 차분한 | 경청하는 | 끼어들지 않는 |
| 섬세한 | 여린 | 분명한 한계를 짓는 |
| 따뜻한 | 나누기를 좋아하는 | 강요하지 않는 |
| 호기심이 많은 | 판단하지 않는 | 용납하는 |
| 평등주의의 | 수용적인 | |
| 진실한 | 자발적인 | |

이 모든 자질을 항상 나타내는 촉진자는 물론 아무도 없다. 하지만 이런 자질들을 가지는 것이 심리적으로 안전한 환경을 만드는 열쇠이다. 다시 말해서 신뢰할 수 있는 환경을 만들기 위해 당신이 하는 행동도 중요하지만 인간으로서 당신이 가지고 있는 신뢰를 이끌어 내는 자질 또한 중요하다. 만약 이 자질들 중 대부분 당신이 갖고 있는 자연스러운 성품의 일부분이라면 당신은 운이 좋은 사람이다. 이 자질들이 익숙하지 않다면 변화하고 성장하기 위한 연습과 솔직한 피드백을 받고자 하는 열린 마음이 필요하다.

만약 촉진자가 권위주의자이거나, 판단을 한다거나, 조언을 자주 한다거나, 섣불리 답을 준다거나, 무관심하거나, 차갑다면, 사람들이 안전함과 신뢰감을 느낄 가능성은 거의 없다. 인간은 가끔 이런 개인적인 자질에 대해 사각지대를 가지고 있다. 따라서 촉진자는 정직한 피드백을 받을 수 있는 집단에서 훈련받을 것을 추천한다.

마우린 오하라(Maureen O'Hara)는 한 논문에서 칼 로저스가 말한 촉진자의 역할에 대한 개념을 정리했다.[12] 이 개념들은 표현예술집단과 언어집단 촉진자들에게 적용된다.

촉진자는 이미 존재하는 진실을 강요하거나 결과를 통제하려는 욕구에서 진실로 자유롭다.

촉진자는 집단 구성원들이 가진 문제의 본질을 발견하도록 집단의 능력을 존중하고 그 능력을 표현하도록 돕는 기술을 가지고 있다.

아무리 '극단적'이고 '비현실적'이라 하더라도 모든 태도와 감정을 존중하고 경청한다.

집단 구성원들은 개인적으로 그리고 집단적으로 그들 자신의 목표를 위해서 자신의 과정을 선택한다.

## 집단을 시작할 때 촉진자는 어떻게 느끼는가

새로운 집단을 막 시작하려고 할 때 당신은 어떻게 느끼는가? 가끔 동료나 이전에 참가했던 학생이 전화해서 근심이 가득한 목소리로 "나탈리, 새로운 사람들과 표현예술 집단 과정을 시작하려고 하는데요. 자신이 없어요. 몇 가지 제안을 좀 해 주세요."라고 말한다.

여기서 우리는 우리 자신의 불안전함을 살펴볼 수 있다. 집단 리더로서 당신이 얼마나 많은 경험이 있든지 간에 새로운 집단을 시작할 때 약간의 의구심이나 불안한 생각, 중요한 꿈, 호기심 등을 가지는 것은 자연스러운 일이다. 사실 만약 당신이 완벽하게 확신에 차 있다면 그것은 막상 일을 그르치게 될 교만을 의미하는 것일 수도 있다.

새로운 집단을 시작할 때 촉진자들이 가질 수 있는 몇 가지 생각과 의문이 여기 있다.

나는 이 일을 하기에 충분한 자신이 있는가?

나는 어려운 상황을 다룰 수 있을까?

참가자들이 나를 인정하고 좋아할까?

나의 촉진 기술은 적절하고 흥미로울 것인가?

나는 예술을 의미 있는 방식으로 제공하는 방법을 제대로 알고 있는가?

나의 개인 성장을 위해 이것을 어떻게 사용할 것인가?

나는 무엇을 배울 수 있을까?

마지막 두 질문은 촉진자로서 내가 늘 열려 있고 온전히 깨어 있도록 도와주었다. 나는 나에 대해 배우는 것에 열려 있어서(그룹리더로서의 나 자신에 대해 배울 뿐 아니라 나의 내면 여행에 대해서도) 집단 과정에 들어가는 것을 학수고대한다. "이건 지난번에도 했던 거야. 나는 이것을 몇 번이나 했지. 눈을 감고도 하겠어."라는 생각으로 집단을 시작한다면 생명력이 없을 것이다. 다른 사람들이 나의 그런 태도를 느낄 것이다. 그곳에는 언제나 나의 인생 여정과 집단 작업에 대해 배울 수 있는 것이 있다. 이 사실 때문에 나는 늘 깨어 있고 정신이 초롱초롱하다. 새로운 참가자들은 이 집단 과정이 이루어지도록 흥미로운 인생 이야기와 새로운 도전, 그리고 새로운 통찰을 가지고 온다.

## 참가자는 집단에 들어갈 때 어떻게 느끼는가

참가자들도 도착해서 집단에 들어갈 때 불안함을 느낀다. 말로 표현하지는 않지만 그들이 가지는 몇 가지 의문이 있다.

나는 여기에서 탐색하고 위험을 감수하는 것이 안전할까?

나는 새로운 표현예술 방법과 기술을 배우게 될까?

사람들과 촉진자들이 나를 좋아하고 인정할까?

나 자신에 대한 두려운 면을 노출해도 될까?

나는 무너질까? 아니면 다시 회복할까?

나는 사랑에 빠질까?

내 인생에서 새로운 의미와 방향을 찾을 수 있을까?

이 과정은 내가 투자한 시간과 돈 만큼의 가치가 있을까?

한 여성은 이렇게 적었다.

> 처음에 이 과정에 등록했을 때 나는 매우 기대가 되었다. 가야 할 시간이 다가오자 나는 두려웠다. 그곳으로 운전해서 가는 길에 "이번 주에 있을 일에 대한 나의 두려움은 _____다."라는 문장을 완성하면서 나는 '두려움을 조절하려고' 노력했다. 각 문장은 상처받고, 드러나고,

사람들의 호감을 받지 못하고, 잘 어울리지 못하는 것에 대해 내가 가지고 있는 각기 다른 두

려움으로 끝났다. 나는 새로운 시작이 나를 두렵게도 하고 동시에 흥분시키기도 한다는 사실

을 깨달았다.[13]

집단 리더로서 말로 표현되지 않는 의문에 공감하는 것은 겸손일 수 있다. 나는 준
비하면서 참가자들이 집을 떠나 멀리서 비행기를 타거나 직접 운전을 해서 또는 버스
나 기차를 타고 워크숍에 오는 모습을 상상한다. 사람들이 삶에서 시간을 내어 이런
경험을 하러 온다는 것이 얼마나 놀라운 일인가! 새로운 집단 구성원들의 표현되지
않은 감정과 생각에까지 깨어 있는 것이 인간중심 집단 철학의 한 부분이다.

우리의 6주 수료 과정에 참여했던 한 사람은 어떤 집단도 신뢰하기 어려웠다고 공
개적으로 말했다. 첫 번째 세션을 마치고 나는 그녀에게 얘기를 좀 나눌 수 있느냐고
물었다. 이 대화는 우리 두 사람 모두에게 도움이 되었다. 나는 신뢰에 대한 그녀의
생각을 더 알게 되어 촉진자로서 나에게 도움이 되었고, 그녀는 자신이 집단 안에서
말하는 것을 꺼린다는 사실을 내가 알아차렸다는 점에서 배려받고 있다고 느꼈다.
세 번째 주를 마친 후 나의 부탁으로 그녀는 집단 신뢰에 대한 자신의 경험을 글로 적
었다.

나는 매우 혼란스러운 가정에서 극도로 비난을 받으며 자랐습니다. 그 결과 자존감이 아주

낮은 어른이 되었습니다. 인생은 말 그대로 전쟁이었고, 특히 어떤 일을 완벽하게 해내지 못

할 땐 더욱 그랬습니다.... 나는 집단 속에 있을 때는 거절을 당할까 봐 두려워서 항상 조용히

있었습니다. 표현예술집단에서의 첫 주는 아시겠지만 아주 고통스러웠습니다. 하지만 나에

게 영향을 미친 세 가지가 있었습니다. 첫째는 당신이 보여 준 인간중심적 상담의 시범을 통

해 당신이 다른 사람들을 무조건적으로 수용한다는 사실을 알게 되었습니다. 두 번째는 그

주를 마친 후 내가 당신과 가진 개인적인 대화를 통해서 당신이 나의 행복에 관심이 있다는

것을 알게 되었습니다. 세 번째는 지난 2주 동안 표현예술 작업을 하면서 조금씩 동료들에게

마음을 열게 되었고 그들이 이해심이 많고 수용적이라는 것을 알게 되었습니다. 이런 종류의

집단에서 이런 경험을 한 것은 이번이 처음입니다. 이 집단에서 나는 있는 그대로 사랑받고

있다는 것을 느낍니다.[14]

집단의 또 다른 구성원이 소수집단이나, 혹은 그녀처럼 '이중 소수집단'에 속하는

경우에 신뢰의 문제가 특별한 의미를 갖는다는 사실에 더욱 민감해지도록 나를 일깨
웠다.

> 나는 내 의견을 말할 수 있게 되었지만(수년에 걸쳐), 때때로 여성이자 라틴계여서 이중 소수
> 집단에 속하기 때문에 갈등이 있었습니다. 나는 사람들에 대한 내 감정, 즉 내 안에 떠오르는
> 감정에 근거해서 주로 그들을 신뢰합니다.[15]

여기서 참가자는 촉진자나 다른 집단 구성원들을 신뢰하는 것이 좋은 생각인지 아
닌지 알아차리는 데 자신의 감각을 사용하고 있다. 우리 대부분은 다른 사람들에 대
한 정보를 수집하는 데 우리의 감각을 사용하기 때문에 그녀가 이것을 설명한 방식에
대해 나는 고마움을 느낀다. 직관과 '아는 데 필요한 다른 방식들'은 목소리 톤과 신
체 언어, 말, 냄새, 그리고 다른 사람 주위에 있는 '독특한 기운'이다. 우리 대부분은
인식하지 못한 채 늘 그렇게 한다. 효과적인 촉진자가 되기 위한 첫 번째 선행 조건이
집단 내에서 당신의 '존재 방식'이라고 강조하는 것은 바로 이 때문이다. 경험과 훈련
은 촉진자로서 우리 자신의 스타일과 편안함을 찾도록 도와준다.

### 실수와 그 실수에서 배우는 것

많은 촉진자가 안전한 환경을 제공한다고 광고를 하지만 말한 대로 이루어 내기란 쉽
지 않다. 한 예로, 언젠가 나는 정말로 존경하는 유명한 부부 촉진자가 촉진하는 주말
촉진자 훈련 프로그램에 참가하려고 등록을 했다. 나는 그들이 쓴 책도 읽었고 남편
촉진자를 언젠가 한 번 만난 적도 있다. 그와 그의 아내는 3일 과정 프로그램을 인도
하고 있었다. 이틀째 되던 날, 나는 그 분야에서 잘 알려진 그의 아내가 남편보다 교
육 시간을 훨씬 적게 맡고 있다는 사실이 불편하게 느껴졌다. 그녀는 그 사실이 전혀
문제가 되지 않는 것처럼 보였지만 나에게 성별 불균형은 잘못된 것으로 여겨졌다.
결국 위험을 무릅쓰고 나는 이 불균형이 나를 불편하게 한다고 말해 버렸다. 그의 반
사적인 반응은 "나탈리, 당신은 불만을 가득 담고 이곳에 왔군요!"였다. 나는 어안이
벙벙해졌고 마치 명치를 한 대 맞은 것 같았다. 방 안은 정적이 흘렀다. 마음을 가다
듬고 이렇게 말했다. "아니요, 나는 정말 불만을 담고 온 것이 아니에요. 당신들 두 사
람한테 배우러 여기 왔어요." 놀랍게도 60명이 넘는 참가자들이 그 말에 우레 같은 박

수를 쳤다.

내가 이 예를 드는 이유는 우리 모두가 아무리 경험이 많더라도 촉진자로서 실수할 수 있다는 것을 말하려는 것이다. 그런 몰아세우기는 당사자뿐만 아니라 전체 집단에 영향을 미친다. 그것은 결과적으로 불신을 낳는다. 이 경우에 참가자로서 나는 그들의 리더십 스타일에 도전하는 위험을 무릅썼고, 촉진자는 그 주제에 대해 좀 더 논의해 보는 대신 비판적인 한 마디로 반응했다. 그런 상황에서 집단 구성원들은 '진행되고 있는 과정에 대해 반대하는 행동은 여기서는 안전하지 않구나'라고 자동적으로 생각하기 시작한다. 그것이 백인 남성의 권위주의와 상관이 있다는 사실을 대부분의 여성 참가자들이 모를 리 없었다. 그 세션이 끝나자 여성과 남성 참가자들이 나에게 와서 자신들도 같은 생각을 하고 있었다고 말하며 고마움을 표시했다.

집단 내에서는 참가자들이 억압되어 있기 때문에 이런 토론을 집단 밖에서 한다면 불만과 해결되지 않은 감정들이 쌓여서 전체 작업의 기반을 약화시킨다. 내가 제안한 주제가 그 프로그램의 주제인 집단 촉진과 관련이 있는 것이었기 때문에 집단 환경 내에서 토론이 이루어졌더라면 우리 모두 성별 문제에 대해 분명히 더 많이 배울 수 있었을 것이다. 더 적절한 반응은 아마 이런 것일 것이다. "당신이 관찰한 것에 대해 감사합니다. 내 아내와 함께 이 이슈를 더 깊이 탐구해 볼까요? 그녀의 의견을 먼저 들어보고 집단 토론으로 진행하면서 다른 사람들도 이 주제에 대해 의견이 있으면 나누어 주세요." 이런 반응은 신뢰를 쌓고, 내가 위험을 감수한 것에 대해 존중하면서 인정하고, 앞으로 겪을 수도 있는 어떤 주제든 집단이 해결하도록 맡기는 것이 될 것이다.

나도 집단 촉진자로서 많은 실수를 해 왔다. 나 역시 집단 전체가 보는 앞에서 참가자에게 방어적으로 반응한 적이 있었다. 그런 일이 일어날 때 나는 나를 좋아하지 않는다. 하지만 그것은 배우는 과정이며 그것에 대해 깊이 생각하는 시간을 가진다. 그것을 집단에서 언급할 두 번째 기회가 주어진다면(둘째 날이나 그날 오후) 운이 좋다. 나는 아마도 다음과 같이 말할 수 있을 것이다. "오늘 아침에 당신이 나에게 화를 냈을 때 내가 방어적으로 반응한 것을 알아차렸어요. 당신한테 너무 빨리 반응한 내 자신이 마음에 들지 않았어요. 나의 성급한 반응에 대해 사과합니다. 여기서든 아니면 집단 밖에서 그것에 대해 좀 더 이야기할 수 있을까요? 당신이 말한 것에 대해 좀 더 배우고 싶고 다시 한 번 듣고 싶어요."

　만약 내가 이렇게 할 용기가 있다면(나는 대체로 용기가 있다.), 집단은 우리 모두가 실수를 범하는 예를 보는 것이다. 이것이 실수를 수정하는 방법이고 의사소통을 더 깊은 수준으로 이끄는 방법이다. 참가자들은 언제나 그런 사건을 기억한다. 교사나 권위자가 실수에 대해 사과하는 것은 많은 사람들에게 새로운 경험이 될 수 있고 쉽게 잊혀지지 않을 것이다.

## 촉진자와 권력 문제

위의 예는 권력 문제를 떠올린다. 권력을 공유하는 문제에 대해 어떤 입장을 취하는지 당신 자신에게 몇 가지 질문을 해 보는 것이 필요하다. 리더로서 자신과 집단을 위한 당신의 목표는 무엇인가? 당신이 통제권을 가지고 있어야 하는가 아니면 참가자들이 점점 자기통제를 할 수 있도록 하는 것이 당신의 의도인가? 그날 또는 그 주의 계획을 당신이 완전히 책임지지 않으면 불편한가?

　칼 로저스는 특히 참만남집단(encounter group)에서 권력을 집단으로 돌리는 데 달인이었다. 1970년대의 대규모 인간중심 접근법 집단에서든, 러시아에서 그의 작업에서든, 혹은 다인종집단을 촉진했던 남아프리카 공화국에서든, 서로 앙숙관계인 아일랜드인 가톨릭 교도와 개신교도들을 만났던 아일랜드에서든, 그는 "나는 여러분들을 알게 되기를 진심으로 원하고 여러분도 나를 알게 되기를 원합니다. 우리가 원하는 것은 무엇이든 여기서 창조할 수 있습니다."[16]라고 말하면서 보통 시작한다. 이런 방식으로 그는 집단에게 그들이 원하고 필요한 것이 무엇인지 그리고 그것을 어떻게 실현할 것인지를 찾도록 미리 암시를 한 것이다. 이런 집단의 초기 단계는 강한 리더십의 부재로 인해 혼란, 혼동, 그리고 불편함이 있다. 그러나 이 집단 구성원들에게 주어지는 자유와 책임감 때문에 아주 유쾌하고 활기도 있다.

　철재 셔터(The Steel Shutter, 아일랜드 참만남집단 동영상)[17]에서 당신은 칼이 안전한 환경을 어떻게 만들어 가는지 볼 수 있다. 그는 자신의 권력을 참가자들에게 넘겨주면서 집단을 시작하지만, 누군가가 깊은 감정을 보이면서 인생 경험을 드러낼 때는 그 사람에게 공감적으로 반응하면서 개입한다. 그는 "나는 그녀에게 반응하는 시간을 갖고 싶습니다."라고 말한다(이렇게 진행되던 대화를 잠깐 중지한다). 그는 그녀가 한 말의 내용과 감정을 아주 능숙하게 그리고 공감적으로 요약한다. 그녀는 자기개방을 함으로써 아주 취약한 상태에 있을 때 수용되고 이해받았음을 느낀다. 따라서 그는 자신의 지혜와 경험을 사용해서 사람들이 자신의 감정을 만나도록 돕고, 그렇게 하는 것을 인정받도록 돕는다. 그는 그 집단의 '권위자(authority)'가 아니긴 하지만, 그는 자신의 권력(power, 또는 촉진자로서의 지위)을 사용해서 개인의식과 집단의식을 촉진하는 데 사용한다. 그는 깊고 의미 있는 자신의 일면을 드러냈을 때만 그 사람에게 반응하기 위해 대화를 중단하고 개입한다. 집단 구성원들은 방어적 가면을 기꺼이 벗고, 그들 자신을 취약한 상태에 두고자 한다면, 그들 역시 말할 수 있을 것임을 깨닫기 시작한다. 신뢰가 쌓인다.

여기에 내가 말하고자 하는 두 가지 의미가 있다. 한 가지는 언제나 통제권을 가져야 하고 또한 가지고 싶어 하는 사람으로부터 집단에게 통제권을 즉각적으로 넘겨주고 싶어 하는 사람에 이르기까지 리더십 스타일의 연속성에 대해 토론하는 것이다. 권력 문제에 대해 당신이 어떤 입장을 취하고 있는지, 그리고 향후에 당신의 촉진 스타일을 개발할 때 어떤 입장을 취하고 싶은지를 아는 것은 도움이 된다. 다른 의미는 인간중심 촉진자들이 집단의 신뢰감을 향상시키기 위해 구성원들에게 어떻게 반응하는지를 보여 주는 것이다.

개인적으로 나는 집단에 있을 때 아버지의 존재 방식과 비슷한 방식을 취하고, 창조적인 활동을 할 때는 구조를 제안하는 방식을 취한다. 집단을 시작하는 첫날, 나는 사람들이 스스로에 대해 책임지기를 바란다고 말한다. 만약 그들이 내가 제안한 것을 하고 싶지 않다면, 그들은 언제라도 다른 것을 할 자유가 있다. 나는 선택의 자유를 분명히 밝힌다. 어떤 사람들은 '촉진자'가 무엇을 하도록 제안했을 때 그것을 해도 되고 하지 않아도 되는 선택권을 가지고 있다는 사실을 믿는 데 시간이 걸린다. 춤을 추는 대신 그림을 그리거나, 동작하기를 제안했는데 글을 쓰거나, 관찰하기 위해 한쪽에 가서 앉아 있기도 하면서 직접 시험을 해 보고 나서야 비로소 우리가 한 말의 진정한 의미를 알게 된다. 그들은 자신의 선택에 대해 존중받는다. 참가자들에게는 순종해야 할 거라고 생각했던 상황에서 스스로의 역량을 강화할 수 있다는 것이 가장 큰 교훈이 될 수 있다.

촉진자들은 종종 "우리가 리더십이나 권한을 다 주고 평등한 집단을 유지할 수가 있나요?"라고 묻는다. 참가자들은 보통 워크숍에 참가하기 위해 돈을 지불하고 촉진자는 지급을 받기 때문에, 권력의 불평등이 시작부터 존재한다. 이 권력의 차이를 없애려면 노력이 필요하다. 보다 평등한 상황을 만드는 가장 효과적인 방법은 핵심 조건들을 실천하는 인간중심적 촉진자로서 온전히 현재 깨어 있는 것이다.

# 2 표현예술 촉진자 되기 : 집단의 어려운 주제 다루기

## 적대감과 저항

집단에서 이런 작업을 제안하는 데는 어려움이 있다. 만약 한두 사람이 집단 과정을 신뢰하지 않거나 현재 일어나는 일에 대해 적대감을 갖고 있다면, 집단에 대한 신뢰 수준은 떨어질 것이다. 과정에 대한 저항과 적대적 행동은 내가 촉진하는 집단에서는 자주 일어나지 않는다. 그 집단에는 스스로 선택한 사람들만 오기 때문에 나는 그들을 가르치고 촉진하기가 아주 편안하다. 사람들은 두려움과 불안감을 가지고 올 수도 있지만 그들은 새로운 존재 방법을 배우고자 하는 동기를 부여받는다. 집단의 첫 세션에서 항상 사람들을 의자에서 일어나게 해서, 말을 사용하지 않으면서 즐겁게 다른 사람들과 의사소통하고, 그다음 다른 한 사람과 대화를 나누도록 한다. 이 방법은 적대적인 행동을 한 적이 있는 사람이 왔다 할지라도 마음과 생각을 부드럽게 한다.

　하지만 만약 이미 집단이 형성된 상태에서 창조적 연결 과정을 사용할 때 당신은 예술을 사용하는 것을 두려워하는 사람을 만날 수도 있다. 당신은 그들이 하는 말을 들을 필요가 있다. 적대적으로 대하는 사람에게 방어적이지 않은 방법으로 반응하려면 연습이 필요하다. 불행하게도 우리는 종종 예술을 사용했을 때의 엄청난 장점을 설명하거나 그 과정을 시도해 보도록 그 사람을 설득하기 시작한다. 가장 효과적인 촉진법은 "내가 제안하는 것을 별로 좋아하지 않는 것 같네요. 오히려 그것이 당신을 화나게 하는 것 같군요. 옆에 앉아서 다른 사람들이 하는 걸 지켜보거나 우리가 하는 동안 책을 읽어도 좋아요. 어느 순간 우리와 합류하고 싶으면 그때 합류하면 됩니다. 그렇지 않더라도 나는 당신의 결정을 전적으로 존중합니다."라고 말하는 것이다. 이런 공감적인 이해는 선택권을 주고 그 작업이 지속되도록 허용한다. 당신이 그 사람의 감정을 이해할 뿐만 아니라 그가 활동에 합류할 수 있도록 공간을 열어 놓는 당신의 반응을 보고 다른 구성원들도 지지를 받고 있다고 느낄 것이다. 이 절의 뒷부분에서 분노와 그와 유사한 감정을 촉진하는 것에 대해 좀 더 다루고 있다.

## 수줍음과 말하는 능력 부족

참가자들은 많은 사람들 앞에서 자신들의 속내를 드러내는 데 대해 종종 주저한다. 그들은 진실한 생각, 감정, 혹은 태도를 보여 주었을 때 거절당할까 두려워한다.

촉진자들은 그 주저함을 알아차리고 "조용한 사람이 몇 명 있네요. 만일 그 사람들이 원한다면 그들에게 말할 기회를 주었으면 합니다."라고 말하면서 집단에서 일어나고 있는 주저함을 다룰 수 있다.

이 사람들은 그들이 누구인지 알고 그 기회를 이용할 수도 있고 그렇지 않을 수도 있다. 적어도 약간의 침묵과 공간이 생김으로써 수줍음이 많은 사람들이 활발하게 진행되고 있는 토론에 끼어들 기회를 찾지 않고도 말할 수 있게 된다. 이 방법은 집단 내에 영어가 제2언어인 사람들이 포함되어 있을 때 특히 유용하다. 우리가 인도하는 집단에는 일본, 한국, 러시아, 라틴아메리카, 그리고 유럽의 여러 나라, 즉 비영어권 국가에서 오는 참가자들이 늘 있다. 그들은 우리의 집단에 참여하도록 특별히 초대받은 것에 대해 매우 기뻐한다. 총알같이 빠른 속도로 진행되는 대화를 이해하려고 노력하면서 참여하는 것이 얼마나 용기 있는 것인지 우리는 알고 있다. 가끔 나는 그들에게 자신의 모국어로 먼저 말을 하고 나서 우리를 위해 영어로 번역을 해 달라고 제안한다. 이렇게 하면 즐거운 소리와 몸동작, 어떤 때는 눈물이 쏟아져 나온다(마침내 자신들이 생각하고 느끼는 것을 제대로 표현할 수 있기 때문에). 우리는 그저 그 의미를 추측할 뿐이지만, 이 참가자들이 집단 과정을 이해하려고 엄청난 노력을 하면서 답답해하는 것을 우리도 보고 느낄 수 있다. 나는 공개적으로 그들의 용기를 인정한다.

말하기를 꺼리는 사람들을 돕는 또 다른 방법은 내가 게일(앞에서 언급한)에게 했던 것처럼 집단 밖에서 그들과 대화를 나누는 것이다. 그러면 당신은 왜 그들이 침묵만 지키고 있는지 이해할 수 있다.

어떤 촉진자들은 참가자가 수줍어하거나 말하는 능력이 부족한 것을 반항으로 잘못 이해하기도 한다. 진단을 하기보다 호기심을 갖는 것이 더 도움이 된다. 수줍음이 많은 사람들의 능력을 집단에서 발휘하도록 하려면 내면에 있는 원인을 이해하는 것이 중요하다. 모든 사람이 집단에 들어가거나 토론에 활발하게 참여하는 데 있어서

당신이 무엇을 하고 있다고 생각하는가?

자신만의 속도를 찾을 필요가 있다. 참가자가 미술작품을 만들거나 동작을 할 때 더 편안함을 느끼는지 아니면 둘씩 짝을 지어 나눔을 할 때 더 편안함을 느끼는지 안다면, 당신은 참가자의 참여하는 능력을 이해할 수 있다. 어떤 참가자는 워크숍 기간 내내 큰 집단에서는 전혀 말을 하지 않고, 미술 작업과 글쓰기만 하고, 둘씩 짝지어서 나누기 할 때만 말하는 경우도 있다.

## 독점적인 행동과 스토리텔링

종종 자신에게 할당된 것보다 더 많은 시간을 차지하는 집단 구성원이 한두 사람씩 있다. 표현예술집단에서는 이것이 엄격하게 언어로 나눔을 하는 집단에서만큼 그렇게 심각한 문제는 아니다. 우리는 대형 원으로 모여서 이야기를 나누다가 동작하기, 미술 작업하기, 둘씩 짝지어서 나누기를 하고 그다음 다시 큰 집단으로 모여서 나눔을 하는 방식으로 여러 가지 활동을 바꾸어 가면서 하는 즐거움을 누린다. 이렇게 함으로써 모든 참가자는 자신의 내면 작업을 하고 그들의 과정을 탐색하고 표현하는 방법을 찾는 데 더 많은 시간을 갖게 된다. 하지만 세션의 시작과 끝에 우리가 큰 원에서 함께 모일 때 독점적인 행동을 보이는 사람들이 있다.

이런 상황을 다루는 몇 가지 접근법이 있다. 우선, 나는 내 안에서 일어나는 좌절감과 같은 여러 감정을 알아차리고 그것을 조용히 인정하며, 내가 내 태도를 바꿀 수 있는지 그리고 이 사람이 왜 이렇게 끊임없이 이야기하는지 이해하려고 노력하면서 지켜본다. 이런 행동을 보이는 대부분의 사람은 자존감이 낮지만 겉으로는 자신이 중요한 사람인 것처럼 행동한다. 집단 구성원 중 한 사람은 종종 우리에게 자신과 개인적으로 친분이 있는 유명한 학자와 집단 리더들에 대해 말한다. 다른 한 사람은 자신이 미래에 언젠가 하게 될 국제적인 영성과 변화 작업에 대해 우리에게 쉴 새 없이 이야기한다. 내면 깊은 차원에서 이 사람들은 사람들의 눈에 띄고 싶고, 경청받고 싶고, 수용받고 싶어 하지만 그들의 행동은 실제로 사람들을 지루하게 한다. 그래서 그들은 훨씬 더 말을 많이 하게 된다.

그들과 그들이 속한 집단을 어떻게 도울 수 있을까? 다른 사람들이 그들의 목소리를 듣고 있다고 그들이 느끼도록 돕는 방법을 찾으라. 너무 오랫동안 말하는 것은 다른 사람들을 화나게 하고 새로운 행동 양식을 배우려고 노력하면 나아질 것임을 그들에게 보여 줄 방법을 찾으라.

나는 우선 그들이 오랜 시간 말할 때, 그들이 말한 것을 한두 문장으로 요약하면서 중재한다. 이렇게 하면 그들은 자신의 말이 경청되었음을 안다. 그런 다음 나는 "다른 구성원에게도 말할 시간을 줘야 해요. 이제 한 시간 남았어요. 모든 사람의 필요를 고려하는 것이 중요합니다."라고 말한다. 대체적으로 그들은 다시 이야기를 이어갈 것이고, 그런 경우에 나는 "이야기를 마무리해야 우리가 다음 순서로 넘어갈 수 있어요."라고 부드럽게 말한다. 이것이 그들을 화나게 하거나 상처받게 할 수도 있다. 그래서 나는 꼭 기억했다가 집단 밖에서 그들과 이야기를 나눈다. 또는 만약 그들이 즉각적으로 나에게 화를 낸다면, 우리는 집단 장면 안에서 대화를 나눈다.

점심시간에 한 여성이 나에게 와서 눈물을 흘리면서 자신이 이야기를 하고 있는데 내가 그것을 중단시키고 이야기를 끝내도록 요구해서 상처를 받았다고 말했다. 나는 그녀의 상처와 분노에 대한 이야기를 듣고, 그녀의 행동은 자신이 원하는 것에 반하는 결과를 초래하고 있었다고 설명했다. 그녀는 부모가 한 번도 자신의 말을 들어주지 않았고, 지금은 남편 역시 마찬가지라는 자신의 개인사를 말했다. 만일 그녀가 사람들이 알아주기를 바라는 내용을 간단하게 요약한다면 사람들이 지루해하지 않고 경청할 것이라고 여러 번 그녀에게 설명했다(집단 밖에서). 그러기 위해서는 그녀가 부단히 노력해야 하며 원한다면 우리 집단 안에서 실험해 보면 긍정적인 결과를 얻을 수 있을 거라고 말했다. 시간이 흐르면서 이 방법은 그녀에게 도움이 되었다.

자신이 경험한 유명한 집단 촉진자에 대해 끊임없이 이야기한 그 여성은 '스스로를 잔뜩 부풀리고' 있었고, 내가 그녀가 경험한 최고의 촉진자가 아니라고 말하는 것 같았다(내가 생각하기에). 나는 이것을 개인적인 것으로 받아들이기보다 오히려 웃음이 나왔다. 나는 집단 내에서 그녀에게 그런 훌륭한 전문가한테서 배울 수 있는 것은 큰 행운이라고 그녀를 인정했다. 만약 집단이 보는 앞에서 나를 낮추려는 의도였다면 그녀는 성공하지 못했다. 나는 최고일 필요가 없다. 더 낮든지 모자라든지 나는 나다. 다른 구성원들은 그녀의 말에 내가 위협을 받거나 방어 자세를 취하지 않는 것을 볼 수 있었다.

독점적인 행동을 최소화하는 또 다른 방법은 '토킹 스틱(Talking Stick)'을 사용하는 것이다. 많은 집단이 이 방법을 사용하는데, 이것은 북미 인디언 문화에서 따온 것이다. 특정 막대기를 장식하고 그것을 이야기하는 사람에게 준다. 그 사람이 말하기를 마치면 다른 사람이 이야기를 하고 싶다는 표시를 하고, 그러면 그 토킹 스틱은 그 사람에게 전달된다. 이것은 토킹 스틱을 들고 있는 사람에게 자신이 지금 집단의 시간을 사용하고 있으며, 이야기를 나누고자 하는 사람들이 기다리고 있다는 것을 상기시켜 준다.

어떤 사람들은 유년시절에 관한 것이든 부모나 자녀와의 관계이든 혹은 직장 상사와의 관계이든 그들의 인생에 대한 긴 이야기들을 늘어놓는다. 집단에서 초기에 서로의 가정사에 대해 귀를 기울이는 것은 자연스럽다. 집단이 시작되는 첫날, 우리는 각자 경험하고 있는 현재 주제에 대해 예술활동을 함으로써 가정사에 대한 나눔을 최소화하려고 한다. 큰 원으로 모여 나눔을 할 때, 누군가가 자신의 배우자나 친구들과 겪은 일에 대해 장황한 이야기를 이어 간다면, 우리는 위에서 언급한 방법들을 사용한다. 우선, 우리가 들은 것을 한두 문장으로 요약한 후 그들에게 방금 만든 작품과 경험에 대해 나누는 것에 집중하도록 부탁한다.

이 방법을 사용할 때 예외가 있다. 참가자가 깊고 괴로운 감정을 드러내고자 할 때이다. 만약 오랫동안 간직해 온 슬픔이나 분노, 그리고 두려움을 드러내고 싶은 욕구가 있다는 직감이 들면, 비록 다른 사람의 나누는 시간을 줄이더라도 그 사람의 감정에 귀를 기울이고 그것을 나눌 수 있도록 도울 것이다. 언제나 우리의 의도는 집단 구성원들이 자신의 사회적 가면을 벗고 진정한 모습을 드러내는 것이 안전하다고 느끼도록 돕는 것이다. 어떤 사람에게 집중하고, 어떤 사람에게 다른 사람이 말할 시간을 갖도록 양보하라고 해야 하는지를 분간하는 것은 매우 어려운 일이다. 절대적으로 옳은 방법은 결코 없다. 촉진자로서 우리는 말과 글로 피드백을 적극적으로 받음으로써 어떤 것이 효과적인지 끊임없이 배운다.

## 개인적이지 않고 객관적인 대화 방식

개인적인 이야기를 나눌 때 우리는 사람들에게 일인칭 현재시제로 말하도록 초대하고 격려한다. 어떤 사람이 지속적으로 "동료가 사무실에서 책을 훔쳐갈 때 우리는 화가 납니다."라는 표현을 쓰면, 우리는 그를 멈추고 '나'라는 말이 포함된 문장으로 다시 말하도록 부탁한다. 즉 "내 동료가 책 등을 훔쳐 가면 나는 화가 납니다."로 바꾸도록 한다(이런 식의 중재는 보통 때의 인간중심 접근법보다 좀 더 지시적이긴 하지만, 이것은 좋은 의사소통을 위한 지침이 된다). 이 방법을 가르치는 것은 모두에게 도움이 된다. 결국 그들에게 서로 일인칭으로 말하도록 부탁한다. 우리는 특히 참가자들에게 자신들의 미술작품을 나눌 때도 일인칭으로 하도록 제안한다. "파란색은 슬픔을 나타냅니다."라기보다 "나는 이 파란색을 볼 때 슬픔이 느껴집니다."라고 표현하도록 제안한다. 참가자들은 자신의 감정을 일반화하는 대신 자신의 것으로 인정하는 것을 배워서 기본적인 의사소통 기술을 활용하여 경험을 나눈다.


## 촉진자를 위한 분노에 대한 지침

참가자들은 흔히 프로그램의 구조나 구조의 빈약함에 대해 또는 촉진자인 당신에게 화를 내거나 불만을 표현한다. 집단 구성원들 간의 갈등과 화가 발생하기도 한다. 다양한 상황에 대처하는 방법을 몇 가지 제안하고자 한다.

### 당신 혹은 프로그램 진행 방식에 대한 분노

"제 말 좀 들어 보세요!" 만약 이것이 리더인 당신을 향한 말이라면, 심호흡을 한 번 하고 좀 더 구체적으로 설명해 달라고 부탁하라. (이렇게 하기 위해서는 연습이 필요하다!) "나한테 화가 난 것 같군요. 내가 이해할 수 있도록 그것에 대해 좀 더 설명해 주세요." 참가자에게 분노의 깊이와 내용에 대해 말하도록 부탁하라. 그 상황(그 상황을 보는 참가자의 관점)에 대해 참가자가 말하는 것을 수용하라. 방어적인 자세를 취하지 말라. 우선 당신이 그의 분노, 불만, 실망감을 알아차렸음을 그가 알 수 있는 방식으로 반응하면 상황은 잦아들 것이고 그러면 당신은 그가 보는 세상을 이해하기 시작할 것이다.

그런 다음 당신이 원한다면 그의 의견에 반대의사를 표현한다. "당신이 무슨 말을 하는지 어떤 감정을 가지고 있는지 알겠습니다. 하지만 내가 보는 건 이렇습니다." 촉진자로서 당신은 상황에 대한 당신의 관점을 설명할 권리가 있다. 그러나 참가자의 실망감과 분노의 내용을 듣는 것이 매우 중요하다. 대치 상황을 잘 듣고 이해하는 이런 능력을 보이는 모델이 됨으로써, 당신은 집단 구성원들이 이 과정에 대해 배울 수 있도록 돕는다(볼튼의 저서에서 특히 '갈등해결 방법'편을 참조하라).[18]

이런 직면을 하는 동안 혹은 그 후에 시간을 내서 참가자가 말한 것들을 충분히 생각해 보라. 아마 당신 자신에 대해 배울 점이 있을 것이다.

만일 그것이 정당한 것으로 인정이 된다면 사과하라. 우리 모두가 잘못 인도할 때도 있다. 당신이 실수를 했거나 누군가의 감정을 다치게 했다는 생각이 들면 그것을 인정하라. 모든 집단 구성원들이 권위적인 존재인 당신이 스스로의 잘못을 인정하는 것을 듣는 것은 중요하다. 이것은 좋은 역할 모델이 된다.

필요하거나 그럴 만한 가치가 있다고 판단되면 프로그램의 구조나 당신의 행동을 바꾸라. 우리가 들으려고 마음을 연다면 우리는 촉진자로서 우리 자신에 대해 많은 것을 참가자들로부터 배운다. 하지만 당신 자신의 가치와 신념을 존중하는 것 또한 중요하다.

분노가 전이나 그 사람의 삶에서 일어난 다른 사건에서 비롯되었을 수도 있다는 것을 자각하라. 당신 자신에게 물어보라. "나에게 화를 내는 이 사람이 나를 자신의 어머니나 아버지, 형제, 직장 상사로 보는 것 같은 느낌이 드는가?" 이것은 그 사람의 이야기를 들으면서 깊이 생각해 볼 문제이다. 나중에 하나의 가능성으로서 그 참가자에게 이것을 말하는 것이 적절할 수도 있다. *그들에게 직접 확인하라.*

물론 당신이 참가자에게 역전이 감정을 느끼고 있는지 살펴보는 것도 필요하다. 그 사람을 볼 때 당신의 부모나 형제, 동료가 떠오르는가? 이 역전이 현상 때문에 당신의 감정이 더 커지는가?

당신은 그 참가자가 자신의 분노를 창조적 예술활동과 글쓰기를 통해 표현하면서 그것에 대해 더 깊이 이해하도록 제안할 수도 있다. 하지만 그 분노가 당신이나 프로그램 진행 방식에 대한 것이라면, 그 분노를 비껴갈 수 없다는 것은 분명하다. 예술이 이 과정의 부속물이 될 수 있다. 촉진자와 참가자 모두 참만남을 위하여 예술작품과 자유로운 글쓰기를 할 수 있다. 이 방법을 통해 이전에는 자각하지 못했던 생각과 감정을 깨달을 수 있다.

## 두 집단 구성원 사이의 분노

만약 집단 구성원 두 사람 사이에 분노가 발생한다면 그들의 토론을 중단시키더라도 먼저 그중 한 사람의 말을 듣고 그것에 반응하라. 그다음 나머지 한 사람의 말을 듣고 그것에 반응하되, 두 사람이 당신의 중재를 통해 서로의 의견을 진심으로 듣기 시작할 때까지 그렇게 하라. 이것이 중재이다. 잘된다면 그 순간에 그들은 서로의 말을 듣기 시작할 것이다. 그들은 서로 의견은 다르지만 동의할 수 있거나 서로를 이해하고 수용하는 법을 배울 수 있다.

또한 '종이 위에서 대화하기(자료에서 더 많은 탐색활동의 제8장 부분 참조)'라는 예술 과정은 참가자들이 자신들의 갈등과 과정에 대해 더 깊이 이해하도록 도와준다. 혹은 각자 그림 그리기와 글쓰기를 포함한 예술 작업을 하고 나서 중재의 한 방법으로 그것에 대해 나눈다. 이 방법은 양쪽 모두가 언어 뒤에 숨겨진 감정을 '보고' 이해하도록 돕는다.

# 집단 구성원 떠나보내기

아주 가끔씩 촉진자가 구성원 중 한 사람이 그 집단에 적합하지 않거나 집단이 그 참가자에게 치유적인 장소가 아니라는 것을 깨달을 때가 있다. 자문을 얻을 수 있는 임상 심리학자나 정신과 의사가 있다면 이런 경우에 도움이 된다. 집단을 수백 번 촉진하면서 평가와 도움을 받기 위해 내가 참가자를 정신과에 데리고 간 적은 단 두 번밖에 없다. 다른 집단 구성원들은 그 사람과 집단 전체를 위해 안도감을 느꼈다. 현실감이 떨어지는 사람(예 : 편집증이나 망상증을 가진 사람, 또는 유체이탈을 경험하는 사람)이라도 잠시 동안은 집단의 정신력에 의존할 수 있다. 사실 그 사람의 말을 직극적으로 경청하고 도움으로써 그 사람이 정신적 균형을 되찾는 경우도 가끔 있다. 하지만 만약 불균형 상태가 지속되면 그 사람을 위해 도움을 요청하라. 그 사람을 치료사에게(그 사람을 담당해 오던 치료사가 있다면 그 치료사에게) 의뢰하는 것이 중요한 조치이다. 우리는 모든 사람들에게 집단에 참가하기 전에 신청서를 작성하도록 하지만, 심각한 인격장애를 가려내기는 사실상 어렵다.

집단 작업이 어떤 참가자에게 도움이 되기보다 오히려 그 사람의 개인적인 어려움을 부추기는 것처럼 보일 때, 우리는 먼저 그 사람과 개인적인 면담을 하면서 왜 그런 현상이 일어나는지 함께 살펴본다. 도움을 받기 위해 집단을 떠나도록 우리가 제안할 수도 있다. 이런 말을 하기는 어려운 일이므로 사전에 충분히 생각하고 자문을 얻은 후에 실행한다. 하지만 당사자는 자신이 워크숍에 헌신했다고 느끼기 때문에(혹은 수업 과정이어서 학점을 받아야 하기 때문에), 집단을 떠나는 것에 안도할 수도 있다. 보통 이런 사람들은 집단 과정이 혼돈스럽고 자신을 더 혼란스럽게 만든다는 것을 정확히 인지하고 있다. 그래서 그들에게 떠나도록 허락하는 것은 안도감을 줄 수 있다. 촉진자로서 우리는 이 일을 결코 가볍게 여겨서는 안 된다. 그 사람이 떠나고 나면 우리는 집단 토론 시간을 많이 가진다. 집단 과정이 주는 혜택을 받아들이기에는 감정이 너무 연약해서 참가자가 집단을 떠나야 하는 경우는 거의 없다. 하지만 그런 경우가 발생할 수는 있으므로 촉진자로서 대비해야 한다는 사실을 알기 바란다.

아마도 촉진자가 해야 하는 가장 어려운 일은 매우 드물긴 하지만 참가자가 원하지 않는데도 집단을 떠나도록 설득하는 것이다. 참가자들은 집단 과정 초반부에 우리가 나누어 주는 인쇄물을 통해 과도한 알코올이나 마약 사용이 금지된다는 사실을 알고 있다. 집단 안에서 누군가가 술에 취하거나 냉랭한 상태로 있는 것은 방해가 되고 비생산적이다. 만약 이런 규칙이 잘 지켜지지 않고 집단이나 촉진자가 그 개인과 직접 만나 얘기를 나눈 뒤에도 지속된다면, 그 사람에게 떠나도록 요구한다. 우리는 축출하기 전에 집단 밖에서 한두 번 경고를 한다. 이것이 논생과 충돌을 일으킬 수도 있다. 하지만 촉진자는 권위를 유지하면서 집단을 보호하고 모든 사람이 안전함을 느끼도록 하는 경계선을 유지한다. 이것 또한 좋은 모델이 된다. 어떤 행동들은 수용할 수 없다.

## 요약

표현예술을 촉진하는 것은 흥미 있고 신나는 경험이다. 유능한 촉진자가 되는 길에는 장애물도 많고 어려움도 많다. 그러나 당신의 여정을 계속 갈 때, 참가자들이 창조적 표현을 통해 진정성과 힘을 찾는 모습을 직접 지켜볼 때, 당신은 놀라운 보상을 받을 것이다. 촉진자들은 집단을 위해 안전하고 신뢰할 수 있는 환경을 창조하기 위해 최선을 다할 책임을 가지고 있다.

인간중심 표현예술집단을 촉진하는 데 있어서 토대는 칼 로저스 이론, 인본주의적 가치와 방법들이다. 나는 그의 개념 중 몇 가지를 요약하고, 깊은 곳에 내재하는 창조성을 일깨우는 활동과 탐색활동들을 포함시키기 위해 그들을 어떻게 확장하고 수정해 왔는지 설명했다. 새로운 것을 경험하는 데 열려 있고 평가의 기준을 내면에 두는 것을 가능하게 하는 자신감을 가져야 한다는 그의 사고를 잘 아는 것뿐만 아니라 공감, 일치성, 무조건적 긍정적인 관심의 개념을 이해하는 것은 촉진자가 되기 위해 아주 중요하다. 인간중심 접근법은 집단을 촉진하는 한 방식인 동시에 삶의 존재 방식이다.

나는 최선을 다해 표현예술집단과 언어에 제한된 집단 사이의 차이점을 설명했다. 하지만 그 차이를 직접 경험하는 것이 이것을 진정으로 이해하는 유일한 방법이다.

공감적 촉진자가 되는 방법은 당신의 집단에 참여하는 사람들이 집을 떠나는 모습을 상상하고 그들의 용기와 품고 있을지도 모르는 불안감에 깨어 있는 것이라고 제안해 왔다. 말로 표현되는 감정뿐만 아니라 말로 표현되지 않는 감정에도 반응하는 실례를 들었다. 집단 촉진자들은 지루함과 불편함, 민감성과 창조성, 즐거움과 기쁨같이 표현되는 집단 에너지의 다양한 양상을 감지할 필요가 있다. 집단 에너지는 명백하게 드러나고 촉진자가 적절한 탐색활동을 제공하는 지침이 될 수 있다.

제2부에서는 적대감과 저항, 수줍음과 의견을 말하는 능력의 부족, 독점적인 행동과 이야기를 많이 하는 사람을 포함해서 집단이 가지는 어려운 주제에 대해 논의했다. 나는 촉진자인 당신에게 쏟아지는 분노를 촉진하는 방법과 집단 구성원 간의 분노를 중재하는 방법에 대한 지침도 제시했다. 나의 경험에 따르면 시작 단계에 있는 많은 촉진자는 개인이나 집단에서 적대감을 보거나 경험하지는 않지만 거부를 경험

하는 경우가 많다. 하지만 분노는 실제로 존재하므로 그 분노를 표면화시키고 있는 그대로 수용하며 그것에 반응해야 한다.

　우리가 예술을 제공하는 이유 중 하나가 사람들이 자신의 깊은 무의식의 세계로 들어가도록 돕기 위함인 것을 안다면 집단을 시작하는 촉진자는 훈련과 연습, 그리고 슈퍼비전을 필요로 할 것이다. 당신에게 겁을 주기 위해서가 아니라 당신이 만나게 될지도 모르는 어려운 상황에 깨어 있도록 돕기 위해 몇 가지 예를 들었다.

　당신은 참가자들과의 관계 속에서 그리고 그들에게 표현예술을 제공하는 기회를 통해 대체로 기쁨을 맛볼 것이다. 다음 장에서 나는 언제 어디서 이것을 제공할 것인가에 대해 좀 더 구체적인 사항을 다룰 것이다. 당신의 여정에 행운이 있기를 빈다!

## 주석

1. Gerald Corey, *Theory and Practice of Group Counseling*, 7th ed., (Belmont, CA: Thomson Brooks Cole, 2008).

2. Brandeis University website: www.brandeis.edu.

3. Esalen Institute website: www.esalen.org.

4. The National Training Labs, located in Bethel, Maine, is a program for training group leaders/facilitators. Corporations and organizations often send their employees there. Website: www.ntl.org.

5. Carl Rogers, *A Way of Being* (Boston: Houghton Mifflin, 1951) p. 115.

6. Gerald Corey, *Theory & Practice of Group Counseling* (Belmont, CA: Thomson Higher Education, 2008) p. 248.

7. Carl Rogers, *A Way Of Being* (Boston: Houghton Mifflin, 1980).

8. Ibid. pp. 115-116.

9. Howard Kirschenbaum and Valerie Land Henderson, *The Carl Rogers Reader* (Boston: Houghton Mifflin, 1989).

10. Carl Rogers, *A Way of Being* (Boston: Houghton Mifflin, 1980).

11. Carl Rogers, *On Becoming a Person* (Boston: Houghton Mifflin, 1961).

12. "Person-Centered Approach as Conscientizaco: The Works of Carl Rogers and Paulo Freire," *Journal of Humanistic Psychology*, Vol. 29, No. 1, (Winter 1989) pp. 11-36.

13. Janet Rasmussen, Course paper, Saybrook Graduate School, February 13, 2006.

14. Gail Kailbourne, Course paper, Saybrook Graduate School, December 2004.

15. Belen Viramontes, Course paper, Saybrook Graduate School.

16. Carl Rogers, Pat Rice, and Bill McGaw, *The Steel Shutter* (Center for Studies of the Person, 1973). Videotape.
    Website: www.centerfortheperson.org.

17. Ibid.

18. Robert Bolton, *People Skills: How to Assert Yourself, Listen to Others and Resolve Conflicts* (New York: Simon & Schuster, 1986).

# 4

# 표현예술 촉진자들
## 계획과 준비

우리의 일은 사람을 변화시키는 것이라기보다 모든 사람의 내면과 집단 속에 잠재해 있는
치유적이고 창조적인 충동을 불러일으키는 환경을 만드는 것이다.
-앨런 브리스킨(Alan Briskin)[1]

수천 명의 사람이 매일 집단 작업에서 예술을 사용한다. 예술은 갈등해결과 신체적
치유 작업, 창조성, 개인 성장, 영적 각성을 촉진하는 프로그램에 사용된다. 이 책에
있는 개념은 사업 세미나와 조직 개발, 팀 형성 작업, 비전 찾기뿐만 아니라 이와 같
은 모든 환경에 적용된다. 환경보호단체와 평화운동가들도 이 책에서 활용할 만한 것
을 발견할 수 있다.

　당신은 사람들이 그들의 내적 삶에 눈이 열리고, 그들의 창조적 영성을 불러일으키
고, 그들의 몸을 치유하도록 돕는 새로운 방법을 개척하고 있을지도 모르겠다. 여기
서 제안하는 개념과 기법은 다른 많은 환경에도 적용되지만, 특히 이 모든 환경에 적
용될 수 있다.

　이 장에서 나는 참가자들이 처음 당신과 연락을 취하는 그 순간부터 그들에게 영
향을 미치게 될 당신의 내면 작업을 포함해 준비 단계, 즉 워크숍의 시작 단계에 대해
자세히 설명하고자 한다.

## 당신의 내면 작업 : 의도를 설정하고 정확한 질문하기

소속이 어디든 간에 당신이 직접 집단이나 워크숍을 시작하려고 한다면 당신 자신에게 몇 가지 질문을 하는 것이 중요하다. 근본적인 질문은 다음과 같다.

"나는 참가자들이 이 집단에서 무엇을 얻기를 원하는가?"

당신의 집단에 참여했던 사람들이 떠날 때 무엇을 가져가기를 원하는가? 자기능력 향상? 자기통찰? 육체적 치유? 새로운 영적 안목? 갈등해결을 위한 새로운 이해력? 의사소통 기술? 동료들과의 팀워크에 대한 새로운 감각?

당신의 의도는 '창조성을 일깨우고 즐기는 것'만큼 간단할 수도 있고, '갈등 상황에서 사용할 구체적인 인간중심 의사소통 기술을 배우는 것'만큼 복잡할 수도 있다. 당신의 명확한 의도가 잠재적 집단 구성원들에게 전달될 것이다.

또 다른 질문은 당신이 어려운 상황을 다루는 데 필요한 촉진 기술을 가지고 있느냐는 것이다.

만약 그렇지 않다면 좀 더 숙련된 공동 촉진자와 함께 작업하는 것을 고려해 보라. 워크숍을 제공하려면 당신이 반드시 전문가가 되어야 한다는 뜻은 아니다. 당신은 다른 사람들의 창조성을 일깨우고 삶에서 즐거움을 발견하도록 돕고자 하는 소중한 관심과 열망만으로도 시작하기에 충분하다. 그러나 경험과 탐색활동 그리고 당신이 사용하는 방법은 깊이 있게 지속적으로 영향을 미칠 것이다. 표현예술은 가끔 초기의 힘들었던 기억을 떠오르게 하며 사람들을 무의식의 세계로 데리고 간다.

또 다른 질문은 당신이 방어하지 않는 사람들과 작업할 준비가 되어 있느냐는 것이다.

대부분의 개인 성장은 자신의 영성을 찾는 것뿐만 아니라 감정과 고통스러운 기억을 알아차리는 것까지 포함된다.

당신이 고려해 보아야 할 다른 질문들은 당신의 동기와 이해력, 그리고 훈련에 관한 것이다.

- 당신은 가르치거나 배우는 이러한 상황을 왜 만들고 있는가?
- 당신은 자신이 정한 이 주제에 대해 열정을 갖고 있는가?
- 당신이 하는 일을 지지할 만한 문헌을 읽었는가?

- 당신이 제공하고자 하는 것과 같은 요소가 포함된 워크숍이나 과정에 참여해 본 적이 있는가?
- 당신은 기억의 깊은 우물 속으로 들어가는 사람들과 함께 작업하면서 온전하게 깨어 있는 경험과 훈련을 받아 본 적이 있는가?
- 당신은 참가자를 치료사에게 보내야 하는 상황임을 알려 주는 단서에 익숙한가?
- 당신은 필요한 경우 참가자를 보낼 치료사를 알고 있는가?

**당신의 목적이나 주제가 무엇이든지 간에 당신이 촉진하고자 하는 그 과정을 당신이 미리 경험하는 것은 그 워크숍을 제공하기 전에 갖추어야 할 선행 조건이다.** 나는 어떤 형태로든 먼저 시험해 보지 않은 활동을 다른 사람에게 결코 제공하지 않는다. 당신이 참가자의 입장이 되어 보는 것은 그들이 그 입장일 때 어떻게 느낄지 미리 알아보는 것이다.

## 집단 참가자를 초대하기 – 초대장

개인적으로든 기관을 통해서든 참가자들을 모으기 위해서 집단에 대해 알리라. 어떤 이들은 이것을 마케팅이라 부르지만 나는 그것을 집단 과정과 치유에로의 초대라고 부른다. 나의 의도는 화려하고 고도의 이윤창출을 목적으로 하는 대기업의 광고 형식을 피하는 것이다. 소리를 높이는 광고보다 초대가 개인과 집단의 만족감을 높이는 데 더 자연스러운 방법이다.

초대장은 우리가 잠재적 참가자들과 처음으로 만나는 곳이다. 그것은 미적으로 만족스럽고 집단의 목적을 반영해야 한다. 생기 있는 색과 촉진자의 사진을 활용하는 것이 도움이 된다. 사람들은 이 워크숍에 그들의 돈과 시간을 투자하면 그들의 내면에 있는 창조성을 이끌어 내거나 전문적인 일에 사용할 기술을 배우는 것과 같은 욕구를 충족할 수 있는지 초대장을 보고 결정한다.

### 초대장의 분위기

워크숍의 목적을 정할 때 당신은 어떤 유형의 사람들을 초대하고 싶은지에 대한 생각을 가지고 있을 것이다. 나에게 있어서 이것은 인본주의적, 개인적, 철학적, 가치중심적 언어를 사용하는 것을 의미한다. 나는 초대받는 사람들에 대한 존중과 사랑을 담아서 정성껏 초대장을 만든다.

당신의 이상적인 참가자 유형이 어떻든 간에 용어가 사람들을 끌기도 하고 쫓아 버리기도 하므로 초대장에 넣을 단어를 신중하게 골라야 한다. 어떤 사람들은 영적이라는 단어에 거부반응을 보이는 반면, 또 다른 사람들에게는 그것이 아주 매력적이기도 하다. 당신은 직선적이고 사무적인 어투인가 아니면 편안하고 서정적인 어투인가? 사람들의 흥미를 끄는 단어들은 세대에 따라 다르다. 젊은 층을 원하는가 아니면 좀 더 성숙한 참가자를 원하는가? 잠재적 참가자들에게 이것이 경험적 집단이라는 사실을 미리 알리는 것이 중요하다. 그러면 그들은 위험을 감수할 준비를 하고 올 것이다. 또 그들이 예술에 노출된 경험이 없어도 상관없고 심지어 예술을 좋아하지 않아도 괜찮다는 점을 재확인시켜 줄 필요가 있다.

'영혼 살찌우기(Nourishing the Soul)'라는 워크숍을 위해 만든 두 가지 초대장과 갈등해결 워크숍을 위한 초대장의 예를 들어 보면 다음과 같다.

유쾌한 워크숍 장소

예 : 창조적 과정을 통해 영혼 살찌우기

우리 각자의 내면에는 드러나고, 알려지고, 축하받고자 열망하는 창조적 정신이 있다. 하지만 두려움과 부끄러움, 수치심 혹은 단순한 거부감 때문에 우리 대부분은 창조성의 근원인 깊은 우물에 뚜껑을 덮어 두고 있다. 창조적 과정은 우리가 우리의 영혼, 영성, 내적 지혜와 만나도록 돕는다. 창조적 예술(동작, 미술, 음악, 글쓰기)을 통한 자기표현은 신성하고 신비로운 경험이며 고통과 분노, 두려움, 그리고 슬픔을 변형시켜 영혼을 살찌우는 원천이 되게 한다. 이것은 창조적 과정을 통해 내면 여행을 하고자 하는 모든 사람에게 열린 경험적 워크숍이다. 예술적 경험이 없어도 괜찮다.

**주제는 다음과 같다.**

- 놀이를 통해 우리의 즐거움에 새로운 활력을 불어넣기
- 영성을 발견하기 위한 내면 여행
- 우리 안에 내재하는 창조성을 재발견하기
- 자기표현과 의사소통을 하기 위해 예술을 사용하기
- 공동체가 갖는 신성한 특성들

**초대장에 사용할 또 다른 문구**

예술은 내적 자아와 영혼, 그리고 영성의 언어이다. 이 경험적 워크숍은 나탈리 로저스가 개발한 창조적 연결© 과정, 즉 각자의 내면에 있는 창조성의 우물을 길어 올리기 위해 동작, 미술, 소리, 안내 심상법 글쓰기 등을 잘 섞어 사용하는 것을 제공한다. 이 자기탐색은 나탈리 로저스의 아버지 칼 로저스의 철학에 따른 안전한 인간중심적인 환경에서 이루어진다. 이 과정의 이론과 적용은 차후에 논의될 것이다.

다음 예는 좀 더 목표지향적이다. 이것을 읽는 사람들은 갈등을 겪고 있는 개인이나 집단 간의 대화를 촉진하기 위해 예술을 사용하는 구체적인 방법을 배우는 것을 기대할 것이다.

적절한 조명, 환기, 움직일 수 있는 충분한 공간이 있는 방

## 예 : 평화와 갈등해결을 위한 표현예술

창조적인 접근법은 미래를 위한 생존 기술이다. 우리는 인종적, 문화적, 종교적 그리고 이념의 차이를 수용하거나 극복하는 방법을 어떻게 배울 수 있는가? 이 워크숍은 평화와 갈등해결을 위한 창조적 접근법에 푹 빠져 보는 학습의 장이다. 우리의 생각과 감정을 명확히 하도록 돕는 언어로서, 대인관계와 집단 과정을 탐색하는 언어로서, 그리고 가족, 공동체, 우리 자신을 위한 창조적 해결책을 상상하는 언어로서 우리는 색, 동작, 소리, 즉흥적인 활동과 같은 표현예술을 사용할 것이다.

우리는 당신의 창조 정신을 개인의 변화와 사회변화의 동력으로 활용하도록 하는 워크숍에 당신을 초대한다. 우리의 인간중심 환경은 영혼 작업을 실험하고 타인과 의사소통하는 창조적 과정을 충분히 존중하면서 촉진하고 지지하는 안전한 공간을 제공한다. 일단 진정한 자신의 모습을 존중하고 격려하는 법을 배우고 나면, 우리는 이 존중감을 대인관계와 공동체, 그리고 환경에까지 확장할 수 있다.

## 당신을 소개하기

광고할 때 당신은 사람들에게 당신 자신에 대해 뭔가를 알려 주어야 한다. 당신의 약력을 어떻게 소개하고 싶은가? 격식에 얽매이지 않고 편안하게 쓰고 싶은가 아니면 좀 더 학구적이거나 사업적인 방식으로 쓰고 싶은가? 나는 나를 소개할 때 잠재적 참가자들에게 나의 신념과 내가 누구인가에 대한 정보를 줄 언어를 사용한다. 만약 당신이 제공하고자 하는 작업에 매우 교훈적이거나 이론적인 내용이 포함된다면, 당신은 좀 더 예의를 갖추는 것이 좋을지도 모른다. 학위와 자격증, 그리고 이전에 촉진했던 워크숍의 경험 등을 넣고 싶은가?

## 장소 선정하기

따뜻하게 맞이하는 분위기는 참가자들이 감정 작업을 하는 데 도움이 된다. 워크숍 장소에 대한 나의 기준은 다음과 같다.

- 사람들이 자유롭게 춤을 출 수 있는 충분한 공간과 의자와 탁자를 놓을 수 있을 만큼 큰 공간
- 춤을 추기에 용이하고 물감이 흘렀을 때 청소하기 쉬운 나무 바닥이나 리놀륨 바닥. 바닥에 카펫이 깔려 있는 경우에는 큰 페인트받이 천이나 타폴린을 이용하라.
- 자연 조명과 신선한 공기. 실내/실외 느낌은 우리가 자연과 교감하도록 도와준다. 복도나 베란다, 혹은 잔디에 나가서 산책할 수 있으면 훨씬 더 좋다.
- 음악을 사용할 수 있도록 알맞은 스피커가 딸린 음향설비
- 화장실이 가까이 있는 곳
- 방 안이나 근처에 손이나 붓을 씻을 수 있는 싱크대가 있는 곳
- 미술 재료들을 진열해 놓고 바닥보다 테이블에 앉아서 작업을 하고자 하는 사람들을 위한 긴 테이블을 포함한 몇 개의 테이블
- 사람들이 앉을 때 사용하는 충분한 쿠션과 의자

창조활동을 하기에 충분한 공간

좋은 장소를 찾는 것이 항상 쉽지는 않다. 장소를 미리 방문해서 당신의 기준을 충족시키는지 확인해 보라. 그 장소의 아름다움을 고려하도록 권하고 싶다. 분위기에 따라 사람들이 자유롭게 탐색하고 실험하고자 하는 느낌이 달라질 수 있기 때문이다. 만약 우아하고 움직일 수 없는 가구가 있고 카펫이 깔려 있는 공간을 사용한다면, 마음껏 움직이고 춤추고 타악기를 사용하기가 어렵고 색칠을 하거나 파스텔과 점토를 사용하기도 어려울 것이다. 그런 방은 표현예술활동을 할 때 안내 심상화, 중간 크기의 종이, 펠트펜과 같은 표현예술활동만 하도록 제한될 것이다. 만약 방이 작다면 동작을 하는 것이 제한될 것이다. (하지만 선택의 여지가 없을 때는 참가자들이 좌뇌 기능 활동과 선형적 사고를 하는 것에서 직관적, 즉흥적인 방식으로 바꾸어 스트레칭이나 간단하고 재미있는 활동으로 계획을 수정할 수도 있다.)

수년 동안 나는 건강과 정신건강 종사자를 위한 전국 회의에 초빙되어 대형 워크숍을 인도했다. 라스베이거스와 보스턴에서는 카펫이 깔려 있고 형광등 조명에 햇빛이나 신선한 공기가 들어올 만한 창문 하나 없는 호텔에서 워크숍을 가졌다. 각각 70~80명의 사람과 90분간 하는 워크숍이었다. 이것은 나의 강의와 한 가지 활동을 이상적인 시간인 15분보다 더 짧은 시간에 압축해서 해야 한다는 의미였다. 이 모든 여건은 안전하고 비판적이지 않으면서 흥미로운 분위기를 창조하는 것을 어렵게 만

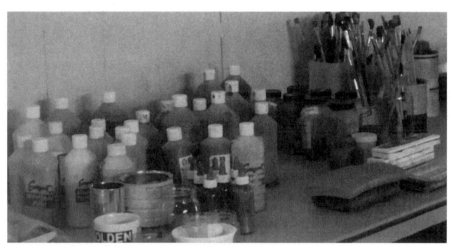

참가자들이 사용하도록 물감, 악기, 마스크, 콜라주 재료가 준비되어 있다.

들었다(물론 불가능하지는 않다). 그럼에도 불구하고 우리는 참가자들이 표현예술의
치유적인 특성을 맛볼 수 있도록 운영했다. 그들은 며칠 동안 의자에 앉아서 강의를
듣고 슬라이드로 하는 발표만 보다가 보니 움직임에 목말라 있었다. 그들은 열정적으
로 색을 사용해 자신들의 감정을 표현했다. 그들 대부분은 창조적 연결 과정을 창조
성을 일깨우는 기회라고 평가했다. 몇몇 사람은 (한 성직자와 암에 걸린 한 여성을 포
함해) 눈물을 글썽이며 내게 와서 그 짧은 경험이 삶과 죽음에 대한 그들의 관점을 바
꾸어 놓았다고 말했다.

## 집단이 구성되기 전 선택과 설문지

만약 같은 지역에 있는 참가자들을 모집할 워크숍을 계획하고 있다면, 당신은 그들이
촉진자인 당신에 대해 편안함을 느끼는지 보기 위해 그들과 미리 만나서 인터뷰할 기
회를 갖도록 한다. 그들은 워크숍의 목표와 방법에 관해 질문을 할 수도 있다. 동시에
인터뷰를 통해 당신도 그들에 대한 감을 익히며 그들이 잘 적응할지 살펴볼 수 있다.
어떤 사람이 집단에 적절하지 못하다고 느끼면 인터뷰 중에 그 사람에게 알려 주는
것이 중요하다.

재미있는 시간이 시작된다.

물론 당신이 제외하려고 하는 그 사람이 집단 과정에서 가장 많은 것을 배울 사람이지 않을까라는 의구심이 들 수도 한다. 한번은 정신병력이 있는 것으로 보이는 사람이 작성한 설문지를 받은 적이 있다. 그녀에게 전화를 해서 잠시 대화를 나눈 후 나는 그 집단이 그녀에게 도움이 되지 않을 거라고 말했다. 그녀는 '현실'세계와는 동떨어진 것처럼 보였기 때문에 우리는 그녀의 치료에 대해 이야기를 나누었다. 나는 그녀에게 워크숍에 오지 않도록 설명했다. 그리고 워크숍이 진행되는 동안 나는 '그녀가 워크숍에 참가했더라면 스스로 치료를 할 수도 있지 않았을까?'라는 생각이 들었다. 아니면 그녀가 아마 집단 내에서 세심한 배려가 필요한 사람일 수도 있었을 것이다. 어떻게 되었을지는 아무도 모른다.

어떤 촉진자들은 지원자가 적절한 집단 구성원이 될지 확인하기 위해 꼼꼼하게 살핀다. 워크숍집단이 심리치료집단이라면 그렇게 하는 것이 타당하다. 하지만 나는 집단에 참여하도록 초대받은 사람들을 인터뷰하는 것이 반드시 유용하다고는 생각하지 않는다. 일단 그들이 가등록비를 지불하고 나면 우리는 그들에게 설문지를 보내고 그것을 작성하도록 제안한다. 그 설문지를 통해 응급 상황 발생 시에 필요한 정보를 얻고 집단 구성에 대한 아이디어를 얻는다. 나이나 인종은 결코 묻지 않는다. 그렇게 하면 차별행위를 가져올 수 있기 때문이다.

# 탐색활동을 계획하고 점검하기

집단의 시작, 중간, 마무리 단계에 들어갈 적절한 탐색활동을 창조하는 것은 주제를 강화시키는 것이어야 한다. 만약 다문화 환경에서 작업을 한다면 당신의 탐색활동은 참가자들의 문화적 · 사회적 · 심리적 요소에 대한 지식과 이해를 반영해야 한다(가능한 많이). 인종적 · 사회적 관습에 민감하게 반응하는 것은 신뢰를 쌓는 데 도움이 된다. 제2장에서 나는 이스라엘에서 조화를 이루지 못하는 두 민족집단이 화합을 이루도록 하기 위해 서로의 말을 듣고 서로 이해하는 법을 배울 수 있도록 우리가 얼마나 섬세하게 워크숍의 하루하루를 계획했는지 설명했다.

개인 성장 방법과 표현예술을 사용하는 집단의 구성원을 보자. 어떤 사람은 자기를 표현하기 위해 예술을 사용하는 것이 완전히 새롭고 두려운 일인 반면, 다른 사람들은 이미 경험이 있고 뛰어들 준비가 되어 있다. 예술활동을 하는 데 옳고 그름이 없다고 안심시키면서 간단한 미술 재료 사용법을 알려 주면 그들의 긴장을 푸는 데 도움이 된다. 집단 구성원들에게 친해지기 위한 간단한 동작을 소개하면 '춤추기'에 대한 두려움이 완화된다.

시작 단계에 있는 촉진자는 흔히 너무 많은 것을 계획하는 경향이 있다. 나는 참가자들에게 "단순하면 단순할수록 언제나 더 낫다."고 반복해서 말한다. 탐색활동의 시기에 대해 현실적이 되고 유연성을 발휘하라. 예상치 못한 일이 일어날 수 있음을 인정하라. 한 세션, 즉 2시간 반 동안 한 가지 활동이면 충분하다. 그리고 만약 참가자들이 새롭고 깊은 개인적 문제를 나눈다면 그들이 발견한 것을 좀 더 탐색하도록 돕기 위해 그다음 세션에서는 즉흥적으로 하는 것이 최선이다. 오후에 또 다른 강력한 활동을 제안하는 대신, 참가자들에게 오전 작업을 소화하는 데 도움이 되는 그다음 미술 작업(또는 글쓰기)을 제안하라. 하루에 너무 많은 활동을 하면 참가자들은 혼란스럽고 압도당하며 머리와 마음이 빙빙 돈다. 우리는 이미 알고 있다. 우리는 몇 가지의 힘든 경험을 통해 이 교훈을 얻었다.

만일 당신이 표현예술을 촉진하는 것이 처음이라면 나는 경험 삼아 친구나 동료들에게 시험적으로 그 활동들을 실시해 보도록 제안한다. 이렇게 함으로써 당신이 제공하고자 하는 그 활동을 하는 데 어느 정도의 시간이 소요되는지 측정해 볼 수 있다.

또 당신이 설명하고 촉진하는 과정에 대한 피드백을 들을 수도 있다. 연습을 통해 좋은 정보를 얻을 것이다.

제5장에서 나는 목적을 계획할 시간이 있는 전형적인 하루에 대해 설명할 것이다. 하지만 만약 예상치 못한 일이 생긴다면(종종 그런 일이 발생함), 나는 공동 촉진자와 의논해서 그 순간에 필요한 것을 충족하기 위해 우리의 계획을 바꾼다. 참가자들에게는 하루 일정을 재조정할 것이라고 말하고 이 과정을 통해 그들은 개인 성장이 우선이라는 것을 이해하게 된다.

## 집단의식은 초기에 형성된다

사람들이 도착하기도 전에 집단의식은 형성되기 시작한다. 예비 참가자들이 참가비 지불이나 장소를 묻거나, 다른 세부사항을 처리하기 위해 당신이나 당신 직원에게 연락을 취할 때, 그들은 당신이 풍기는 분위기를 느낀다. 전화를 받거나 이메일로 답장을 보내는 사람이 누구든지 그 사람이 워크숍 전체 경험에 대한 최초의 분위기를 제공한다. 잠재적 집단 구성원들은 연락을 받은 사람이 친절한지, 수용적인지, 도움이 되는지를 알아차린다. 어느 단계에 이르면 그들은 워크숍 진행자들이 그들과 그들의 환경에 관심이 있다고 혹은 그렇지 않다고 평가한다.

당신의 반응이 유연한지 스스로에게 물어보라. 어떤 문제에 대해 타협할 때 당신과 진행자들은 적절한 한계와 경계를 정하는가? 이 마지막 사항은 뜻밖인 것 같지만 어떤 사람들은 상황을 자신들에게 유리한 쪽으로 끌고 가려고 한다. 가끔 참가비를 깎아 달라고 요구하는 사람도 있다. 이것이 진짜 필요한 것인지, 워크숍 리더에게 늘 하는 습관적인 요구인지 분간하기 어려울 수도 있다. 또 어떤 참가자들은 특별한 숙소를 요구하기도 한다. 이러한 요구가 타당한 경우도 있으므로 그들의 편의를 봐 주는 것이 최선이다. 보통 네 사람이 한 방을 쓰는데 세 사람이 한 방을 쓰겠다고 하는 것처럼 유동적이지 못한 상황도 있다. 훌륭한 관리자는 보통 정말 필요한 사람과 제한이 있다는 것을 배워야 하는 사람이 누구인지를 분간할 수 있다.

인터넷과 이메일은 집단의식의 기초를 놓는 데 더 많은 기회를 제공한다. 이러한 도구를 사용하면 관리자는 참가자들이 서로 교통편이나 카풀을 할 수 있도록 쉽게 연

포스트잇에 적은 일정은 필요할 때 쉽게 변경할 수 있다.

결시켜 줄 수 있다. 워크숍이 시작되기 전에 참가자들끼리 그리고 참가자들과 촉진자가 서로 이메일로 연락을 취하는 것은 의사소통을 위한 좋은 방법이다.

## 요약

워크숍의 서곡(첫 세션이 시작되기 전)은 앞으로 일어날 모든 것을 위한 무대를 꾸미는 것과 같다. 집단의 전 과정을 통해서 집단을 구성한 당신의 동기와 참가자들이 얻을 것이라고 기대되는 당신의 희망이 바로 주제가 될 것이다. 촉진자로서 당신이 가지는 이론적 배경이나 신념체계에 대해 확고한 의식을 갖는 것은 당신을 앞으로 나아가게 할 것이다. 초대글과 개인적인 약력을 적으면서 당신은 자신이 갖고 있는 개념을 더 분명히 알게 될 것이다. 시간을 내어 적절한 장소를 찾아 그곳의 아름다움을 살려서 준비하면 참가자들이 도착했을 때 당신의 세심한 배려를 느낄 것이다. 무엇보다 당신에게 의미 있는 주제를 선정해서 당신의 호기심과 활력, 열정을 전달할 수 있도록 하라. 시간의 여유로움과 유연성을 가지고 적절한 표현예술 탐색활동을 계획하라. 참가자 명단이 서서히 드러나고 사람들이 집단의 일부가 되는 것을 기대하고 있을 때, 예비 집단의식이 형성되기 시작한다. 촉진자가 이메일을 통해 구성원들과 연락을 취하고자 할 때 개인적인 관계가 시작된다. 모든 참가자와 촉진자들을 연결하는 거미줄 같은 형태장(morphic field)이 생긴다. 무엇이 우리를 다 함께 모이게 하는지는 수수께끼이다. 왜 우리가? 왜 지금?

## 주석

1. Alan Briskin, Sheryl Erickson, John Ott, Tom Callanan, *The Power of Collective Wisdom and the Trap of Collective Folly* (San Francisco: Berrett-Koehler, 2009).

# 2

# 집단의 수명주기

우리가 창조적인 행동을 시작할 때 어디로 가는지 알 필요가 없다.
그 작업을 미리 조절하는 사람은 티끌만한 창조성을 거스르고 있는 것이다.
−숀 맥니프(Shaun McNiff)[1]

일주일간 숙박을 하는 집단이든 하루 워크숍이든 모든 집단은 수명주기(life cycle)를
가지고 있다. 다음 장들에서는 집단이 이 자연스러운 단계를 거치도록 돕는 탐색활
동에 대해 논의하고 그 예를 제공할 것이다. 내가 촉진하는 대부분의 집단은 일주일
간 숙박을 함께하는 집단이다. 그리고 하루, 이틀, 삼일 과정 포럼도 많이 촉진했다.
수명주기는 이 모든 집단에서 분명하게 나타난다. 시작, 중간, 마무리 단계가 있는
것은 언제나 진실이다. 이것을 인지할 때 집단에 의미 있는 진전이 있도록 촉진할 수
있다.

표현예술 작업의 초기 단계에서 사람들은 환경이 안전한지 확인하기 위해 분위기를 시험한다. 우리가 사용하는 활동은 신뢰감과 안전함을 효과적으로 쌓이게 한다. 신뢰가 쌓이고 참가자들이 자신의 사회적 가면을 벗고 진실한 모습으로 서로 만나기 시작하면 역동은 분위기를 시험하는 것에서 공동체를 만드는 것으로 옮겨 간다. 이런 현상이 일어날 때 우리는 공동체를 만드는 데 필요한 지침을 안내하고 참가자들이 가진 서로의 차이점을 건설적으로 이해하도록 돕는 예술활동을 제안한다. 그러면 주제는 공동체 내에서 일어날 수도 있는 개인의 갈등을 다루고, 집단의식(collective consciousness)을 개방하는 것이 된다. 동작, 음악, 그리고 미술작품을 사용하는 공동체의 의식(ritual)은 집단의 유대감을 촉진하는 데 도움이 된다.

중간 단계에서 보통 모든 집단은 불화가 일어나거나, 혼란스럽거나, 혹은 곤경에 빠진다. 당신이 이런 에너지를 느끼면 개인과 집단 둘 다에 존재하는 어두운 면, 즉 그림자를 탐색해 볼 때이다. 온전한 사람, 혹은 건강하고 온전한 집단이 되려면 어두운 면을 탐색해야 하는 것이 이 작업의 전제이다. 그래야만 자기수용과 집단 공명이 일어난다. 우리는 예술을 사용해서 개인과 집단이 가진 그림자의 내적 양극성을 철저히 살핀다. 곤경에서 벗어나기 위해 우리는 각자 내면에 그리고 집단 내부에 있는 깊고 더러운 배설물을 처리해야만 한다. 우리가 이 어둡고 금지된 공간에 들어갈 때 표현예술이 우리를 빛으로 인도한다. 그림자 작업을 마치면 바로 기쁨과 웃음이 종종 터져 나온다.

마무리 단계에서 집단은 배운 것을 경험적으로 그리고 이론적으로 통합할 필요가 있다. 우리는 참가자에게 그들의 예술작품과 글 쓴 것을 한 곳에 모으도록 하고, 그것에 대해 명상을 하도록 안내한다. 그리고 나서 그들은 영감과 상상력을 사용하여 하나의 이야기를 쓴다. 그다음 우리는 워크숍을 마무리 짓는 몇 가지 방법을 제안한다. 그것은 집단에서의 변화된 경험을 집으로 가져가서 삶에 적용하기 위해 연결하는 작업을 하는 것이다. 워크숍에서 배운 것에 감사하고 자아의 어떤 새로운 면이 집에서 유용하게 쓰일지 생각해 본다. 그리고 작별 인사를 나눈다.

이 글을 읽으면서 기억할 것은 집단의 수명주기 단계들이 명확하지 않고 각 단계가 분리되어 있지 않다는 것이다. 집단은 마치 작은 물줄기에서 시작해서 바윗돌을 넘고 소용돌이를 지나면서 점점 더 커지는 강물과 같다. 촉진이 잘 이루어지면 그것은 소용돌이에서 벗어나 열망하던 넓은 바다로 향하게 된다. 촉진은 하나의 예술 형태로 매 순간순간, 매일매일 일어나고 있는 일에 민감하게 반응할 필요가 있다. 성공적인 결과를 가져오기 위해서는 강물의 속도와 흐름에 맞추기 위해 온전하게 깨어 있고 자신의 계획을 기꺼이 조절하는 자세가 필수적이다. 만약 집단이 바위와 폭포를 지나 잘 흐른다면 그것은 바다(우주적 일체감)를 향해 분명하게 흘러갈 것이다.

한 참가자는 이렇게 말했다.

> 이 워크숍에서 인간중심 표현예술에 대한 나의 경험은 내가 드러나고, 발전하는 나의 경험에 머물면서 나의 영혼과 나의 이미지 그리고 나의 용기를 신뢰하는 하나의 콜라주였다. 이 과정은 공동체 속에 있는 내 존재 방식까지 포함해서 내 영혼이 빛으로 드러나고 싶어 하는... 이 과정은 점점 더 깊은 주제로 나를 계속 데려갔다.[2]

앞으로 이어지는 장들을 읽으면서 당신이 촉진하는 (혹은 촉진하고 싶은) 집단에 대해 생각해 보라. 제시된 기본 철학과 가치관은 창조성, 진정성, 그리고 자기능력 향상을 위해 자극하고자 한다면 어떤 상황에서도 적용 가능하다. 이 접근법들은 집단의 목적에 따라 적절하게 수정될 수 있다.

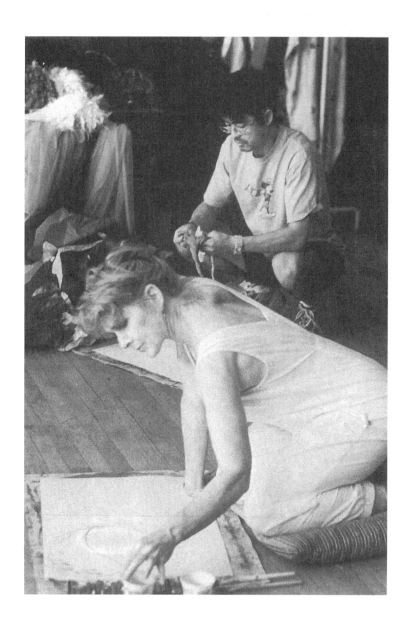

# 표현예술 경험
## 시작 단계

## 인간중심 대화 기술

집단 작업의 첫 번째 단계에서 인간중심 대화 기술을 가르치는 것이 현명하다. 촉진 자로서 우리는 그것의 모델이다. 참가자가 평생 동안 사용할 수 있는 기술을 얻고, 모든 참가자가 공감적으로 듣고 건설적으로 직면하는 법을 안다면 그 집단은 아주 유익 할 것이다. 나의 아버지는 내담자중심 치료에 대한 자신의 저서에서 현재 널리 사용 되고 있는 매우 효과적인 경청 기술[3]을 개발했다. 로버트 볼튼(Robert Bolton)[4]과 마샬 B. 로젠베르그(Marshall B. Rosenberg)[5]를 포함한 다른 몇몇 사람은 그의 접근법을 상 황에 맞게 변형하고 확장해 왔다. 폭넓은 대화 기술을 알고자 한다면 나는 그들의 책 을 읽어 보도록 권한다. 이 세 작가의 업적에 힘입어 나는 대화 기술을 가르치는 방법 으로 다음과 같은 지침과 접근법을 제시한다.

이 책 뒤쪽에 있는 자료의 '각 장의 더 많은 탐색활동'에 집에서 할 수 있는 경청 연 습이 있다. 사람들은 거의 경청을 하지 않으며 다른 사람들이 하는 말에 귀를 기울이 지 않는다는 것을 기억하라. 누군가가 내말을 깊이 경청하고, 깊이 이해하고 있다고

표현예술치료협회(IEATA)에서 동료들이 인간중심 패널의 말을 공감적으로
듣고 있다.

느끼는 것[혹은 어센틱 무브먼트(authentic movement)에서 깊이 보도록 하는 것] 그 자
체가 치유이다. 하지만 탁월한 인간중심적 경청자가 되기까지는 엄청난 훈련이 필요
하다! 어떤 사람들은 공감적 경청이 자연스러운 존재 방식이라는 것을 알게 된다. 또
다른 사람들은 조언을 하거나, 자신들의 이야기를 하거나, 진단하거나, 혹은 말하는
사람을 판단하는 습성을 버리는 것을 어려워한다.

　우리가 다른 사람들의 말을 경청하고 그들에게 반응하는 방식을 바꾸는 열쇠는 연
습이다. 공감적 경청을 적극적으로 적용하면 모든 인간관계에 변화를 경험할 수 있다.

　칼 로저스는 공감과 적극적 경청을 다음과 같이 설명한다.

　공감적이라는 용어로 표현되는 다른 사람과 함께 존재하는 방식은 여러 가지 측면
　을 가지고 있다. 그것은 상대방의 사적인 지각의 세계로 들어가서 그 안에서 온전하
　게 편안함을 느끼게 되는 것을 의미한다. 그것은 매순간 상대방 속에 흐르는 의미의
　변화와 두려움, 분노, 온유함, 혼란 등 그/그녀가 경험하고 있는 감정에 민감해지는
　것을 의미한다. 그것은 일시적으로 그/그녀의 삶을 사는 것을 말하며, 판단하지 않
　고 섬세하게 그 삶 속에서 움직이며, 그/그녀가 거의 깨닫지 못하는 감정을 감지하
　는 것을 의미한다. 그러나 그 사람이 전혀 의식하지 못하는 감정을 알려고 하지 않
　는 것은 그/그녀에게 너무 위협적이기 때문이라는 것을 의미한다. 그 사람이 두려
　워하는 요소를 당신이 신선하고 두렵지 않은 시선으로 바라보면서 그/그녀의 세상
　에 대해 당신이 느끼는 것을 전달하는 것도 포함된다. 그것은 당신이 감지하는 것이

정확한지 그 사람과 자주 확인하고, 당신이 받은 반응에 따라 안내하는 것을 의미한다. 그 사람의 내면세계에서 당신은 절친한 친구가 된다. 그/그녀의 경험의 흐름 속에서 가능한 의미를 말함으로써, 당신은 그 사람이 이 유용한 내용에 집중하고, 그 의미를 충분히 경험하며, 그 경험을 통해 앞으로 나아가도록 돕는다.

이런 방식으로 다른 사람과 함께하는 것은 선입견 없이 다른 사람의 세계로 들어가기 위해 당신이 가지고 있는 견해와 가치관을 잠시 제쳐 두는 것을 의미한다. 어떤 의미에서 그것은 당신의 자아를 내려놓는다는 의미이다. 이것은 자기 자신에 대한 충분한 확신을 가지고 있어서 자신이 낯설거나 괴상할지도 모르는 상대방의 세상에서 길을 잃고 헤매지 않을 것이며 원하면 언제든지 자신의 세계로 편안하게 돌아올 수 있음을 아는 사람만이 할 수 있다.[6]

이 설명에 따르면 공감적이라는 것은 복잡하고 노력을 요하며 강하지만 섬세하고 부드러운 존재 방식이라는 점을 분명히 알 수 있다. 이러한 경청 기술을 배우기 위한 구조는 세 사람이 하는 대화(Communication Triad)이다. 이것에 대한 지침과 시간배정은 다음과 같다. 세 사람 중 한 사람은 '말하는 사람(혹은 내담자)' 역할이고, 다른 한 사람은 '듣는 사람(혹은 치료사)'이 되며, 마지막 한 사람은 '관찰자'이다. 모든 사람은 1시간가량의 세션 동안 자신의 역할을 수행한다. 그다음 번에 만나면 역할을 바꾸고 각자 모든 역할을 경험할 때까지 반복한다.

이 세 사람이 하는 대화 방법을 설명하면서 나는 "만약 당신이 진심으로 상대방을 깊이 이해하고자 하는 의도가 있다면 당신의 반응은 도움이 될 것입니다. 그리고 만약 당신이 정확하게 듣지 않고 정확하게 반응하지 않는다면, 당신의 내담자는 아마 그 내용을 수정해 줄 것입니다. 그러면 당신은 이해한 것을 다시 말하거나 분명하게 전달하면 됩니다. 이것이 '듣는 사람'과 '말하는 사람' 사이의 역동적인 상호작용입니다. 연습할 때 배울 수 있도록 마음을 열기 바랍니다."라고 설명한다.

# 세 사람이 하는 대화를 위한 지침

## 말하는 사람을 위한 지침(내담자)

1. 진짜 문제를 논의하라. 하지만 지금은 연습 세션이므로 후속 작업은 당신의 책임

임을 염두에 두라.

2. 만약 표현예술작품을 가지고 있고 그것을 갖고 의논하고 싶다면, 그 작품을 사용하라.

3. 나누는 이야기를 비밀로 하고 싶다면 그렇게 요청하라.

### 듣는 사람을 위한 지침(상담자)

1. 당신의 의도나 목적은 내담자가 세상이나 문제를 경험하는 것처럼 그 세상이나 문제를 이해하려고 노력하는 것이다. 그리고 나서 당신이 이해한 것을 언어적이고 비언어적인 대화를 통해 내담자에게 알려 주는 것이다.

2. 당신이 하는 말이나 반응, 질문은 내담자가 자신의 문제를 명료하게 하고 이해하도록 하기 위한 것이다. (분석하지 않고 해석하지 않고 조언을 하지 않는다.)

3. 가능한 한 자연스럽고 진실하며 공감적이고 솔직하라.

4. 지금 당신이 표현예술 방법을 제공하는 것을 연습할 기회이다. 적절하다고 느끼면 동작이나 미술, 소리내기 등을 제안해 보라.

5. 그 세션을 시작하는 것과 시간이 다 되었을 때 마무리하는 것은 당신의 책임이다.

### 관찰자를 위한 지침

1. 관찰자인 당신의 목적은 당신이 알아차린 것에 대해 피드백을 하기 위해서 말하는 사람(내담자)과 듣는 사람(상담자) 사이의 역동을 관찰하는 것이다. 예를 들어, 상담자가 "당신이 무서워하는 것 같네요."라고 말했을 때, '내담자가 편안해지는 것처럼 보이는 장면'을 관찰할 수 있다. 혹은 "내담자가 흐느끼기 시작했을 때, 상담자가 의자 뒤로 깊숙이 앉으면서 불편해하는 것 같았다."라고 메모할 수 있다. 이런 식으로 당신은 옳고 그른 것을 판단하는 것이 아니라 단지 신체 언어, 표정, 그 두 사람 사이의 역동을 관찰하는 것뿐이다.

2. 메모를 하는 것도 도움이 된다.

3. 방해가 되지 않을 정도로 충분한 거리, 그러나 두 사람의 말이 잘 들리는 적

당한 곳에 앉는다. 관찰자는 세션이 진행되는 동안 침묵을 지켜야 한다. 유일한 예외는 마칠 시간이 되었는데 상담자가 그것을 잊어버리고 있을 경우 시간을 알려 주는 것이다.

## 시간배정

전체 시간은 대략 2시간 정도이다.

- 45분 대화 시간(상담 세션)
- 45분 슈퍼비전 : 말하는 사람들(내담자들)은 전체 집단 구성원들이 볼 수 있도록 큰 원의 중간에 있다.
- 30분 치료사와 관찰자의 피드백을 포함한 일반적인 토론

## 동료의 슈퍼비전과 토론

세 사람이 하는 대화 시간이 끝나면 참가자들은 그 과정에 대한 슈퍼비전이나 토론을 하기 위해 함께 모인다. 우리는 말을 하는 사람들(내담자들)에게 촉진자들 중 한 사람과 함께 원의 중앙에 앉도록 요청한다. 나머지 사람들(듣는 사람들/치료사와 관찰자)은 바깥쪽 원에 앉는다. 이것을 피쉬볼(fishbowl)이라 부른다. 내담자들은 그 세션에서 그들에게 효과가 있었던 것과 없었던 것에 대해 개별적으로 말한다. 촉진자는 공감적 경청과 질문을 사용하여 그 내용을 더 끌어낸다. 모든 내담자가 이야기를 다하면 내담자들과 촉진자는 피드백을 받기 위해 큰 원으로 되돌아간다. 그러면 바깥 원에 앉아 있는 듣는 사람들/치료사와 관찰자가 피드백을 할 시간이다. 이것은 치료실습과 같은 일반적인 토론으로 이어질 수 있다.

큰 원에서 내담자들은 효과가 있었던 것과 없었던 것에 대해 긍정적 피드백뿐만 아니라 부정적인 피드백도 할 수 있는 안전한 느낌을 갖는다. 치료사들은 직접적으로 직면하지 않고 내담자들의 말을 듣는다. 이렇게 함으로써 그들은 방어적인 자세를 취하지 않고 자신들의 행동 중 도움이 되지 않았던 측면들에 대해 열린 마음으로 듣고 생각해 볼 수 있다. 우리는 이런 형식을 사용하면 모든 역할의 사람들이 진정한 모습을 드러내는 데 도움이 된다는 사실을 알게 되었다. 관찰자들은 의견을 제시하는 것

동작을 통해 여기에 깨어 있기

뿐만 아니라 다양한 상담 방법과 그 방법을 통한 결과에 대해 배움을 얻게 된다.

이 시점에서 당신은 아마도 "예, 그런데 내가 사실 이것을 어떻게 하죠?"라고 궁금해할 것이다. 다음에 설명할 내용은 당신이 집단에서 표현예술을 제공하는 방법에 대한 세부사항들이다. 각자가 가지고 있는 가치관은 우리 삶의 세세한 부분에까지 나타난다고 나는 믿는다. 인사할 때 나누는 따뜻한 미소 속에든, 우리가 지침을 제공할 때 존중하는 방식에든 모든 곳에 우리의 가치관이 묻어난다.

여기서 제공하고자 하는 내용은 다음과 같다.

- 전형적인 첫날 일정
- 집단을 시작하는 표현예술활동
- 미술작품을 나눌 때 필요한 지침
- 참가자들의 의견
- 참가자들을 위한 인간중심 대화 기술

# 전형적인 첫날 : 개요

## 오전

8:00 ~ 9:00  모임 장소 준비하기

9:00 ~ 9:30  환영 및 참가자 등록

9:30 ~ 10:00  원으로 시작 : 사람들을 원으로 모으기. 시작을 알리는 종. 마음을 진정하기 위해 간단하게 명상하기. 촉진자들이 모든 참가자들을 환영하고, 촉진자 자신들을 소개하고, 집단의 목적을 재확인하기. 그날의 개요를 알려 주기

10:00 ~ 10:30  참가자들이 표현예술의 의미를 숙지하고, 진실하고 자기주도적이라는 것을 알 수 있도록 인간중심 표현예술 지침을 논의하기

10:30 ~ 11:00  '여기에 깨어 있도록 하는 동작'. 모든 사람이 육체적으로 그리고 감정적으로 워크숍 장소에 도착하고, 익숙해지도록 돕는 활동

11:00 ~ 12:30  "지금 나는 누구인가 그리고 어떤 사람이고 싶은가?"라는 주제를 가지고 차례대로 창조적 연결하기. 동작, 미술, 글쓰기, 두 사람이 짝을 지어 나누기까지 포함

12:30 ~ 3:00  점심식사 및 개인 창작 시간

## 오후

3:00 ~ 5:00  집단 나눔과 후속조치. 전체 집단이 만나서 오전에 했던 예술활동과 통찰한 것 나누기. 이때 각자 자신이 한 예술활동과 통찰한 것을 가지고 자신들에 대해 깊이 있게 소개함

5:00 ~ 5:30  간단한 마무리 의식

# 첫날 : 세부사항

## 모임 장소 준비하기  8:00~9:00 a.m.

당신이 멋진 장소를 선택했다고 상상해 보라. 워크숍에 대해 상세하게 설명한 광고지

를 배부했고 반응도 좋았다. 지침서와 다른 유인물도 준비했다. 이제 모임 장소를 준비하고 참가자들을 환영할 때이다.

모든 예술 재료를 모임 장소로 가지고 가서 창조성을 초대하는 방식으로 그 재료들을 배열하는 것은 재미있는 일일 수 있다. 그렇게 함으로써 당신은 참가자들을 맞이할 마음과 몸을 준비한다. 나는 참가자들이 워크숍으로 오는 여정을 상상하고 그들이 들어올 성스러운 장소를 준비하면서 내 마음과 생각을 연다. 미적으로 마음이 끌리도록 장소를 꾸미는 것은 그곳에서 일어날 모든 경험 역시 아름다울 것임을 암시한다. 그것은 시작부터 즐거움을 준다. 테이블을 화려하면서도 잘 정돈된 방식으로 배열하는 것은 참가자들에게 "촉진자는 우리와 우리가 하는 창조적 노력에 대해 정말 배려를 하는구나."라는 생각이 들게 할 것이다. 여러 가지 재료를 방 한쪽에 있는 긴 테이블 위에 놓는다. 흰 종이와 검은 종이, 색종이, 초크 파스텔, 오일 파스텔, 콜라주 재료, 점토, 도구들. 종종 우리는 템페라 물감과 수성 물감 그리고 붓도 놓는다. 또 드럼, 캐스터네츠, 탬버린, 양철피리, 그 밖에 연주하기 쉬운 악기들을 특별히 한쪽 구석에 둔다. 춤을 출 때 필요한 화려한 스카프와 의상도 매혹적으로 펼쳐 놓는다. 음향 시설이 잘 작동하는지 확인한다. 음악은 분위기를 위해 중요한 부분이다.

### 환영하기 9:00~9:30 a.m.

참가자들이 도착하면 나는 그들을 환영한다. 나를 소개하고 서로에 대해 조금이라도 알게 되면 그들의 긴장뿐만 아니라 나의 긴장도 완화된다. 많은 사람이 바다 건너 시차가 많은 먼 곳에서 오기 때문에 따뜻한 환영을 받으면 기뻐한다.

어떤 촉진자들은 모든 참가자가 모이고 나서 모임 장소에 나타나기도 한다. 이것은 마치 모든 학생이 자리에 앉으면 교실에 들어오는 교사와 같다. 이것을 언급하는 이유는 신뢰와 관심을 표현하는 데는 여러 가지 방법이 있기 때문이다. 참가자들이 도착할 때 개별적으로 인사를 하려면 촉진자는 누가 올려놓았는지도 모르는 자신의 정신적 받침대를 벗어나야 한다. 만약 당신이 촉진자로서 그들과 평등하게 나누고 싶다면, 사람들이 도착했을 때 인사를 나누면서 이 과정을 시작하면 된다. 만약 당신이 권위자로 비춰지길 원한다면, 모두가 자리에 앉은 후에 모임 장소에 나타나면 된다. 신뢰성 있고 안전한 분위기를 창출하는 데 여러 가지 선택을 할 수 있다. 당신이 누구인지에 대한 것, 그리고 당신이 가지고 있는 가치관에 대한 것이 모든 걸음걸음에 드러난다.

### 원으로 시작하기  9:30～10:00 a.m.

우리는 시작 세션에 대해 여러 가지 목표를 마음속에 가지고 있다.

- 워크숍의 지적 맥락이나 목적을 설정하는 것에 대해
- 신뢰 쌓기에 대해
- 사람들이 서로 친해지도록 돕는 데 대해

참가자들은 도착했다. 어떤 사람은 수줍어한다. 어떤 사람들은 잡담을 나누고 있다. 또 어떤 사람들은 방 주변을 두리번거리고 있다. 어떤 사람들은 촉진자들과 얘기하고 있다. 그렇다면 이제 어떻게 시작해야 할까? 시작할 때 개인들이 가지고 있는 에너지가 하나로 모아지는 것이 중요하다. 모든 사람이 원으로 앉거나 서서 모임을 시작하는 것이 모든 에너지를 모으는 데 도움이 된다는 것을 나는 알게 되었다. 모두 다른 사람들의 얼굴을 볼 수 있다. 원으로 모일 때 느껴지는 감정은 "우리는 공동체를 만들기 위해서 여기 왔어요."라는 것이다. 원으로 모이면 촉진자가 사람들을 알기를 원하고, 또 사람들에게 알려지기를 원한다는 것이 분명해진다. 원으로 모이면 권위자의 목소리나 촉진자의 지배는 없다. 무언의 메시지는 "촉진자로서 우리는 영적으로 여러분과 연결되기를 원합니다. 우리는 우리의 공동 에너지에 관심을 기울일 것입니다."라는 것이다.

보스턴의 가족정신건강센터에서 젊은 심리학 인턴이었을 때, 나는 본능적으로 원의 힘을 알게 되었다. 우리는 사례에 대해 논의하기 위해 매주 직원 회의를 가졌다. 나는 일찌감치 회의실에 들어가서 그동안 존재하고 있던 서열의식을 평등하게 하기 위해 의자를 원으로 재배열해 놓았다. 사람들은 놀랐지만 결국에는 그것이 도움이 된다는 것을 깨달았다. 원으로 모이는 것은 가치관 선언을 하는 것이다. 우리가 자랄 때 교사는 교실의 가장 높은 자리에 있고 우리는 줄을 맞춰서 앉았다. 회의에 참석할 때도 강사들은 강단에 앉고 참가자들은 수동적이다. 간단한 원형이 우리 안에 스며들어 있는 서열중심적이고 선형적인 뿌리 깊은 사고방식을 바꾸는 데 아주 효과적이다. 그러므로 집단과의 첫 만남을 어떤 식으로 시작하고 싶은지에 대해 생각해 보고, 당신의 시작하는 방식이 참가자들에게 어떤 영향을 주는지 인지하기 바란다.

집단 구성원들이 원으로 앉으면 명상 벨을 사용하는 것은 사람들이 이야기하는 것을 멈추도록 하는 좋은 방법이다. 짧은 명상은 모두가 자신의 몸에 집중하고, 제때 도착하기 위해 서둘렀던 분주함과 새로운 경험에 대해 가지게 되는 불안감을 떨쳐 버리도록 도와준다. 시작하기 전에 모든 사람이 조용히 그리고 그들 자신에게 온전히 집중할 때까지 기다리는 것이 나에게는 중요하다. 이것은 "나는 여러분을 존중하고 여러분이 집중하기를 원합니다."라는 의미이다. 다른 사람들이 말할 때 나도 똑같이 존중하고 관심을 가진다. 대화나 잡담이 너무 심하면 나는 한 사람씩 말할 기회를 갖자고 제안하면서 중재한다. 이런 말을 하는 것이 어떨 때는 못마땅하게 들릴 수도 있겠지만 많은 집단을 경험하고 많은 촉진자를 관찰한 결과 나는 이런 말을 하는 것이 가치가 있다고 믿는다.

모든 참가자를 환영할 때 공동 촉진자와 나는 "여러분들이 나를 단지 가르치는 사람이 아니라 하나의 인간으로 대해 주길 바랍니다. 그리고 여러분 자신에 대해서도 나와 이 집단 구성원들에게 나누어 주기 바랍니다."라고 말하면서 몇 가지 개인적인 배경에 대해 이야기를 한다.

촉진자로서 너무 상세한 설명은 피하고 진정한 모습으로 자기를 드러낼 때, 모든 사람도 자신의 있는 그대로를 드러내게 된다. 워크숍을 시작하기 전에 나는 내 삶에서 일어나고 있는 일들을 되짚어 보고 무엇을 나누는 것이 흥미롭고 적절할지 생각한다. 이렇게 내가 먼저 속내를 드러내는 것이 사람들로 하여금 편안하고 신뢰감을 느끼도록 한다는 피드백을 종종 받았다.

## 집단의 목적을 재확인하기

목적을 재확인하는 것은 참가자들에게 이 워크숍에 등록한 이유를 상기시키고, 집단의 지적인 맥락을 확인하기 위해서이다. 각 구성원은 자신만의 고유한 목적을 가지고 있으며 그것을 나누는 기회를 가진다. 하지만 집단 전체를 위해 전후 사정을 말하는 것, 즉 당신이 살펴볼 목표, 여기서는 질문이라고 표현한 것은 도움이 된다. 다음은 미래의 표현예술 촉진자들이 탐구할 질문이다.

우리가 탐구할 질문

- 표현예술이 우리의 몸, 정신, 영혼 그리고 세상과 연결되도록 어떻게 돕는가?
- 창조적 과정은 내적 치유와 외적 치유를 어떻게 연결하는가?
- 십대나 노인을 위한 집단, 혹은 슬픔이나 회복과 같이 주제가 같은 집단 등 특정 유형의 참가자들에게 인간중심 표현예술을 어떻게 사용할 수 있는가?
- 내적 평화는 세계 평화와 어떻게 연결되는가?

### 인간중심 표현예술 지침에 대해 논의하기  10:00~10:30 a.m.

첫 세션 동안 나는 지침에 나와 있는 목록을 살펴본다. 그것을 참가자들에게 나눠 주고 벽에도 붙여 놓는다. 서로 알아 가는 과정을 시작하기 전에 이 목록에 대해 이야기하는 것이 좋다. 그것이 워크숍의 목적을 설정하고 가치를 확립하는 데 영향을 미친다. 참가자의 개성과 개인적 욕구가 존중될 것이고, 집단 과정이 진행되는 동안 그들이 어떤 선택을 하더라도 존중될 것이라는 것을 지침에 명시하고 있다. 이것이 신뢰를 쌓게 한다.

지침을 알려 줄 때 표현예술의 이론에 대한 개요를 소개할 수 있고, 집단 행동에서 기대할 수 있는 것을 설명할 수도 있다. 지난 수년간의 경험을 통해 우리는 이런 집단 기준을 인식하고 있을 때 모두에게 자유와 안전함을 준다는 사실을 알게 되었다. 촉진자들이 그런 규정을 세우지 않을 때, 참가자들은 "여기서는 어디까지 받아들여질까?"라고 끊임없이 궁금해하고 시험해 볼 것이다. 아버지와 함께 일할 때 우리는 그러한 지침을 제공하지 않았다. 과거 경험으로 보아 집단 촉진자에게서 무엇을 기대해야 할지(혹은 무엇을 기대하지 말아야 하는지)를 사람들이 알 때 안전함을 느낀다고 나는 믿는다.

아래에서 나는 지침의 항목에 대해 논의하고, 각각에 대한 목적과 이론적 근거를 제시한다. 이것은 표현예술 과정에 대해 이야기하는 기회이다.

## 인간중심 표현예술 지침

감정을 자각하기

- 당신의 감정을 자각하고 그것을 표현예술의 원천으로 사용하라.

- 예술활동을 하는 데는 옳고 그름이 없다. 우리는 내적 본질을 발견하기 위해 예술을 창조한다.

- 당신의 몸에 깨어 있고, 당신 자신을 잘 돌보라.

- 모든 설명은 언제나 제안이다. 당신은 설명을 따르지 않는 것을 선택할 수 있다. 여기서는 당신이 보스이다.

- 이 경험은 많은 감정을 불러일으킨다. 당신은 울거나 소리를 크게 지를 필요가 있을 수도 있다. 그것이 큰 도움이 될 수 있다.

- 만약 당신이 관찰자가 되기로 선택한다면 집단의 역동을 지켜보거나 그 경험을 대리 만족하는 것도 괜찮다. 다만 다른 사람들을 판단하지 않기 바란다.

- 이 과정에서 일어나는 모든 일에 대해서 비밀을 지켜야 한다.

**당신의 감정을 자각하고 그것을 표현예술의 원천으로 사용하라.**

만약 당신이 슬프거나, 혼란스럽거나, 기쁘거나, 덫에 걸린 듯하거나, 화가 난다면, 이 감정은 창조적 작업을 위한 엄청난 자원이 될 수 있다. 이런 기분을 색이나 점토, 동작, 글, 소리의 형태로 바꿀 수 있다는 사실을 기억하라. 표현예술은 이 감정을 탐색하고 해소하는 통로를 제공한다. 먼저 당신의 감정을 자각하라. 그러고 나서 그것을 한 가지 이상의 예술 형태로 표현하면서 탐색하고 해소하고 통찰하라.

예술활동을 하는 데는 옳고 그름이 없다. 우리는 내적 본질을 발견하기 위해 예술을 창조한다.

우리 대부분은 우리에게 점수를 매기거나 재능이 없다고 말한 교사나 집단 촉진자들로 인해 언짢은 경험을 해 본 적이 있다. 또는 만약 우리가 즉흥적이고 실험적인 성향이라면 그것 때문에 벌을 받거나 꾸중을 들은 적이 있을 것이다.

여기서 만약 과정이 결과보다 더 중요하지 않다면, 적어도 그만큼 중요하다는 사실을 깨닫기 바란다. 당신의 상상력과 호기심, 그리고 능력을 사용해서 주변을 어지럽히며 시작해도 좋다. 물감이 떨어지는 걸 지켜보고 색이 섞이는 것을 좋아하는 아이처럼 재미있게 할 수 있는지 보라. 혹은 즉흥적인 것을 좋아하지 않는다면 어떤 탐색활동을 해도 괜찮다고 당신 자신에게 말하라. 탐색활동을 하는 데 있어서 옳은 방법이란 없다.

당신의 몸에 깨어 있고, 당신 자신을 잘 돌보라.

가끔 우리는 당신에게 동작을 하고, 스트레칭을 하고, 빠르게 혹은 천천히 걷도록 하고, 어떤 자세를 취하도록 초대할 것이다. 촉진자로서 우리는 X-레이 같은 눈을 가지고 있지 않아서 당신에게 무엇이 어렵고 고통스러운지 알 수 없다. 당신의 몸이 무엇을 말하고 있는지에 집중하고 당신의 몸에 딱 맞는 것만 하라. 만약 허리 통증이 있으면 지시사항을 몸에 맞게 적용해서 마치 바람에 날리는 나무처럼 몸을 구부리면 된다. 우리가 바닥에 앉으라고 요청할 때 의자가 필요하면 의자를 가져오면 된다. 우리가 제안하는 것에 상관없이 당신이 스스로를 잘 보살필 것이라는 사실을 우리가 알 필요가 있다. 이것은 다음 지침과도 연결된다.

모든 설명은 언제나 제안이다. 당신은 설명을 따르지 않는 것을 선택할 수 있다. 여기서는 당신이 보스이다.

우리가 당신에게 자리에서 일어나 신발을 벗고 움직이라고 초대하거나 그림이나 점토를 보면서 동작을 하도록 제안하더라도, 이것은 항상 제안이다. 당신이 반드시 그 제안을 따를 필요는 없다.

종종 참가자들은 이 지침이 가장 큰 배움이라는 것을 알게 된다. 당신이 반드시 촉진자의 말을 따를 필요가 없다는 사실, 집단의 다른 구성원들과 행동을 같이 하려고 하는 당신의 마음과 관계없이 한 개인으로서 존중받을 것이라는 사실을 아는 것은 매우 강력한 힘이 될 수 있다.

아이일 때 우리는 선생님이 시키는 대로 하도록 배우고 자란다. 여기서 리더가 제안을 할 때조차도 당신은 스스로에 대해 완전히 책임을 지는 기회를 가진다. 만약 예술작품을 만드는 것보다 글을 쓰고 싶다거나 천천히 움직이라고 하는데 빨리 움직이고 싶다면, 결정은 전적으로 당신에게 달려 있다. 당신이 다른 사람들의 활동을 존중한다면, 촉진자들은 당신의 선택을 지지하고 존중한다는 사실을 알게 될 것이다.

이 경험은 많은 감정을 불러일으킨다. 당신은 울거나 소리를 크게 지를 필요가 있을 수도 있다. 그것은 큰 도움이 될 수 있다.

힘든 감정을 건설적으로 표출하는 방법을 찾는 것은 언제나 지지를 받는다. 눈물을 참으면 제멋대로 될 수 있다. 가끔 사람들은 소리를 지르고 싶다고 느끼기도 한다. 큰 소리를 지르면 당신의 고통 속에 있는 또 다른 의미가 드러날 수 있다. 우리 모두는 소리치든 비명을 지르든 소리가 다른 사람들을 방해할 수 있다는 것을 안다. 하지만 만약 소리를 지르는 것이 억눌린 분노나 고통으로부터 해방되는 데 도움이 된다고 믿는다면, 우리는 당신이 해야 하는 것을 하도록 도울 것이고, 그것으로 인해 다른 사람들 내면에 일어난 감정이 있다면 그것을 다룰 것이다.

만약 당신이 관찰자가 되기로 선택한다면 집단의 역동을 지켜보거나 그 경험을 대리 만족하는 것도 괜찮다. 다만 다른 사람들을 판단하지 않기 바란다.

한쪽 옆에 앉아서 지켜보고 싶을 때가 있을 수 있다. 만약 당신이 집단의 역동에 집중하거나 다른 사람을 지켜봄으로써 대리 경험을 한다면 그 시간이 유익할 수 있다. "내가 왜 여기 앉아 있지?" 또는 "이 과정에서 무엇이 나를 불편하게 만들고 참여하고 싶지 않도록 만들까?"라고 당신 자신에게 질문을 던질 수도 있다.

만일 일어나고 있는 일에 대해 비판적인 느낌이 든다면 그 판단을 내려놓길 바란다. 그것을 기억했다가 나중에 집단 구성원들과 혹은 촉진자와 나눌 수 있다. 그러나 판단은 다른 사람들도 느낄 수 있기 때문에 우리는 당신이 최선을 다해 중립을 지키거나 지지적인 자세를 취하도록 요청한다.

이 과정에서 일어나는 모든 일에 대해서 비밀을 지켜야 한다.

신뢰를 쌓아 가는 것의 일부분은 집단 구성원들이 집단 내에서 드러난 사실들에 대해 험담을 하지 않을 것이라는 것을 아는 것이다. 당신이 집으로 돌아갔을 때, 이곳에서 일어난 일에 대해 가족과 이야기하는 것이 자연스럽고 또 유익하다. 하지만 중요한 것은 이름을 언급하지 않는 것이다. 또한 집단 구성원들에 대해 당신이 느끼는 많은 감정은 당신의 투사라는 것을 기억하라. 당신이 사랑하는 것뿐만 아니라 당신의 비판 적인 판단에 대해서도 책임을 지라.

집단을 시작하고 나서 처음 몇 시간 안에 이 지침을 전달하면 참가자들은 안전함과 자유로움을 느낀다. 거기서 집단 규칙과 표현예술을 통한 자기치유 이론에 대한 토론 을 이끌어 낼 수도 있다.

　과정이 진행되는 중에 가끔 이 지침을 모두에게 상기시키는 것이 중요하다. 인쇄물 로 가지고 있거나 벽에 붙여 놓는 것도 도움이 되지만, 어쨌든 사람들은 그것을 직접 경험해 볼 때까지 실제로 존재한다는 것을 잘 믿지 않는다.

## 표현예술을 사용해서 서로 친숙해지기

### 표현예술을 사용해서 서로 친숙해지기  10:30~11:00 a.m.

만약 집단의 일반적인 목적이 개인이나 팀의 발전이라면, 초기에는 서로 친숙해지거 나 '어색한 분위기를 깨는 것'에 초점을 둘 필요가 있다. 초기에 참가자들은 불안감을 느끼고 촉진자들도 긴장을 한다. 이 단계에서 표현예술을 사용하면 긴장을 기분 좋게 풀 수 있다. 우리 대부분은 자리에 앉아 있기보다 일어나 원형으로 둥글게 서서 "당 신은 누구입니까, 왜 이곳에 왔습니까?"라는 질문에 답하기를 좋아한다. 이것은 작 은 규모의 집단에서 효과가 좋기는 하지만, 귀 기울여 듣거나 다른 사람들이 말한 것 을 기억하는 사람은 거의 없다. 대부분 자기 순서가 오면 무슨 말을 할지 생각하느라 분주하다. 따라서 우리는 비언어적 수단을 사용해서 그들이 서로 친숙해지도록 한다.

그것이 더 재미있고 효과적이다.

우리는 첫 세션에서 사람들에게 말로 자신들에 대해 의미 있는 어떤 것을 나누자고 요청하는 것은 그들에게 불필요한 압박감을 준다는 것을 알게 되었다. 그래서 우리는 어떤 예술활동을 한 후 두 사람씩 짝을 지어 그것에 대해 나눈 다음 더 큰 집단에서 나누는 것으로 세션을 시작한다. 이 방법은 우리 모두 큰 집단에서 자신을 소개하기 전에 적어도 한 사람과 깊이 있는 이야기를 나누는 기회를 갖게 된다. 아래에 설명된 시작 탐색활동은 서로 친숙해지도록 하는 **비언어적 동작**이며, 그다음에 **미술활동과 나눔**이 이어진다. 이것이 **창조적 연결 과정**이다. 동작은 사람들의 억압된 감정을 풀어주고, 그림과 글쓰기에서 감정을 자유롭게 표현할 수 있도록 돕는다. 그 후 두세 사람이 짝을 지어 나눔을 할 때 개인적으로 의미 있는 뭔가를 나누게 되고, 마지막으로 원한다면 전체 집단에서도 그것을 나눌 수 있다.

다음은 우리가 사용하는 일련의 과정을 대본 형식으로 예를 든 것이다. 이 책 뒷 부분에 있는 자료의 각 장의 '더 많은 탐색활동'에 다른 예도 있다. 긱 활동의 의도는 참가자들을 돕기 위한 것이다.

- 그들의 몸을 자각하기
- 그들이 방금 도착한 것의 어려움을 털어 버리기
- 그들의 감정과 생각에 깨어 있기
- 적어도 다른 한 사람과 접촉하기

- 앞으로 하게 될 심도 깊은 동작이나 어센틱 무브먼트를 준비하기

## 탐색활동 : 동작을 통해 여기에 깨어 있기

나는 참가자들이 신발을 벗고(만일 그렇게 하는 것이 편하다면) 일어서도록 초대한다. 비언어적인 방법으로 서로 친숙해지도록 방을 이리저리 걷도록 제안한다. 이 활동은 재미있으면서도 유익하다. 함께 움직이면서 내가 안내한다. 다른 사람들이 무얼하는지 신경 쓰지 않고 각자의 속도에 맞춰 방을 이리저리 돌아다니면서 시작한다.

당신의 몸에 집중한다. 어느 부위에 긴장을 하고 있는지 알아차린다. 긴장이나 피로나 혹은 경직된 느낌이 드는지 본다. 원하는 방향과 속도로 계속 걸으면서 지금 이순간 어떤 감정을 느끼는지 주목한다. 바닥에 닿아 있는 발바닥에 주의를 기울인다. 심호흡을 한다(약 5분 정도).

## 염려 내려놓기

사람들이 걷기를 하는 동안 당신은 이런 이미지를 떠올리도록 안내할 수 있다.

> 여러분이 햇살이 비치는 시골길을 걸어 내려가고 있다고 상상해 보세요. 바구니를 들고 있습니다. 그 바구니 속에는 여러분들이 이곳에 오기까지 경험했던 많은 어려움이 담겨 있습니다. 이 길을 따라 내려가면서 심호흡을 하고 염려와 걱정을 하나하나 내려놓습니다. 원하면 주 중에 언제든지 다시 가져갈 수 있습니다. (사람들이 이 과정을 마치도록 몇 분의 시간을 가진다.) 여러분이 이 염려를 내려놓은 상태에서 일시적으로 걸음걸이나 호흡이 어떤지 살펴보세요.

또는 다음과 같이 할 수 있다.

## 천천히 걷다가 빨리 걷기 : 어떤 느낌이 드는가

> 여러분의 기분이 어떻게 변하는지 보세요. 내가 제안하는 것을 하는 데는 옳고 그름이 없습니다. 이 활동은 여러분이 몸과 기분에 익숙하도록 하는 실험입니다. 발바닥이 마룻바닥과 접촉할 때 발바닥에 주의를 기울입니다. 호흡에도 주의를 기울여 봅니다. 이 속도가 마음에 드는지 아니면 실망스러운지 생각해 봅니다(3~5분).
>
> 이제 걸음의 속도를 빠르게 해 보세요. 지금은 누구에게도 관심을 두지 말고 여러분

자신이 얼마나 빨리 방을 가로질러 갈 수 있는지 보세요. 여러분 각자의 속도를 찾으세요. 호흡과 기분에 주목합니다. 이렇게 할 때 기분이 좋습니까? 아니면 좋지 않습니까? 그저 자각하기만 하세요.

여러분이 가장 좋아하는 여행지로 가는 비행기를 타러 가는데 게이트가 막 닫히려고 한다고 상상해 보세요. 게이트를 무사히 통과할 수 있는지 봅시다! 30초 안에 들어가야 합니다. 초를 세겠습니다. 5, 4, 3, 2, 1. 성공했습니다! 멈추세요. 여러분의 심장 박동과 호흡에 주목하세요. 느낌에도 주의를 기울이세요.
(탐색활동 중 이 시점에서 나는 몇 가지 질문을 한다. 모두가 비행기를 탄 그 자리에 아직 서 있다.)

빨리 걸을 때 어떤 느낌이 들었나요? 느리게 걸을 때는 또 어땠나요? 비행기를 탔을 때 어땠나요? 여러분의 몸에 대해 무엇을 알아차렸나요?

세션을 시작할 때부터 지금까지, 참가자들은 거의 말을 하지 않았다. 이제 그들은 방금 한 경험에 대한 느낌을 즉흥적으로 말할 기회가 왔다. 대답은 다양하다. "천천히 걷는 것이 너무 싫었어요. 지루해요.", "나는 느리게 걸을 때가 좋았어요. 나는 속도를 늦출 여유를 전혀 갖지 않은 것 같아요." 이것은 그들이 누구인지 그리고 무슨 말을 하는지 당신이 정말로 경청한 것을 그들에게 보여 줄 첫 번째 기회이다. 그들이 말할 때 나는 개개인과 눈을 맞춘다.

때때로 나는 "여유를 내서 천천히 걷는 이 기회가 있어서 정말로 좋았군요."와 같이 그들이 한 말을 공감적인 방법으로 반영한다. 그렇게 간단한 반응에도 사람들은 자신들의 목소리가 경청되고 있음을 안다. 그것은 "우리는 서로의 말에 귀를 기울일 거예요."라는 분위기를 만들기 시작하는 것이다.

나는 이렇게 질문할 수도 있다.

혹시 이 모든 것이 마음에 들지 않았던 사람이 있나요? 여러분에게 어떤 것이 멍청한 짓이라는 생각이 들거나, 혹은 어떤 이유로 그것을 좋아하지 않았다면 우리는 그것을 아는 것이 중요합니다.

이 활동들을 통해 모두가 서로 익숙해지면 그들은 유머와 웃음, 슬픔, 심지어 분노와 좌절감까지도 표현한다. 우리는 즉흥적이고 개인적인 방법으로 서로를 알아 가고 있다. 어떤 사람이 "바쁘게 사는 데 지쳤어요. 비행기를 타러 달려가는 활동을 할 때 그런 생각이 들었어요."라고 말한다면, 우리는 그의 생활 방식에 대한 친밀한 내용을 듣고 있는 것이다. 이것은 "나는 간호사로 일하고 있어요."라든지 "나는 예술치료사 예요."와 같은 말을 듣는 것보다 누군가에 대해 좀 더 깊이 있게 알 수 있는 방법이다. 사람을 알아 가는 좀 더 전통적인 방법은 나중에 소개될 것이다. 우선, 우리는 몸중심 의 비언어적인 방법을 사용한다.

만약 한 참가자가 용기를 내서 부정적인 피드백을 한다면, 나는 그것을 존중할 방법을 찾는다.

> 당신의 불만을 솔직하게 말해 줘서 고맙습니다. 우리 모두가 서로의 불만을 듣는 것은 중요한 일입니다.

이런 식의 반응으로 신뢰가 계속 쌓여 간다. 내가 강하게 붙드는 민주주의적 가치 관은 어떤 집단에서든 반대 의견을 반드시 들어야 한다는 주장을 받아들이는 것이다. 불평의 목소리는 간단하게는 "나는 그런 경험을 좋아하지 않아요."에서부터 "우리가 이 경험을 하도록 인도한 당신의 방식은 차갑고도 냉담했습니다."에 이르기까지 다양하다. 다른 의견이나 반대의견이 있는지 물어보고 그 의견을 진심으로 경청하는 것은 촉진자에게 정말로 중요하다. 반대의견은 말로 표현되고 조치가 마련되어야 한다. 이 문제는 '제3장의 2절인 표현예술 촉진자 되기'에서 좀 더 구체적으로 논의된다.

## 탐색활동 : 동작을 통해 서로 친숙해지기

위에서 언급한 활동을 마친 후에 우리는 서로를 더 잘 알기 위한 동작을 한다.

> 이제 여러분이 좋아하는 속도로 걸으세요. 이번에는 팔꿈치를 가볍게 부딪히면서 "안녕하세요?"라고 시도해 봅니다. 말은 하지 않고, 팔꿈치로 '안녕하세요?'라는 말 만 합니다.
>
> (보통은 이 시점에서 웃음이 터져 나오고 재미가 시작된다. 하지만 어떤 사람은 다른 사람들이 접촉해 오는 걸 싫어하기도 한다. 그래서 나는 지침을 다시 한 번

알려 준다.)

기억하세요. 내가 제안하는 것을 무조건 따를 필요는 없습니다. 어떤 이유에서든 접촉하고 싶지 않으면 그냥 여러분의 길을 가세요. 그리고 말을 하지 않고 당신이 접촉하고 싶지 않다는 것을 다른 사람에게 알리면 됩니다.

접촉이 민감한 사안이라는 사실을 인정하고 모든 사람에게 그들이 존중받을 것이라는 것을 알게 한다. 그것은 또 참가자들이 스스로 신체적으로 그리고 감정적으로 돌보아야 한다는 것을 상기시켜 주는 것이기도 하다. 지침은 집단활동을 시작한 이후 첫 몇 시간 동안 적극적으로 적용된다. 그 지침은 단지 말에 불과한 것이 아니라 가치를 담은 원칙이다.

한 여성이 이 과정을 마치고 다음과 같이 적었다.

> 수업은 동작과 함께 시작했다. 나는 과제로 주어진 동작에 대한 에세이를 읽었을 때 약간의 어려움을 느꼈다. 내 머릿속에는 항상 너무 많은 생각이 차 있어서, 나는 이 접근법을 전혀 이해할 수 없었다. 메리 스타크 화이트하우스(Mary Starks Whitehouse)가 말했던 것이 분명히 맞다. "배움은 마음속에 있는 모든 것, 즉 말로 표현된 모든 생각과 모든 지식이라는 가정을 가지고 우리는 자란다"(Whitehouse, 1999a). 내가 경험한 개인 성장을 위한 동작활동은 잘 짜인 요가 수업이 전부였다. 촉진자들이 우리에게 신체를 사용해서 자신을 표현하라고 격려했을 때... 나는 처음에는 망설였지만 아주 잠깐이었다. 그런 다음 나는 춤을 추고 돌기도 하면서 곧 기쁨을 느끼기 시작했다. 나는 다시 여덟 살로 돌아간 것 같았다! 나는 내 몸을 자유에 온전히 맡겼고, 그 결과 거기서 느꼈던 에너지는 놀라움 자체였다.[7]

이 시점에서 나는 "어깨를 부딪치고, 발을 부딪치고, 무릎을 부드럽게 부딪치면서 서로 친숙해지도록 합니다."라고 말한다. 나는 사람들이 이 활동을 즐기는지 아니면 불편해하는지 감지하려고 노력한다. 대부분은 재미있게 즐길 수 있는 기회를 좋아한다. 가끔 우리는 서로 등을 부딪치면서 이 활동을 마무리하기도 한다. 그것을 좋아하는 사람들은 등을 서로 맞대고 문지르기도 한다. 다른 사람들은 한쪽으로 비켜 서 있는다.

에너지가 약간 불안감이 감돌고 있는 상태에서 좀 더 유쾌하고 열린 상태로 이동하면 분위기가 약간 혼란스러워진다. 장난이 허용되는 분위기는 대부분의 사람에게 생소하다. 이런 편한 마음으로 가볍게 즐길 수 있는 활동은 동작을 통해 더 깊은 개인 작업을 하기 위한 준비 과정이다.


## 창조적인 자기에 개방하기

### 창조적 자기에 개방하기  11:00 a.m.~12:30 p.m.

이제 분위기가 딱딱하고 긴장되던 것에서 보다 개방적이고 자발적인 분위기로 바뀌었다. 촉진자로서 우리는 그 변화를 느낀다. 너무나 많은 사람이 "나는 창조적이지 않아.", 혹은 "나는 그림을 잘 그릴 수 없어."라고 느끼면서 이런 워크숍에 오기 때문에, 그들의 두려움을 조금이라도 누그러뜨리기 위해 예술 재료에 대해 간단한 설명을 하는 것이 도움이 된다.

### 예술 재료 설명하기

나는 집단 구성원들에게 화려하고 매력적인 예술 재료가 진열되어 있는 테이블을 함께 돌아보자고 제안한다. 파스텔과 오일 파스텔을 보면서, 나는 다음과 같은 정감 어린 농담을 던진다.

> 여러분 중에는 이 매혹적인 재료를 빨리 쓰고 싶어 하는 사람이 있는가 하면, 두려움과 공포에 휩싸여서 이것을 보고만 있는 사람도 있을 거예요. 몇몇 사람은 이미 저에게 본인이 창조적이지 못하다고 말했죠. 하지만 지금까지의 경험에서 우리 모두가 자기비판을 내려놓을 수만 있다면 놀랍도록 창조적이라는 사실을 나는 알았습니다.

나는 양손에 파스텔을 들고 종이 위에 넓고 지저분하게 마음대로 그리고 나서 몇 가지 색을 덧칠해서 내 손가락으로 문지른다.

> 큰 종이(backing board) 위에 이 종이를 테이프로 고정시키면 여러분은 양손을 한꺼번에 사용할 수도 있고 아니면 잘 사용하지 않는 손만 사용할 수도 있습니다. 여러분은 결과물에 대해 염려하지 말고 이 재료들을 가지고 놀면서 그 과정을 즐기기 바랍니다. 주변을 난장판으로 만들어도 상관없고 좀 더 통제된 상태에서 사용해도 괜

예술매체 설명하기

찮습니다. 여기서 예술작품을 만드는 데 옳거나 틀린 방법은 없습니다. 색과 점토를
가지고 실험하고 탐구해 보세요.

몇몇 사람이 안도의 숨을 내쉬는 소리가 내게 들린다. 점토가 놓여 있는 테이블에
도착했을 때 나는 전선으로 (또는 치실로) 적당한 크기로 점토를 잘라 내어 양손으로
그것을 세게 치고 누르며 구멍을 내기도 한다.

만약 여러분이 점토를 사용하려고 하면, 먼저 눈을 감고 그것의 촉감과 차가움을 느
껴보고, 점토가 여러분에게 들려주고 싶은 이야기를 들어 보기 위해 점토를 누르고,
찌르고, 당겨 보세요. 우리가 시작할 때 제가 안내를 하겠지만 그때쯤 여러분은 좀
더 다양한 것을 시도해 보고 싶을지도 모르겠군요.

나는 신속하게 방 주위를 돌면서 콜라주 재료와 물감, 악기, 의상, 가면 등 그들이
예술활동을 위해 사용할 수 있는 자원을 보여 준다.

여러분은 이 재료들을 언제든지 원하는 만큼 사용할 수 있습니다. 허락이나 설명을

기다릴 필요가 없습니다. 우리 촉진자들이 여기 있는 것은 여러분이 감동하고 영감
을 받은 그 순간에 무엇이든 만들 수 있도록 돕기 위해서입니다.

많은 참가자에게 노는 것이 허용되고 과정중심인 이 15분간의 여행은 놀라운 '첫
번째' 순서이다.

## 탐색활동 : 지금 나는 누구인가 그리고 어떤 사람이 되고 싶은가

소개 시간이 끝나면 촉진자들은 "지금 나는 누구인가 그리고 어떤 사람이 되고 싶은
가?"라는 창조적 연결 탐색활동을 안내할 것이다. 참가자들은 간단하지만 심오한 자
세를 취하는 등 일련의 과정을 통해 자기발견을 해 간다. 이어서 각자 현재 생활 장면
에서 느끼는 감정을 작품으로 표현한다. 다른 한 사람과 나누고 마지막으로 집단에서
나눌 때 자기소개의 의미가 더 깊어진다.

### 감정을 만나기 위한 동작

계속 걸으면서 현재 직장이나 인간관계를 유지해 가며 살아가는 삶에 대해 생각해
보세요. 여러분의 삶에 대한 느낌과 생각은 어떻습니까? 만족스럽고, 기쁘며, 의미
있고, 생산적이라고 느낍니까? 스트레스 받고, 압도당하며, 곤경에 처했거나, 실망
스럽다고 느낍니까? 이 단어들 중 어느 것이라도 여러분에게 의미가 있다면 계속 걸
으면서 그 단어들을 사용하세요. 인생의 이 단계에서 여러분 자신에 대해 느끼는 느
낌들을 생각해 보세요.

이제 여러분이 지금 있는 그곳에 멈춰 서서 눈을 감으세요. 미술관에서 여러분이 현
재 삶에서 느끼고 있는 것을 묘사한 조각상을 바라보고 있다고 상상해 보세요. 조각
상 옆을 걸어 다니면서 관찰해 보세요.

### 첫 번째 자세 : 지금 나는 어떤 느낌이 드는가

계속 눈을 감고 여러분도 그 조각상이 취한 자세를 따라해 보세요. 여유를 가지세
요. 여러분의 진실을 실험하고 탐색해 보세요. 눈을 뜨고 있는 사람은 저밖에 없습
니다. 이것은 여러분에게 매우 개인적인 경험입니다.

스스로에게 솔직하세요. '나는 지금 이렇게 느끼고 있어'라는 것을 표현하는 자세를

취해 보세요.

몇몇 참가자는 겉으로 보기에는 고통과 좌절 속에 웅크리고 있는 것 같고 다른 사람들은 바닥에 큰 대자로 누워서 팔을 마구 흔들고 있는 모습을 나는 조심스럽게 지켜본다. 그들이 느끼고 있는 것을 직감적으로 알 수 있지만 나는 그들이 취한 자세에 대해 섣부른 판단을 하지 않기로 마음먹는다. 나는 그들이 안전함을 느끼도록 그 공간을 지키고 있다. 나는 "만약 그 자세를 취하고 소리를 지르고 싶다면 그렇게 해도 됩니다. 큰 소리가 다른 사람들에게 방해가 될 수도 있겠지만, 우리는 그 소리를 이런 경험의 일부로 수용할 필요가 있습니다."라고 말한다.

어떤 사람들은 신음 소리를 내거나 고함을 지르기도 한다.

## 두 번째 자세 : 나는 어떻게 느끼기를 원하는가

이제 여러분의 **삶**에서 **어떤 느낌을 느끼고 싶은지** 상상해 봅니다. 천천히 지금 취하고 있는 자세를 풀고 여러분이 **느끼고 싶은 느낌**을 표현하는 자세를 찾아보세요. 시간은 충분합니다. 이 자세를 실험하고 탐구해 보세요. 이번에도 역시 소리를 내도 상관없습니다. 눈은 여전히 감고 있습니다. 그렇게 하는 것이 이 새로운 자세를 경험하는 데 도움이 될 것입니다.

나는 바닥에 앉아서 무릎을 가슴에 대고 손으로 머리를 감싸고 있는 한 남성이 천천히 일어서서 한 손은 가슴에 다른 한 손은 밖으로 내뻗는 모습을 지켜본다. 그는 자신의 손바닥을 위로 향하면서 콧노래를 부른다. 요가 자세로 한 발로 서 있던 한 젊은 여성은 균형을 잡느라 애쓰고 있다. 그녀는 나머지 다리를 뻗어서 균형을 유지하고 양팔은 하늘을 향해 뻗는다. 나는 자세를 바꾸는 모습을 볼 때마다 언제나 깊은 감동을 받는다. 설명하는 내 목소리에 공감과 배려를 실어서 전달한다.

## 두 가지 자세 반복하기

처음 자세로 되돌아가서 시간을 충분히 가지고 다시 두 번째 자세를 취해 봅니다. 운동감각적으로 그리고 영적으로 무엇이 필요한지 주목해 보세요. 동작을 바꿀 때 은유적으로 그리고 현실적으로 무엇이 필요합니까?

각자 탐색하고 실험을 한다. 사람들이 자신의 내면의 삶을 들여다볼 때 안전하고 보호받는 느낌이 든다는 점에서 그 방은 마치 어머니의 자궁 같은 분위기였다. 약 15분 정도 지났을 때 나는 사람들이 거의 활동을 마친 것을 알 수 있다.

## 당신의 경험을 미술로 표현하기

이제 종이 한두 장과 파스텔이나 오일 파스텔을 준비하세요. 아무에게도 말을 걸지 마시기 바랍니다. 미술 재료를 가지고 올 때도 여러분이 가지고 있는 감정과 생각을 유지하세요. 바닥이나 테이블 어디든 편안한 자리를 찾아 앉으세요. 뒤에 놓는 큰 종이 위에 당신이 가져온 종이(18″×24″)를 놓고 각 모서리에 테이프를 붙이세요. 이렇게 하면 양손이나 잘 사용하지 않는 손으로 자유롭게 작업을 해도 종이가 떨어지지 않습니다.

준비가 되면 다시 눈을 감고 방금 전에 했던 두 가지 자세를 떠올리면서 양손으로 종이의 질감을 느껴 봅니다. 이 시간은 손으로 명상을 한다고 생각하고 첫 번째 자세에서 느꼈던 감정과 교감하면서 종이의 질감을 느껴 보세요. 눈을 뜨고 자주 사용하지 않는 손으로 색을 선택하고 손이 가는 대로 종이에 그려 봅니다. 지금은 아름다운 그림을 그리는 것이 목적이 아닙니다.

자기표현

예술 과정

지금은 종이 위에 여러분의 감정을 표현하는 것입니다. 여러분 내면에 있는 비판자를 내려놓을 수 있는지 보세요. 10분 동안 이것을 합니다. 시간이 다 되었다고 알려 주면 여러분은 두 번째 자세에 대해 두 번째 그림을 그리면 됩니다. 물론 여러분이 다른 것을 하고 싶으면(그림 하나만 그리고 나머지는 점토 작업을 해도 됨) 자신이 선택한 것을 해도 좋습니다. 나는 단지 여러분이 감정에 깨어 있도록 돕고 그 감정을 건설적으로 표현하는 방법을 찾도록 제안을 할 뿐입니다.

10분 후에 나는 방을 돌아다니며 사람들이 첫 번째 그림 그리기를 마쳤는지 혹은 시간이 더 필요한지 살펴본다. 이것이 간단한 활동일지라도(가끔은 간단한 것이 신속하게 본질에 이르도록 도와준다.) 서두르지 않는 것이 중요하다.

### 이미지를 동작으로 표현하기

그림 그리기를 마치면 일어나서 새로운 각도에서 여러분이 그린 그림을 바라보세요. 그릴 때는 가까이에서 작업을 했는데 이제는 그것이 한눈에 들어오도록 서서 봅니다. 여기서도 마찬가지로 여러분의 내면에 있는 비판자를 내려놓습니다. 그림을 보고 움직입니다. 선과 형태와 색이 여러분에게 영감을 주도록 두세요. 만약 선에 각이 있고 강하면, 그에 따른 동작을 해 보세요. 만일 선이 완만하고 부드럽다면 그렇게 움직여 보세요.

참가자들은 지금 서서 자신들이 그린 이미지를 보고 있다. 그림을 표현하기 위해 몸을 움직이는 것은 대부분의 사람에게 새로운 경험이다. 하지만 이 활동은 소중한 정보의 원천으로 들어가기 위해 가볍게 두드리는 것이다. 어떤 사람들은 망설이지만 다른 사람들은 자유롭게 그리고 자발적으로 표현하는 모습을 본다. 집단 경험에서 얻을 수 있는 가장 큰 장점은 우리가 서로 다른 사람으로부터 용기와 통찰을 얻는다는 것이다.

### 경험을 글로 쓰기

여러분이 그린 그림에 대한 글을 쓸 때 '나'로 시작하는 세 단어나 세 문장을 생각해 보세요. 즉 "나는 ___이다.", 또는 "나는 ___를 가지고 있다.", 또는 "나는 ___을 느낀다.", 아니면 세 단어만 써도 좋습니다. 이것을 마치면 다른 종이 한 장을 가지고 와

창조적 표현

© OneWorld Communications

동작으로 예술작품 표현하기

서 각 모서리에 테이프를 붙이고 손으로 종이를 어루만지면서 여러분이 취했던 두
번째 자세에 대해 조용히 명상해 보세요. 여기서도 색이 여러분을 선택하게 하고 여
러분의 감정과 과정에 집중합니다.

좀 반복되는 것 같이 보일 수도 있지만, 나는 설명을 반복하는 것이 도움이 된다고
생각한다. 왜냐하면 참가자들이 동작을 마치면 의식 상태가 바뀌고 자신들의 예술작
품 만들기에 열심히 집중하고 있기 때문이다. 그들이 글쓰는 것을 마치면, 일어서서,
그림이 있는 곳으로 가서, 자신들의 그림에 단어를 적도록 나는 다시 제안한다.

마지막 순서로 참가자들은 그림을 가지고 다른 한 사람과 짝을 이룬다. 그리고 이
제 두 사람이 개인적인 차원의 깊은 이야기를 나눈다.

## 멜라니의 경험

독자들이 이 탐색활동에 대한 이해를 돕기 위해 한 참가자가 쓴 글을 인용한다.

> 창조적인 탐색활동을 하는 동안 나는 동작이 주는 해방감에 매료되었고, 공간을 의식하면서
> 잘 놀고 있는 내 몸의 전체적인 경험과 그것이 주는 황홀함을 아주 즐겼다.... 우리가 현재 느
> 끼고 있는 것을 자세로 표현하고, 그리고 어떻게 느끼고 싶은가를 자세로 표현하는 활동이
> 특히 재미있었다.... 통찰이 존재 속으로 쑥 들어왔을 때 그 경험은 경이로움 그 자체였다. 나
> 는 편안하고 만족스럽고 현실에 뿌리를 내리고 온전하고 평화로운 감정이 일어나도록 하는
> 자세를 먼저 취했다. 만족스럽지만 정체되어 있지는 않은 느낌, 즉 가능성이 충만한 만족감이
> 었다. 나는 매우 편안하고... 조용하고... 온전히 그 순간에 깨어 있음을 느꼈다. 지난 순간

의 생각과 아직 일어나지 않은 사건들에 대한 생각이 그 순간을 전혀 방해하지 못했다. 나는 그 순간의 평화를 들이마셨다.[8]

## 예술작품을 나누는 것에 대한 지침[9]

한 사람의 창조성은 다른 사람이 그의 작품을 분석하거나 판단하거나 투사할 때 쉽게 억압될 수 있다. 우리가 예술작품을 만들 때 낙서이든, 표현력이 풍부한 그림이든, 조소이든, 혹은 콜라주든, 그것은 언제나 한 개인의 자아 일면을 드러낸다. 그것은 무의식적인 자아의 한 요소를 드러낼 수도 있다. 우리는 창조적 작품에 대해 이야기를 나눔으로 위험을 감수한다. 이 사실을 알기 때문에 치료사들과 집단 촉진자들은 참가자들이 그 예술의 의미를 발견하도록 민감하게 그리고 존중하면서 도와야 할 책임이 있다. 그렇다면 우리는 이런 존중을 어떻게 보여 줄 수 있는가?

1. 작가(참가자나 내담자)에게 작품을 만드는 과정이 어떠했는지 그리고 그 작품이 그에게 어떤 의미가 있는지 설명해 달라고 요청함으로써. 우리가 마지막까지 투사를 하지 않음으로써 그리고 그 작가에게 우리의 의견을 듣고 싶은지 물어봄으로써.

2. 작가의 그림이나 조소에 대한 우리의 느낌이나 생각을 분석이나 해석이 아니라 우리의 개인적인 반응으로 인정함으로써. 예를 든다면, "이 그림을 볼 때 나는 외로움이 느껴져요(혹은 불안이나 슬픔이 느껴져요)."라고 당신은 말할 수 있다. "저 작품이 당신에게는 어떤 의미가 있나요?"

모든 참가자가 두 사람씩 짝을 지어 있을 때 나는 집단 구성원들에게 예술작품에 대해 이야기를 나누는 데 필요한 지침을 설명한다. 내가 제안하는 내용은 다음과 같다.

여러분은 방금 의미 있는 창조적 연결 경험을 마쳤고 여러분이 만든 예술작품은 각자에게 매우 개인적인 의미가 있습니다. 여러분이 파트너와 작품에 대해 이야기를 나눌 때 인간중심 철학을 따르기 바랍니다.

누가 먼저 나눌지를 결정하세요. 그다음 바닥이나 테이블 위에서 작가가 그 작품을

창조적 과정

볼 수 있도록 나머지 사람이 들고 있습니다. (보통은 작품은 평면에 그려진다.) 이제 그림이 벽에 있다고 생각하고 어떤지 봅시다. (또는 그림을 벽에 압정으로 고정시킨다.)

작품을 만든 사람이 먼저 나눕니다. 동작, 작품 만들기, 글쓰기 등 전체 경험 과정에 대해 이야기합니다. 동작이 작품에 어떤 영향을 미쳤나요? 만약 그렇다면 어떤 면에서 영향을 미쳤나요? 과정은 어땠나요? 작품을 완성했을 때 느낌은 어땠나요? 색과 이미지는 여러분에게 어떤 의미가 있나요?

작가의 파트너에게 필요한 적절한 지침이 몇 가지 있다.

우리는 다른 사람의 작품을 해석하거나 분석하지 않습니다. 우리는 작가가 자신의 의미를 발견하기를 원합니다. 인간중심 접근법의 철학은 작가가 자신의 의미를 발견하도록 안전한 환경을 창조하는 것입니다. 탐색이나 촉진을 위해 다음과 같은 몇 가지 질문을 할 수 있습니다. "당신은 동작을 하고 작품을 만들고 글쓰기를 했는데 그 전체 과정이 어땠나요?" 그리고 "당신이 그린 그림을 볼 때 어떤 느낌이 듭니까?" 혹은 "그림의 이 측면에 대해서는 아무 말도 하지 않았는데 그것에 대해 좀 말해 줄 수 있나요?"

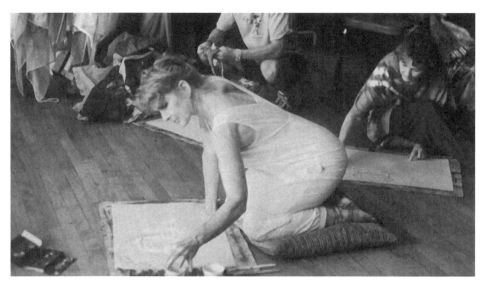

예술을 통해 경험 표현하기

파트너가 만든 작품을 바라보는 사람으로서 지금 이 순간 여러분 자신에게 "작가인 이 사람은 자신의 작품과 인생을 어떻게 경험하는가? 이 사람이 자신의 내면세계를 탐색하는 동안 나는 이 사람을 위해 어떻게 온전하게 깨어 있을 수 있는가?"라는 질문을 할 수 있는 기회입니다.

파트너에게 피드백을 원하는지 물어보세요. 만약 원한다고 하면 그것은 여러분 자신의 투사임을 인정하세요. 다른 사람의 작품을 볼 때 그것은 우리에게 크게 영향을 미칩니다.

우리가 보는 것이 바로 그들의 내면세계에 대한 우리의 관점입니다. 그들이 그것을 바라보는 것과 반드시 일치하지는 않습니다. 우리가 작가에게 피드백을 한다는 것은 우리가 그들의 작품에 대해 우리가 투사한 것을 전하는 것입니다.

피드백을 할 때 "나에게 그것은 ~처럼 보이네요." 혹은 "내가 그것을 볼 때 나는 ~을 느낍니다."라는 문장으로 시작하는 것이 도움이 됩니다. 이런 피드백은 여러분의 경험과 작가의 경험을 분리시킵니다. 작가에게 여러분이 이해한 것을 수용할 수 있도록 하거나, 작가가 자신을 만나서 머무를 수 있도록 하는 데 더 많은 정신적 공간을 줍니다.

촉진자 혹은 이 경우에 파트너는 온전히 깨어서 작가가 그것을 보는 것처럼 그의 세계를 이해하려고 노력하는 기회를 가진다. 이 여정에서 동반자가 되는 것은 인간중심 표현예술 촉진자가 되는 것의 어려움 중의 하나이다. 그러나 그만큼 가치 있는 측면이다.

우리는 가끔 당신의 작품이 당신에게 말을 걸도록 하는 방법이나 작품과 대화를 나누는 방법에 대해 제안을 하거나 시연을 한다. 우리는 게슈탈트 예술 과정을 사용해서 더 심화된 의미를 얻는다. 또한 우리는 시각 예술로 자기표현을 계속하기 위해 다양한 방법으로 동작을 한다.

설명한 바와 같이 위에서 언급한 활동은 첫날 오전에 세 시간 정도에 걸쳐 완료된다. 또는 이와 동일한 주제와 구조로 하루 종일 할 수도 있다. 집단이 제한된 시간 내에 활동을 얼마나 소화하는지 살펴보고 필요하다면 조정하는 것이 언제나 최선이다.

## 경험에 창문 열기

이 첫 번째 단계에서 참가자들은 무엇을 생각하고 느낄까? 우리 프로그램에 참가한 사람들은 매 과정이 끝날 때마다 보고서를 작성한다. 이것을 통해 우리는 그들의 경험과 전체 과정을 좀 더 구체적으로 살펴볼 수 있다. 조직 컨설팅 전문가인 주디는 이런 날카로운 보고서를 제출했다. 그녀는 우리의 첫 번째 표현예술활동인 '세 가지 난화 그림'을 막 끝냈다. (이 책 마지막 부분에 있는 자료를 참조하라.)

> 첫 번째 예술활동은 하나의 도전이었다. 나탈리는 창조성을 막는 방해물이 다름 아닌 우리의 내면 비판자, 인정받고자 하는 욕구, 실패에 대한 두려움, 그리고 미지에 대한 두려움이라고 말했다. 내 자신의 내면 비판자가 전면에 나와서, 나는 그림을 그릴 수도 없고 그려 본 적도 없고, 절대 그릴 수 없을 거라고 나에게 상기시켰다. 다른 사람들이 사랑스러운 백조와 천사를 그릴 때, 나의 그림은 형편없이 보기 흉할 것임이 분명했다. 나는 평소에 잘 사용하지 않는 손으로 파스텔을 집어 들었다.
>
> 나의 첫 번째 그림은 내 글에서 표현한 방향성에 대한 혼란과 좌절을 잘 나타내고 있다. 두 번째 그림도 거의 비슷했다. 세 번째 그림을 그리는 것을 마치고 촉진자의 인도대로 그 그림을

'동작으로 표현'하기 시작했을 때 나는 나의 삶이 언제나 똑같은 모습으로 흔들리는 시계추와 같다는 사실을 보기 시작했다. 나는 너무나 뻔한 삶을 살아 왔고 언제나 순응주의자였다. 내가 항상 나 자신에게 둔 어떤 제한을 보기 시작했다. 그림 속에는 분노가 표현되어 있었다. 나중에 그 분노가 나 자신을 향한 것임을 깨달았다.

우리는 그림을 벽에 걸었다. 그리고 놀랍게도 그때 나의 내면의 비판자가 또 나타나서 어깨 너머의 그림들을 힐끔거리며 보게 했다. 분노를 표현한 그림은 내 그림 밖에 없는 거 아닐까? 다른 사람들이 나에 대해 뭐라고 생각할까? 그들이 내 그림을 보고 나를 분노에 찬 사람이라고 낙인찍는 건 아닐까? 나는 분노를 숨기고자 하는 나의 케케묵은 욕구를 날카롭게 인식하게 되었다. 그것은 속상한 일이었지만 내가 안전한 공간에 있다는 사실을 기억하고는 편안했다. 나의 어두운 일면을 느끼고 조금 보여 주는 것은 아마 괜찮을 거야.[10]

주디의 자기비판과 자기노출에 대한 두려움은 집단활동을 시작하는 첫 단계에서 전형적으로 나타나는 현상이다. 첫날임에도 불구하고 자신의 그림을 벽에 걸어 놓은 것에 대해 안전함을 느꼈다는 것은 그 집단에 있던 다른 구성원들도 어떻게 느꼈는가를 반영해 주는 것이라고 생각한다.

## 집단 나눔

### 집단 나눔 3:00~5:00 p.m.

점심식사 후에는 휴식을 취하면서 오전에 있었던 일을 음미해 보고 미처 덜 끝낸 것이 있다면 작업실에서 마저 끝낼 수 있는 시간이다. 오후 3시에 다시 모일 때, 우리는 종종 신나는 음악을 틀고, 춤을 추면서 자신을 일깨우도록 초대한다. 촉진자들과 참가자들이 자유로운 동작을 하는 동안 에너지 수준은 졸리던 것에서 완전히 깨어 있는 상태로 전환된다.

예술작품을 벽에 걸어 놓고 대형 원으로 모이면 나는 모두에게 방 주위를 돌면서 다양하게 표현된 작품들을 본 후 자신의 작품 앞에 앉아서 그 작품을 통해 자신에 대해 무엇을 배우는지 생각해 보도록 제안한다. 이때 우리는 이것이 우리가 구성이나 기술에 대한 피드백을 주는 미술 시간이 아니라는 점을 다시 한 번 강조한다. 대신 우리는 색과 이미지가 우리 내면의 삶에 대해 어떤 정보를 주기 위해 무의식중에 나왔는지에 대해 배운다. 이제 작가는 두 가지 자세와 그 두 가지 자세를 왔다 갔다 하는 과정, 그리고 그 동작에서 나온 색과 모양을 포함한 전체 과정에 대해 나누는 시간이다. 그러고 나서 만약 다른 사람들이 서로에게 피드백을 하고 싶으면, 우리는 그들에게 두 사람이 짝이 되어 나눌 때와 같은 지침을 따르도록 제안한다.

　이것은 촉진자인 나에게 굉장히 소중한 시간이다. 나는 참가자들이 자신의 작품과 과정에 대해 이야기할 때 그들의 생각과 감정을 듣기 위해 온전하게 깨어 있다. 만약 고통스러운 감정이 표현되면 나는 공감적으로 반응한다. 특히 첫날 참가자의 깊은 감정에 민감하게 관심을 갖는 것은 우리가 모델이 되어 배려의 분위기를 창조하는 데 도움이 된다. 사람들이 자신의 이미지, 즉 작품들을 내어놓을 때 그리고 그 이미지가 그들에게 의미가 있는 것일 때는 아주 상처받기 쉬울 때이다. 어떤 사람들은 그들이 꾸려 가고 있는 삶과 자신들이 원하는 삶에 대한 중요한 통찰이 일어나기도 한다. 다

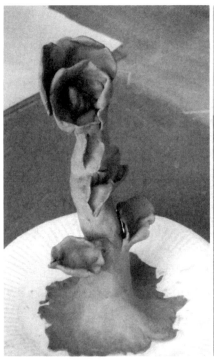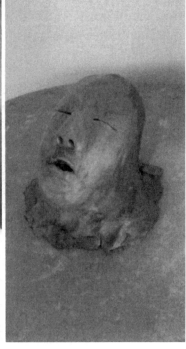

한 여성과 남성이 만든 조소 '이것이 나'

른 사람들은 지금 그대로의 삶이 꽤 괜찮은 상태임을 발견한다. 이 간단하고 원시적인 방법으로 만들어진 작품이 다른 사람들에게 종종 용기와 영감을 준다. 우리의 창조성은 학교와 강의실에서 너무나 억눌려 왔기 때문에 집단 구성원들로부터 그리고 그들에 의해서 허락과 수용을 받는 것은 놀랍고도 엄청나게 변형할 수 있는 힘이 된다.

우리는 참가자들이 자신들의 경험에 대해 이야기할 때 자기비판을 내려놓도록 격려한다. 이것은 주디가 쓴 보고서의 결론이다.

> 동작, 미술, 점토, 소리 내기, 단어를 사용해서 이 주제(예술작품을 만드는 것에 대한 자기비판)를 다루었을 때 그들이 사라졌다. 일주일 동안 내려놓는 법을 배우면서 나는 인생의 과정에 대한 신뢰와 인내를 얻었고, 놀랍게도 자아의식도 더 강해졌다. 표현예술 접근법에는 신성한 마법이 있는 것 같다![11]

다른 사람의 작품이 자신에게 어떤 영향을 미치는지에 대해 언급하는 경우가 종종 있다. "저 그림 속에 있는 진한 빨간색과 검정색의 각진 선을 보니 내가 직장에서 화났을 때 느끼던 감정이 떠오르네요. 이 그림은 나에게 당신의 용기를 보도록 도와주네요."

이것은 한 여성이 자신의 보고서에 쓴 내용이다.

> 나는 어머니와 한 번도 터놓고 얘기해 보지 못하고 어머니를 잃게 되어서 화가 났다. 어머니의 초상화를 그리면서 잊어버렸던 어머니와의 기억을 되찾을 수 있었다.... 나는 어머니와 다시 연결되어서 내가 어머니를 얼마나 사랑하는지를 느끼고 싶었다.[12]

## 집단 경험의 힘

집단에 의해 한 사람의 작품과 말이 수용되는 것은 자기수용력을 촉진하고 긴밀한 유대감을 창조한다. 차이점은 비판받는 대신에 인정받는 것이다. 다른 사람의 슬픔이나 두려움에 공감할 때 우리는 우리 내면에 있는 그 감정들을 잘 받아들일 수 있다.

한 참가자는 장기적인 과정을 다음과 같이 묘사하고 있다.

> 내가 알게 된 것 중 하나는... 미술, 음악, 그리고 동작과 같은 자발적인 창작활동은 반드시 즉

각적인 답을 주지는 않는다는 것이다. 전체적인 그림이 분명해지기까지 잠시, 며칠, 아마 몇 달이 걸릴 수도 있다. 이것은 영혼이 숨겨져 있거나 신비로운 해답을 찾을 수 있는 곳인 일종의 정지 상태나 심지어 변성 상태에서 그 사람이 예술 작업을 하도록 몰두하게 만드는 것이다.

이 작업에서 나의 목적은 늘 거기에 있어 왔던 것에 접근하기 위해 무한한 창조성의 자원을 일깨우는 것이고, 인간의 영혼을 달래고 그리고 끝없는 사랑의 장(unified field)에 다시 연결되는 것이다.[13]

## 마무리 의식

### 마무리 의식  5:00~5:30 p.m.

하루 워크숍의 마무리이든 더 긴 워크숍의 첫날이든, 마무리는 반드시 필요하다. 나는 그날 작업한 것의 기본적인 개념을 요약하는 것을 좋아한다. 참가자들은 창조적 연결을 통해 몇 가지 내적 변화를 경험했기 때문에 표현력이 풍부한 동작이 미술로 표현하는 데 어떤 자극을 주는지 이해할 것이다. 그리고 통찰한 것을 나눔으로써 그들의 인생 여정에 있는 다른 사람들과 서로 신뢰를 쌓을 수 있고 지지할 수 있다는 것도 이해할 것이다.

나는 개인적인 의견과 감사를 표하는 시간을 가진 후 모두 원으로 둘러 앉아 짧은 노래를 하는 간단한 마무리 의식을 좋아한다.

## 요약

나는 워크숍의 시작 단계에 대한 철학적 개념, 가치관, 그리고 정신을 설명해 왔다. 이 단계에서 사용할 수 있는 다양한 활동이 있다. 그중 몇 가지가 이 책의 뒷부분 자료의 '각 장의 더 많은 탐색활동'에 나와 있다. 개인의 변화와 학습에 필요한 적절한 분위기를 만드는 데 있어서 가장 중요한 측면은 촉진자들이 탐색활동을 제안할 때 온전히 깨어 있고, 공감하며, 민감하게 반응하고, 존중하는 것이다. 만약 이틀에서 열흘 정도로 워크숍이 길게 지속된다면 시작 단계는 며칠 정도로 늘어난다. 만약 시간이 하루나 심지어 3시간 정도로 제한된다면 같은 단계가 적용된다.

당신이 전문적인 예술가가 아니라면 학교 교실에서나 취미로 예술작품을 만들어 본 것이 전부일 텐데 그때마다 작품에 등급이 매겨지고, 평가받으며, 분석받는 상황 이었을 것이다. 우리는 타당한 이유를 가지고 그와 다른 환경을 제공한다. 우리는 전 문가가 되기 위해 예술작품을 만들고 동작을 하는 것이 아니다. 우리는 모든 참가자 가 자신의 창조성과 진정한 자아를 발견할 수 있도록 허용적이고 수용적인 분위기에 서 작품을 창조하는 방법을 제안한다.

또한 몇 시간 동안 말로 토론하는 것과는 대조적으로 서로 친숙해지기 위해 예술을 사용하면 즉각적으로 연결감을 느끼게 한다. 동작과 미술은 말로 나누는 것보다 훨씬 빨리 집단의 신뢰를 쌓게 된다. 많은 촉진자들이 이 사실을 깨닫지 못한다. 그들은 시 간이 있으면 그리고 시간이 있을 때 추가하는 어떤 것으로 예술을 생각한다. 사실 만 약 촉진자들이 집단의 신뢰감과 유대감이 빨리 형성되기를 원한다면 창조적인 예술 활동이 가장 효과적이다. 다시 말하지만 촉진자가 창조적 과정을 효과적으로 제공하 기 위해서는 본인이 그 과정을 직접 경험할 필요가 있다.

자존감과 창조성이 해석과 분석을 만나면 너무 쉽게 움츠러들기 때문에 나는 참 가자들이 서로의 작품에 대해 반응할 때 존중하면서 인간중심적으로 접근하도록 격 려하고 강조해 왔다. 한번은 한 유명한 미술사학자가 나의 집을 방문했다. 벽에 걸 려 있는 커다란 붉은색과 핑크색 유화를 보더니 그녀는 이렇게 소리쳤다. "오, 당신 은 저 그림을 그렸을 때 화가 많이 났나 보군요." 사실 내가 그 그림을 그렸을 때는 화 가 나 있던 것이 아니라 감각적이고 열정으로 가득 차 있을 때였다. 그녀의 해석이 거 슬렸다. 그녀에게 아무런 반응을 하지는 않았지만 나는 누군가가 그림을 그리고 있을 때 사람들이 느끼는 것을 그 사람에게 말하는 것이 엄청나게 파괴적일 수 있다는 것 을 머릿속에 기억해 두었다. 만일 내가 나 자신에 대한 신뢰가 없었더라면 나는 그녀 의 해석을 받아들였을지도 모른다. 그래서 나 자신의 경험을 부인하고, 오히려 그녀 가 옳다고 생각하며 나의 감각적 열정이 사실 분노였구나 하고 믿었을 것이다. 혹은 혼란스러워하며 그림 그리는 것을 그만두었을 수도 있다. 많은 사람이 누군가가 그런 식으로 자신의 작품을 판단했을 때 창조적인 작업을 그만두었다고 말했다. 창조성은 점수가 아니라 이해와 지지를 통해 영양분을 공급받는다.

동작, 미술, 음악, 그리고 글쓰기를 통해서 우리 자신을 표현하도록 허락하는 것은 고통과 두려움, 죄책감, 수치심, 슬픔을 영혼을 위한 자양분으로 변형하는 신성하고 신비로운 경험이다. 우리가 우리의 영혼을 보살필 때 우리는 더 온정적인 사람이 되고, 세상 속에 있는 고통을 기꺼이 포용하고 포용할 수 있으며 그리고 다른 사람들을 치유하기 위해 우리의 힘을 기꺼이 제공하고 제공할 수 있다.

## 주석

1. Shaun McNiff, *Trust the Process: An Artist's Guide to Letting Go* (Boston: Shambala, 1998) p. 60.

2. Paula Spero, Course I paper, Saybrook Graduate School, 2008.

3. Carl Rogers, *Client-Centered Therapy: Its Current Practice, Implications, and Theory* (New York: Houghton Mifflin, 1965).

4. Robert Bolton, *People Skills: How to Assert Yourself, Listen to Others, and Resolve Conflicts* (New York: Simon & Schuster, 1979).

5. Marshall Rosenberg, *Nonviolent Communication: A Language of Compassion* (Encinitas, CA: Puddle Dancer Press, 2000).

6. Carl Rogers and Ruth C. Sanford, "Client-Centered Psychotherapy," in *Comprehensive Textbook of Psychiatry,* IV ed. (Baltimore: Williams & Wilkins, 1984), chapter 29, "Psychotherapies" (section 3), pp. 1377-1381.

7. Judy Balain, Course I paper, Saybrook Graduate School, 2006.

8. Melany Cueva, Course I paper, Saybrook Graduate School, 2008.

9. Adapted from Natalie Rogers, *The Creative Connection: Expressive Arts as Healing*, chapter 5.

10. Judy Balian, Course I paper, Saybrook Graduate School, 2006.

11. Ibid.

12. Beatriz Parra, Course I paper, Saybrook Graduate School, 2006.

13. Silvia Jastram, Course I paper, Saybrook Graduate School, 2006.

# 6

# 집단의 중반기
## 그림자에 빛 밝히기, 영혼 회복하기

빛을 들고 어둠 속으로 들어가는 것은 빛을 알기 위함이다.
어둠을 알려면 어둠 속으로 가라. 눈을 감고 가서
어둠 역시 피어나고 노래하는 것을 보라.
그리고 어둠의 발과 어둠의 날개로 움직이는 것을 보라.
-웬델 베리(Wendell Berry)[1]


만약 촉진자들과 참가자들이 표현예술 작업의 첫 번째 단계에서 신뢰를 형성한다면, 중반기에는 슬픔과 상실, 개인과 집단의 그림자와 같은 어려운 주제를 점검한다. 우리는 마음을 여는 문제에 직면한다.

여성과 남성이 감정을 다루는 모습은 다르지만, 감정에 접근하도록 돕는 방법은 동일하다. 특히 여성은 종종 미소로 가리면서 분노를 억누르고 부드러운 목소리와 유쾌한 행동으로 자신의 힘을 숨긴다. 하지만 남성은 보통 자신의 힘과 분노 이 두 가지를 전부 두려워하는데, 그것은 만일 이것이 표출되면 통제력을 잃거나 누군가를 다치게 할까 봐 염려하기 때문이다.

감정은 우리의 몸/마음/영혼 깊숙한 곳에 저장되어 있다. 그것은 마치 화산의 뜨거운 용암과도 같다. 시간이 흐르면서 속이 부글거리다가 힘이 생겨 분출하면, 분노의 말이나 폭력, 주체할 수 없는 행동을 쏟아 낸다. 사람들이 이런 감정을 살짝 건드려 한 번에 조금씩 발산하고, 뜨거운 용암을 건설적인 에너지원으로 천천히 흘러나오게 하는 것을 돕는 것이 우리의 일이다. 우리가 이런 폭발하기 쉬운 감정을 직면하고 수용하며 그것들을 흘려보내는 건강한 방법을 알 때, 우리는 힘을 얻고 삶의 어려움에

점토를 통해 고통 표출하기

대해 창조적인 해결책을 발견한다. 바로 이곳이 개인적이고 우주적인 연결이 일어나는 곳이고, 개인의 성장이 집단의 건설적이고 공통적인 성장을 가져오는 곳이다.

## 자신의 그림자 만나기

중반기 동안에 한 개인의 고통스러운 이야기를 드러내고, 자신의 그림자의 뚜껑을 열며 전력을 다해 뛰어드는 구성원이 있을 수 있다. 이것은 집단의 나머지 구성원들에게도 메시지를 보낸다. 그 결과 어떤 사람들은 자기를 드러내는 것이 괜찮다고 느끼게 되고, 또 어떤 사람들은 "여기서 내 자신에 대한 모든 것을 드러내야 하는가?"라고 의아해하며 두려워하거나 불안해할 수도 있다. 많은 사람들은 자신도 원한다면 그렇게 할 수 있는 기회를 가질 수 있기 때문에 그런 솔직함을 반긴다. 어떤 경우라도 촉진자는 민감하게 대처하고 저변에 깔려 있는 감정과 집단의 역동이 일어나도록 도와야 한다.

　어떤 사람이 강간과 같은 끔찍한 사건을 털어놓으면서 깊은 감정의 바다로 뛰어들면 엄청난 민감함과 공감을 가지고 들어야 한다. 집단 구성원들은 촉진자가 상황을 어떻게 다루는지 관찰하고, 자기를 노출하는 말을 했는데 촉진자가 반응을 하는지 안하는지, 혹은 촉진자가 시간을 두고 그 말을 한 사람이 할 말이 더 있는지에 대해 물어보는지 아닌지에 관심을 가진다. 만약 집단 구성원이 어떤 사건에 대해 이야기한다면 다른 사람들은 다음과 같은 점에 주목한다. 사람들이 그 사람의 말을 깊이 있게 경청하고 있는가? 사람들이 그 사람을 판단하거나 분석하고 있지는 않은가? 촉진자가 진심으로 반응을 하는가?

그 사람이 자신의 이야기를 털어놓고 자신의 감정을 나눈 후 어느 시점에 촉진자가 "누군가가 이렇게 고조된 감정을 나누면, 그것은 언제나 다른 사람들에게 과거의 기억이나 감정(그리고 때로는 판단)을 불러일으킵니다. 이 이야기가 여러분들에게 어떤 영향을 미쳤습니까?"라고 물어보는 것이 적절하다. 다른 사람들의 내면에 유발된 것을 듣는 방법을 찾는 것은 집단의 안전감을 향상시킨다. 모든 집단 구성원들이 경험한 영향을 '듣는' 한 가지 방법은 그들로 하여금 예술작품을 만들고 그것에 대해 나누도록 하는 것이다.

## 집단 구성원의 고통에 대한 반응으로서의 예술

이것은 촉진자가 모든 참가자에게 그들의 감정을 표현예술이나 글쓰기로 표현하도록 하는 좋은 시점이다. 나는 이렇게 말한다. "지금 이 순간 여러분이 느끼는 감정에 대해 15분 정도 생각해 보세요. 우리의 동료가 자신이 경험한 성폭행에 대한 공포, 무력감, 분노에 대해 나누었을 때 여러분 내면에 어떤 느낌이 떠올랐나요? 물감을 사용하거나, 콜라주를 만들거나, 혹은 점토를 사용해서 그 감정들을 표현해 보세요. 그리고 글로 표현해도 좋습니다. 다 마치면 다른 한 사람과 짝을 지어 여러분의 창조적 표현에 대해 나누겠습니다. 나눔을 할 때 작가가 자신의 작업 과정과 생각 그리고 감정에 대해 먼저 이야기한다는 것을 기억하세요."

표현예술은 이런 상황에 특히 효과적이다. 누구에게나 충격적이고 고통스러운 일이 드러나면 각자 독특하고 강력한 개인적인 반응을 보인다. 누군가가 그런 사건에 대해 나누는 것을 들을 때 그들은 과거의 경험과 생각 그리고 감정이 떠오른다. 그것은 마치 전기 충격이 모든 사람에게 전해지는 것과 같다. 언어만 사용하는 집단에서 촉진자는 오랜 시간 **모든 구성원이 반응하는 것을 들어야 할 것**이다. 한편 다른 사람들

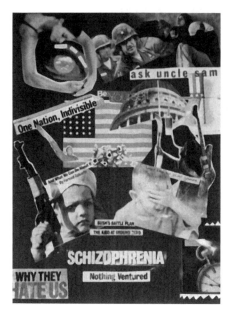

전쟁에 대한 감정들

은 그들의 감정을 가지고 기다린다. 산더미 같은 긴장이 쌓인다. 하지만 **예술을 사용하면 집단에 있는 모든 구성원이 즉시, 그리고 동시에 자신의 감정을 표현하는 것이 가능하다.** 한 사람은 종이에 분노의 상징을 그리고, 다른 사람은 눈물을 그리고, 세 번째 사람은 두려움을 나타내는 이미지를 그린다. 이런 때의 해방감과 자기통찰은 심오하다. 많은 사람들이 동시에 색이나 점토로 다듬어지지 않은 감정을 있는 그대로 표출하는 것은 모두에게 놀라운 경험이다. 사람들이 내면에 있는 것을 조용히 그리고 힘 있게 표현해 낼 때 보호하는 에너지와 부드러운 기운이 방을 감싼다. 실제로 이런 에너지를 목격하는 것은 경탄할 만한 일이다. 창조적인 방법으로 강렬하게 집중해서 자기 자신을 표현할 때 방 안에 성스러운 침묵이 감돈다.

나의 요점은 자신들이 말할 순서가 오기를 고통스럽게 인내를 하면서 기다리지 않고 모든 사람이 비언어적 방법으로 자신들의 감정을 크게 외칠 수 있는 기회가 있다는 것이다. 이런 카타르시스가 통찰을 가져온다. 작품을 만들고 글을 쓴 후 두 사람이 짝을 지어 경험한 것을 나누는 것은 모든 사람과 함께 나누는 것보다 훨씬 안전함을 느끼게 한다. 전체 집단은 그 후에 다시 만날 수 있으며 원하는 사람은 자신들의 작품에 대해 피드백을 받을 수 있다. 원하지 않는 사람은 나누지 않아도 된다.

## 슬픔과 상실감을 치유하는 예술

종종 참가자들은 사랑하는 이들의 죽음에 대해 이야기하고, 이것은 언제나 다른 사람들의 마음속에 있는 애절한 기억을 불러일으킨다. 때때로 슬픔이 너무 고통스러워 말로 표현할 수 없을 때도 있다. 그런 순간에 모든 참가자에게 자신의 감정을 예술로 표현하도록 제안하는 것이 적절하다. 작업 중 가끔 눈물을 흘리는 경우도 있고 감정을 해소하기도 하며 변화를 경험하기도 한다. 예술작품을 만든 후에 "나는 ~이다.", "나는 ~을 가지고 있다.", 혹은 "나는 ~을 느낀다."로 시작하는 문장을 5개 정도 적는다. 집단 내에서 감정이 해소될 때 새로운 에너지가 생성되어 각자 자신의 상실감과 슬픔에 대해 이야기할 용기를 준다. 시각적 이미지를 보면서 이야기를 나누면 다른 사람들로부터 공감받기 쉽다. 말로만 할 때는 공감을 받지 못할지도 모른다.

이 과정은 암환자 지지집단과 호스피스 훈련과 같은 다양한 환경에서 매우 효과적이다. 예술은 갈등이 일어날 때 갈등해결집단에도 도움이 된다. 긴장감과 고통은 토론하기 전에 춤, 북 두드리기, 노래 혹은 시각예술을 통해 해소될 수도 있다. 평화운동집단에서 종종 불협화음이 일어난다. 그들은 표현예술 방법을 사용해서 의사소통뿐만 아니라 자기책임감을 향상시킬 수 있다.

## 강한 감정 해소하기

### 탐색활동 : 강한 감정 해소하기, 나무 쪼개기

중반기에 사람들이 두려움과 분노 감정을 만나는 것을 회피할 때 나는 나무 쪼개기라는 탐색활동을 사용한다. 그것은 강력한 경험이어서, 지침을 다시 한 번 더 알려 주는 것이 중요하다. "여기서는 여러분이 자신의 보스입니다. 이 활동에 참가할지 여부를 스스로 결정할 수 있습니다. 만일 관찰하기로 결정한다면 판단을 하지 않도록 주의하기 바랍니다. 우리가 그 에너지를 느끼기 때문입니다. 열린 마음으로 관찰하거나 혹은 상대방의 입장이 되어 대리로 그 경험을 해 보세요." 이 활동을 통해 일어날 수 있는 극적인 내면의 변화를 보여 주는 사례가 있다.

### 나무 쪼개기 탐색활동 소개

이 활동에서 우리 모두 일어서서 원을 만들어 소리를 낸다. 원한다면 소리를 듣기도 하고, 소리를 내기도 하는 두 가지 의도를 가지고 약 10분 정도 자유로운 소리의 시간을 갖는다. 노래를 부르는 사람도 있고 울부짖는 사람도 있고 웃거나 콧노래를 부르는 사람도 있다. 어떤 사람은 침묵하면서 듣기만 한다. 30세가량 된 키가 크고 강인한 여성인 미레야가 이 과정에 대한 그녀의 경험을 다음과 같이 보고한다.

## 미레야의 경험

우리 모두 원으로 모여서 소리를 지르며 하루를 시작했다. 깊은 소리가 터져 나왔다. 잠시 후,
실내가 조용해지자 우리가 질렀던 강렬한 소리와는 다른 반응이 있었다. 몇몇 여성들이 세상
의 고통, 상처, 통곡, 그리고 세상의 아픔에 대해 이야기했다. 다른 사람들은 역량을 강화하는
것에 대해 이야기했다. 나에게 있어서 그것은 깊은 소리에 의해 나의 내면의 힘과 접촉하는
것이었고 땅에 뿌리를 내리는 느낌이었다.[2]

소리에 대한 반응에 대해 이야기를 나눈 후 활동을 소개한다. 우리는 움직이기 충
분할 정도로 큰 원을 만들어 둥글게 선다. 나는 상상 속의 나무를 쪼개기 위해 내 손
에 상상의 도끼를 들고 있는 것처럼 시연을 한다. 넘치는 활기로 나는 나무를 쪼개기
위해 팔을 들고 힘껏 내리친다. 그렇게 할 때 나는 깊게 "호"라는 소리를 낸다. 이 실

"아버지가 내 목을 조르고 있어요." (미레야)

"나는 내 목소리의 힘을 발견하기 시작했어요."
(미레야)

험을 해 보고 싶은 사람만 그렇게 하라고 나는 제안한다. 그렇게 하고 싶지 않은 사람들은 그냥 지켜보기만 해도 좋다. 그리고 나는 다음과 같이 말한다.

> 여러분은 각자 원하는 어떤 의도를 가지고 실험을 하면 됩니다. 힘을 경험하기 위해 그것을 사용해도 좋습니다. 단번에 그 나무를 쪼갤 거라고 상상할 수도 있습니다. 혹은 분노와 좌절감을 표출하기 위해 강하게 쪼개기는 동작과 소리를 사용할 수 있습니다. 이것을 하는 유일한 제한점은 여러분의 발등을 찧지 않도록 주의하는 것입니다. 또한 허리를 삐지 않도록 조심해야 합니다.

모두 준비되면 우리는 모두 동시에 팔을 들고 "호"라고 소리를 지르면서 나무를 자른다. 이렇게 5~6번 반복한다.

나는 동작을 멈추고 그들의 느낌을 한두 단어로 표현하도록 제안한다. 신나고, 무섭고, 후련하고, 호기심이 생기고, 화가 나고, 강함이 느껴진다고 말하는 것 등이 전형적인 대답이다. 다시 한 목소리로 우리는 "호"라는 강한 소리로 실내를 가득 채운다. 만약 배에서 나오는 소리가 아니라 목구멍에서 나오는 소리를 내는 사람(특히 여성들)이 있다면 나는 배로 소리 내는 법을 보여 준다. 어떤 여성들은 처음에는 자신의 목소리를 찾지 못하지만 그 과정 속에서 자신의 또 다른 면을 깨달아 간다. 미레야의 이야기는 계속된다.

> 잠시 후 우리는 멈추었고 방 안에는 다양한 감정이 있었다. 몇몇 여성은 이것을 더 하기를 원했다. 우리는 더 작은 집단으로 모여서 계속했다. 나무를 쪼개기 시작했을 때 나는 "안 돼."라는 말을 내뱉었다. 그것은 나의 모든 존재에서 울려 퍼졌다. 나의 몸과 영혼이 그 말과 함께 진동했다. 그 소리는 내 존재의 가장 깊고 가장 근원적이고 본능적인 부분에서 나오고 있었다. 마녀들이 불타고 남자와 여자들이 학대당하고, 우리 영혼의 가장 깊은 영역에 있는 본성의 놀라운 힘에 대한 영상이 스쳐 가는 것을 보았다. 나의 목소리를 들었을 때 나는 덫에서 벗어나 자유를 향해 날아가고자 하는 수많은 세대의 여성들의 울부짖음과 비명소리를 들었다. 방 안에는 모두 18명의 여성이 있었고, 우리는 내면에 아름답고 분노하는 짐승의 형태로 존재하는 우리들의 힘을 보았다. 나는 연약한 상태로 그곳에 서 있으면서 마음을 여는 것이 괜찮다는 것을 깨달았다. 이곳은 안전한 공간이었다. 나는 나의 힘 때문에 창피를 당하고 나의 생각과 진실을 말하지 못했던 엄청난 두려움을 느낄 수 있었다. 나의 목소리에 담겨 있는 모든 두려움을 느꼈다. 침묵해야만 하는 두려움, 말하려고 시도할 때마다 떨리는 전율. 나는 수

"나는 독사의 힘을 가지고 있고 나의 목소리는 강하다." (미레야)

치심을 느꼈다. 연약함에 대한 수치심, 나의 힘 때문에 벌받은 것에 대한 수치심, 내 자신의 힘을 포기한 것에 대한 수치심... 거기 서 있을 때 나는 더 이상 이런 일들이 일어날 필요가 없음을 깨달았다! 그것은 과거의 상처이고, 그 상처는 지금 수용되고 포옹되기를 기다리고 있고, 그러면 나는 모든 것을 뒤로하고 전진해 나갈 수 있다. 다른 여성들을 둘러보았을 때 나는 우리 모두의 신성함을 느꼈다.... 아름다움, 힘, 창조성, 우리를 낳은 집단 에너지... 상처받은 치유자 영혼으로 가는 다리를 놓아 주었다....

나는 점토가 있는 데로 갔고, 뱀을 낳는 한 여인의 모습이 떠올랐다. 그녀는 입을 크게 벌리고 있었고 입에서는 비명소리가 흘러나오고 있었다. (나탈리가 제안한 대로) 나중에 나는 그녀가 말하도록 요청했다. 그것을 내 일지에 적었다.

나는 숨고 싶은 욕망을 버렸다. 나는 여자이고, 나는 존재한다.

나는 더 이상 잠자지 않는 분노로 가득찬 여전사의 비명소리를 신고 우주로 폭발하고 싶어 하는 나의 온전한 존재를 수용한다.

볼 수 없던 여인이

이제 빛과 어둠을 볼 수 있고

말하지 못하던 여인이

이제 진실을 말한다.

잠자던 여인이 이제 막 깨어난다.[3]

위의 글은 첫 주를 마친 후에 미레야가 묘사한 글이다. 너무 많은 감정이 일어남에
도 불구하고 그녀는 집에서 그것에 대해 글을 쓰면서 일어나는 것들을 계속 소화했다.

> 나는 내가 한 작업을 '그림자의 목소리'라고 부른다. 그림자 작업을 하자고 나탈리가 단호하
> 게 제안한 것이 나에게는 중요한 시작이었다. 이 과정을 통해 나는 창조적 연결에 대한 이해
> 를 하게 되었다.... 그 공간의 안전감도 느꼈다.... 나는 점토작품에서 나온 말에 놀랐다. 그것
> 은 나보다 훨씬 더 위대한 누군가가 말하고 있는 것 같다는 느낌을 받았다. 내가 한 것은 그저
> 그런 일이 일어나도록 내버려 두는 것이었다.[4]

미레야는 이 과정을 통해 우리가 우주 혹은 집단 무의식에 접근하는 법을 경험한
다. 그녀는 안전한 환경에서 소리와 동작, 미술, 그리고 글쓰기를 순차적으로 사용하
는 힘을 이해하고 있다. 그녀는 안전한 환경 속에서 자신의 그림자(분노, 절망, 그리
고 무의미한 감정)를 직면하고 또한 '자신보다 더 위대한 어떤 존재'를 경험하도록 허
용한 것이다.

두 번째 주말에 미레야는 나와 함께하는 집단에서 상담 시연에 참가하기로 자원했
다. 다른 사람들은 지지적인 증인으로서 조용히 지켜보고 있었다. 그녀는 첫 번째 주
말 동안 개인적인 능력이 강화되었다고 느꼈음에도 불구하고 새로운 주가 시작되고
시간이 지남에 따라 힘을 잃어 가고 있다고 말했다. 이런 일은 종종 진실이다. 우리
는 점진적으로 진화하는 자신의 모습을 두려워하게 된다. 그녀의 신체 언어는 그전
주말과는 확연히 달랐다. 그녀는 후퇴하고 있는 것 같았다. 나는 그녀에게 말뿐만 아
니라 동작으로 그녀가 느끼고 있는 것을 표현하고 싶은지 물었다. 다음은 나와 함께
한 45분간의 상담 시간에 대해 그녀가 쓴 글의 일부이다.

첫 주말이 지나고 몇 주 동안 나는 바깥 세상으로 발걸음을 내디딜 때마다 맥없이 주저앉는 나의 일부와 깊이 만나게 되었다. 내가 느끼고 있는 바를 동작으로 표현하면서 내담자로서 나의 세션을 시작하는 것은 나에게 중요했다. 그 시간을 통해 나는 몸에 긴장감을 느꼈고 그리고 맥없이 주저앉고 무기력해졌다가 다시 강한 힘을 가지는 자세로 옮겨 가는 것이 어떤 느낌인지 경험했다. 두 가지 자세를 반복하면서 나는 각각의 자세를 시도하고 자세를 바꾸는 순간 그 변화를 알아차렸다. 가족 내에서 내가 '영혼의 존재'로 보이지 않는 것에 대한 통찰이 일어났다. 그 세션이 끝나고 내가 그렸던 그림 속에서 내 목이 아버지의 강한 힘에 꽉 잡혀 있는 것을 실제 몸의 감각으로 느낄 수 있었다. 아버지가 강한 존재로 존재할 수 있도록 나는 어린 소녀로 존재할 필요가 있었구나 하는 것을 알게 되었다.[5]

## 미레야의 과정 되짚어 보기

미레야의 경험을 살펴볼 때, 집단이 임의로 낸 소리와 나무 쪼개기 실험을 하는 동안 "안 돼!"라는 고함 소리를 지른 것을 포함해 그녀가 창조한 강한 동작과 소리가 놀라운 이미지와 일련의 비밀을 폭로하도록 촉발시켰다는 사실에 주목하기 바란다. 이런 탐색활동을 통해 우리는 자신의 소리를 발견하고, 우리 자신의 생각과 이미지를 가지게 된다. 촉진자가 갖는 유일한 '목표'는 생각과 감정을 일깨우기 위해 운동감각적 경험을 사용하는 것이다. 미레야는 자신의 고통(자신의 힘을 말하지 못하도록 비유적으로 목 조름을 당하고 있는 고통)과 힘을 발견했다. 미레야가 언급한 안전한 공간이란 촉진자가 그녀의 감정을 말로 수용한 것을 말한다. 참가자들이 이런 경험을 할 때 고통이나 분노를 느낀다면 나는 그것을 말로 인정하고 그들이 울거나 소리 지르도록 허락한다. 또 나는 다른 사람들에게도 반응하고 상호작용할 수 있는 시간을 가진다. 부정적인 반응까지 포함해서 모든 감정이 인정되고 수용된다. 한 여성에게 집단 에너지는 그녀가 통제할 수 있는 것 이상이었다. 그녀는 나무 쪼개기를 하는 동안 잠시 나가서 산책을 하겠다고 말했다. 나는 "당신이 자신을 돌보는 것 같아 기쁘네요."라고 반응했다.

　점토로 사람 모양을 만들면서 미레야는 작품을 누르고 모양을 빚으면서 억눌린 에너지를 발산했다. 그녀는 무의식 속에서 뭔가가 진화되어 나오도록 허용했고, 안내자이자 진정한 친구의 모습으로 나타난 그림자 상과 직면했다. 그 원형적인 모습이 자신에게 이야기하도록 했을 때 그녀는 자신이 더 이상 숨고 싶어 하지 않는다는 것을 발견했다. 그녀는 점토로 만든 형상이 준 진리의 메시지 때문에 놀랐다. 그 메시지는 자신의 무의식에서 나와서 그 형상을 통해 그녀에게 말했던 것이다.

## 촉진자의 과정

집단의 촉진자이자 미레야의 이야기를 듣는 상담사로서, 그녀가 '안 돼'라고 소리치는 목소리를 발견했을 때 나는 공감했다. 그녀가 감정과 상상 속으로 더 깊이 들어가고자 했을 때 나는 그녀를 위해 거기 있다는 것을 알려 주었다. 내담자가 길을 인도하도록 하는 인간중심 철학은 언제나 나의 마음과 생각 속에 가장 중요한 위치에 있다. 아버지가 잡고 있는 그녀의 목 주변에 올가미 이미지를 그림으로 그렸을 때, 나는 그녀가 그것에 대해 이야기를 더 하고 싶어 하는지 물었다. 나는 그녀의 그림을 해석하거나 그것이 어떤 의미인지 추측하지 않았다. 그저 그녀의 인도를 따르면서 공감적으로 경청하고 같은 맥락으로 반응했다. 상담 세션에서 그녀가 무기력함을 느낀다고 했을 때, 나도 그것을 보고 들었다. 어느 수준에서 그녀가 다시 내면의 힘을 되찾기를 바랐지만, 나는 그녀가 그 순간에 느끼는 감정에 머무르고 그것을 깊이 경험하도록 두어야 한다는 사실을 알고 있었다. 몸을 구부리고 힘을 빼는 것부터 팔을 벌리고 우뚝 서 있는 것에 이르기까지 그녀가 만드는 동작을 지켜볼 때, 나는 어떤 자세도 판단해서는 안 되고 단지 그녀가 느끼고, 하고 있는 것을 반영하기만 하면 된다는 것도 알고 있었다. "몸을 구부리면서 주저앉았을 때 당신은 무능력함과 무기력함을 느꼈군요. 팔을 벌리고 서 있는 동작은 당신이 자신감에 차 있을 때의 감정을 보여 주는 것이군요." 할 수 있는 한 최선을 다해서 나는 매 순간 진실을 받아들였다. 그녀의 작품과 동작은 직접적으로 나에게 표현하는 언어였다. 그것들은 내가 그녀를 이해하도록 도와주었고 그리고 그녀와 깊은 관계 속에 있도록 도와주었다. 그녀의 여정에 친구가 되고자 하는 나의 진심 어린 의도가 우리의 관계를 더욱 돈독하게 해 주었다.

## 사례연구 요약

표현예술은 우리가 분노와 두려움, 수치심, 외로움, 무관심, 그리고 우울함을 드러내도록 도와주는 강력한 도구이다. 나는 수많은 참가자들이 동작과 예술을 사용해서 그들이 가진 죽음에 대한 두려움, 정신이상에 대한 두려움, 그리고 우울이라는 어둠의 구렁텅이에 영원히 머물러 있을 것에 대한 두려움을 표현하는 것을 보아 왔다. 목소

리와 이미지, 소리, 혹은 춤을 제안했을 때 우리가 가진 너무나 많은 문제의 핵심에
자리하고 있는 두려움은 변화를 위한 강력한 힘이 된다. 있는 그대로 정확하게 받아
들여질 때, 두려움은 회복을 향한 길을 우리와 함께 간다.

　직면하지 않으면 우리의 정신 속에 숨어 있는 괴물은 배불리 먹고 번식하며 힘을
얻어 우리의 몸과 영혼에 큰 타격을 줄 것이다. 이 괴물들은 우리가 생각하는 것만큼
그렇게 나쁘지 않다. 특히 앞의 사례연구에서 보았듯이 우리가 괴물들을 그림으로 그
리고 색을 입히고 춤으로 표현하며 친구가 될 때는 더욱 그렇다는 것을 치료사이자
집단 촉진자로서 쌓은 나의 임상 경험을 통해 진화해 온 내 철학이다. 동작과 소리를
통해 악마를 표현하고 이미지를 표현함으로써 그것을 우리의 동맹으로 바꿀 수 있다.
우리가 인정하기에 가장 두려운 감정을 우리가 정확하게 보고, 수용하고, 그들이 갖
는 힘을 건설적인 에너지가 되도록 허용한다면, 그 감정은 우리 삶에서 보통 중요한
목적을 갖는다. 우선, 우리는 내면에 마귀가 존재한다는 사실을 인정해야 한다. 그런
다음 우리는 그것이 갖는 강력한 에너지를 어떤 예술 형태로 표현해야 한다. 이렇게
할 때 우리는 그것이 가지는 유용한 측면을 깨닫게 된다. 그것은 우리에게 도움이 될
만한 정보를 가지고 있고, 심지어 영적 안내자나 보호자가 될 수도 있다. 우리가 그것
을 있는 그대로 수용할 때 그것은 부정적인 영향력을 잃게 된다.


## 중반기에서 : 집단의 그림자 드러내기

집단의 그림자는 파악하기 어렵다. 그것은 촉진자들을 놀라운 방법으로 속일 수 있
다. 예를 들어, 35명의 참가자가 모여 7일 동안 표현예술을 한 워크숍이 있었다. 모
든 것이 원활하게 흘러갔다. 모두가 서로에게 매우 '친절'했다. 진행자로서 우리는 놀
라움을 금치 못하며 서로에게 "정말 멋지네요! 이 집단은 어떤 부정적인 감정도 뛰어
넘는 영적 자질이 있어요."라고 말했다. 그리고 마지막 7일째 되는 날, 드디어 일이
터지고 말았다. 불평, 논쟁, 불만족, 진행요원 비난하기, 책임 전가하기, 이 모든 것
이 한꺼번에 일어났다. 집단은 이 문제들을 직면하고 토론하고 다룰 만한 시간이 전
혀 없었다. 마무리는 형편없었고, 사람들은 상처받고 분노한 채 집으로 돌아갔다. 이
와 같은 일이 다른 집단에서 두 번째 일어났을 때 우리는 참가자들의 그림자와 집단

의 그림자를 다루지 않고 회피하는 데 참가자들과 공모했음을 깨달았다. 그때 이후로 워크숍이 시작되고 나흘째 되는 날까지 아무도 개인적인 분노나 좌절, 혹은 부정적 반응을 보일 정도로 용기를 내지 않는다면 우리는 그런 감정이 드러나도록 돕는 비언어적 방법을 사용했다.

촉진자로서 당신은 그림자가 도사리고 있음을 인지할 필요가 있다. 혼란스러운 에너지, 의견 충돌, 반항, 갈등 등 이 모든 것이 징표이다. 한 개인이 그런 힘든 에너지를 내는 것이 아니다. 그것은 집단의 에너지이다. 당신은 무엇 때문에

으르렁거리는 곰이 모든 것을 말해 준다.

혹은 왜 이런 일이 일어나는지 반드시 알 수는 없다. 그러나 당신은 어둡고, 억압하고 카펫 아래로 밀어 넣어 버린 에너지를 감지하고, 그것을 표출할 방법을 모색할 필요는 있다.

우리의 훈련 프로그램 중에 사람들이 휴식을 취하고 지금까지 해 온 작업을 소화할 수 있도록 하루 오전은 항상 자유 시간으로 할애해 놓는다. 이날 오후에는 표현되지 않았거나 해결되지 않은 문제를 나눌 수 있는 공동체 모임을 갖는다. 17명의 참가자로 구성된 한 집단이 조용히 앉아서 나의 동료 크리스틴 에반스와 내가 그 모임과 모임의 목적에 대해 소개하는 것을 듣고 있었다. 침묵이 언제까지 갈까? 때때로 침묵이 영원히 지속될 것 같기도 하다. 한 사람이 용감하게 말했다. "방 안에 코끼리가 있어요." 영어가 제2외국어인 나라에서 온 참가자들이 있어서 누군가가 방에 코끼리가 있다는 말은 뭔가가 일어나고 있지만 아무도 그것에 대해 말하기를 원하지 않는다는 뜻이라고 설명해 주었다. 침묵은 더 깊어졌다. 그러자 누군가가 사람들이 집단 밖에서는 어떤 문제에 대해 이야기를 나누지만 집단 안에서는 아무도 그것에 대해 의논하고 싶어 하지 않는다고 말했다. 마침내 개인적인 갈등이 드러났다. 세 사람은 다른 사람들의 심기를 불편하게 하는 방법으로 자신들의 욕구를 채우려 하고 있었다. 말다툼이

집단이 좌절감을 표현하고 있다.

잠시 동안 계속되었다. 몇몇 참가자들은 그들의 대화에 지루함과 실망감을 느꼈다. 나머지는 대화에 참여하기도 하고 멍하니 있기도 하고 모든 것을 무시한 채 가만히 있는 사람도 있었다. 촉진자로서 우리는 모든 사람에게 공감적으로 반응하고 과정이 진행되는 동안 그들이 서로의 말을 경청하기를 바랐다. 그때 한 사람이 "잠시 휴식 시간을 가집시다. 이 세 사람에게 집단 밖에서 문제를 해결할 기회를 주고 15분 후에 해결책을 가지고 집단으로 모이도록 하는 것이 좋겠습니다."라고 제안했다. 그의 제안이 통했다! 휴식 후 집단이 다시 모였을 때 크리스틴과 나는 그 문제를 표면화한 것에 대해 모두에게 축하의 말을 했다. 나는 "이 문제를 집단 밖에서 해결하도록 제안해 준 사람이 있어서 기쁩니다. 문제가 해결되지 않은 상태로 우리는 과정에 충분히 집중할 수 없었을 거예요. 우리는 방금 진정한 공동체를 구현하기 위한 노력을 했군요."라고 말했다.

그 시점에 우리는 예술을 사용해서 공동체에 대한 감정을 표현해 보자고 제안했다. 모두가 자발적이고 창조적이었으며 대체로 집단에 대해 각자 독특한 반응을 했고 그 주제를 다루는 방법에 대해서도 독특한 반응을 했다. 감사뿐만 아니라 좌절감도 표현되었다.

당신이 집단 내의 불안이나 드러나지 않는 어떤 분위기를 감지했을 때, 어두운 그림자와 억압된 감정을 드러내기 위해 당신이 사용할 수 있는 다양한 창조적 연결 탐색활동이 있다. 다음에 제안된 탐색활동은 집단이 이 감정들을 인지하도록 하는 기본적인 접근 방법이다.

## 탐색활동 : 지금, 집단 안에 존재하는 느낌을 찾기 위한 동작

### 문제에 이름 붙이기

다음은 내가 우리 집단에 대해 느낀 것을 진심을 담아 말한 내용이다.

> 나는 이 집단이 정체되어 있거나 반항하는 것이 있다고 느낍니다. 혹은 몇몇 사람들은 불만스럽거나 화가 난 것 같이 느껴집니다. 정확히 무슨 일이 일어나고 있는지는 모르겠지만 에너지가 바뀌었다는 것을 감지할 수 있습니다. 여러분들이 자리에서 일어나 몇 가지 동작을 하면서 **지금 이 순간, 이 집단 안에 존재하는 것에 대해 여러분은 어떻게 생각하고 느끼는지** 귀를 기울여 보는 기회를 가져 보겠습니다. 그런 다음, 몇 가지 작품을 만들고 그것에 대해 토론을 하겠습니다.

> 우선, 여러분이 편하게 느끼는 방식으로 걸으면서 시작하겠습니다. 매우 느리거나 매우 빠르게 걸어도 되고, 발을 굴러도 괜찮고 털썩 주저앉거나 혹은 부동자세로 서 있을 수도 있고 이런 동작을 하는 자체를 거부할 수도 있습니다. 여러분의 걸음걸이가 현재 여러분의 어떤 감정을 담고 있는지 보세요. 걸을 때 느끼는 느낌을 단어로 말해 주면 좋겠습니다.

어떤 참가자들은 "지루해요.", "좌절감이 느껴져요.", "화가 나요.", "지쳤어요." 같은 말을 외친다. 그러면 나는 우리 각자가 방금 언급된 단어에 맞게 걷고 그에 어울리는 소리를 내 보자고 제안한다. "자, 모두들 지루한 듯이 걸으면서 그에 맞는 소리를 내봅시다." 또는 "여러분은 좌절감을 느낄 때 어떻게 걷나요?" 이렇게 하면서 각 구성원들은 그 순간에 느끼는 누군가의 감정을 몸으로 표현하는 기회를 갖게 되고, 그것은 실제로 말로 표현하지 않고도 집단의 지지를 얻는 기회를 갖는다. 어떤 면에서 그것은 연극이고 또 다른 면에서는 매우 진실이다. 그들이 계속할수록 이 점은 더욱 분명해진다. 메시지가 집단 구성원 모두에게 전달된다.

### 그림자 감정 표현하기

사람들이 다양한 감정을 탐색하는 동작을 한 후에 다음과 같이 제안한다.

> 10분 동안 감정을 색으로 재빨리 표현하거나 혹은 '나'로 시작하는 문장 5개를 적어
> 보세요.

이렇게 감정을 해소한 다음 소집단으로 모여서 예술작품과 '나'로 시작하는 문장에 대해 토론하는 시간을 갖고 다시 전체 집단으로 모여서 그것을 나눈다. 이 과정을 통해 참가자들은 감정 분출과 해소를 경험하고 자기를 이해하며 집단에 깨어 있게 된다. 이 활동을 하고 나면 나누는 내용이 좀 더 자발적이고 진실하기 때문에 그다음에 이어지는 토론은 더욱 활발해진다. 감정을 분출하고 예술작품을 만들고 나면 모든 사람은 다른 사람들에게 자신의 감정을 표현하는 방식에 좀 더 책임감을 느낀다는 것을 나는 알게 되었다. 사람들은 종종 어떤 어려움이 다른 사람 때문이라고 탓하던 것이 사실은 자신들 때문이라는 것을 알게 된다.

연구소에서 만났던 35명으로 구성된 한 집단에서 갈등과 혼란, 저항, 분노가 너무 많아서 촉진자들이 오후에는 이 에너지를 창조적인 방법으로 풀어 내는 활동을 하기로 결정했다. 그들은 오래된 신문지 뭉치를 가지고 와서 그것을 찢으면서 다른 참가자들에게도 원하면 함께 동참하라고 했다. 그들은 몇 시간 동안 신문지 찢기를 계속했다. 마침내 몇몇 참가자들이 찢어진 종이를 가지고 종이죽 공예를 시작했다. 오래된 신문과 콜라주 재료, 주변에서 찾은 자질구레한 물건들에서 커다란 공예품이 탄생했다. 그 후에 가진 토론 시간에서 참가자들이 가지고 있던 불만 중 몇 가지가 드러났고, 그와 동시에 공동 작품인 공예품을 함께 만듦으로써 새로운 에너지와 성취감이 생겼다.

## 탐색활동 : 마을

마을이라고 불리는 이 강력하고도 재미있는 경험은 나의 친구들이자 표현예술의 선구자인 파울로 닐(Paolo Knill)과 자레드 카스(Jared Kass)에게서 배운 것이다. 여기서

연극을 통해 분노 해소하기

참가자들은 원형적인 등장인물들로 분장하고, 개개인의 숨겨진 측면과 집단의 역동이 표면화된다. 우리는 종종 일주일 과정의 워크숍에서 4일째 혹은 5일째 되는 날에 이 활동을 한다. 누군가에게 어떤 장면을 제압하는 무모한 해적이 되거나 왕위를 이을 아름다운 공주가 되는 기회를 갖는 것은 많은 긴장을 해소하고, 그리고 저변에 흐르던 것을 가시화하는 일종의 화면을 제공하는 것이기도 하다. 다음은 이 활동을 소개하는 방법이다.

## 개념 설명하기

오늘 저녁에 우리는 의상과 페이스 페인팅 도구들을 사용해서 재미있는 활동을 할 겁니다. 활동의 이름은 '마을'이라고 부릅니다. 복잡하게 생각하거나 염려하지 말고, 의상이 있는 곳에 가서 여러분에게 적합하다고 생각하는 인물로 변장하세요. 그저 재미로 여러분이 되고 싶은 인물이 되어 보는 기회입니다. 마녀나 악마, 노인이나 전사, 공주나 창녀, 어부나 천사, 사나운 맹수나 잘 훈련된 동물, 무엇이든 좋습니다. 페이스 페인팅 도구와 거울, 가면, 가발도 준비되어 있습니다. 어떤 장식이라도 가능합니다! 상점이나 동굴, 왕좌 등 여러분이 표현하는 인물을 위한 장소가 필요하다면 이 방안에 특별한 공간을 설치해도 됩니다. 30분 내에 의상 준비를 마쳐 주세요.

## 인물을 표현하는 의상

의상을 만들고 입는 데는 보통 45분 정도 소요된다. 하지만 30분 정도만 배정함으로써 약간의 긴박감을 주는 것이다. 사람들이 옷 입는 것을 멈추고 다음 단계로 넘어가게 하려면 약간의 주장이 필요할 때도 있는데 그럴 때는 유머를 섞어서 말하는 것이 좋다. 사람들이 기이한 인물을 창조할수록 기대감이 고조된다.

## 바깥에 모이기 : 입구 준비하기

마을이라는 연극에서는 입구를 만들거나 시작을 알리는 것이 중요하다.

> 이제 모두 밖으로 나가겠습니다. 다시 들어올 때 우리는 모두가 만나서 대화하는 마을광장으로 들어오는 것입니다. 하지만 우리는 **오로지 의미 없이 횡설수설하는 말**(Gibberish)만 사용할 수 있습니다. 이 마을에서 사용하는 언어는 팬터마임과 의미 없는 말뿐입니다.

사람들이 일렬종대로 방을 들어올 때 조명을 희미하게 한다. 액션이 천천히 시작되고 등장인물들은 활기를 얻기 시작한다. 천사는 자신의 지팡이로 사람들을 축복한다. 마녀는 다른 사람들에게 다가가서 시끄럽게 소리를 지른다. 어부는 고기를 낚고 점쟁이는 손금을 보고 창녀는 지나가는 남성들을 유혹하기 위해 다가가고 음악가는 플루트를 연주하고 드럼 연구자는 지루한 비트로 드럼을 두드리고 있다. 방 안의 에너지가 상승한다. 가끔씩 분위기가 너무 열광적으로 바뀔 수도 있다. 한 여전사는 몇몇 사람들을 죽이려고 하는 분명한 의도를 가지고 종이죽으로 만든 칼을 휘두른다. 한 사람이 바닥에 쓰러져 '죽는다.' 여전사는 승리의 표시로 자신의 검을 높이 들어올린다! 다른 사람들은 희생자를 살려 내기 위해 급히 서두르고, 이야기는 계속 전개된다. 사랑의 에너지도 표현된다. 공주와 거지 사이에 로맨스가 일어나 마침내 결혼을 한다. 한쪽 구석에서는 한 어린 소녀가 나이든 여인에게 경의를 표하고 있다.

공동 촉진자와 나는 이 활동을 할 때마다 의상을 갖춰 입고 동참한다. 때때로 나는 손금장이나 밥그릇을 가지고 앉아 있는 거지로 분장한다. (이런 역할을 할 때 나에 대한 참가자들의 반응을 보고 들으면서 통찰을 얻는다.) 이렇게 하며 나는 옆에서 지켜보면서 연극의 일부가 되기도 한다. 나는 언제나 사람들이 연출해 내는 이 연극에 놀란다.

## 집단에서 통찰한 것 나누기

한 시간 정도 지나면 결국 에너지가 바닥난다. 사람들은 서서히 지치거나 자신들이 분한 인물의 역할에 질린다. 나는 종을 울리고, 모두 모여서 방금 경험했던 것을 되짚어 보도록 요청함으로써 그 놀이를 존중한다. 촉진자로서 우리는 방금 마친 그 과정에 대해 논의하는 것이 중요하다는 사실을 안다. 다양한 감정이 일어났고 그 모든 감정이 재미와 관련된 것은 아니다. 각자 그 마을 광장에서 특이한 경험을 한다. 10분쯤 지난 후에 나눔이 시작된다. 우선, 재미있고 장난스러웠던 상호작용에 대해 먼저 이야기한다. 그런 다음 대립적이거나 공격적이었던 상황에 대해 이야기를 나눈다. 모든 사람이 생각해 볼 다양한 것들이 있다. 각 개인 사이에 존재하던 온정적인 감정과 성가신 감정 두 가지를 필두로 해서 일주일 내내 저변에 깔려 있던 몇몇 감정이 연극을 통해 표출된다. 상처받은 감정이 잠재해 있을 가능성은 언제나 있다. '죽은' 여성이 자신을 죽인 여전사의 공격에 당황했다고 말했을 때, 그 두 사람 사이의 감정적 거리에 다리가 놓여졌다. 은연중에 흐르고 있던 로맨스가 표면으로 떠오르는 방법을 찾는다. 각자 왜 자신이 그 특정 인물을 연극으로 표현했는지 곰곰이 생각해 본다. 참가자

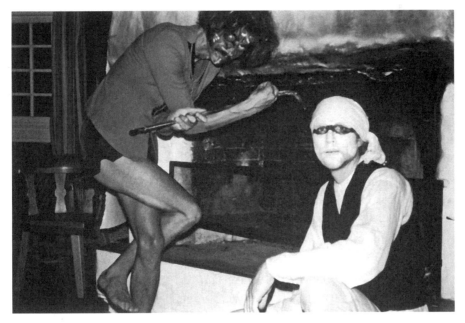

어두운 면 표현하기

들은 언제나 그들 자신과 집단 역동에 대해 배운 것을 나중에 언급한다.

## 마을활동을 촉진한 사례

한 워크숍에서 어떤 사람은 마을활동이 감정적으로 상처가 된다고 느꼈다. 그녀는 "내가 나일 수 있을 정도로 이 집단을 진정으로 신뢰할 수 있을까? 나의 진짜 모습을 드러냈을 때, 내가 수용될 거라는 사실을 신뢰할 수 있을까? 게다가 나도 다른 사람들을 수용할 수 있을까?"라고 썼다. 그녀는 마을 주민 두 사람이 '장난스럽게 자신들이 원하는 것을 하도록 사람들을 강요하는 사건'에 대해 설명했다. 그녀는 이 '놀이'에 불편함을 느꼈다. 두 사람이 다가와서 의자에 앉아 있는 그녀를 일으켜 방 밖으로 끌고 나갔을 때 그녀의 베일이 벗겨졌고 그녀는 "멈춰요."라고 말했지만 그들은 멈추지 않았다. 아무도 그녀에게 관심을 두지 않았다. 그녀는 창피를 당했다고 느끼면서 방을 나가 버렸다(아무도 알아차리지 못함). 그녀는 흐느껴 울었다. 안타깝게도 그녀는 돌아오지 않았고 나중에 토론할 때 공격자였던 그 두 사람과 직면할 기회를 갖지 못했다.

하지만 그다음 날 그녀는 개인적으로 그들을 만나서 자신의 불편했던 심경을 털어놓았다. 이번에도 그들은 그녀의 고통을 귀담아 듣지 않았다. 그들은 '그저 연극놀이'였다고 가볍게 넘겼다. 그 결과 그녀는 집단의 안전성에 의문을 품게 되었다. 하지만 그녀는 자신의 글에서 그 문제를 집단 토론 시간에 제기할 용기를 내지 못했다고 표현했다. 따라서 그 집단(촉진자까지 포함해서)은 그녀를 도울 기회를 갖지 못했다고 했다. 그러나 그녀는 한 가지 중요한 통찰을 얻었다. 다른 누군가의 감정을 다치게 한다면 자신은 방어적인 자세를 취하지 않고 그들의 말을 잘 들어주어야겠다고 생각했다. 비록 놀이를 하는 상황이라 하더라도 상처를 줄 수 있다. 다른 모든 집단활동과 마찬가지로 마을활동도 유용한 방법으로 진행되면 집단 유대감을 형성한다. 만일 그렇지 않은 경우에는 불신의 씨앗을 심기도 한다. 참가자들이 상처나 실망감을 집단에서 나눌 때 우리는 중재하는 기회를 가진다. 그렇지 않으면 모두가 어떤 형태든 해결책을 스스로 찾아야 한다. 수년간 이 활동을 하는 동안, 참가자들은 이것을 오랫동안 기억하는 의미 있는 소중한 경험이었다고 회상한다. 평소의 우리 모습이 아닌 결코 잊을 수 없는 다른 사람이 되어 보도록 허용되는 것은 매우 드문 일이다.

마을 연극 등장인물들

한 참가자가 보여 준 다음과 같은 반응이 전형적이다.

> 가면을 쓰고 빗자루를 들고 나는 해괴한 웃음소리를 내며 들어갔다. 아무도 나를 알아보지
> 못했다. 집단 내에서 늘 조용히 앉아 있던 사람이 추한 마녀로 분장하리라고는 아무도 상상
> 하지 못했을 거라고 나는 생각했다. 늙은 마녀로서 나는 사람들을 위협하고 병을 고치는 마
> 법의 약을 만들어서 그들을 유혹했다…. 그것은 실제 삶에서는 상상할 수도 없는 나의 일면을
> 표현하는 시간이었다. 내 자신의 추하고 탐욕스럽고 악한 면을 연기하면서, 나는 활기와 자유
> 를 느꼈다. 두려워서 표현하지 못했던 나의 '어두운 면'이 표현된 행복한 시간이었다.[6]

즐거움은 위대한 치유자이다. 그것은 공동체를 통합하는 데 분명히 도움이 된다.

## 기쁨, 빛 그리고 영혼 찾기

집단의 중반기는 영혼을 되찾고 연하고 부드럽고 사랑스러운 감정과 연결하는 시기
이기도 하다. 우리들 대부분은 인생의 역경에서 얻은 마음의 고통을 가지고 있고, 그
로 인해 사랑을 주고받는 능력 주변에 어떤 종류의 벽을 쌓아 둔다. 아래의 탐색활동

은 장애물을 녹이는 데 효과적이다. 음악은 즐거움을 전달하는 환경을 창조하는 데 도움이 된다.

## 탐색활동 : 녹아내리기와 자라나기

### 과정(2~3시간)

촉진자들에게,

모든 사람이 움직이기에 충분한 공간이 있는 장소를 찾으라. 참가자들이 동작을 하는 동안(약 10분 정도) 끊이지 않고 지속될 수 있는 부드러운 곡을 준비하라. (우리는 스티브 할펀과 같은 뉴에이지 음악을 사용한다.) 각자 파트너를 찾도록 한다. 각 쌍의 한사람은 동작을 하고 다른 한 사람은 지켜볼 수 있는 공간을 찾는다.

### 한 사람이 지켜보는 가운데 동작하기

참가자에게,

여러분이 충분한 공간을 찾으면 누가 먼저 동작을 하고 누가 지켜볼지 결정하세요. 동작을 하는 사람은 눈을 감고 음악을 들으면서 녹아내리기와 자라나는 이미지를 상상합니다. 이것을 하는 데는 옳고 그름이 없습니다. 녹아내리는 이미지는 마치 초가 녹아내리거나 고드름이 녹는 것과 같습니다. 어떤 이미지든 괜찮고 이미지가 보이지 않아도 상관없습니다. 10분 동안 음악이 흐르면서 여러분들에게 영감을 줄 거예요. 몸이 원하는 대로 하도록 두세요.

공감적으로 지켜보는 사람은 판단을 하지 않으면서 그 자리를 지킵니다. 말이나 의견을 제시해서도 안 됩니다. 파트너에게 집중함으로써 내면 작업을 위한 신성한 공간을 만드세요.

10분이 경과하면 내가 부드럽게 종을 울릴 겁니다. 그러면 동작을 하던 사람은 눈을 뜨고 지켜보고 있던 파트너와 눈을 맞춥니다. 10분 동안 의견을 나누는데, 동작을 한 사람이 먼저 자신의 경험에 대해 나눕니다. 그다음 지켜보던 사람도 어센틱 무브먼트(authentic movement)에서 설명한 것과 동일한 방법으로 나눕니다. 예를 들면, "당신이 바닥으로 녹아내릴 때 나는 뭔가를 내려놓아야 한다는 깊은 갈등을 경험했어요."라든지 혹은 "당신이 바닥에 오래 누워 있을 때 나는 내면에서 온화한 느낌을 느꼈어요."와 같이 나누면 됩니다. 이렇게 반응하면 동작을 한 사람과 지켜본 사람이 분리되어 있음을 인지하고, 각자의 경험이 다르다는 사실을 알게 됩니다.

그다음은 역할을 바꿉니다. 지켜보던 사람이 동작을 하고, 동작을 하던 사람은 지켜봅니다.

## 시각예술 또는 글쓰기

다음 한 시간 동안 여러분이 경험한 것에 대해 글을 쓰거나 예술작품을 만들거나, 혹은 둘 다 해도 좋습니다. "나는 음악이 시작될 때 똑바로 서 있다.", 혹은 "나는 불안하고 한기가 느껴진다."처럼 일인칭, 현재시제를 사용할 것을 제안합니다. 당신이 원하는 어떤 예술매체든 사용하면 됩니다.

## 파트너와 나누기

예술작품과 쓴 글을 가지고 파트너에게 가서 여러분의 모든 경험을 나누세요. 적은 것을 읽어도 됩니다.

점진적으로 진화되어 참가자들은 문제를 내려놓고 파트너의 진심을 느끼고, 파트너와의 따뜻한 연결감을 느끼면서 눈물을 흘리거나 포옹을 하는 경우가 많다. 이런 반응들이 일어나는 수용적이고 안전한 환경은 기쁘고 다정한 감정들을 만나기 수월하게 한다. 예술작품과 글쓰기는 경험을 풍부하게 하는 개인적인 표현이다. 전체 집단에서 반드시 나눔을 할 필요는 없지만 만약 당신이 원하고 참가자들이 집단으로 다시 모이기를 원한다면, 물론 그것은 충분히 가치 있는 일이다.

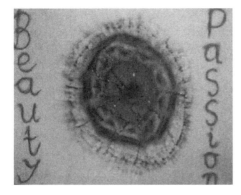

아름다움과 열정을 표현하기

빛을 경험하기

## 영성에 마음의 문을 열기

나의 책 인간중심 표현예술치료 : 창조적 연결에서 나는 많은 사람들이 우리 각자 내면에 있는 사랑과 빛, 즉 신성에 대해 감사하기를 꺼리는 것에 대해 설명했다.

> 사실 우리의 그림자를 수용하는 것이 빛을 받아들이는 것보다 덜 어려울 수도 있다. 우리가 빛을 받아들이는 것에 대해 이야기할 때 어떤 신비감 같은 것이 존재한다. 실제로 우리는 우리의 영성[사랑과 온정 그리고 모든 것을 아우르는 의식(consciousness) 상태를 경험하는 우리의 능력]에 문을 여는 것에 대해 이야기하고 있다. 치료사와 촉진자로서 수년간 일해 오면서 나는 사람들이 사랑을 인정하고 느끼는 것을 불편해한다는 사실을 알게 되었다. 자신과 타인에 대한 부정적인 생각은 쉽게 받아들이는 반면 칭찬과 배려, 사랑은 피해 버리기 일수다. 사랑을 향해 문을 여는 것은 누구나 가능한 일이며 돈이 들지도 않는다. 하지만 우리는 그것을 받아들이려 하지 않으며 우리 스스로 무장하는 경향이 있다. 다른 사람으로부터 오는 것이든 아니면 우주적 에너지원으로부터 오는 것이든 간에 사랑을 온전히 받아들일 수 있는 것은 무조건적인 사랑을 줄 수 있는 전제조건이 될 것이다.[7]

모든 사람은 빛을 경험할 수 있다. 동정심과 사랑, 내면의 빛을 향해 우리의 마음을 여는 내적 경험을 탐색하는 또 다른 방법이 있다. 그것은 필요할 때 그런 감정들을 닫는 방법을 보여 주기도 한다.

### 탐색활동 : 예술을 통해 마음의 문 열기

집단 구성원들이 마음의 준비를 하도록 하기 위해 나는 마음을 여는 것이 우리의 영혼과 모든 인류가 어떻게 연결되는지에 대해 논의한다. 마하트마 간디(Mahatma Gandhi)나 달라이 라마(Dalai Lama), 틱낫한(Thich Nhat Hanh), 하워드 더몬드(Howard Thurmond), 페마 쇼드롱(Pema Chodron) 같은 내가 가장 좋아하는 평화운동가나 신학자들의 말을 인용하기도 한다. 그런 다음 토론 주제를 제안한다.

> 우리는 언제 방어적이 되고, 두려움을 느끼며 진정한 감정의 문을 닫아 버리게 되는가?

어떤 상황이 우리의 마음 문을 여는가?

집단 구성원들이 준 많은 반응

감정적으로 또는 신체적으로 상처를 입을까 두려울 때 우리는 방어적이 된다.

온정이 우리 마음의 문을 연다.

영적이든, 육체적이든, 관념적이든, 혹은 낭만적이든, 사랑을 주고받는 것은 진심 어린 시간이다.

유머와 웃음은 우리의 마음을 연다.

만일 그것이 관련된 사람과 조심스럽게 진행된다면, 비록 화났을 때조차도 마음을 열 수 있다. 이것은 친밀함과 배려를 가져올 수 있다.

## 마음을 자각하기 위한 동작(10분)

여러분이 원하는 방향과 속도로 방 안을 걷기 시작하세요. 이것은 여러분의 마음과 친숙해지는 시간입니다. 걸을 때 깊은 호흡을 합니다. 어깨와 팔을 흔들어 보세요. 몸을 이완시키고 길게 늘이기 위해 할 수 있는 것들을 해 보세요. (이 동작을 하도록 시간을 몇 분 가진다.) 이제 여러분의 심장의 느낌을 알아차려 보세요. 다음과 같은 경우 여러분은 어떻게 걷고 어떤 자세를 취하겠습니까?

당신이 즐거운 마음일 때

당신이 심적으로 고통받거나 비통함을 느낄 때

당신이 하트의 여왕이라고 느낄 때

당신의 가슴이 벅찰 때

## 진심어린 경험 기억하기(7분)

이제 걸으면서 여러분의 마음과 관련된 시간을 회상해 보세요. 여러분에게 더 알아 보고 싶은 호기심이 생기는 상황이 있었다면 그것을 회상해 보세요. 여러분이 더 생 각하거나 더 느끼고 싶은 것이 있으면 그것을 회상해 보세요. 그것은 인간관계에서 사랑이 충만할 때 혹은 신성한 사랑을 느끼는 때일 수도 있고 즐겁고 장난기 많은 때일 수도 있습니다. 혹은 심적 고통을 느끼는 시간일 수도 있습니다. 당신이 깊은 감정을 느꼈던 어떤 때도 좋습니다. 다음 한 시간 동안 여러분이 탐색하고 싶은 것을 선택하세요.

## 사건에 대한 감정을 가지고 동작하기(7분)

여러분이 느꼈던 감정이나 현재 느끼고 있는 감정을 어떤 동작으로 표현할 수 있을까요? 따뜻한 감정인가요? 밝고 명랑한 감정인가요? 무거운 감정인가요? 차가운 감정인가요? 시끄럽고 복잡한 감정인가요? 부드러운 감정인가요? 그 감정들은 소리를 가지고 있나요? 열린 감정인가요, 닫힌 감정인가요? 밖으로 뻗어 있나요? 압축되어 있나요? 동작과 소리로 실험하고 탐색해 보세요.

## 예술을 사용해서 경험 표현하기(35~45분)

예술 재료가 있는 곳으로 가서 점토, 콜라주 재료, 색깔 중에서 원하는 것을 고르세요. 여러분의 감정과 경험을 표현하는 데 시간을 가지세요.

## 자유로운 글쓰기(10분)

10분 동안 글을 쓰세요. 펜을 떼지 않고 수정하려고 멈추지 말고 계속 써 보세요. 여러분의 무의식이 흘러나와서 종이 위에 말로 표현되도록 해 보세요. 펜을 계속 움직이세요.

## 두 사람이 짝이 되어 나누기(20분)

동작과 예술작품, 그리고 글을 통해 여러분의 경험을 나누세요.

## 전체 집단에서 나누기

큰 집단으로 함께 모여서 각자가 만든 작품을 자기 앞에 놓는다. 자신의 진실한 경험을 통해 배운 것을 요약해서 말하도록 모든 사람에게 제안한다.

내면의 빛과 신성한 순간을 묘사하는 그들의 예술작품을 볼 때 우리의 마음이 열린다. 누군가가 기쁨과 황홀함을 표현한 자신의 그림을 춤으로 표현하는 모습을 보는 것은 모두에게 신선한 영혼을 전하고 새로운 가능성에 대한 상상과 믿음을 확대시킨다. 이런 탐색활동이 진행되면서 진정한 유대감이 형성된다.

## 촉진자 지침 : 적은 것이 더욱 효과적이다

우리 촉진자들은 적은 것이 더욱 효과적임을 끊임없이 배우고 있다. 이 탐색활동을 통해 사람들은 깊은 물속으로 여행을 떠나기 때문에, 그들은 수면 위로 올라와서 호흡을 가다듬고 자신에 대해 배우고 있는 것을 완전히 소화할 시간을 갖는 것이 중요하다. 점심식사 시간으로 2시간 이상을 할애하면서 참가자들에게 오전 활동에서 배운 것을 통합하도록 격려하는 것도 중요하다. 심리적으로 힘들어하는 것처럼 보이는 사람과 대화를 나누는 것은 안전함을 창조하는 것이다. 대부분의 사람은 무의식 속으로 헤엄쳐 들어가서 아름다운 산호뿐만 아니라 상어를 보는 것이 온전함으로 가는 길임을 알고 있다. 그들은 바닥으로 내려가 봄으로써 힘을 얻는다. 하지만 다른 사람들은 좀 더 많은 지지가 필요할 수도 있다.

## 요약

이 장에서 나는 참가자들이 자신의 내면에 있는 악마에 접근해서 그들과 대면하고, 그들을 동료로 바꾸도록 돕는 방법을 제시했다. 장난스럽고 조금은 바보스러워 보이는 것이 이 과정의 자연스러운 일부이다. 공감적 이해를 가지고 지켜보는 어떤 존재 앞에서 우리의 방어가 녹아날 때 우리는 마음을 열고 다시 사랑하게 된다.

참가자들은 스트레스와 갈등으로 씨름할 때 온정을 가지고 서로를 배려하는 법을 배운다. 집단의 중반기는 결코 쉽지는 않지만, 확장된 의식으로 가는 길이다.

교사이자 시인이며 음악가인 스티븐 나흐마노비치(Stephen Nachmanovitch)는 이렇게 말한다.

> 우리는 왜 예술을 하는가? 세상의 불의를 볼 수 있도록 사람들의 눈을 열거나 세상을 구하는 것과 같은 다양하고 진지한 동기들이 있을 것이다. 하지만 세상을 구하려는 행동이 우리에게 기쁨을 주지 못한다면, 세상이 존재한들 무슨 의미가 있으며 우리는 온전함과 지속적인 에너지를 어떻게 얻는단 말인가? 창조성이라는 이 모든 모험은 기쁨과 사랑을 위한 것이다. 우리는 존재 자체의 순수한 기쁨을 위해 살고, 그 기쁨에서 수만 가지의 예술 형태와 학문의 모든 분야, 그리고 온정적인 행위가 나오

는 것이다.[8]

다음 장에서 나는 우리 삶에서 유일하면서도 거의 탐색되지 않는 요소인 몸의 지혜에 초점을 맞춘다. 살아가면서 우리 몸이 우리에게 말하고자 하는 바를 감지하는 것은 온전한 삶을 사는 데 가장 중요하다.

## 주석

1. Wendell Berry, *The Selected Poems of Wendell Berry* (Berkeley, CA: Counterpoint Press, Berkeley, 1988).

2. Mireya Alejo, student paper, California Institute of Integral Studies.

3. Ibid.

4. Ibid.

5. Ibid.

6. Anonymous Korean student paper #2, 2009.

7. Natalie Rogers, *The Creative Connection: Expressive Arts as Healing* (Palo Alto: Science and Behavior Books, 1993), p. 158.

8. Stephen Nachmanovitch, *Free Play: Improvisation in Life and Art* (Los Angeles: Jeremy P. Tarcher, 1990), p. 165.

# 창조적 연결 과정

연결과 변화

나는 다른 사람들을 돌보느라 바쁜 젊은 엄마이다.

2 나는 그림을 그릴 때
무엇을 발견하게 될지 모른다.

1 나는 동작을 통해
나의 감정을 발견한다.

창조적 연결 과정 : 어느 날 오후에 만들어진 이 예술작품들은
우리가 동작을 할 때 감정이 어떻게 변하는지 보여 주는 것이고
또한 우리가 만든 즉흥적인 예술에 반응하는 것이다.

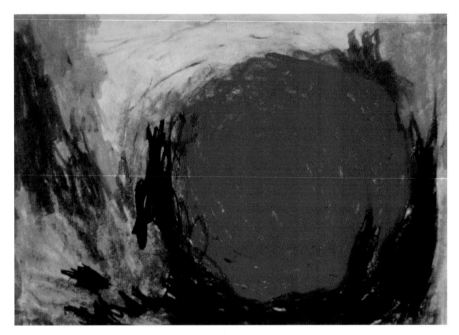

**3**  붉은 공이 떠오른다.

**4** 나는 화가 났음을 알게 된다.

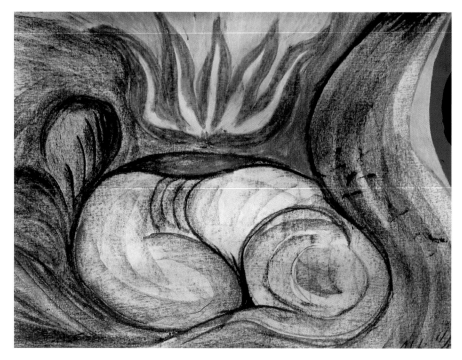

5   분노를 표출하고 나서 나는
사랑과 돌봄이 필요함을 깨달았다. 집단이
나를 잡아주고 돌봐 준다.

6 그러고 나서 나는 내면에 있는
새로운 에너지의 불꽃을 발견한다.

어두운 터널을 지나 빛에 도달하기

셜리와 나는 '갈등해결을 위한 표현예술'이라는 제목의 일주일 과정
워크숍을 촉진하고 있었다. 9 · 11 비극이 발생한 직후였다.
셜리의 작품은 우리가 예술을 창작할 때 감정이 어떻게 진화하는지를
보여 준다. 그녀의 설명이 덧붙여 있다.

# 1   검은 화살이 박힌 심장

나는 세상의 상황을 보면서 엄청난 압박감과 긴장감, 그리고
극도의 고통을 느낀다.

2   검은 번개가 나의 심장을 내리친다.
어두운 사건들이 내 심장을
찢어지게 한다.

안내 심상화 작업에서 우리는 우리들의 동물 토템을 만나는 기회를
가졌다. 나는 엄청나게 빠른 속도로 정글 속을 달리면서 동물의
눈을 통해 주변을 보고 있는 나를 발견했다. 그때 나는 모든 자연과
연결되어 있었다. 나는 용감한 에너지를 가지고 온전하게 중심이
잡힌 깨어 있는 표범이다.

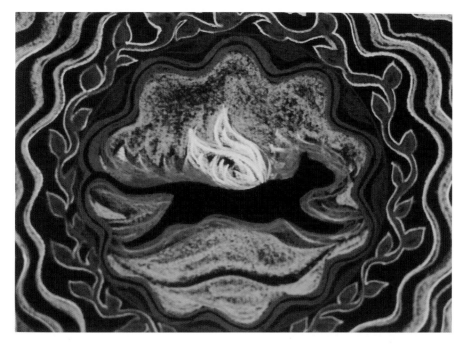

**3** 나는 검은 표범이다.

나는 "세상을 위해 무슨 일을 할까요?"라고 그 표범에게 물었다. 그는
"우선, 당신 자신부터 돌보시오."라고 대답했다. "세계 참사가 일어난
이 시기에 자기를 돌본다는 건 이기적인 것 아닌가요?"라고 나는 묻는다.
"당신이 자신의 표범 에너지를 사용할 수 있을 정도로 스스로를 잘 돌보아야
하오. 당신이 온전히 깨어서 중심이 잡혀 있고 두려움 없이 이 에너지를
사용할 때, 그것이 세상에 영향을 끼칠 것이오."라고 표범은 다시 말한다.

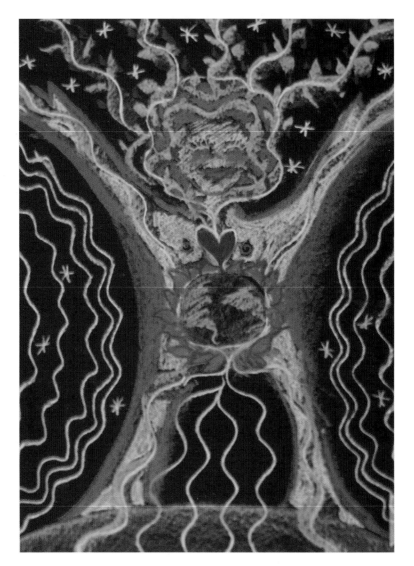

## 4  나는 세상을 잡고 있다.

나는 지금 온전함, 세계 평화, 안팎의 평화를 원한다.

5  만다라. 삶에 긍정적인 힘을 주는 만다라.

위에 나와 있는 셜리의 과정에 대한 의견 :

먼저 그녀는 세상으로부터 상처와 고통을 경험하고, 그 후

표범이라는 상상 속의 이미지는 새로운 에너지와 삶을

불러일으킨다. 그리고 나서 그녀는 비전을 발견한다.

종종 그렇듯이 어둠을 탐색하고 나면 우리는 빛을 발견한다.

개인의 평화와 세계 평화 상상하기

역동적인 에너지가 나타나다.

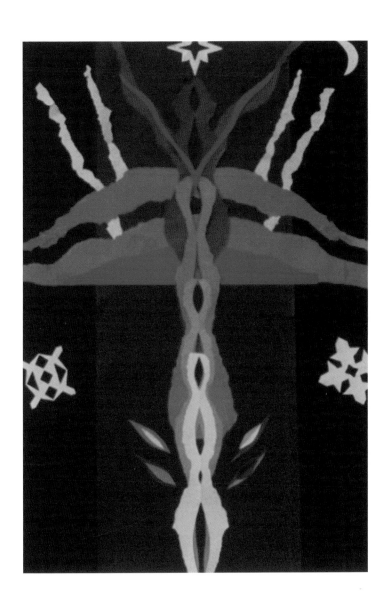

자화상                                   자화상

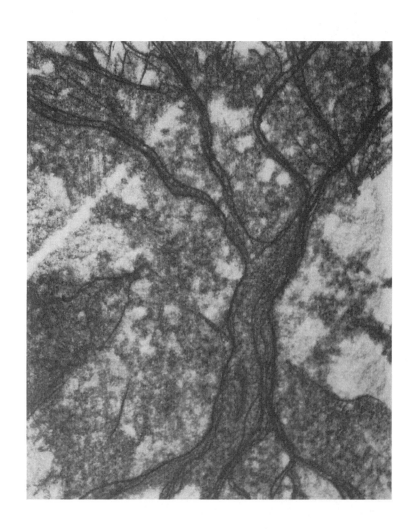

# 7

# 표현예술을 통해 몸의
# 지혜 발견하기

몸이 변형될 때 자아도 변형된다. 다른 사람과의 관계 그리고
자연계와의 관계에서 자아의 내적인 경험이 변화된다.
−자넷 애들러(Janet Adler)[1]

이 장을 쓸 때 하와이에서 2주간의 휴가를 보내게 된 것은 행운이다. 아침 명상 시간
에 "너의 몸을 치유하라. 그러면 너의 영혼도 치유될 것이다."라는 말이 떠올랐다. 맞
다! 내가 여기에 온 것은 나이가 들면서 생긴 허리 통증과 불안정한 무릎, 삐걱거리는
척추, 그리고 혹독한 자기비판을 치유하기 위해서이다. 나이가 들면 풍부한 경험과
지혜가 생기는 장점이 있지만 몸은 우리에게 여러 가지 어려움을 준다. 나는 몸과 영
혼의 긴장을 풀기 위해 여기에 왔다.

　나는 가르치는 것을 스스로 실천할 필요가 있다고 말한다. 나의 창조적인 자아와
다시 연결하기 위해서는 내 몸이 주는 메시지를 듣는 것이 중요하다. 바다 수평선을
바라보면서 이런 기회를 가진 것에 감사한다. 우리 집 테라스로 나가 뜨거운 욕조에
몸을 담그며 달콤한 온기를 느낀다. 흰 구름의 줄무늬로 길게 장식된 파란 하늘을 바
라본다. 잠시 동안 이 조용한 공간을 마음껏 음미한 후에 나는 옷을 입고 가브리엘 로
스(Gabriel Roth)의 음악을 틀었다. 그녀의 곡 '본즈(Bones)'[2]는 내가 집단활동에서 사
용하는 곡으로 우리 몸의 다양한 부분에 귀를 기울이도록 도와준다. 나는 천천히 목
을 늘이고 등과 팔도 쭉 뻗는다. 팔꿈치를 자유롭게 흔들고 무릎은 행진하듯 걷는다.

그러면 나의 몸과 마음, 영혼은 다시 깨어난다. 창조적 에너지가 다시 한 번 솟아오른다. 행운이나 동화같은 재미로 생각해 본다면, 키가 150cm 정도인 힌두교의 창조의 여신상 사라스바티(Sarasvati)가 내 창 밖 정원에 서 있을지도 모르겠다.

　우리 서양인은 몸의 메시지에 거의 주의를 기울이지 않고 몸이 주는 지혜에도 귀를 기울이지 않는다. 하지만 우리는 배우고 있다. 요가, 태극권, 기공은 현재 우리 건강 문화의 일부가 되어 가고 있다. 심지어 기업체에서는 이를 직원들에게 제공하기도 한다. 동양에서 시작된 이런 습관은 근육을 조절하고 균형을 유지하며 그 속에 녹아 있는 고대 철학을 이해하는 데 도움이 된다. 산업화되고 고도의 기술이 발달된 이 사회가 그것을 인지하고 수용한다는 점은 매우 훌륭하다. 표현예술 치료사로서 우리는 치유와 창조적 표현을 위해서 동양 철학과 실천을 수정하고 확장해 왔다.

## 몸, 정신, 영혼을 연결하기 : 우리의 의식 바꾸기

우리는 그것에 대해 자주 이야기하지만, 실제로 몸에 대한 자각을 마음과 영혼에 연결하는 것을 거의 하지 않는다. 우리는 우리 자신을 모두 따로따로(몸을 훈련하고, 마음을 훈련하고, 영혼을 훈련하는 것) 구분한다. 그렇다면 우리 자신의 각 구성요소들을 어떻게 연결할 수 있을까? 세포로 구성된 우리의 몸이 평생에 걸쳐 기억한 상처들을 어떻게 치유할 수 있을까?

　의식의 변화는 우리 몸에 귀를 기울이는 것에서부터 시작된다. 우리 대부분은 배가 고플 때, 잠이 오는 때를 충분히 인지하고, 먹을 것을 구하거나 잠을 자러 간다. 그러나 우리는 외로울 때, 슬플 때, 화가 나거나 좌절감을 느낄 때를 아는가? 언제 신체적 접촉을 갈망하는지, 언제 평화와 침묵을 동경하는지 아는가? 우리 몸은 우리에게 이런 실마리를 준다. 일단 그 실마리를 잘 듣고 수용한다면 우리는 선택할 수 있다. 이 감정을 표현할 건설적인 방법을 찾을 수 있다. 예를 들면, 글을 쓰거나 시각예술 작업을 하거나 동작을 하거나 전화기를 들고 전화를 하는 것 등이 있다. 점차적으로 우리 몸이 말하고자 하는 것에 더 민감할 때, 우리는 우주적 영혼에 연결되는 것처럼 우리의 환경, 즉 동물이나 식물 등 모든 자연으로부터 오는 메시지를 감지하기 시작한다. 나는 아이폰이나 블랙베리에서 이메일을 확인하기 위해 로그인하듯이, 몸이 매일 우리에게 주는 메시지에 의식적으로 로그인하도록 제안한다.

클라리사 핀콜라 에스테스(Clarissa Pinkola Estes)는 늑대와 함께 달리는 여인들(*Women Who Run with the Wolves*)(손영미 역, 2013)이라는 저서에서 우리가 몸과 조화를 이뤄야 하는 이유를 시적으로 표현했다. 이 부분은 '즐거운 몸 : 야성적인 육체'라는 제목이 붙어 있다.

몸은 여러 가지 언어를 구사하는 존재이다. 그것은 몸의 색깔과 체온, 알아차렸을 때의 생기, 사랑의 빛, 고통의 재, 흥분의 열기, 불신의 냉기를 통해 말한다. 그것은 때로는 작은 움직임으로, 가끔은 흔들림으로, 때론 작은 진동으로, 때로는 큰 떨림으로 끊임없이 말한다. 그것은 심장의 박동으로, 영혼의 결점으로, 중심에 있는 함정으로, 떠오르는 희망 등으로 말한다....

몸은 기억하고 뼈도 기억하고 관절도 기억하고, 심지어 새끼손가락도 기억한다. 기억은 세포 속에 그림과 감정으로 저장된다. 물을 가득 머금은 스펀지처럼 몸의 어느 부위를 누르고 비틀면, 심지어 아주 가볍게 건드리기만 해도 기억은 강물처럼 흘러나온다.[3]

에스테스는 계속해서 이 문화 속에 살아가는 많은 사람들의 태도를 표현하는 날카로운 말을 계속한다.

우리는 몸을 우리와 상관없이 어떤 일을 하는 '다른 존재'로, 그리고 만일 우리가 '대우'를 잘하면 우리를 즐겁게 해 주는 그런 존재로 생각하는 경향이 있다. 많은 사람이 자신의 몸을 마치 노예인양 취급하거나, 비록 대우를 잘하더라도 어쨌든 노예처럼 자신이 원하고 변덕 부리는 대로 따르기를 원한다.

어떤 사람들은 영혼이 몸을 결정한다고 말한다. 그러나 잠시 몸이 영혼을 결정한다고 상상한다면(이것은 나의 생각), 몸은 재미없는 일상생활에 적응하고, 분석하고, 통역하고, 영혼이 우리 삶에 대해 글을 쓸 수 있도록 빈 종이와 잉크와 펜을 준다고 상상해 보면 어떨까? 동화 속에 나오는 변신하는 사람들처럼 몸이 신이나 교사, 멘토, 인도자라고 가정해 보자. 그래서 어쨌다는 건가? 가르치고 줄 것이 너무 많은 이 교사를 평생 동안 꾸짖는 것이 현명한가? 우리는 다른 사람들이 우리 몸을 손상시키고, 판단하고, 결국에는 부족한 상태가 되도록 평생 내버려 둘 것인가? 우리는 강력하

고 거룩한 존재로서 정치노선에 반박하고 우리 몸의 말을 깊이 진심으로 들을 만큼
충분히 강한가?[4]

다리아 할프린은 그녀의 책 동작중심 표현예술치료 : 움직임, 은유, 그리고 의미의 세계
(김용량 외 공역, 2006)에서 이렇게 말하고 있다.[5]

우리는 몸에 집중함으로써 내면에서 일어나고 있는 것을 지켜보는 의식과 능력을
기를 수 있을 뿐만 아니라 동작으로 표현함으로써 의식적으로 반응할 수 있고 내면
에서 그것을 창조적으로 다룰 수 있다. 우리의 신체적, 감정적 그리고 생각하는 몸
의 가장 깊은 수준까지 들어감으로써 우리는 우리가 가지고 있는 조건과 역사로부
터 우리 자신을 자유롭게 할 수 있다. 그러면 동작은 인생 스토리를 우리의 삶의 방
식으로 표현하는 은유가 된다.

집단 환경이 몸의 지능을 깨닫기에 가장 가치 있는 곳이다. 안전한 환경에서 우리
는 탐색하고 실험하고 배운다. 다른 사람들은 우리를 지켜보고 우리는 그들의 지지를
받기 때문에 두려움과 수치심, 당황스러움에 대해 토론하면서 우리의 수줍음을 떨쳐
버릴 수 있고, 관능과 힘, 그리고 열정을 즐길 수도 있다. 이 과정에서 우리가 받는 집
단의식과 상호 지지를 통해 인생을 바꾸는 놀라운 경험을 하게 된다.

## 몸의 지혜를 알아차리는 과정

이 글을 계속 읽으면서 당신이 몸의 지혜를 알아차리는 과정에 참가자로 등록했다고
상상해 보라. 당신이 이 과정에 참가하는 것을 지켜보고 어떻게 반응하는지 주목하
라. 반응하는 방법에는 옳고 그름이 없다. 그저 인지하기만 하면 된다. 당신이 참가하
는 목적은 다음과 같다.

- 자화상을 만들면서 신체적인 몸과 감정적, 정신적 측면과의 관계에 깨어 있기
- 자기통찰을 얻기 위해 창조적 연결 과정을 사용하기
- 표현예술 과정을 통해서 내적 갈등을 통합하면서 감정적인 양극화를 탐색하기
- 보다 큰 영적 이해를 위해 표현예술이 신체적, 감정적, 정신적인 면을 어떻게 조

스카프 춤

율하는지 이해하기
- 몸과 마음의 연결에 대해 은유적인 측면을 탐색하기
- 새롭게 인지한 적절한 개념들을 치유를 위한 삶의 주제와 연결하기

　2명의 촉진자와 함께 12명의 여성과 남성으로 구성된 집단에 들어가면서 당신의 여정은 시작되고 그들은 당신을 따뜻하게 맞이한다. 원으로 둘러 앉아 촉진자들은 시작하는 말을 한다.

　이 지지하는 모임에 오신 것을 환영합니다. 몸의 지혜를 포용하는 것은 가끔 도전적인 경험일 수 있지만 의미 있는 것입니다. 우리 문화는 우리에게 '머리에만 머물러 있도록' 부추깁니다. 우리는 몸을 메시지 전달자로 존중하는 경우는 거의 없습니다. 대중매체는 끊임없이 '아름다운 몸'의 이미지를 보여 줌으로써 몸을 대상화하고, 나이가 듦에 따라 주름을 피해야 하고, 근육을 단련시켜야 하며, 갖가지 효능을 위해 처방 약을 복용해야 한다고 강조합니다. 하지만 몸에 진심으로 귀를 기울여야 한다고 격려하는 경우는 결코 없습니다. 어떤 종교들은 몸에서 나오는 육체적, 감정적 감각을 부인하도록 요구합니다. 그러나 신체적 경험과 관련된 많은 은유가 있습니다. 우리는 종종 어떤 문제나 사람에 대해 '직감(gut feeling)'을 가진다고 말합니다. 우리는 뭔가를 '참을 수가(stomach)' 없습니다. 이것은 우리의 직관은 몸으로 아는 것이라고 말하고 있습니다.

몸은 언제나 스스로 치유하기를 원합니다. 손가락을 베었을 때, 그것은 치료되기를 원합니다. 여러분이 적절한 치유적 환경을 제공한다면, 그것은 자연스럽게 할 일을 할 것입니다. 만약 더러운 것을 묻히거나 감염되도록 내버려 둔다면, 그것은 불평할 것입니다. 우리가 할 일은 우리 자신을 부드럽고 적절하게 돌보아서 몸이 치유 작업을 할 수 있도록 하는 것입니다. 신체적, 감정적, 그리고 정신적으로 균형을 맞추는 것은 우리가 우리 자신이 갖고 있는 온전한 잠재력을 발휘하도록 돕는 것입니다.

## 탐색활동 : 몸의 각 부위를 자각하기 위한 동작

이제 우리는 참가자들이 음악에 맞추어 동작을 하도록 초대한다(종종 가브리엘 로스의 곡을 사용한다).

여러분은 걸으면서 바닥에 닿아 있는 발바닥의 감촉을 느껴 보세요. 나무 바닥과 접촉하는 것이 어떤 느낌인지 주목하세요. 그 바닥을 만든 나무의 에너지를 자각할 수 있나요? 시간을 충분히 가지세요. 다음으로 방을 걸어 다니며 동작을 할 때 발목에 집중해 보세요. 발목이 경직되어 있는지 유연한지에 주목하세요. 발목을 실험하고 탐색해 봅니다. 천천히 하세요. 이제 무릎으로 갑니다. 무릎으로 몸을 이끌어 보세요. 구부려 보고 빙빙 돌려도 보면서 무릎을 시험해 보세요. 이런 동작을 할 때도 스스로를 잘 돌보시기 바랍니다. 편안하게 할 수 있는 동작만 하세요. 이제 허벅지로 갑니다.

이 활동은 음악에 맞춰서 허벅지를 지나 엉덩이, 골반, 허리, 어깨, 팔, 손, 손가락, 목, 얼굴 근육, 머리, 두피까지 계속된다. 천천히, 조심스럽게, 즐겁게 우리의 신체 부위를 탐색하면 대략 20분 정도 소요된다. 한 참가자는 다음과 같은 전형적인 반응을 나타냈다.

이 동작은 내 몸을 알 수 있도록 도와주었고, 워크숍에 올 때 가졌던 염려들을 일시적으로나마 잊게 해 주었다. 나는 지난 몇 주간 가지고 있었던 성가신 것들이 부분적으로나마 해소되는 것을 느꼈다.[6]

그녀는 이런 깊은 염려를 내려놓는 것이 일시적일 뿐이라는 사실을 알고 있음에도 불구하고 기분 좋게 그 순간에 온전히 집중할 수 있었다.

## 탐색활동 : 동작을 한 후 그 반응을 점토로 작업하기

동작을 한 후, 참가자들에게 다음과 같이 제안한다.

> 테이블 위에 커다란 점토 한 덩어리가 있습니다. 대화는 하지 말고 가서 여러분이
> 원하는 만큼 떼어서 작업하기에 적절한 개인적인 장소로 가세요. 앉아서 눈을 감고
> 몇 분간 점토의 촉감을 느껴 보세요. 점토를 가지고 장난도 쳐 보고 놀아 보세요. 주
> 먹으로 때리고 비틀어도 보고, 찰싹찰싹 때려도 보고, 반질반질하게 다듬어도 보고,
> 하고 싶은 대로 하세요. 그런 다음 아무 생각 없이 그저 뭔가가 자연스럽게 흘러나
> 오도록 합니다. 원하면 눈을 떠도 됩니다. 20분 정도, 혹은 필요하면 시간을 더 갖도
> 록 하겠습니다.

한 참가자가 이 활동에 대한 자신의 작업 과정을 아래와 같이 묘사했다.

> 나는 점토 한 주먹과 나뭇가지 몇 개, 나뭇잎, 이끼
> 도 약간 가지고 와서 작업을 시작했다. 무얼 만들지
> 미리 생각해 둔 것은 전혀 없었다. 몇 분간 생각에
> 잠겼다가, 나는 한 여인의 모습을 만들기 시작했다.
> 그녀는 무릎을 꿇고 지면과 견고하게 연결되어 있
> 었다. 그녀의 주변을 마른 나뭇잎과 이끼로 두르고,
> 그녀의 몸통은 더 많은 이끼로 장식을 했다. 씨앗이
> 있길래 그것으로 눈과 입을 표시했다. 나는 내 주변
> 에서 작업하는 다른 사람들에게 전혀 관심을 두지
> 않고, 시간에도 신경 쓰지 않고 침묵하면서 작업에
> 임했다. 이 형상을 만드는 그 순간에만 몰두했다.
> 그것은 자연에 근거를 둔, 자연과 하나인 나의 어머
> 니인 대지의 상징이다. 그녀의 팔을 만들고 싶지 않
> 아서 그렇게 했다. 작업을 마친 후, 이것을 만들고
> 싶어 했던 이유에 대해 생각해 보았다. 다른 사람들
> 을 돕기 위해 밖으로 도움의 손길을 뻗치는 것을 멈
> 추고 이제는 내면으로 들어가서 나 자신을 돌봐야
> 할 때라는 통찰에 도달했다.[7]

동작을 한 후 그 반응을 점토로 작업한 것

다른 한 여성은 이 활동에 대한 자신의 경험을 이렇게 적었다.

> 나는 점토를 가지고 작업하는 느낌을 좋아한다. 손으로 그것을 비비고 납작하게 만들고 늘이고 밀가루 반죽을 하듯이 점토를 떼었다 붙였다 하는 것을 즐긴다. 그것은 점토 이상의 어떤 것이 되는 능력을 가지고 있다.... 이번에는 점토가 스스로 형태를 이루도록 하는 그 과정에 온전히 집중한다.
>
> 이 점토작품을 나는 '소피아(Sophia, 지혜, 고대 지혜의 여신 상징)'라고 부른다. 또 '아이를 잉태한 마돈나'라고도 부른다. 그 위에 덧칠한 금속 색은 풍요로움, 충성심, 신성함을 나타낸다. 얼굴은 황금빛이고 특색 없이 평범하다. 크고 붉은 심장은 몸의 바깥쪽에 붙어 있다.... 그것은 마치 표현될 필요가 있고, 표현되고 싶고, 말할 필요가 있고, 말하고 싶고, 나눌 필요가 있고, 나누고 싶은 내 인생에 대한 감정으로 가득찬 내 마음인 것처럼 나에게 말했다.... 소피아는 세속적인 것과 신성한 것 두 가지 모두를 일깨워 주고, 건망증은 어느 곳에서든 인간의 골칫거리임을 상기시켜 준다. 우리는 우리가 누구인지, 어디서 왔는지, 어디를 거쳐 왔는지, 어디로 향해 가고 있는지를 잊어버린다. 우리는 빛과 그림자에 우리의 등을 돌리고, 돌아설 힘이 우리 안에 있음을 잊어버린다. 우리는 내면에 있는 불꽃을 잊고 산다.[8]

## 점토작품을 보고 동작으로 표현하기

점토 작업을 하고 나서(사람의 형상일수도 있고 아닐 수도 있음), 우리는 참가자들에게 다음 경험을 함께 나눌 파트너를 찾도록 제안한다. 동작을 통해 자신의 몸에 친숙해진 다음, 그 느낌을 시각적 형태로 표현된 점토작품을 갖고 이제 몸이 말을 하도록 맡기면서 좀 더 심화된 동작을 한다.

우리는 이렇게 설명한다.

> 한 사람은 동작을 하는 사람(mover)이고 다른 한 사람은 공감을 가지고 지켜보는 관찰자(witness)입니다. 각자 다른 곳에서 시작합니다. 우리는 각자 세포로 이루어진 몸을 통해 말하는 서로 다른 역사를 갖고 있습니다. 우리는 판단하는 사람이 아니라 공감을 가지고 지켜보는 사람이 필요합니다. 여러분이 상대방을 관찰할 때, 그 사람이 동작을 할 때 어떤 감정을 느낄지 상상해 보세요. 만일 여러분이 동작을 하는 사람인데 망설임이 느껴진다면, "내가 왜 저항하고 있지?"라는 질문을 스스로에게 해 보세요. 저항감이 생기는 것도 좋습니다. 그러나 만약 그것에 관심을 갖고 생각한다

면 그것이 여러분 자신을 이해하는 데 도움이 될 것입니다. 어떤 사람에게는 동작으로 자기를 표현하는 것이 아주 간단하고 즐길 수 있는 것인 반면, 또 어떤 사람에게는 몸으로 표현하는 것이 매우 어렵고 부자연스러운 일입니다. 여성보다는 남성이 더 어려울 수 있는데 그 이유는 초기 훈련 때문입니다. 하지만 동작을 하는 것이 쑥스럽거나 당황스러움을 느끼는 사람이 아무리 작더라도 동작을 했고 그것을 통해 자기를 표현했다면 아주 큰 진전임을 기억하기 바랍니다.

관찰자는 여러분의 파트너에게 깊이 집중할 필요가 있습니다. 가끔 동작을 하는 다른 사람이 시끄러운 소리를 내서 여러분의 주의가 여러분의 파트너로부터 잠시 흐트러질 때가 있습니다. 만약 그렇다면 그때가 여러분의 파트너에게 더 강하게 다시 집중하는 기회라고 생각하세요. 명상을 할 때 소방차가 소리를 내며 지나가면 그것은 오히려 내면에 더 강하게 집중하는 데 도움을 줍니다. 동작을 하는 사람에게 집중하고 있는 관찰자도 마찬가지입니다. 주의가 산만해졌을 때 재빨리 시선과 의식을 동작하는 파트너에게로 다시 돌리면 됩니다.

위에 설명된 일련의 과정은 오전 내내 지속된다. 그것은 자신의 근육과 관절, 유연성(또는 유연성의 부족)에 대해 조금씩 알아 가고, 또 생기는 감정을 알아가는 민감한 시간이다. 자신이 만든 점토작품에 대해 동작으로 표현하는 것을 쭉 지켜본 파트너로부터 공감적 피드백을 받음으로써 흥미로운 사실을 알게 되고, 종종 놀라운 경험을 한다. 동작을 한 사람들은 "오, 내 관찰자는 내가 어두운 터널 속을 기어가고 있다는 것을 이해했어요."라는 말을 한다. 또는 "발을 구르는 동작을 했을 때 내가 뭔가를 짓이기고 있는 것처럼 관찰자가 느꼈다는 걸 몰랐어요."라고 말한다.

## 어센틱 무브먼트 : 단순한 개념 이상

위에 언급된 과정은 원래는 '심층의 동작(Movement in Depth)'이라고 불리는 메리 스타크 화이트하우스[9]가 개발한 작업에서 빌려 온 것이다. 그것을 자넷 애들러(Janet Adler)[10]와 몇몇 사람들이 더 발전시키고 심화시켜서 어센틱 무브먼트라고 다시 이름을 붙였다.

웹사이트에서 어센틱무브먼트연구소(Authentic Movement Institute)[11]는 다음과 같이 말한다.

> 어센틱 무브먼트는 완전히 자기주도적인 형태로서 개개인이 의식과 무의식을 연결
> 하는 동작 경로를 발견하는 것이다. 그것은 동작하는 사람과 관찰하는 사람 사이의
> 관계를 탐색한다. 보여지고 보면서 동작하는 사람은 눈을 감고 내면의 소리를 들으
> 면서 숨겨져 있는 즉흥적인 욕구인 세포의 충동에서 일어나는 동작을 찾는다. 서서
> 히 눈에 보이지 않는 것이 가시화되고 귀에 들리지 않는 것이 들리게 되고 직접 경
> 험한 내용에 대해 분명한 형태가 나타난다.[12]

비록 화이트하우스는 융의 개념에서 이 작업을 개발한 것이지만, 동작하는 사람과
관찰자 사이의 관계는 매우 인간중심적이다. 공감적이고 비판적이지 않은 관찰자가
동작을 바라보는 것은 언어로 하는 치료에서 공감적이고 비판적이지 않은 치료사가
깊이 듣는 것과 동일하다. 그것은 동작하는 사람과 관찰자 사이(또는 내담자와 치료사
사이)에서 의식이 고조된 상태가 된다. 여러 쌍의 동작하는 사람들과 관찰자들이 같
은 공간에서 이 과정에 집중할 때, 신성한 집단의식의 공간이 생긴다. 이때 집단 에너
지가 각자 내면 여행을 하는 능력을 확대시켜 준다. 이 과정을 지켜보면서 나는 표현
되는 창조성과 에너지에 놀란다. 방 안에 가득 스며든 집단 에너지의 고조된 상태를
나는 신성함이라고 부른다.


## 자기 신체상 창조하기

### 탐색활동 : 자기 신체상 그리기

신체상을 창조하기 위한 준비

우선, 단계별 요약을 통해 전체 과정에 대한 이해를 돕고자 한다. 그다음 좀 더 세부
적인 사항을 설명하겠다.

  1. 몸의 오른쪽 움직이기(10분)
  2. 몸의 왼쪽 움직이기(10분)
  3. 실제 크기의 신체상 그리기(60분)

먼저 몸의 오른쪽 신체상 그리기

그 이미지의 오른쪽 옆에 단어 적기

몸의 왼쪽 신체상 그리기

그 이미지의 왼쪽 옆에 단어 적기

그린 몸의 이미지를 벽에 걸기

4. 집단 구성원은 관찰자로서 존재하고 당신은 당신의 자화상에 대해 동작으로 표현하기(각자 15~20분씩)

5. 집단에 다시 합류해서 당신의 경험 나누기. 집단 구성원들의 반응 듣기(각자 10분씩)

6. 글을 쓰거나 작은 예술작품을 만듦으로써 경험을 완전히 이해하기

## 몸의 오른쪽을 먼저 움직이고 그다음 왼쪽 움직이기

이것은 동작을 통해 신체의 각 부위 발견하기와 같이 전날 했던 탐색활동과 유사하다. 그러나 이번에는 몸의 오른쪽 부위만 사용하는 동작을 하고 그다음 몸의 왼쪽 부위를 사용하는 동작을 하도록 강조한다.

여러분의 오른쪽 어깨가 길을 안내합니다. 그다음 오른쪽 팔꿈치, 오른손, 오른쪽 손가락이 길을 안내합니다. 여러분이 오른쪽을 실험하고 탐색할 때 어떤 느낌이 드는지 알아차려 보세요. 다음은 오른쪽 엉덩이가 원하는 방향으로 움직여 보세요. 여러분의 엉덩이와 골반을 움직일 때 그 느낌에 집중해 보세요. 동작을 할 때 소리를 내도 좋습니다.

여기서 집단의 힘이 드러난다. 한 사람이 용기 있게 소리를 내면 다른 사람들도 힘을 얻어 똑같이 한다. 다음은 이 활동을 하면서 촉진자가 사용할 수 있는 몇 가지 표현들이다.

여러분이 움직일 때 탐색하고 실험해 보세요.

여러분이 몸의 이 부위를 움직일 때 여러분들의 감정을 자각해 보세요.

움직이면서 소리를 내 보세요.

여러분이 하는 동작의 특성에 주의를 기울여 보세요. 움직임이 자연스러운가요? 제한적인가요? 부드러운가요? 혹은 강한가요?

여러분이 잊어버렸거나 간과한 부위가 있는지 알아차려 보세요.

여러분의 의도가 가만히 서 있는 것이라면 그것도 동작이라는 사실을 기억하세요.

촉진자는 다음과 같이 계속 안내한다.

여러분의 오른쪽 무릎이 경험하고 탐색하도록 두세요. 그런 다음 오른쪽 발목과 발을 똑같이 해 봅니다. 머리가 여러분을 오른쪽으로 인도하도록 하고 몸의 다른 부위가 자연스럽게 따라가도록 해 보세요. 여러분의 동작과 소리 그리고 몸의 오른쪽과 연결된 감정을 천천히 경험하고 탐색하고 실험해 보세요. 기억할 것은 여러분은 높고 낮은, 넓고 좁은, 열고 닫는 느낌을 동작으로 표현할 수 있습니다. 바닥을 사용해도 됩니다.

이것을 약 10분 동안 계속한다. 오른쪽을 충분히 탐색하고 나면 집단은 잠시 멈추고 조용히 되돌아본다. 그런 다음 우리는 참가자들이 왼쪽 부위에 집중하도록 인도하고 위에 언급된 것과 같은 탐색 과정을 사용한다.

### 신체상 그리기

각 참가자는 세로로 반을 접은 180cm 정도의 종이를 받는다. (촉진자는 이 종이를 미리 준비해 둔다.) 모두 접힌 부분이 왼쪽으로 향하도록 종이를 놓는다.

오른손으로 몸의 오른쪽 부분을 표현하세요. 여러분이 원하는 부위에 색을 칠하세요. 정확한 몸의 이미지를 그릴 필요는 없습니다. 그림을 그리거나 색을 칠할 때, 여러분의 오른쪽을 움직일 때 그 동작과 느낌을 떠올리기 위해 상상력을 동원하세요.

그림 그리는 것을 마치면, "나는 ~을 가지고 있다, 나는 ~을 느낀다, 나는 ~이다."로 시작하는 문장이나 몇 개의 단어를 종이의 오른 편에 적으세요.

이제 참가자들은 종이를 뒤집는다.

이제는 왼손으로 몸의 왼쪽 부위를 그리거나 색칠하세요. 마찬가지로 몸의 왼쪽 부위를 움직일 때 떠올랐던 감정이나 생각을 기억하세요. 이것을 마치면 그림을 보면

자화상

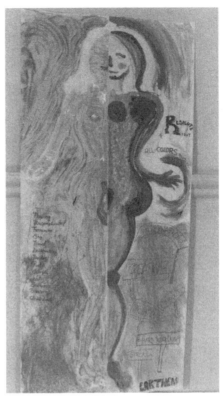

자화상

서 떠오르는 단어나 문장을 그림의 왼쪽에 적으세요. 드디어 완성된 이미지를 보기 위해 종이를 펼 때입니다. 양쪽 그림이 딱 들어맞거나 현실적일 거라고 기대할 수는 없습니다. 나중에 우리는 몸의 지혜에 대해 배우는 과정에서 이 그림을 사용할 것입니다.

이 과정은 두 시간 반 정도 걸릴 것이다. 중년의 한 여성은 이 그림을 그리는 과정에서 일어난 자신의 경험에 대해 이렇게 말했다.

이 활동이 나에게 가장 심오한 영향을 끼쳤다.... 몸의 오른쪽 부위를 그릴 때 귀찮은 일처럼 느껴져서 좀 힘들었던 것 같다. 나중에 내가 깨달은 것은 몸의 오른쪽 부위를 사용할 때면 인생이 어려운 것처럼 느껴진다는 것이다. 이 부분에 대해 항상 부정적인 것만은 아니다. 할 일을 처리한다는 느낌은 있지만 엄청난 상처와 고통이 있는 것도 사실이었다. 이쪽 부위에 사용한 색은 빨강, 파랑, 초록, 노랑색이었다.

왼쪽 부위를 그릴 땐 모든 것이 더 가벼운 느낌이었다. 즐거움이 고조되었다는 사실을 발견했다. 창조적 측면에서 가벼움과 즐거움이 나의 내면에서 일어나는 것 같았다. 이쪽의 삶은 재미있고 상상력이 풍부하고 신이 났다.[13]

## 신체상을 동작으로 표현하기

잠시 휴식을 한 다음, 우리는 다음과 같은 지침을 준다.

> 각자 자신이 그린 신체상을 벽에 걸어 놓고 그것을 동작으로 표현하는 기회를 갖도록 하겠습니다.

이것이 공연이 아님을 분명히 언급했음에도 불구하고, 다른 사람들 앞에서 동작을 하는 것에 대한 부끄러움을 극복하는 것이 어려운 경우가 종종 있다. 하지만 판단하지 않고 지켜보는 관찰자들의 지지가 동작하는 사람이 내면에 집중하고 변화된 의식의 심오한 상태에 들어가도록 도와준다.

한 여성은 그것을 이렇게 표현한다.

> 내가 동작으로 표현하려고 할 때 처음에는 불안감이 생겼다. 내가 몸을, 특히 내 몸의 사이즈를 얼마나 싫어하는지에 대해 일주일 내내 생각했다. 그러나 동작을 하는 것이 너무 좋았다. '관찰되는 것'에 대한 두려움을 금방 극복하고, 그림을 보자 감정이 물 흐르듯 흘러서 동작을 통해 이 감정들을 춤으로 표현할 수 있었다.[14]

촉진자는 계속 말한다.

> 이것은 여러분의 몸이 말하고 있는 것을 더 깊이 이해할 수 있고, 여러분 자신을 통합하기 위해 필요하고 원하는 것을 더 깊이 이해할 수 있는 방법입니다. 여러분이 자신의 자화상을 보고 동작을 할 때 우리는 집단 구성원으로서 공감적 관찰자가 되어 지지할 것입니다. 여러분은 우리를 즐겁게 할 필요가 없습니다. 관찰자인 우리는 여러분의 과정을 향상시키기 위해 여러분이 원하는 어떤 형태의 지지라도 보낼 것입니다. 여러분의 인도하에 우리는 악기나, 타악기, 목소리를 사용할 수 있습니다. 아니면 침묵할 수도 있습니다. 여러분이 우리에게 원하는 것을 말해 주면 됩니다.

촉진자는 또 집단 구성원들에게 드럼이나 악기로 동작하는 사람을 이끌지 않고 따라가야 한다는 지침을 준다.

> 동작하는 사람이 무엇을 하고 있는가에 대해 민감하게 느끼세요.

그러면 그 사람은 자신의 신체상을 마주 보고 선다. 촉진자는 계속 설명한다.

자화상

> 시간을 충분히 갖고 이미지를 받아들이세요. 심호흡을 한 번 하세요. 자화상 그림의 오른쪽과 왼쪽에 적어 놓은 문장을 저희에게 읽어 주세요. 그러고 나서 자화상의 오른쪽 그림에 대한 반응을 동작으로 표현하기 시작하면 됩니다. 그림에 나와 있는 그대로 할 필요는 없습니다. 그림을 바라본 후 눈을 감고 내면으로 들어가 감정을 살피고, 동작이나 소리가 자연스럽게 흘러나오도록 하세요. 우리는 당신을 판단하려고 이 자리에 있는 것이 아닙니다. 우리는 탐색을 하고 있는 당신을 지지하기 위해 여기 있습니다. 오른쪽 이미지를 동작으로 표현하는 것을 마치면, 왼쪽으로 옮겨 갑니다. 이 양쪽 동작을 통합하는 세 번째 동작을 하고 싶을 수도 있습니다. 어떻게 될지 흐름에 맡겨 보세요.

동작하는 사람은 이 동작을 하는 데 15분 정도의 시간을 사용할 수 있다. 우리는 참가자들에게 비디오 촬영을 원하는지 물어본다. 촬영을 원하는 사람들은 몇 달 후에 그것을 다시 봄으로써 더 깊이 자기를 이해하고 치유하는 데 도움이 된다.

## 경험 나누기, 반응 듣기

춤과 동작으로 표현하는 것을 마치면 동작을 한 사람은 관찰자집단으로 돌아와서 자신의 경험에 대해 이야기하는 기회를 갖는다. 동작을 한 사람이 이야기를 하고 난 후 관찰자들은 거기에 대해 반응할 기회를 갖는다. 관찰자들은 자신의 투사로부터 동작한 사람을 보호하는 방식으로 반응하도록 교육을 받는다. 예를 들어, "당신이 ___(공 모양으로 몸을 웅크릴 때), 나는 ___(슬픔을 느꼈어요, 혹은 아기 같다는 생각이 들었어요).” 라고 하거나 “당신이 __(발을 쿵쿵거리며 소리를 질렀을 때), 나는 __(두려움을 느꼈어요, 혹은 신이 났어요).”라는 식으로 말한다. 이런 방식의 구조화된 피드백은 동작을 한 사람이 자신의 경험에 대한 것은 자신만의 해석임을 인정하게 하고, 그리고 그녀의 동작을 관찰했던 사람들의 반응도 같은 방식으로 듣게 된다. 이런 피드백 스타일은 어센틱 무브먼트의 원칙과 일관되고, 다른 사람을 해석하지 않는다는 인간중심 철학과도 일치한다.

한 참가자는 자신의 경험에 대해 이렇게 적었다.

> 나에게 그 주의 하이라이트는 신체상 그림을 완성하는 것이었다. 그 그림에 대해 명상할 때, 나는 옷을 멋지게 차려 입은 전문가와 다른 쪽에 나타난 춤추는 나체 사이의 놀라운 대조를 보았다. 나는 내 속의 나체에 속하는 부분에 목소리가 필요하고, 그녀는 자신이 누구인지 표현하는 방법을 모른다는 사실을 깨달았다. 마치 꿈속에서처럼 나체인 나는 이미 오래전에 자신을 드러내고 싶었지만 처음에는 원 가족이, 그다음에는 첫 번째 남편이 씌워 놓은 속박 때문에 그럴 수가 없었다는 사실을 회상할 수도 있었다. 자신을 전혀 표현하지 못한 채, 그녀는 거의 40년 동안이나 숨어 지내다가 이 그림을 통해서 드디어 표면으로 올라왔다. 마침내 밖으로 나온 것이 얼마나 기쁜지! 그녀가 잘 쓰지 않는 손으로 종이 위에 뭔가를 쏟아 낼 때, 그것을 지켜보는 것은 실로 감격적인 경험이었다! 내가 그녀를 그릴 수 있다는 사실은 감정적 치유가 일어나고 있음을 증명해 주었다. 이것은 또 내가 그녀를 집단에 온전히 드러내 놓고 이야기할 수 있는 정도의 신뢰가 있었다는 것을 증명해 주기도 한다.[15]

이 중년 여성은 여덟 사람이 자신의 그림을 보고 동작으로 표현하는 것을 지켜보는 동안 수줍어하고 자의식을 강하게 느꼈다. 계속해서 그녀는 이렇게 말했다.

> 정말 놀라운 일은 우리 집단의 반응이었는데 반응을 나눌 때 그들은 온정적인, 감각적인, 하나님에 가까운, 흥미 있는, 감사와 같은 말을 사용했다. 그 말과 더불어 그들은 진심 어린 포옹을 해 주었고, 그것은 정말 용기를 주었다.[16]

많은 사람들, 특히 다른 여성들도 이 여성과 같은 경험을 했다. 그것은 예술을 통해서 우리가 치유받도록 돕는 집단의 힘을 실제로 보여 주는 것이다. 단지 ‘정신적인’ 측면의 자아에 머물지 않고 전인적인 자기가 되고자 하는 그녀의 열망과 수치심을 지켜본 사람들은 그녀가 자기수용을 하는 데 지대한 공헌을 했다.

다른 한 참가자는 점토로 장미를 만들어서 자신의 신체상을 즉흥적으로 만들었다. 그녀는 이렇게 적었다.

> 장미라는 주제에 대해 나중에 그 의미를 알게 되었다…. 그리고 나는 나의 잘 쓰지 않는 반쪽을 장미라고 이름 붙였다.[17]

그녀는 자신의 신체상의 왼쪽(잘 쓰지 않는 쪽)에 다음과 같은 단어들을 적었다. 솔직한, 느낌, 감각적인, 창조적인, 진화하는, 움직이는, 포용하는, 확장하는, 창조자, 혁신적인, 연결하는.

> 신체상을 동작으로 표현할 때 나는 잘 쓰지 않는 쪽, 왼쪽이 내가 보여 주고 싶은 특별한 특질들을 가지고 있다는 것을 알게 되었다. 종이의 다른 반쪽에 내 몸의 오른쪽을 그리는 동안 나는 좀 더 딱딱함을 느꼈다. 내가 마치 자동 조종 장치가 된 것 같았다. 오른쪽 눈은 감겨 있어서 바깥 세상의 현실을 잘 감지하지 못하는 듯했다. 나는 이렇게 적는다…. 로봇 같은 여성은 염려가 많고, 기능적이며, 효율적이고, 그리고 긴장감으로 가득 차 있다. 그 여인은 "내가 그걸 다룰 수 있어요.", "내가 고칠게요!", "해결책이 분명히 있을 거예요. 계속해 보세요. 멈추지 말고… 당신은 그걸 할 수 있어요…."라고 말한다.

> 파트너가 나의 왼쪽 부분에 이름을 붙여 보라고 말했을 때 즉흥적으로 '장미'라는 이름이 떠올랐다. 장미는 내 감정의 깊이와 공감의 깊이에 대해 나를 매료시킨다. 나의 장미쪽 눈에는 기쁨의 눈물인지 슬픔의 눈물인지 아니면 두 가지 다 때문인지 눈물이 고여 있다. 그러나 눈을 뜨고 있다. 나는 오른쪽과 왼쪽 신체상 모두에 엄청난 자원이 숨겨져 있음을 본다. 그러나 장미의 아주 공감적이고 감각적이고 그리고 감정적인 자질들을 일상생활에 더 많이 활용하고 싶다. 오른쪽의 효율적인 현실성은 많은 기술과 능력을 제공해 주기도 한다…. 나는 몸의 지혜와 몸이 갖고 있는 엄청난 자원에 깜짝 놀랐다.[18]

## 탐색활동 : 몸이 보내는 편지, 몸에게 보내는 편지

이 연속 과정에서 의미 있는 부분은 당신이 몸과 대화를 나누는 부분이다. 처음 15분 동안은 몸이 당신에게 보내는 편지를 쓴다. 그다음 15분 동안은 당신이 몸에게 보내는 답장을 쓴다. 대화가 어느 정도 지속될 것이다. 아래에 나와 있는 편지를 통해 어떤 통찰과 자기이해를 엿볼 수 있다.

### 몸이 보내는 편지

15분 동안 몸이 여러분에게 보내는 편지를 써 보도록 하겠습니다. 이렇게 시작해 보세요. "친애하는 ____(당신의 이름). 나는 ____입니다(또는 ~을 느낍니다)."

신체상을 그리고 그것을 동작으로 표현해 보았기 때문에 몸은 여러분들에게 들려줄 중요한 이야기가 있을 것입니다.

### 몸에게 답장 쓰기

이제 여러분의 몸이 방금 보내온 편지에 바로 답장을 보냅니다. 이번에도 '나'라는 일인칭을 사용하세요. 15분 동안 편지를 쓰도록 하겠습니다. 대화를 계속해도 됩니다.

### 예 : 몸에게 보내는 편지

나는 인생을 헤쳐 나가도록 해 준 당신의 능력에 대해 당신을 소중히 여겨 왔죠. 정신적으로 강하게 훈련되는 것, 즉 강한 정신에 강하고 튼튼한 몸을 가지는 것이 내가 삶을 살아가는 데 중요하다고 생각했어요. 깨닫지 못한 채 지나쳐 간 모든 감정들이 세포 하나하나에 쌓이고 묻혀 있다는 것을 알게 되었지요.[19]

다른 한 사람은 이렇게 적었다.

내가 당신을 너무 사랑하는 것 같아요. 지금까지 당신은 나를 너무 잘 섬겨 주었는데 나는 당신에게 너무 강요만 하면서 혹사시켰네요....

몸이 그녀에게 보낸 편지는 이렇다.

드디어 당신이 내게 연락을 하고 함께 대화를 나누게 되어서 기쁘네요. 나는 당신이 생각만 하지 말고 나를 더 많이 움직이면 좋겠어요.[20]

## 신체 자화상을 통해 얻은 통찰

베이비붐 세대의 많은 여성은 사업과 직업세계에서 인정받기 위해 자신들의 지적 능력을 부지런히 개발해 왔다. 그들은 매우 발달된 좌뇌를 가지고 있고, 자신들의 논리적이고 선형적인 능력을 잘 사용한다. 하지만 다수가 자신들의 직관적이고 여성적인 자아와의 만남을 잃었다고 말한다. 신체상을 그리는 작업은 좌/우의 차이를 보여 주고 작가의 더 부드럽고 여성적인 측면을 되살리도록 돕는다. 법조계를 포함해서 여러 가지의 경력을 가진 한 여성은 다음과 같이 적었다.

> 내 몸의 자화상은 성인기 동안 내가 가지고 있던 끊임없는 내적 갈등을 보여 준다. 오른쪽 측면은 정통한 전문가로서 자신을 바라보는 나의 제한된 시각을 나타내고, 전문가로서의 성공과 창조성은 지식과 전문성을 축적하는 고도로 발달된 지성에서 주로 흘러나온다. 왼쪽 측면은 평생 동안 비밀스럽게 영향을 끼치고, 직관을 신뢰하고, 나의 다차원적 존재감과 여성성을 인정하고 존중하는 나의 창조적, 직관적, 영적, 그리고 감성적인 부분이다.... 나는 여전히 이 부분을 조심스럽게 지킨다. 신체상을 동작으로 표현할 때 나는 스스로를 정통한 전문가로 바라보도록 내가 정한 제한적 시각을 명백히 밝혔다. 그리고 버렸다. 나는 공격받고 상처받았다고 느끼는 창조적이고 직관적이며 감각적인 여성적 측면과 직면했다.... 나의 창조적이고 직관적이며 감각적인 여성성을 표현하지 못하도록 방해한 모든 사람들의 행동과 공격에 대한 분노를 동작으로 표현했다. 나는 과거의 고통스러운 경험을 용서하는 것을 동작으로 표현하고... 그 경험을 통해 얻은 이해와 지혜에 감사하는 것을 동작으로 표현했다.[21]

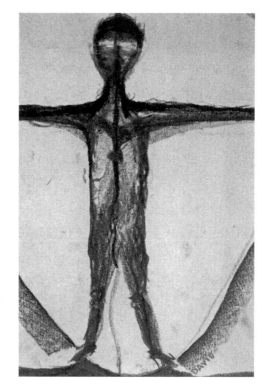

한 참전용사의 자화상

한 베트남전 참전용사는 작은 종이에 자신의 신체 자화상을 그렸다. 황량한 분위기의 그 그림은 많은 것을 말해 주고 있다. 그는 이전에 다섯 번이나 죽음의 문턱까지 가는 경험을 했고 여러 군데 부상을 입었다고 말했다. 그는 만족스러운 삶을 사는 것처럼 보이는 키도 크고 잘 생긴 지적인 남성이었다. 그런 그가 자신의 신체 자화상에 대해 나누었을 때 우리는 그가 가진 감정적, 신체적 고통의 깊이를 이해할 수 있었다. 그의 신체상이 전달해 준 의미를 말로 다 표현하기는 불가능했을 것이다. 우리 모두 그의 그림을 보고 나서 그의 고통을 충분히 이해했다.

# 몸 치유하기

## 탐색활동 : 안내 심상화로 몸 치유하기

몸의 지혜라는 과정은 심오하고 강렬하다. 그 과정을 마치고 나면 마음을 이완하고 치유적인 효과가 있는 시각화를 위한 안내를 한다. 아래에 나와 있는 것은 다양한 자료를 활용해 내가 만든 과정이다. 당신도 자신만의 과정을 만들 수 있다. 치유를 위한 시각화에 대한 내용은 내가 제일 좋아하는 두 권의 책에 잘 설명되어 있다. 진 악터버그(Jeanne Achterberg)의 저서 상상과 치유(Imagery in Healing)(신세민 역, 2005)[22], 마이크 사무엘(Mike Samuel)의 저서 마음의 눈으로 치유하기 : 몸, 마음과 영혼을 치유하기 위해 안내 심상과 비전을 사용하는 법(Healing with the Mind's Eye: How to Use Guided Imagery and Visions to Heal Body, Mind and Spirit)[23]은 구체적이고 효과적으로 시각화하는 방법을 제시하고 있고, 나는 그중 여러 가지를 몸의 지혜 과정에 활용하고 있으며 탁월한 효과가 있다.

스티븐 헬펀의 음악, '차크라 모음곡(Chakra Suite)'을 사용하거나, 아니면 음악 없이 할 수도 있다.

> 이 안내 심상법은 여러분이 몸을 이완하고, 혼자서 자기치유 이미지를 만들도록 돕는 것입니다. 내가 말하는 것을 언제든지 여러분에게 맞도록 바꿀 수 있다는 걸 기억하세요. 이것을 하는 데는 옳고 그름이 없습니다. 가벼운 최면 상태에 들어갈 수도 있고, 심지어 잠이 들 수도 있습니다. 그래도 괜찮습니다. 여러분의 무의식이 내가 말하는 것을 다 들을 것입니다. 내가 말을 너무 많이 한다고 생각되면 그냥 내 목소리만 들으면서 가벼운 최면 상태를 유지하면 됩니다.
>
> 눈을 감으세요.
>
> 깊은 호흡을 하세요.
>
> 모든 잡념을 내려놓으세요.

내 목소리와 음악에 집중하세요.

길게 숨을 들이마시고 잠시 멈추었다가 내뱉으세요.

더없이 편안하고 행복한 상태로 빠져드는 것을 느껴 보세요.

8에서 0까지 거꾸로 세겠습니다. 0에 도달하면 여러분은 아주 편안함을 느낄 겁니다.

8, 7, 6, 5, 점점 더 편안해집니다. 4, 3, 2, 1, 0.

자, 이제 여러분은 아주 편안한 상태입니다.

자연 속에 있는 안전하고 편안한 장소를 상상해 보세요. 풀밭이 있는 골짜기 일수도 있고, 파도 소리가 들리는 조용한 해변일 수도 있고, 조용하고 따뜻한 사막일 수도 있고, 따뜻한 온천 옆일수도 있습니다. 신선한 공기를 마실 수 있는 어떤 곳을 선택하세요. 그곳을 아주 안전하고 편안한 장소로 만드세요. 여러분이 자연에서 이렇게 안전하고 편안한 장소에 있는 동안 우리는 여러분의 몸을 한층 더 이완시켜 줄 것입니다. 여러분의 필요에 따라 언제든지 어떤 방법으로든지 장소를 바꿔도 됩니다. 여러분이 편안하고 느긋하게 느껴지고, 여러분에게 알맞는 것이면 무엇이든 해도 좋습니다.

우리는 여러분의 몸을 한 번에 한 부분씩 이완하는 데 집중할 것입니다.

여러분의 오른쪽 다리와 발이 이완되고 있습니다. 다리와 발은 힘이 빠지고 이완되고 축 늘어집니다.

왼쪽 다리와 발이 이완되고 있습니다. 힘이 빠지고 축 늘어집니다.

배와 배 속에 있는 모든 장기에 힘이 빠지

고통과 기쁨

고 이완됩니다.

허리와 척추, 허리에 있는 모든 근육이 이완됩니다.

가슴과 가슴에 있는 모든 기관이 지금 이완됩니다.

어깨와 오른팔 그리고 팔에 있는 모든 근육, 손가락이 이완되고 축 늘어집니다.

왼팔과 팔에 있는 모든 근육과 손가락이 이완되고 축 늘어집니다.

목이 이완됩니다. 목에 있는 모든 근육이 이완되고 힘이 빠집니다.

머리가 이완됩니다. 머리에 있는 모든 근육과 기관이 이완됩니다.

이제 얼굴에 있는 모든 근육을 이완하세요. 긴장을 풉니다. 입에 침이 고였다면 부드럽게 넘겨서 얼굴과 목이 이완하도록 하세요.

여러분의 몸 전체가 이제 이완되었습니다.

따뜻한 불빛이나 하얀 빛을 상상해 보세요. 이것은 치유의 빛입니다. 여러분이 원한다면 그것은 초록색의 치유의 빛이 될 수도 있고 편안한 푸른 빛이 될 수도 있습니다. 이 빛은 여러분 개인의 치유의 빛입니다. 이 빛이 여러분의 머리 꼭대기로 들어가도록 하세요. 빛이기 때문에 그것은 피부나 뼈를 쉽게 통과하여 여러분의 어느 부위든 부드럽게 치유합니다.

이 빛이 여러분의 몸 구석구석을 통과하면서 뼈와 근육, 내장기관, 심지어 감정과 감성도 치유하도록 하세요. 이 빛이 치유가 필요한 여러분의 몸과 마음, 영혼, 어디든 통과하도록 하세요. 여러분의 가슴과 감정도 치유가 필요할 수 있습니다. 마음과 생각도 치유가 필요할지도 모릅니다. 몸의 어느 부위든 관심과 치유가 필요할 수 있습니다. 천천히 이 빛이 조화, 건강, 자기애, 온정, 그리고 안녕을 가져오도록 시간을 가지세요. 여러분은 이제 온전한 존재로 치유되었습니다.

이제 여러분 자신의 이 이미지를 현재와 미래 속으로 가져오세요. 세상 속에 있는 당신의 이 모습을 온전하고, 사랑스럽고, 강하고, 역량이 강화된 사람으로 상상하세요. 마음과 몸, 영혼이 건강하고 통합된 존재인 자신을 보세요. 그리고 여러분이 원하는 방식으로, 여러분이 원하는 창조적인 것을 하고 있는 자신을 보세요.

이 모습으로 호흡하세요. 여러분 자신이 원하는 방식으로 여러분의 세상 속으로 들어가는 모습을 보세요. 스스로에게 이렇게 말하고 싶을지도 모릅니다. 나는 치유되었어. 나는 창조적이고, 나는 능력이 있어.

내가 다섯을 셀 때까지 여러분은 건강하고 온전한 자신의 모습 그대로 가벼운 최면 상태에서 깨어날 것입니다. 깨어날 때 여러분은 이 건강하고 행복한 이미지를 가져오세요.

1, 2, 3, 4, 5.

손가락과 발가락을 움직여 보세요. 기지개를 켜면서 팔을 쭉 뻗어 보세요.

호흡을 하고 천천히 일어나 앉으세요. 눈을 뜨고 큰 원으로 모여 주세요.

원한다면 다 같이 소리를 내서 이 치유가 실현되었음을 표현해 봅시다. 방금 여러분이 만든 그 모습을 그대로 유지하고 소리를 냄으로써 이것을 완성시키세요. 우리의 소리가 이 방 가운데에 있는 성배(chalice) 속으로 들어간다고 상상해 봅시다.

　마지막으로 사람들이 서로의 어깨를 주무르도록 한다.


## 몸 안에 있고 싶어 하지 않는 이유

어센틱 무브먼트 치료사인 티나 스트롬스테드(Tina Stromsted)[24]는 우리가 몸을 치유하는 작업을 해야 한다고 쓰고 있다. 몸은 억눌린 감정과 기억 그리고 해소되어야 할 마음의 짐을 비롯해서 우리의 진정한 역사를 담고 있기 때문이다. 우리는 몸을 떠날 수 있는 여러 가지 방법을 안다. 지적 방어, 정신병, 해리장애, 외상 후 스트레스 장애, 다양한 욕구의 외면화, 영성에 대한 극단적이고 불균형적인 접근, 중독, 몸을 무장하기, 호흡을 멈추기 등. 스트롬스테드는 표현예술, 그중에 특히 어센틱 무브먼트가 우리가 몸 안에 다시 있도록 도와준다고 주장한다. 우리의 이야기를 들려주고 꿈 분석에 관심을 가지고, 자연 속에 있는 것은 우리가 신체적 자아와 재연결될 수 있는 또 다른 방법들이다.

## 요약

몸과 마음, 감정, 영혼을 통합하기 위해 우리는 몸이 오랫동안 간직해 온 메시지를 알아차리기 위한 시간을 가진다. 우리 사회는 이런 비선형적이고 직관적인 이해법을 간과해 왔다. 마음과 대화하는 속도를 늦추고 신체 자아의 소리를 들음으로써 우리는 세포자아가 기억하고 있는 것을 다시 일깨운다. 이런 '듣기'는 부위별 근육과 팔다리를 움직이면서 집중할 때 발달한다. 바로 이 집중력에서 내면의 양극성에 대한 정보를 주는 좌우 신체 자화상이 나온다. 벽에 걸려 있는 자화상을 보면서 우리는 그 이미지가 우리에게 영감을 주도록 허용한다. 그것이 주는 메시지를 우리는 동작이나 춤으로 표현한다. 따라서 가끔 우리는 매우 다른 두 측면을 통합하는 기회를 가진다. 비록 이것은 감정적으로 힘든 과정이 될 수도 있지만 우리는 수줍음이나 수치심, 분노, 혹은 자기억제에서 벗어나 더 즐겁고 진정한 자아로 나아간다. 종종 새롭고 혹은 영적으로 새로워진 느낌으로 진화한다.

신체 자화상을 만드는 이 특별한 방법은 감정적, 신체적 상처를 포함해서 무의식에서 일어나는 어떤 이미지를 불러온다. 우리는 보이지 않는 상처를 가지고 있고, 그 상처들 중 어떤 것이 드러나든지 민감함과 존중감을 가지고 다루어야 한다.

다음 장에서 집단의 중반기에 도움이 되는 과정들에 대한 논의가 계속될 것이다. 개인적인 길이 탐구되었으니 이제는 좀 더 큰 집단에서의 자의식에 대해 살펴볼 차례이다. 우리는 공동체 의식을 강화하고, 공동체에 공헌하는 방법을 살펴보고자 한다.

## 주석

1. Janet Adler, "Body and Soul," in *Authentic Movement*, Patrizia Pallaro, ed. (New York: Jessica Kingsley, 1999) p. 171.

2. Gabrielle Roth and the Mirrors. *Bones*. (Red Bank, NJ: Raven Recording, 1989) CD.

3. Clarissa Pinkola Estes, *Women Who Run With the Wolves: Myths and Stories of the Wild Woman Archetype* (New York: Ballantine Books, 1992) p.198.

4. Ibid. p. 204

5. Daria Halprin, *The Expressive Body in Life, Art, and Therapy* (London: Jessica Kingsley, 2003).

6. Sue Ann Herron, Course III paper, Saybrook Graduate School.

7. Ibid.

8. Carrie Derkowski, Course III paper, Saybrook Graduate School.

9. Mary Stark Whitehouse, *Authentic Movement*, Patrizia Pallaro, ed. (New York: Jessica Kingsley, 1999).

10. Janet Adler, *Offering from the Conscious Body: The Discipline of Authentic Movement* (Rochester, VT: Inner Traditions, 2002).

11. Authentic Movement Institute, 2006. www.authenticmovement-usa.com.

12. Ibid., accessed November 17, 2008.

13. Janet Rasmussen, Course III paper, Saybrook Graduate School.

14. Anonymous student, Course paper, Saybrook Graduate School.

15. Gale Kailbourne, Course III paper, Saybrook Graduate School.

16. Ibid.

17. Anonymous student, Course paper, Saybrook Graduate School.

18. Ibid.

19. Carrie Derkowski, Course III paper, Saybrook Graduate School.

20. Anonymous student, Course paper, Saybrook Graduate School.

21. Joan J.Reese, Course III paper, Saybrook Graduate School.

22. Shambala, Boston and London, 2002.

23. John Wiley & Sons, Hoboken, New Jersey, 1990/2003.

24. Tina Stromsted, "Re-inhabiting the Female Body," *A Moving Journal* (Spring 1998) pp. 3-15.

# 8

# 치유와 사회변화를 위한 표현예술

우리는 치유와 변화의 주체로서 스스로가 먼저 개척자이자 개혁가이며
모험가, 비전 소유자, 혁명가가 되도록 부름을 받았다. 우리는 마음을 열고 더 높은
절대자의 인도를 받으며 직관을 사용하고 믿음을 보여 주어야 하며, 실제로 우리
자신과 타인을 고양시키고 변화시키며 자유롭게 할 힘과 도구를 가졌다고 믿어야 한다.
─해리엇 터브먼 라이트(Harriet Tubman Wright)[1]

어느 날 한 동료가 내게 물었다. "당신은 왜 개인의 친밀감이나 관계가 아니라 공동체
에 초점을 맞춥니까?"

친밀감과 관계에 대한 열망은 인간에게 자연스럽고 당연한 것이다. 하지만 나는 개
인에게 그것이 필요한 만큼 집단이나 공동체도 그러한 것들이 필요하다는 사실을 인
정하는 그런 세상에서 살기를 원한다. 미래에 대한 나의 비전은 각 개인이 더 큰 공동
체의 이익을 위해 시간과 노력을 함께 나누는 것이다. 우리는 각자의 내면에 있는 이
타정신을 활용하여 더 나은 세상, 즉 친밀감이 분명한 일면이긴 하지만 사람과 사람
사이에 깊은 관계를 맺게 하는 더 큰 비전이 있는 그런 세상을 만들기 위해 우리 스스
로를 아낌없이 내어 줄 것이다. 표현예술은 협동과 공동창조가 모든 사회계층에서 적
용되는 것이 기본 원칙이 되는 세상을 마음속에 그려 내도록 집단의 능력을 활성화시
켜 준다.

## 전체집단의식 : 공동체를 형성하는 목적

1962년 존 F. 케네디 대통령은 시대를 초월해 공동체의 이상을 대변해 주는 발언을 했다. "국가가 당신을 위해 무엇을 해 줄 수 있는지 묻지 말고 당신이 국가를 위해 무엇을 할 수 있는지를 물어라." 많은 미국인은 이 명분을 좇아 삼삼오오 모여 가난한 사람들을 돕고 굶주린 사람들에게 음식을 제공하고 핵전쟁의 위협을 종식시키며 각종 불의에 맞서려 했다. (우리 가족은 평화봉사단에 가입했다.) 케네디 대통령은 미국인에게 개인적인 이득을 얻기 위해서만 고군분투하지 말고 국가 전체와 세계의 발전을 위해서도 그렇게 할 것을 요청했다. 그는 우리에게 영감을 주었고 각자가 가지고 있는 최대 역량을 발휘할 것을 부탁했다.

역사에서 보았듯이 그로부터 몇 년이 지난 어느 시점에서 미국은 그 정신을 잃어버렸다. 기업체의 탐욕이 공동체의 복지를 짓밟았고 개인주의는 물론 나름대로의 장점을 가지고 있기는 했지만 공공의 이익을 잠식시켜 버렸으며, 결과적으로 사회에 더 많은 문제와 어려움을 불러일으켰다.

버락 오바마가 미국 최초 흑인 대통령에 당선된 것은 미국인들이 인종적 편견을 바꿀 수 있을 뿐만 아니라 장기적인 시각에서 다시 한 번 공공의 최고선(highest good)을 얻고자 하는 국가를 실현시키려는 열망을 가지고 있다는 것을 보여 준다. 여전히 많은 어려움(몇 가지만 예로 들자면, 지구온난화, 핵무기의 위협, 물 부족, 대규모 기근, 전쟁 등)에 직면하고 있지만, 인간의 의식은 우리가 보다 합리적이고 지속 가능한 삶의 방식을 찾음으로 계속 진화하고 있다.

이 장에서는 개인 성장과 자아 초월 작업, 혹은 팀 형성에 초점을 맞춘 집단에서 표현예술을 사용하는 것이 소속감과 공동체의식을 얼마나 고취시키는가에 대해 다룬다.

나는 개인적으로 공동체를 어떻게 규정지으며 이 21세기에 개인 및 집단의식을 개발하는 것이 왜 반드시 필요하다고 믿는가에 대한 의견을 피력한다. 나는 개인과 작업을 하고 그다음은 집단, 더 큰 집단, 전 세계 공동체의 순서로 작업을 하는 것이 사회변화를 가져오는 과정이라 생각한다. 이 장에서는 이 변화를 가져오도록 하기 위해 개발된 탐색활동이 제공되어 있다.

나의 오랜 동료인 셜리 데이비스(Shellee Davis)는 이렇게 말했다.

창조적인 작업과 놀이는 사람들이 창의적인 해결방안을 찾도록 돕는다. 마음과 상상력을 다해 이 길을 따라갈 때 우리 모두가 공유하는 이 행성의 미래에 대해 우리가 건설적으로 그려볼 수 있는 것은 **창조적인 접근이야말로 미래를 위한 생존 기술이라는 것이다.**[2]

## 공동체의 정의

내게 있어 진정한 공동체는 다음의 세 가지 측면을 감안한 것이다.

- 각 개인이 전체 집단의 유익을 위해 때로는 자신의 욕구를 잠시 유보한다.
- 개인과 집단의 마음이 하나로 합쳐지는 완전 일치의 순간 혹은 '집단 공명'의 순간이 있다.
- 이 상호 일치는 개인과 집단의 의식을 모든 존재가 서로 연결되어 있음을 자각하도록 전환시킨다.

나는 공동체(community)와 집합체(collective, 집단)를 다소 구분한다. **공동체**는 마음속에 어떤 목표를 갖고 함께 모여 있는 한 무리의 사람들이며, 예를 들어 상호학습, 개인적 성장 같은 목적을 갖고 있는 이웃 간 집단 등이 있다. **집합체**란 한 목표를 위해 창조하고 작업하는 초기 단계를 넘어서 강한 유대관계로 맺어져 있으며 어쩌면 영적일 수도 있는 집단이다. 나는 이 현상을 **집단 공명**이라고 부른다.

## 공동체 형성을 위한 표현예술

**인간중심 표현예술치료 : 창조적 연결**[3]에서 나는 공동체가 형성되어 가는 단계를 보여주는 그림을 제시하였다. 그것은 표현예술을 통해 첫 번째 내면 탐색을 할 때 우리에게 어떤 일이 일어나는지 보여 준다. 우리는,

- 무의식을 깨워 자아의 새로운 일면을 자각하게 되고 따라서 내면의 힘과 통찰력을 얻게 된다.

- 그리고 나서 어떠한 지지적 환경에서 적어도 한 사람 이상의 서로 공감하는 사람과 연결됨으로써 공동체와 어떻게 연결되는지를 배운다.

- 작은 공동체 안에서 어떻게 하면 진실되고 역량을 강화할 수 있는지 방법을 발견하게 되면, 보다 큰 공동체로 옮겨 가고자 하는 영감을 얻게 된다.

- 더 차원 높은 목표를 발견하고 우리의 역량을 확대해 나감에 따라 타인과 함께 창조하고 서로 협력하게 된다. 이것은 우리가 보다 더 큰 세계(다른 문화와 근원에게까지)에 온정적으로 연결되도록 한다.[4]

앞으로 소개할 탐색활동은 여러 문화권에서 인간중심 표현예술집단 작업에 사용되어 온 것으로, 집단의 이익을 우선으로 두고 모든 존재가 상호 연결되어 있다는 의식과 집단 공명을 보여 주는 공동체를 건설하고자 하는 데 사용이 되어 왔다. 예를 들어, 이스라엘과 팔레스타인 여성과의 작업에서 우리가 스스로를 신뢰할 때 (우리의 약점과 긍정적 특성(장점) 두 가지 측면을 모두 수용함으로써) 우리는 자신을 열고 '타인'을 이해하게 됨을 볼 수 있었다. 전쟁과 갈등에 의해 양극화되어 있는 두 집단이 서로의 '적'과 대면한 자리에서 자신의 목소리가 경청될 때 서로의 차이가 해결되는 것을 볼 수 있다. 반목과 투쟁이 사라지고 이해와 치유가 돋아나 평화가 만들어진다.

참가자에 대해 우리가 전하는 기본 메시지는 다음과 같다. 스스로에 대해 책임을 지고 타인을 배려하며 집단에 영향을 미치는 문제나 어려움은 반드시 집단 토론의 장으로 가지고 오라. 기꺼이 직면할 뿐만 아니라 경청하고자 하는 자세로 열린 마음, 솔직한 마음, 존중하는 마음으로 하라.

## 공동체 형성을 위한 지침

이것은 신뢰 형성을 위해 우리가 사용하는 지침서에 대한 소개이다. (책 뒷부분에 정리된 자료에 완성된 유인물이 있다.)

집단이 안전하고 지지적인 환경이 되는 여부는 공동체 안의 각 개인뿐만 아니라 촉진자에게 달려 있다. 공동체 안에서 인사이더인지 아웃사이더인지, 인정을 받는지 그렇지 못한지, 공동체 내에서 온전히 수용되는지에 대해 우리 각자는 자신만의 느낌을 가지고 있다. 비록 이 훈련 과정에서 우리의 주요한 의도는 우리가 내면 작업을 하고 기술을 습득할 환경을 창조해 내는 것임에도 불구하고, 우리가 공동으로 창조하는 공동체는 우리 자신의 학습 능력에 중요한 요인이다. 집단은 그 속에 있는 사람들 각자의 생각과 느낌을 반영하는 유기체가 된다. 진행자는 때때로 어떠한 것이 잘 되어 가고 있는지 혹은 그렇지 않은지에 대해 체크할 것이다.

온전함으로 가는 길

보편적인 에너지원

우주

세상과 연결, 자연과 타 문화, 역사에 대한 인식

세계

협력적 및 창조적 노력, 상호 돌봄, 차원 높은 목표

공동체

공감적이고 지지적인 환경에서 타인과 연결되기

관계

미지와 무의식으로 들어감

자아
표현예술 과정을 통한 내면탐색

내면의 충동(창조적인 삶의 힘)이 표출되도록 허락함

차이를 새롭게 알아차리기

공유된 인간성

자비로움

통찰, 자기이해, 역량강화

신화와 의식

'경청됨'과 '경청하기'/ 잘 관찰하기

공동체와 연결

**창조적 연결 과정**   위의 표는 표현예술을 통해 처음으로 내면탐색을 할 때 우리가 어떻게 무의식을 깨우고 자아의 새로운 일면을 깨닫게 되는지 그리고 통찰력과 능력을 신장하게 되는지를 보여 준다. 그러면 공감적이고 지지적인 환경에서 최소한 1명 이상의 다른 사람과 연결됨으로써 우리는 공동체에 연결되는 법을 배운다. 작은 공동체에서 진실되고 역량이 강화되는 법을 배울 때 우리는 비로소 더 큰 공동체로 옮겨 가고자 하는 영감을 받는다. 우리는 창조적이고 협동적이 되며 더 고차원적인 목적과 능력으로 나아갈 수 있게 된다. 이것이 우리를 세상(다른 문화와 자연)과 온정적으로 연결 짓는다.

## 공동체의 역동을 강조하기

다음에 이어질 탐색활동은 팀워크 형성하기이다. 이 활동은 참가자들이 집단 속에서 체감하는 자신들의 위치를 평가하고 집단 창조 과정에 참여하도록 도와준다.

### 탐색활동 : 집단사회성도표 – 집단 속에서 나는 자신을 어느 위치에 두고 있는가

공동체 형성은 하위집단을 인정하는 것과 그 과정에서 일어나는 수용과 배척의 느낌을 인정하는 것을 포함한다. 이 연습을 통해 각자는 신뢰성을 쌓아 가는 동안 집단 내 타인과의 관계에서 어떻게 느끼는지를 인식하도록 돕는다. 개인과 집단의 통찰력이 이 작업이 진행되는 동안 섬세하게 나타난다. 뒷부분에서 우리는 공동체의 역동성을 조명하면서 연습하는 과정에서 경험한 것들을 정리해 볼 것이다.

촉진자는 바닥에 원 하나를 준비한다. 종이로 만든 원이나 바닥 위의 원형 공간을 표시할 수 있는 화려한 리본이나 끈도 괜찮다. 원의 크기는 모든 참가자가 작은 물건 하나씩을 그 안에 놓고 물건 주위에 약간의 여유 공간이 있을 정도여야 한다. 그리고 이런 지침을 준다.

> 야외로 나가서 이 워크숍 장소로 가져올 수 있는 작거나 중간 크기의 물건을 신속하게 찾습니다. 어떤 이유에서든 시선을 끄는 것이 있으면, 그것을 가지고 돌아옵니다.

야외로 나가는 것이 불가능할 경우에는 각 참가자들이 소지품 중에서 자신을 대표할 만한 특별한 물건을 가지고 와도 된다. 인형이나 손목시계, 보석 액세서리, 어떤 종류의 잡다한 물건도 가능하다.

자신의 물건을 들고 사람들이 둥글게 앉으면 이렇게 지시한다.

협동

> 이 원은 우리 집단을 상징합니다. 여러분 각자가 선택한 물건을 묘사해 보도록 하겠습니다. 단, 1인칭을 사용하여 "나는 부드러운 내면을 가진 거친 나무껍질입니다.", "나는 우아한 핑크색 꽃입니다."라고 묘사합니다. 여러분이 가지고 있는 물건을 설명한 다음, 그것을 원 안으로 가지고 가서 여러분 자신이 집단 내에서 속해 있다고 생각하는 자리에 놓습니다. 원의 중앙에 놓고 싶을 수도 있고 아니면 바깥쪽 근처에 놓고 싶을 수도 있을 겁니다. 원하는 곳에 놓으면 됩니다.

참가자들은 한 사람씩 조심스럽게 자신의 물건을 놓는다. 그들이 물건을 어디에 놓는지 지켜보는 데 모두가 얼마나 집중하는지 놀랍다. 이 순서가 끝나면 이렇게 말한다.

> 이제 이 집단 내에서 여러분이 어느 위치에 있는지 한번 눈여겨보세요. 그리고 이곳이 여러분이 있고 싶은 곳인지 아닌지 생각해 보고 원 안으로 들어가서 위치를 바꾸어도 됩니다. 하지만 여러분 자신의 물건만 옮길 수 있습니다.

모두가 침묵한 가운데 심사숙고하고 있다. 그리고 한 사람이 이를테면, "나는 이 사람(물건) 가까이 있고 싶어요.", 혹은 "나는 중심부에 더 가까이 있고 싶어요."와 같은 말을 하면서 자신의 물건을 옮길 것이다. 물건을 옮기는 이 행위는 매우 강렬한데, 그것은 이때 사람들이 집단 내 자신의 존재의 위치와 상태, 자신이 희망하는 위치를 깨닿게 되기 때문이다. 소속감과 자기수용, 자기배척, 거절, 우정의 문제가 말로 표현되지는 않지만 참가자들의 마음속에 떠오른다. 웃음과 즐거움도 있다. 물건을 놓는 행위는 말을 하는 것이다. 종종 긴 침묵이 있고 모두 끝났다고 생각할 즈음, 누군가가 용기를 내 자신의 물건을 옮긴다. 그러면 다른 사람들도 자극을 받아 자신의 것을 옮기기 시작한다. 모두가 만족스러워 보이면 다시 묻는다. "물건을 옮기고 싶은 사람이 더 있나요?"

아무도 반응이 없으면 생각과 느낌을 나눌 시간이다. 구성원들이 물건을 왜 그 자리에 놓았는지, 왜 여러 번 위치를 옮겼는지에 대해 의견을 나눌 때는 모임에 생기가 넘친다. 이 나눔은 친밀함이나 거부감, 집단의 중심에 혹은 가장자리에 있고자 하는 욕구를 깨닫게 해 준다.

"당신이 여기서 저기로 옮겨 갔을 때, 내게서 벗어나고 싶어 한다고 생각했어요!"라고 한 사람이 말한다. 이런 대답이 돌아온다. "아니에요. 나는 그저 이 사람과 더 가까워지고 싶었을 뿐이에요." 말로 표현하는 것은 전체 과정을 분명히 하도록 돕는다. 한 구성원이 이렇게 묻는다. "내가 볼 때 당신은 집단의 정중앙에 있고 싶어 하는 것 같아요. 그 점에서 당신에게 필요한 것은 무엇인가요?" 이런 식으로 나눔이 계속된다.

마무리를 위해 둥글게 원을 그린 상태에서 서로 손을 잡는 의식을 하거나 아니면 그저 이 실습의 의미를 되짚어 보는 것도 좋을 것이다. 종종 사람들은 결과를 사진에 담기 위해 카메라를 꺼내 든다. 우리는 보통 원을 있는 그대로 가능한 한 오래 두어서 모든 사람이 다시 가서 볼 수 있도록 한다.

## 탐색활동 : 우리가 경험하는 세상

이 탐색활동은 집단 내에 존재하는 갈등과 그림자를 드리우는 요인을 드러내고 협동을 이끌어 낸다. 어떻게 사람들이 서로 관계를 맺는지를 관찰하는 것은 하나의 창의적인 방법이다. 과정을 설명하기는 간단하지만 참가자들이 자신의 행동 성향을 열린 마음으로 나누고 자신의 행동이 타인에게 어떤 영향을 미쳤는가를 깨달을 때 **경험의 실체**가 나타난다.

우리가 경험하는 세상

큰 종이 원을 만든다. 각 사람이 둘레에 설 수 있을 정도로 커야 한다. 이 작업은 20명 혹은 그 이하 집단에 가장 적합하지만, 용기 있는 촉진자는 50명인 집단에서도 시도해 볼 수 있다.

분필, 오일 파스텔, 펠트펜을 가장자리 주변에 놓고, 주변이 지저분해지는 것에 개의치 않는다면 그림물감도 준비해 두라. 콜라주 상자 재료나 점토도 사용할 수 있다.

참가자들이 이 비어 있는 원 주위에 둘러서면 다음과 같이 과정을 설명한다.

> 여러분은 '자기가 경험한 세상'을 여기에 그릴 것입니다. 지금부터 한 시간 동안 미술 재료를 사용해서 그 세상을 그려볼 텐데요.
>
> 이 작업을 할 때 여러분은 스스로에게 진실해야 합니다. 오늘 이 공동체, 이 세상에 있는 것이 어떤 느낌인지에 대해 정직해지세요. 이 공동체 내에서의 개인적인 삶과 세계 공동체, 즉 세상을 향한 여러분의 삶과 자세에 대해 생각해 보세요. 여러분은 원하는 만큼 창조적이 될 수 있습니다. 이것은 비언어적인 작업입니다.

사람들이 그림을 그리고 색칠을 하고 콜라주 상자나 야외에서 재료를 고를 때 역동적인 에너지가 발산된다. 종이를 가로질러 중앙으로 가는 사람도 있고 뭘 해야 할지 혹은 어떻게 계속 진행해 가야 할지 몰라서 잠시 머뭇거리는 사람들도 있을 것이다. 처음에는 대부분의 사람이 다른 사람에게 관심을 두지 않고 각자의 활동에 몰두한다. 그러다가 침묵 속에 상호교류가 일어나기 시작하고, 사람들은 서로의 그림 위에 그리기 시작한다. 또는 말을 걸거나 협력해서 그림을 그리기 위해 가만히 다가가기도 한다. 어떤 사람은 의도를 갖고 공개적으로 다른 사람의 그림을 지워 버리기도 하지만 암묵적인 대립이 일어날 수도 있다.

1970년대에 나는 에너지가 넘치는 노르웨이 출신 동료 콜럼버스 살베슨(Columbus Salvesen)[5]과 공동으로 이 탐색 작업을 이용한 프로그램을 만들었다. 그 당시에 반항심이 확연하게 드러나 보였던 20명으로 구성된 그 모임은 다루기 어려운 면도 있었지만 창조적이고 흥분되어 있으면서도 심오했다. 한 사람이 커다란 만(卍)자 무늬를 그리고 그 위에 붉은색 물감으로 X자를 그어 버렸다. 다른 한 사람은 콜라주의 일부로서 자신의 신발과 셔츠를 종이 위 세계(paper world)에 올려놓았다. 한 시간이 넘도록 각자가 자신만의 독특한 예술작품을 만들며 다른 사람들과 섞이고 상호교류를 나누었다. 매우 유쾌한 시간이었다.

작업을 모두 마쳤을 때 우리가 창조한 종이 위 세계를 보면서 서로가 쏟아부었던 생각과 느낌을 나누면서 경의를 표했다. 흥분과 갈등, 고성과 웃음, 친밀감의 공유와 논쟁이 뒤따랐다. 그 집단은 세상의 대부분이 황량하며, 그 황량함이 표현되어야 했다는 사실에 동의했다. 어떤 사람은 아름다움과 연결관계를 지적했다. 우리는 개인의 차이와 갈등을 인정했다. 언쟁과 오해가 있었지만 모두가 가장 원했던 것은 바로 깊이 있는 영적인 차원의 의사소통이었다. 갈등을 해결하는 것이 그것들을 표현하고 인정하며 그것에 대한 감정을 나누는 것만큼 중요하지는 않았다. 이런 방법으로 예술을 사용하므로 우리 사이에는 견고한 신뢰가 쌓였고, 작업을 하는 중에는 볼 수 없었던 과정을 개인적이고 집단적인 측면에서 볼 수 있게 하는 안목을 모두가 얻게 되었다.

## 탐색활동 : 세계 퍼즐

이 성공적인 탐색활동에는 참가자들이 집단 내 일체감을 깨달았을 때 나타나는 흥미

롭고 놀라운 요소가 있다. 나는 이 활동을 모든 유형의 집단에 추천한다. 그것은 활기
차고 심오하고 신나는 활동이다.

촉진자들에게 주는 지침은 다음과 같다.

> 커다란 흰 종이 원을 만드세요. 크기는 참가자의 수에 맞게 정합니다. 이 원을 추상
> 적인 모양으로 잘라서 충분한 수의 퍼즐 조각을 만듭니다. 참가자와 당신, 동료 촉
> 진자 각각 한 장씩. (참가자들에게는 이 퍼즐을 반드시 비밀로 해야 한다.) 알맞은
> 개수를 자르도록 윤곽을 연필로 그려 놓는 것이 가장 좋습니다. 둥근 원으로 각 조
> 각을 제자리에 놓으면서 자릅니다. 그리고 나서 원을 흩을 때 각 조각의 뒷면에 숫
> 자를 적습니다. 이 숫자는 퍼즐을 원래대로 맞추지 못할 때만 사용됩니다. 퍼즐 조
> 각을 무작위로 한곳에 모아 둡니다.

참가자들에게는 다음과 같은 지침을 준다.

> 여러분이 사용하도록 저희가 추상적인 모양을 몇 개 만들었습니다. 하나씩 모양을
> 가지고 지금 바로 여러분이 자신에 대해 어떻게 느끼는지 오일 파스텔을 사용해서
> 그 위에 그리세요. 숫자가 적히지 않은 쪽에 그림을 그리도록 하세요.

퍼즐 조각들이 맞춰지고 있다.

30분 후, 모든 모양(막대 모양에서 하트 모양, 집, 얼굴, 추상적인 그림에 이르는 모든 것)에 색깔이 덧입혀 진다.

이제, 우리는 협력해서 이 조각들을 맞춰 볼 겁니다.

자신이 그림을 그린 것이 더 큰 퍼즐의 한 조각이라는 사실을 불현듯 깨달을 때 사람들의 흥분감이 더해 간다. 어느 조각이 어디로 가는지를 알아 가는 것은 협동적인 노력이다. 소수의 몇 명이 주도적 역할을 하고, 다른 이들은 옆에 서서 경탄하며 퍼즐 조각들이 하나의 큰 원으로 자리를 잡아가는 것을 지켜본다. 퍼즐 맞추기가 끝나면 공동 작업에 대한 마음이 고취되어 있다. 서로 맞닿아 있는 다양한 조각들이 얼마나 아름답게 조화를 이루는지에 대해 우리는 경탄을 연발한다. 대화는 즉흥적이고 활기로 가득하다. 사람들은 다양한 조각들의 의미에 대해 질문한다. 과정에 대한 흥미와 개개인에서 집단 전체로 가는 은유적 의미를 인식하는 것에 대한 흥미가 있다.

## 세상에서 일어나는 비극에 반응하기 : 창조적 방법을 사용하여 세상과 연결하기[6]

전쟁 발발, 환경재앙, 테러공격, 또는 가깝거나 멀리 있는 사람들의 굶주림에 대한 뉴스와 같은 굵직한 사건들이 발생할 때, 우리 대부분은 충격과 비통함으로 반응하거나, 무뎌져서 아예 외면해 버리기도 한다. 표현예술은 그런 사건에 의식을 가지고 반응하고 더 나아가 책임감 있게 행동하도록 하는 창의적인 방법을 제시한다. 책임 있는 행동을 하기 위해서 우리가 거쳐야 할 두 가지 단계가 있다. 첫째, 그 사건을 향한 우리의 감정을 먼저 인식해야 한다. 둘째, 그 감정을 표출하고 전환시킬 수 있는 건설적인 방법이 필요하다. 이 단계를 거치고 나서야 우리는 효과적인 행동을 취할 수 있게 된다.

### 세계에서 일어나는 사건들에 대한 우리의 감정 인식하기

부인하기(denial)는 개인과 세계의 가장 강력한 적이다. 자각은 그것과 대조를 이룬다. 세계적인 비극에 대해 느끼는 슬픔과 고통을 부인하는 것은 우리의 모든 감정에

하나됨

뚜껑을 덮는 것과 같다. 부인하기는 몸과 마음, 정신에 압력솥과 같은 작용을 한다. 무력감, 우울감, 무관심이 의식의 수준 아래에 도사리고 있을지도 모른다. 혹은 뚜껑[우리의 부인(denial)]과 압력이 너무 강해지면 폭력적인 행동과 같은 폭발이 일어날지도 모른다. 세상에 너무나 많은 부인(denial)이 존재한다는 사실은 그리 놀랍지 않다. 통신기술의 발달이 세계 주변에서 일어나는 재앙에 대한 뉴스를 하루 24시간 일주일 내내 생생하게 전달해 줌으로써 우리는 거대한 양의 고뇌로부터 공격을 받고 있다. 부인하기는 우리로 하여금 절망의 늪에 빠지지 않게 보호해 준다. 그러나 감정적으로 갑옷을 입는 것은 우리를 로봇과 같은 존재로 만들어 버린다. 그러면 우리는 다량의 제품을 만들 수는 있지만 온정을 가지고 창조적인 해결책을 찾을 수는 없게 되는 것이다.

　우리는 자신의 감정을 자각할 때 피하고 싶은 불편하고 고통스러운 감정들에 직면한다. 하지만 제대로 방향을 잡아 주기만 하면 이러한 감정들이 실제로 우리를 자유

롭게 해 주는 창조적인 비전과 행동의 연료가 될 수도 있다.

## 부인하기를 극복할 건설적인 방법 모색하기

다음은 창조적 연결을 사용하여 세계의 비극적인 사건들에 의해 초래된 분노와 슬픔, 충격을 표출하고 전환시킨 두 가지 좋은 예이다. 첫 번째 사례는 한 학생집단이 이라크에 대한 미국의 선제공격 가능성에 응답한 경우이다. 두 번째 사례는 2003년 9월에 일어난 일이다. 그 국가적 비극이 발생했을 때 나는 스웨덴에서 치료사를 위한 워크숍을 진행하고 있었다. 그 비극이 발생했을 때 우리의 감정을 어떻게 다루었는지를 정리해 보았다.

## 이라크 선제공격에 대한 반응 : 예[7]

2003년 1월 18일, 나는 15명의 세이브룩대학교 대학원생들 수업을 막 시작하려던 참이었다. 내 친구들 대부분은 미국의 이라크공습 계획에 반대하는 대규모 반전 집회 참석차 샌프란시스코에 있었다. 나도 거기에 가기를 간절히 원했다. 내가 중요한 가치를 두는 곳에 내 몸도 두기를 원했다. 하지만 임박한 군사작전에 대한 나의 생각과 감정을 강의실로 가져올 수 있음을 깨달았다. 우리는 표현예술을 사용해 우리의 감정을 이끌어 내고 의미 있는 반응을 찾아낼 수 있었다.

우리 중 다수가 비록 거리상으로는 수천 마일이나 떨어져 있지만 세계 위기가 발생할 때마다 다른 사람들이 느끼는 고통을 강하게 느낀다. 내 몸 안에 있는 세포 하나하나가 내 조국이 다른 나라에 선제공격을 가하려 한다는 사실을 직감했다. 나는 또 내 몸 안에 일종의 집단적이고 직관적인 파장 같은 긴장감이 차오름을 느꼈다. 나는 나 자신 때문에 두려웠던 것이 아니다. 죄 없는 아이들이 폭격 속에서 고통을 겪게 될 것이 두려웠다. 실습집단에 속한 사람들이 움직이는 것을 볼 때, 그들이 경험하는 세상의 고통이 바로 나의 고통이다.

나는 그 집단에 속한 성인들에게 감행하려고 만반의 준비가 되어 있었던 미국의 선제공격에 대해 어떻게 느꼈는지 물어보았다. 자연스럽게 흐르는 토론이 이루어졌다. 모두가 어떤 것에도 구애받지 않고 자유롭게 말했다. 모든 견해가 경청되었다. 그들에게 의견뿐만 아니라 감정도 나누도록 제안했다. 어떤 사람은 깊은 불의를 느꼈고 슬픔, 불안, 분노, 두려움, 절망, 낙담, 무력함이 표현되었다. 전쟁을 알리는 무거운 북소리가 점점 더 다가오는 것 같았다. 우리는 미군 병사들을 포함한 많은 생명이 희생될 것임을 깨달았다. 하지만 한 여성은 희망을 느꼈다. 대규모의 세계적인 반전시위가 장기적으로는 미국 내의 자각을 일깨울 것이라고 생각했기 때문이었다.

나는 우리가 하고 있던 작업의 근간을 이루는 인본주의적 원칙에 대해 가르쳤다. "우리가 이렇게 깊은 감정을 나누고 그것을 우리 존재에서 반드시 필요한 부분으로 포용하게 됨을 높이 평가합니다. 우리는 여기 안전한 인간중심적 환경에서 그 감정들을 희망과 역량으로 전환시키기 위해 그것들을 경험하고 있습니다. 어두운 감정을 발견하고 받아들이는 것은 통로인데, 그 통로를 통해 우리는 반대편(자각, 이해, 온전함 그리고 행동)에 도달합니다. 이러한 감정들이 존재한다는 것을 부인하면 우리는 냉담하고 억압된 개인이 됩니다. 심리적으로 불안한 환경에서 이 감정들을 표출한다면 문제가 생길 수도 있다는 것은 사실입니다."

이러한 개념들을 배경으로 나는 우선 동작(movement)을 통해 우리의 감정을 구현하도록 제안했다.

> 동작은 우리가 정말로 느끼는 것을 발견하고 표현하는 효과적인 방법입니다. 우리 몸은 마음이 어렴풋하게 경험하는 메시지를 전달합니다. 잠시 동안 눈을 감고 움직이면서 여러분의 몸이 담고 있는 메시지를 경험해 보세요. 방금 우리가 논의했던 내용들을 생각해 보세요. 토론에서 느꼈던 것을 당신의 몸이 어떻게 표현하고 싶어 하나요? 원한다면 소리를 내어도 됩니다.
> 여러분이 눈을 감고 움직일 때 나는 여러분을 지켜볼 것이며 여러분이 어떤 감정이라도 표현할 수 있도록 그것을 담을 수 있는 큰 그릇이 되어 여러분들을 지켜볼 겁

니다. 소리나 춤을 사용할 수도 있고 움직이지 않고 가만히 있을 수도 있습니다. 이
것을 하는데 옳고 그름은 없습니다. 탐색하고 실험해 보세요.

잠시 후, 나는 마빈 게이(Marvin Gaye)[8]의 음악을 틀고 이렇게 말했다. "이 곡은 서
정적이지만 가사는 전혀 그렇지 않습니다."

곡이 시작되었을 때 각자는 화려한 색상의 쉬폰 스카프를 천천히 내렸다. 흔들리는
리듬에 따라 부드럽게 움직이면서 우리는 가사를 음미했다.

> 어머니, 어머니, 너무 많은 어머니가 울고 있네요.
>
> 형제여, 형제여, 너무 많은 형제가 죽어 가네요.
>
> 당신은 알아요. 오늘 우리가 이곳에 사랑을 가져올 길을 찾아야 한다는 것을.

사람들은 분명 자신의 어둠과 고통, 분노, 두려움을 탐색하고 있었다. 이따금씩 나
는 부드럽게 이렇게 말했다. "어떠한 감정이 일어나도, 소리를 내어도 괜찮습니다."

내가 모든 걸 수용함으로써 그들에게 내가 자신들을 온전히 지켜보는 사람, 즉 증
인으로 그 자리에 있음을 상기시켜 주었다. 한 여성은 검은색 스카프를 베일처럼 머
리에 두르고 무릎을 꿇고 있었다. 또 다른 한 사람은 검을 휘두르는 것처럼 공기를 가
르고 있었다. 분위기가 전환되었다. 나는 움직이고 있던 한 사람에게서 갈망을, 다른
사람에게서는 힘을 느꼈다.

눈을 감은 채 동작을 함으로써 참가자들은 자신이 어떻게 보이는지 또는 다른 사
람들이 무엇을 하고 있는지 관여하지 않았다. 그들은 온전히 자신의 감정에만 집중했
다. 증인으로서 나는 비판하지 않고 그들의 감정을 받아들였고, 모두에게 너무 고통
스럽기 때문에 억제해 왔던 부분과 그늘진 부분을 경험하고 또 재경험하는 자유를 제
공하였다. 그들의 동작 속에 나타나는 창조적인 힘과 서로 산의 조화를 보는 것은 늘
라웠다. 이 '집단 공명'에서 모두 눈을 감았고 언어적인 의사소통을 전혀 하지 않았음
에도 개개인은 어떤 신비로운 방식으로 다른 사람에게 연결되었다. 어느 시점에서 자
각이 모든 이들의 내면에서 전환된 것 같았다. 다른 사람들이 기도하는 동안 한 사람
이 분노를 표출하여 불협화음을 내기는 했지만 나는 깊은 내적 평안을 느꼈다. 가장
어두웠던 감정을 통과하면서 사람들은 개인적이고 집단적인 영감(spiritual sense)을 발
견하고 있었다. 정말 경이로웠다.

동작 세션을 마치고 난 후 나는 모두에게 곧바로 미술 재료를 사용해서 자신들이 경험한 것을 묘사해 보라고 제안했다. 한 시간 동안 그들은 창조성의 신성한 공간에 몰입되어 엄청나게 창조적인 에너지를 집중시키며 침묵 속에서 작업했다.

다음 단계는 각자가 함께 경험을 나눌 파트너를 찾는 것이었다. 그런 다음, 전체가 다시 모였다. 이 과정에서 무엇을 얻었을까? 개개인이 자신들의 그림과 감정에 대해 이야기했을 때 우리는 감정을 몰입하며 들었다. 한 남성은 죽음의 천사 모양을 만들었다. 그는 피를 표현하기 위해 밖에서 붉은 열매를 찾아냈다. 그는 이렇게 적었다. "죽음의 천사가 절망 가운데 흐느꼈다. 피의 강에 허벅지까지 꿇은 채 천사는 모든 의욕을 잃고 사라지기 시작했다. 인간의 파괴적인 힘에 압도되어서." 한 여성은 부상당해서 피를 흘리는 아이를 업고 가는 병사를 묘사한 콜라주를 만들었다. 그녀는 이것을 이 나라에서 안전하게 살고 있는 자신의 손자들의 행운과 비교했다. 또 다른 한 여성은 '권력의 자리'를 만들어 스스로에게 용기를 북돋아 주었다. 우리는 사람들마다 자신의 작품에 대해 가지는 이해와 해석을 존중하려는 기본 원칙에 따라 해석하거나 분석하지 않도록 주의했다.

이렇게 슬픔과, 분노, 두려움, 감사, 온정과 같은 내면의 감정이 외적인 형태로 표현되었다. 이 학생들의 감정과 직관은 다양한 매체로 옮겨졌다. 비언어적이고 비선형적이며 상상력이 풍부한 우뇌적 기능이 전면으로 나왔다. 해방감과 안도감이 강의실에 맴돌았다. 확장된 개념의 상호 간의 지지에 용기를 얻어 모두가 우리 조국이 감행하려는 가증스러운 행동에 진심으로 반응했다. 상호 이해는 명확한 사고와 행동을 가능하게 했다.

## 건설적인 행동 : 평화로운 세계를 마음에 그리기

다음 날 아침, 우리는 평화로운 세계를 마음으로 그리는 실습을 시작했다. 우선 몇 가지 동작으로 우리는 활력을 되찾았다. 그런 다음 '우리의 세계'를 상징하는 커다란 종이 원을 펼쳤다. 어떻게 하면 평화로운 세상을 만들 것인가에 대해 집단별 명상의 시간을 가진 다음, 우리는 모두 한꺼번에 그림을 그리기 시작했다. 이번에도 이 활동은 집단의식을 고취시켜 주었다. 그다음에 이어진 토론에서 개개인이 평화의 명분을 전파하기 위해 나름대로 그리고 지역사회에서 무엇을 할 수 있는가에 대한 단호한 의지를 느끼게 해 주었다.

## 집단 과정 검토하기

이 집단 과정에서 일어나는 일들은 모든 심층 집단 작업에서 전형적으로 경험하는 것들이다. 격한 감정으로 미술작품을 만드는 것은 그 감정의 존재를 인정하는 것이다. 감정의 정체를 알아차리고 단어로 표현하고 수용하는 것은 치유를 가져다준다. 감정을 표현한 이미지들을 볼 때, 우리는 자기이해와 통찰력을 얻는다. 우리의 감정들이 공동체 전체에서 깊이 경청되고 있음을 느낄 때 변화가 시작된다. 우리는 행동을 취할 내면의 힘과 확신을 발견한다.

## 스웨덴의 국가적 비극에 대한 반응 : 예

2003년 9월에 나는 스웨덴의 한 도시인 에스킬스투나(Eskilstuna)에서 친구이자 동료인 페르 아펠모(Per Apelmo)가 기획한 5일 과정의 표현예술 워크숍을 진행하고 있었다. 우리는 자신들의 임상현장에서 표현예술을 사용하고자 하는 20명의 심리치료사, 교사, 사회복지사로 구성된 그 집단의 공동 촉진자였다. 일지에 나는 이렇게 적었다.

> 처음 며칠간 우리가 서로 친숙해지고 신뢰를 쌓아 가며 창조적인 표현을 탐색해 갈 때 모든 것이 순조롭게 진행되었다. 9월 11일 아침, 참가자들이 매우 흥분해서 작업실로 들어왔다. 그들의 사랑과 지지를 받는 외무부 장관 안나 린드가 백화점에서 쇼핑을 하던 중 칼로 수차례 찔렸다는 것이었다. 뉴스에 따르면 정신이상자인 한 남성이 뒤쪽으로 다가가 그녀를 바닥에 쓰러뜨리고 충격에 얼어붙은 사람들이 지켜보는 가운데 그녀를 난도질했다. 린드 장관은 밤사이 수술을 받았고 우리가 모였던 그 시간에는 중환자실로 옮겨진 상태였다.

폭력 없는 나라로 정평이 나 있던 스웨덴은 충격에 빠졌다. 촉진자로서 우리는 즉시 계획을 바꾸어 우리가 느꼈던 두려움과 희망을 주제로 이야기를 나누고 미술로 표현해 보는 시간을 가졌다. 우리는 부드러운 음악을 틀어 놓고 침묵 속에서 작업에 임했다. 그런 다음 둥근 원으로 모여서 린드 장관의 회복을 위해 함께 기도했다. 나의 일지에 이렇게 적혀 있다.

세상을 더 나은 곳으로 만들고자 노력하는 강하고 아름다운 한 사회민주당원인 여성이 있다. 하지만 어떤 정신이상자인 남자는 그런 그녀를 증오한다. 그녀의 정신이 곧 나의 정신이고 그녀의 힘이 곧 우리 집단의 힘이다. 9월 11일은 미국인들에게는 뉴욕의 트윈타워에 감행된 테러공격을 기억하고 애도하는 날이다. 그리고 노벨평화상의 본거지인 스웨덴에서는 오늘, 누군가가 한 여성 평화주의자를 죽이려 했다.

안나 린드 장관은 스웨덴에 유로화를 채택하려고 적극적으로 노력하던 중이었다. 린드 장관의 아름다운 얼굴이 담긴 포스터가 도시의 거리와 건물들을 환하게 비추고 있었다. 대부분의 사람은 그녀가 차기 스웨덴 수상(대통령)이 될 것이라고 입을 모았다. 그녀는 그들의 우상이었다.

우리 집단 구성원들이 그림을 그리고 글을 적고 조용히 이야기를 나누고 있을 때, 나는 창밖을 내다보았고 누군가가 국기 게양대로 걸어가고 있었다. 노란 십자가가 그려진 파란색 국기가 조기로 내려지고 있었다. 나는 사람들에게 이것을 보라고 했다 우리는 그것이 린드 장관의 사망을 의미한다는 것을 알았다. 모두가 충격에 빠졌다! 나는 로버트 케네디가 총격으로 사망했던 날이 떠올랐다. 페르와 나는 미술을 통해 비탄과 분노, 눈물, 두려움, 불안을 표출하도록 사람들을 격려했다. 페르와 나를 포함한 모두가 울고, 흐느끼고 가슴을 치고, 북을 두드리면서 거대한 눈물과 분노의 벽화를 그렸다. 어떤 사람들은 기도했고 어떤 사람들은 자신의 감정을 큰 소리로 발산했다. 나는 그 방 여

고통의 순간에 보살펴 주기

기저귀를 돌아다니며 각자가 이 비극을 받아들이는 방법을 찾도록 지지해 주었다. 촉진자로서 나는 한 발 뒤로 물러나 있지만 그들의 슬픔과 분노에 공감할 수 있는 능력을 가지고 있다. 그들은 나의 눈물이 그들의 눈물과 하나가 되게 했다.

오후 실습이 끝날 때쯤, 우리는 함께 모여 각자의 작품에 대해 이야기를 나누었다. 다양한 크고 극적인 그림들이 벽에 걸려 있었다. 사람들은 북 치는 소리나 울부짖는 소리, 기도 소리가 방해가 되지 않았다고 말했다. 어떤 사람들은 분노가 담긴 시를 썼고 다른 사람들은 절망의 춤을 추었다. 모두가 지지에 감사해했다. 집단으로서 우리는 안도감을 경험했다. 모든 사람이 자신의 남편, 아내, 자녀들, 친구들에게 동일한 종류의 지지를 줌으로써 자신의 감정을 느끼게 해 주기로 다짐했다. 다음 날 다시 와서 자신의 감정을 건설적인 행동으로 옮기는 방법을 찾기로 의견을 모았다. 그리고 우리는 그것을 실천했다. 우리는 조국이 앞으로 나아가도록 도울 뿐 아니라 어떻게 하면 공동체 내에서 경험하는 충격과 상실감을 치유하도록 도울지에 대해 의견을 나누었다.

## 집단적 공명은 진화한다

매번의 예시에서 집단 내에 마술 같은 일이 일어났다고 나는 설명했다. 우리는 이것을 또한 '집단 공명'이라고 부른다. 이것은 아직은 환상에 불과한 강력하지만 충분히 이해하기 어려운 현상이다. 사람들은 그런 경험에 대해 이야기는 하지만 글로 정확히 표현하는 것은 어려워한다.

2001년 페처연구소(Fetzer Institute)[9]가 집단과 함께 일한 경험이 있고 집단 통찰 능력과 공동 창소, 실행력을 키우는 데 탁월한 열정을 가지고 있는 400명 이상의 사람과 인터뷰를 함으로써 집단 공명을 연구했다. 사람들이 인터뷰에 임하자 이야기들이 쏟아져 나왔고 집단 내에서 자각이 개인에게 의미와 깨달음을 주는 쪽으로 움직일 때가 있다는 사실이 분명해졌다. 그것은 신비로움이나 영적 경험이라고 불릴 수도 있다. 뭐라고 부르든 간에 자각으로 움직여 가는 이 현상은 집단 내에서 매우 중요한 요소인데, 특히 우리가 집단에 속한 개인으로서 좀 더 온전해지는 길을 찾고 있을 때는 더욱 중요하다. 르네 리바이(Rene Levi)는 자신의 박사학위 연구에서 이런 유형의 경험이 보고된 바 있는 집단 상황을 겪은 인터뷰 대상자들의 이야기를 토대로 서른 가지 이상의 상황에 대해 조사했다.[10]

## 집단적 공명의 정의

공명은 다양한 사람으로 구성된 한 집단이 그들 자신의 감정과 생각이 매우 깊이 조화를 이룰 때 일어난다. 이때 다른 사람들이 어떻게 느끼고 무엇을 생각하는지에 대한 민감성이 존재한다. 나는 그것을 더 확장시키거나 높이거나 신성한 어떤 존재에 연결된 개개인 속에 나타나는 열림이나 귀착으로서 경험한다. 그것은 집단 내 개개인이 모두 동의한다는 것이 아니라 그들이 모두 같은 파장 위에 있으며 서로 잘 이해한다는 뜻이다. 그것은 또 나/우리/나의 것을 넘어 모두를 포괄하는 상태로 나아가는 것이다. 공명은 신뢰로부터 그리고 집단에 속한 개개인이 자신의 모습 있는 그대로를 보여 줄 수 있도록 서로를 지지해 줄 것이라는 사실을 앎으로부터 온다. 온전히 통일된 느낌과 우리가 모두 하나라는 자각이 있다.

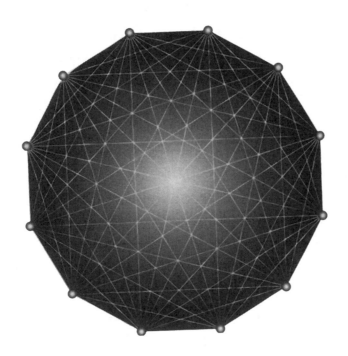

## 관계의 망

내가 가지고 있는 이 이미지는 모든 사람을 연합하는 네트워크 또는 끈이다. 각 사람이 다른 한 사람과 연결된 끈을 가지고 있다. 이것은 개인적인 부분을 훨씬 뛰어넘는 무언가를 창조한다. 나는 당신과 연결되어 있고 당신은 또 다른 누군가와 연결되어 있어서 우리 모두는 결국 서로에게 연결되어 있다. 우리가 동일하다(identical)는 것이 아니라 하나(one)라는 것이다.

내가 이 글을 쓰고 있는 지금도, 이 네트워크의 이미지는 계속해서 진화한다. 이 네트워크를 그림으로 그려 설명하고자 한 나는 그 결과 나타난 기하학적 모양에 놀라고 말았다. 나는 집단에 속한 열두 사람을 표시하기 위해 하나의 원에 12개의 점을 찍었다. 그리고 선을 그려 각 개인을 다른 한 사람과 연결시켰다. 이미지가 완성됐을 때 놀랐던 것은 그것이 삼차원으로 보인다는 것이었다. 모든 끈이 서로 연결이 되면 네트워크는 삼차원 형태가 된다. 하나로 연합할 때 우리는 전체의 일부일 때보다 훨씬 더 강력하다.

나에게 있어 이 이미지는 정신적인 강렬한 화합을 의미한다. 중심부는 신비롭게도 빛을 발하게 되고 우리는 개체로서의 존재를 떠나 집단 공명으로 옮겨 가게 된다.

페처연구소의 보고 내용으로 다시 돌아가서, 브리스킨(Briskin)은 경험의 원칙 요소를 요약했다. 구체적으로 **집단 공명**이라는 용어를 사용하지는 않았지만, 그의 설명은 내가 내린 정의와 유사하다.

> 사람들은 집단 구성원들 사이에서 존재하던 경계가 녹아 없어지는 것처럼 보일 때가 있다고 한다. 이럴 때 사람들은 자신의 관심사를 다른 사람들의 것과 분리되었다고 보지 않으려고 노력한다. 그렇게 함으로써 그들은 연합되었다는 달콤함을 경험하고 전체가 하나로 조화롭게 전진해 나가는 경험을 하게 된다. 모임은 모두가 참석한 가운데 의사소통이 부드럽게 이루어지고, 심오함이 흐르며 이해와 지식이 넘치는 모습으로 자리 잡아 간다. 정체성을 잃는 사람은 없다. 오히려 전체 집단 내에서 각자가 중요한 일부라는 의식이 고조된다. 말과 행동은 시기적절하게 이루어진다. 이것이 바로 자유로운 구조인데, 그 안에서 사람들은 자신들의 동질성을 깨닫고 동시에 자신들의 독특한 재능을 발휘할 수 있다.[11]

그러한 집단의 정신적 각성에 도달하는 것이 쉽다고 생각하지 말라. 그것은 결코 쉽지 않다. 그 여정은 미묘하고 신비롭다.

나는 이전 장에서 집단의 안전한 환경 안에서 우리 자신의 그림자를 직면해야 하는 능력에 대해 논의한 바 있다. 다시 페처연구소의 보고 내용으로 돌아와서, 브리스킨은 경험의 원칙 요소를 요약했다.

> 그들(사람들)은 개개인이 혼자 직면한다면 분명 압도당해 버릴 수 있지만, 집합체로서의 강점을 살리면 그러한 감정을 인정하고 직면한다. 혼자가 아닌 함께라면 용서할 수 없는 모욕과 잔학한 행위, 두려움의 순간에 사람들이 자신뿐만 아니라 서로에게 정기적으로 가하는 고통에 대해 충분히 그리고 두려움 없이 기꺼이 통찰하고자 하는 의지가 생긴다. 움츠러들지 않고 온정을 가지고 당당하게 통찰할 때, 고통이 사라지고 두려움, 소외를 넘어 용서와 집단적 치유로 나아가고자 하는 자극이 생긴다.[12]

위 내용의 마지막 문장은 남아프리카공화국의 잔혹한 인종차별주의 희생자들과 가해자 사이에 공개적인 만남을 주선하고자 한 데스몬드 투투(Desmond Tutu) 대주교의

두 남성이 지면상으로 대화를 나누고 있다.

비범한 노력에 대해 콜만(Colman)이 언급한 내용이다.[13] 그러한 안전한 환경 안에서 희생자들은 '진실과 화해(truth to power and reconciliation)'를 말했다. 이 치유 과정은 칭찬받고 지속되어야 할 집단 치유의 모범이다. 그것은 역사적 사건으로 정의를 구현하는 새로운 방법을 배우는 기회를 제공해 주었다.

내가 말하고자 하는 요점은 우리 각자와 모든 집단에는 어두운 그림자나 악(evil)이 잠재해 있다는 것이다. 우리가 집단, 특히 표현예술집단에서 일어나는 깊은 관계와 기쁨에 대해 이야기할 때 이 가능성을 기억하도록 하자.

## 지구의식 일깨우기에 대하여

표현예술을 가르치고 개발하는 나의 강한 동기 중 하나는 지구의식을 일깨워 세계 정의와 평화를 가능하게 하려는 것이다. 전 세계적으로 어떠한 의식이 높아지고 있는데 나는 그것을 영적 자각이라고 말하고 싶다. 나는 조직화된 종교나 어떤 교리에 대해 이야기하는 것이 아니다. 영적 자각에 대해 말하는 많은 개인과 작가들이 있다. 그 어떤 것보다 더 많은 존중의 가치를 가진 자각으로 나아가고 있는 집단과 단체들이 있다. 그들은 서로의 말을 들어주고 갈등해결을 위해 비폭력적 방법을 사용해야 한다고 주장한다. 자유주의 종교 단체뿐만 아니라 인본주의 및 자아초월 운동, 비폭력 개혁 운동가들도 세상의 문제를 다루는 건설적인 방법을 모색하고 있다.

여성주의 원칙이 서서히 세계적 자각 속으로 들어오고 있다. 여성주의는 '여성'에 관한 것만이 아니라 개인적인 권력을 사용하여 타인을 지배하거나 조종하는 대신 더 많은 사랑과 온정, 협동을 나누는 것에 대한 것이다. 그것은 균형에 관한 것이다.

우리 문화의 언어는 전투적이며 남성적이다. 마약과의 전쟁, 범죄와의 전쟁, 테러와의 전쟁이 있다. 우리는 심지어 암을 치유하기보다 암과 맞서 싸우려고 한다. 싸우는 관점 대신에 우리는 문제의 근원을 찾을 수 있다. 테러범들이 왜 우리를 증오하는지를 알면 이 문제들과 테러를 효과적으로 해결할 수 있다.

사람들이 진정으로 평등한 세상을 만드는 것 또한 우리의 비전이 되어야 한다. 물욕이 동기부여의 요소가 되는 물질주의 경제 위에 사회가 세워져 있는 한, 우리는 문제를 벗어날 수 없다. 우리는 사랑과 돌봄, 서로의 것을 빼앗아 가는 대신 주는 것으

여성들이 지면상으로 대화를 나누고 있다.

로부터 감사와 만족이 샘솟는 세상을 꿈꾸어야 한다. 나의 비전은 마음으로 생각하게 하는 자각의 변화를 우리가 경험하는 것이다.

## 표현예술을 사용하여 내면의 평화와 세계의 평화 상상하기

우리의 접근법이 우리와 그들(우리는 선한 사람이고 그들은 적)로 맞춰지면 세상은 평화를 경험하지 못할 것이다. 창조적인 과정은 우리가 힘을 공유하는 세상을 마음속에 그려 보도록 도와준다.

### 탐색활동 : 내적 평화 상상하기

다음의 탐색활동은 우리가 내면의 빛을 인지할 수 있는 상태인 내적 평화를 불러일으킨다. 이 빛이 우리의 마음속에서 밖으로 나가 다른 사람들을 비출 때, 우리는 이 세상에서 희망을 주는 영향력이 된다.

　집단에 참여한 개개인들이 조용히 앉거나 눕도록 하라. 부드럽고 나긋한 목소리로 몇 가지 이완법 지침을 제공하라. 문장과 문장 사이에는 잠시 쉬어 가면서 다음의 명

개인의 평화와 세계 평화 상상하기

상문을 천천히 읽어 주어라.

우리는 10분 동안 촉진자가 음성으로 하는 안내에 따라 부드러운 명상의 시간을 가질 것입니다. 이 시간에 여러분은 내적 평화를 상상해 보는 기회를 얻게 될 것입니다.

(천천히 읽기) 앉거나 누우세요. 여러분이 앉거나 누워 있는 땅 아래로부터 지지하는 힘을 느껴 보세요. 숨을 깊이 쉽니다. 매번 내쉴 때마다 여유를 가지고 근육을 이완시킵니다. 우선, 부드럽게 눈을 감고 눈에 있는 근육을 이완시키세요. 숨을 들이마시고 내쉬고. 이제 얼굴과 머리, 즉 볼, 턱, 귀, 두피에 있는 모든 근육을 이완시킵니다. 들이마시고 내쉬세요. 목과 어깨 근육도 이완시킵니다. 깊이 들이마시고 내쉴 때는 몸에 있는 모든 근육에게 긴장을 풀라고 말하세요. (잠시 쉰다.) 숨을 내뱉을 때 가슴과 어깨, 팔, 손에 있는 근육이 이완되도록 하세요. 깊은 호흡을 계속하세요. 배와 골반, 허벅지, 다리, 장딴지, 발 근육을 이완시키세요. (잠시 쉰다.) 온 몸에게 편안하게 쉬라고 말하세요.

여러분이 내적 평화를 느꼈던 적이 있다면 그때를 상상해 봅니다. 여러분의 몸이 어

떻게 느꼈나요? 여러분의 마음과 생각은 어땠나요? 영혼과 정신은 어땠나요? 이때
가 아마도 여러분이 석양이나 달이 뜰 때 바다나 호수 혹은 꽃을 바라보고 있던 순
간일지도 모릅니다. 명상 시간이나 예배 시간, 사람의 감정을 느끼는 시간일 수도
있습니다. 그런 순간이 떠오르지 않는다면 지금 상상으로 만들어 보세요. 공상에 빠
져 보세요.

때와 장소가 어디든지 그 공간으로 다시 들어갑니다. 어떤 느낌이 드나요? 여러분
의 몸 중 어느 부위에서 평화가 느껴지나요? 냄새나 촉감, 소리와 같은 신체적 감각
을 몸으로 느껴 보세요. 몸의 어느 부분에서 평화가 느껴지나요? 마음과 생각, 정신
에 주의를 기울이세요. 이 공간에서 몇 분간 머물러 봅니다.

천천히 자신을 깨워서 완전히 깬 상태로 돌아오세요. 부드럽게 기지개를 켜고 손가
락 발가락을 꼼지락 꼼지락 움직여 보고 눈을 뜬 다음 깊이 호흡을 하세요. 여러분
이 현재 경험한 것에 계속 집중하세요.

이제 여러분 각자가 방금 그 공간에서 어떤 감정을 느꼈는지 춤이나 동작으로 표현
하거나 움직이는 모습의 조각상을 만들어 보세요. (5분 소요) 이제 색깔이나 점토,
콜라주를 사용해서 이 감정들을 즉흥적으로 표현해 보세요. (20분 소요) 그것이 끝
나면 "나는 ~이다, 나는 ~를 가지고 있다, 나는 ~하게 느낀다."와 같은 문장을 5개
적어 보세요.

이 작업을 마친 사람들은 서로에게 자신의 경험을 나누도록 한다.

"저는 빛의 소용돌이입니다." 혹은 "저는 평화로운 고양이입니다." (보이는 이미지
를 언급하면서) ~와 같은 단어를 써서 일인칭으로 여러분이 표현한 작품을 설명해
보세요.

마무리할 때는 다음과 같이 말한다.

이 작품을 사용해서 스스로에게 여러분의 신성한 내면 또는 외면의 공간을 상기시
켜 주세요. 여러분의 충만한 영성으로 하루를 보내세요. 마음과 생각에 평화에 대한
비전을 담으세요. 내적 평안을 얻는 것은 세상에서 평화를 갖는 첫걸음이라는 것을
자각하세요.

### 탐색활동 : 세계의 평화 상상하기

몇 분 동안 조용하고 평화롭게 명상을 한 후, 이렇게 말한다.

> 이제 세상 모든 사람이 동일한 내적 평화를 가졌다고 상상해 봅니다. 가는 곳마다
> 이런 평온을 가진 사람들을 만난다면 어떤 느낌이 들지 경험해 보세요. (이것이 경
> 험되고 느껴지도록 잠시 자세를 취합니다.)

> 기지개를 켜고 깨어 있는 상태로 돌아옵니다. 마치 여러분 모두가 이 내적 평화와
> 세계 평화를 가지고 있는 것처럼 다른 사람들을 대하면서 방 주위를 걸어 다녀 보세
> 요. 그러고 나서 미술 재료를 가지고 평화로운 세상에 있는 것이 어떤 느낌인지 그
> 림을 그리거나 색칠을 하거나 콜라주를 만들어서 표현해 보세요.

## 요약

이 장에서 나는 표현예술을 왜 사용해야 하는지 필수성과 목적, 공동체 개발을 위한
임상적인 방법에 대한 나의 생각을 적었다. 조화와 일치라는 이상과 모든 존재를 인
식하고 그 존재에 연결되는 집단적 자각을 포용하는 공동체에 대해서도 이야기했다.
나는 개인적·집단적 자각의 변화가 일어나도록 촉진자들이 신성한 공간을 유지시킬
수 있어야 한다고 강조한다.

"개개인이 내면적으로 평화로워질수록 세상에 더 유익하다. 새로이 나타나는 패러
다임이 있다. 즉 우리는 모두 거대한 연결망의 일부라는 것이다. 이것은 개인이나 집
단으로서 우리가 세계 평화에 대한 의지를 가지고 있을 때 더욱 그렇다."[14]

인간중심 표현예술 탐색활동을 통해 얻어진 집단 공명은 개인 및 집단 지각을 더
조화롭고 평화로운 수준으로 끌어올린다. 세계의 일원으로서 우리가 직면하고 있는
문제들을 이해하기 위해 함께 모일 때 우리는 공통성(commonality)과 연합(unity)을
통해 힘을 모으게 된다.

다음 장에서 나는 참가자들로 하여금 그룹활동을 마치고 난 후 자신들이 배운 것을
가정이나 직장의 환경으로 옮겨 갈 수 있도록 돕는 방법을 제시할 것이다.

# 주석

1. Harriet Tubman Wright, Course paper, Saybrook Graduate School, June 2008.

2. Shellee Davis, personal correspondence.

3. Natalie Rogers, *The Creative Connection: Expressive Arts as Healing* (Palo Alto: Science and Behavior Books, 1993).

4. Ibid. p. 9.

5. Columbus Salvesen, Licensed Clinical Psychologist, consultancy services to organizations and key persons in working life. Oslo, Norway.

6. Excerpted from Natalie Rogers, "Expressive Arts for Peace," *Association for Humanistic Psychology (AHP) Perspective*, (Feb/March 2004).

7. Ibid.

8. Marvin Gaye, "What's Going On," CD.

9. Fetzer Institute, *Centered on the Edge: Mapping a Field of Collective Intelligence & Spiritual Wisdom* (Kalamazoo, MI: Fetzer Institute, 2001) p. 5. www.fetzer.org.

10. Renee Levi, "Group Magic: An Inquiry into Experiences of Collective Resonance," dissertation, 2003.

11. Fetzer Institute, *Centered on the Edge: Mapping a Field of Collective Intelligence & Spiritual Wisdom* (Kalamazoo, MI: Fetzer Institute, 2001) p. 27. www.fetzer.org.

12. Ibid. p. 49.

13. "Truth and Reconciliation Commission on South Africa," Wikipedia, accessed December 12, 2008, http://en.wikipedia.org/wiki/Truth_and_Reconciliation_Commission_South_Africa. The Truth and Reconciliation Commission (TRC) was a court-like body assembled in South Africa after the abolition of apartheid. Anyone who felt that he or she was a victim of its violence was invited to come forward and be heard. Perpetrators of violence could also give testimony and request amnesty from prosecution. See also: www.speaktruth.org.

14. Lynne McTaggart, "The Power of Our Collective Intention to Create a New World," Feminine Power, womenontheedgeofevolution.com, accessed December 8, 2009.

# 9

# 마무리 단계 : 시작임과 동시에 끝

신체의 외형이 변해 감에 따라 자아도 변화한다.
사람들 및 자연계와의 관계에서 얻는 자아의 경험이 내적으로 변한다.
－자넷 애들러(Janet Adler)

## 시작임과 동시에 끝

어느 누구에게도 이별은 힘든 것이다. 소속해 있던 집단이 보살핌을 주고 자신의 가치관을 풍요롭게 하도록 돕고 능력 신장에 도움을 주어 왔다면, 특히나 이별을 고하기가 어려울 수 있다. 참가자들은 떠나는 것에 대해 생각하기를 회피할 것이다. 그들은 수용과 공감을 경험했고 있는 모습 그대로를 보여 주도록 격려되었다. 그들의 창조성이 향상되었고 우정이 쌓였다. 많은 갈등이 해소되었고 그렇지 못한 문제들은 의식적으로 '보류'되었다. 만약 이것이 학교의 정규 과정이나 일주일 혹은 그 이상의 워크숍이었다면 가족과 직장의 스트레스에서 벗어난다는 안도감으로 신나는, 창조성과 자기관리뿐만 아니라 조용한 자기성찰도 할 수 있었을 것이다. 헤어지고 싶지 않은 것이 당연하겠지! 어떤 사람은 버림받은 경험이 있어서 마칠 시간이 다가옴에 따라 불편한 감정이 생겨났다.

　이 시점에서 촉진자는 각 참가자들이 이별과 상실감에 어떻게 대처하는지 세밀하게 인지해야 한다. 끝까지 내면적 힘을 배우고 얻는 긍정적인 방법에 초점을 맞추는

실 연결하기

것이 방해받지 않도록 노력해야 한다. 촉진자들은 다양한 반응을 보게 될 것이다. 어떤 참가자들은 지각을 하거나 멍하니 있거나 끝나는 것을 부인할 다른 방법들을 찾기도 한다. 또 어떤 이들은 마지막 시간 바로 전날, 이미 나갈 만반의 준비를 한다. 그들은 주의력이 흐트러지거나 휴대폰을 사용하거나(집단활동 시간에는 사용이 금지됨) 다른 위로가 될 만한 것을 찾는다. 집단활동을 하지 않는 사람은 짐을 싸거나 쇼핑, 여행계획 짜기, 가족, 가사일 등에 집중한다.

우리 촉진자들은 집단원들의 경험을 응집력 있게 마무리하도록 '지금 이 순간'에 지속적으로 집중하게 도와주어야 한다. 나는 '부족을 불러 모으기' 위해서 징을 울리거나 타오스 드럼을 칠 때 유머를 사용하는 법을 배웠다. 그들이 하나둘 방으로 들어올 때 나는 미소 지으며 이렇게 말한다. "이 부족은 끝까지 함께 모여 있는 데 어려움이 좀 있군요." 조금 더 진지한 말로, 남은 워크숍 일정과 마지막 날 일정은 변함없이 예정대로 진행될 것임을 주지시켜 준다. 의미 있는 마무리를 위해 요구되는 일이 있다. 무엇을 배웠고 가정에 돌아가서 그것을 어떻게 적용할 것인지 서로 의견을 나누며 함께 배운 경험을 연결 지어 보는 것이다. 그리고 의미 있는 의식으로 작별을 고

한다.

몇 년 전 우리가 인간중심표현치료연구소(PCETI) 훈련 프로그램을 시작했을 때 나는 그 집단의 마무리에 거의 관심을 기울이지 않았다. 전 세계에서 오는 사람들의 흥분을 느끼며 나는 언제나 새로운 집단을 시작하는 데 열성적이었고 준비가 되어 있었다. 하지만 보통 35명의 인원으로 열흘간 지속되는 워크숍을 마무리해야 할 때가 다가오면 나는 작별 인사를 할 준비를 거의 혹은 전혀 하지 않았다. 이유야 어찌되었든 나는 의미 있는 마무리를 할 방법에 대해 생각하기를 피했던 것이다. 집으로 가려고 문을 나서는 최초의 사람 가운데 하나도 역시 나였다. 이것은 큰 실수였다.

나의 동료들과 참가자들이 훨씬 이전에 나의 이런 점에 대해 지적을 했었다. 그 결과 마무리를 하는 방식에서 나는 감정적인 부분에 변화가 일어났고 마지막 날을 의미 있게 만들기 위해 동료 촉진자들과 함께 지금도 노력하고 있다. 새로운 시작의 시간으로서 작별에 대해 이야기하는 것도 이 노력의 결과 중 하나이다. 지난 수년간 우리는 집단에 의미 있는 마무리를 선사하기 위해 놀라운 표현예술 탐색활동 기법들을 개발했다.

## 작품을 한곳에 모아서 이야기 만들기

집단활동 마지막 전날 우리는 개개인이 워크숍 전반에 걸쳐 경험한 것들을 되짚어 보도록 돕는 시간을 준다. 15명으로 이루어진 한 그룹이 이렇게 하는 데 2시간 30분이 걸린다. 우리는 원으로 모여서 그 여정을 시작하기 전에 명상을 한다. 조용하고 열린 마음과 생각으로 시작한다. 절차는 다음과 같다.

### 탐색활동 : 여정 – 작품을 한곳에 모아서 이야기 만들기

이 작업의 목적은 여러분의 모든 미술작품과 글을 모으고 이야기와 신화를 사용하여 개인이 경험한 것들을 통합하는 것입니다. 이 과정은 2시간 반 정도 걸리며 다음과 같은 단계를 따릅니다.

여러분의 모든 작품, 즉 그림, 조소, 콜라주와 글도 모아서 그것들을 정리해 놓고 한

예술 여정 되돌아보기

꺼번에 볼 수 있는 장소로 가지고 갑니다. 시간순으로 배치할 필요는 없습니다. 여러분 중 몇 사람은 이 방에 작품을 걸어도 좋습니다. 혹은 야외로 나가서 잔디 위에 작품을 펼쳐 놓거나 자신의 방으로 가져가도 됩니다. (15분 소요)

앉아서 여러분의 작품에 대해 명상을 합니다. 색상과 이미지가 여러분 내면으로 흘러들어 오도록 지그시 눈을 뜨고 그것을 바라봅니다. 판단하거나 평가하려고 하지 말고 그저 색상과 형태, 느낌이 여러분의 감정을 불러일으키도록 하세요. (5분 소요)

그런 다음 일어서서 동작으로 그 그림들을 표현해 봅니다. 소리를 내도 됩니다. 그림이나 조소의 본질이 여러분 자신의 움직임과 소리를 자극하도록 하세요. 작품에 표현된 것이 반드시 문자 그대로 해석될 필요는 없습니다. (5분 소요)

이야기나 신화를 써 봅니다. 여러분의 작품을 살펴볼 때, 이야기가 흘러나오도록 합니다. 시작하는 것이 어렵다면 "옛날에..."로 시작해 봅니다. 미술작품과 동작이 여러분의 여정 과정을 기록하는 것을 고무시키도록 해 보세요. 앞에서 우리는 "나는

~하게 느낀다.", 혹은 "나는 ~이다.", "내 경험으로는 ...."과 같이 일인칭을 사용해서 말하거나 글을 써 보라고 할 때가 있었습니다. 그런데 지금은 3인칭을 사용하도록 합니다. 즉 가상 스토리, 판타지, 신화를 써 봅니다. 글이 논리적일 필요도 없습니다. 어떤 것이든 가능합니다. (20~30분 소요)

두세 사람과 경험을 나누어 봅니다. 글쓰기를 마치면, 이미 마친 다른 두세 사람을 찾으세요. 여러분의 작품을 모아 둔 곳으로 함께 가서, 여러분의 이야기를 읽어 줍니다. (물론 이것은 선택적입니다.) 반응이나 피드백을 원한다면 반드시 그렇게 미리 이야기를 합니다. "제 이야기를 들었을 때 당신은 어떤 생각과 느낌이 들었나요?"라고 물어볼 수도 있습니다. (60분 소요)

여유 시간이 있고 여러분이 원한다면 그 두세 사람 중 한 사람에게 여러분의 이야기를 대신하여 큰 소리로 읽도록 요청해 봅니다. 종종 자신의 이야기를 다른 누군가가 읽어 주는 것을 들을 때 새로운 깊이와 통찰력을 얻습니다. 이 순서를 마치면 다음 사람의 작품으로 같은 절차를 반복합니다.

마지막으로 전체 집단으로 돌아옵니다. 집단과 나누고자 하는 여러분의 경험을 요약할 방법을 찾아보세요. 춤이나 동작으로 요약할 수도 있고 그 이야기가 여러분에게 어떤 의미가 있는지 두세 문장으로 설명할 수도 있습니다. 여러분은 무엇을 배웠습니까? (각자 2분씩, 30분 소요)

　치료사인 자넷(Janet)은 벽에 걸린 자신의 작품들에 고무되어 이 글을 적었다. 자신의 이야기를 쓰는 중에 가장 심오한 질문에 대한 답이 마법처럼 튀어나왔다. 그 이야기는 다양한 색상과 모양, 점토 조각, 그림들을 통해서 나왔다.

## 예 : 현자[1]

나의 여정에서 이야기를 쓰기 전에 나는 스스로에게 이렇게 질문했다.

다른 사람이 판단하거나 허락하는 것과 상관없이 너에게 중요한 것은 무엇인가?
네 영혼의 심연에 무엇이 있는가?

나는 이렇게 대답했다. "더 위대한 어떤 존재와의 영적 연결이다. 고요함이 내면으로 들어와 상처 입은 마음을 채우고 치유가 일어났다. 예전의 헐벗은 마음이 이제는 감싸졌다."

옛날에 어느 시원한 저녁 날 어둠이 깔리고 침묵의 대화가 오고 가던 곳에 한 현자가 여인에게 와서 물었다. "당신의 마음에 무엇이 있는가?"

그러자 여인이 이렇게 대답했다. "핑크 빛 꽃과 신에 대한 사랑, 세상 만물과의 연결을 느끼고자 하는 애달픈 열망이 있습니다. 매일 그 연결됨을 지켜보는 시간이 되면 제 마음에 평안함을 느낍니다."

현자는 미소 지으며 말했다. "당신의 마음속에 무엇이 있느냐고 물었소."

그러자 여인은 처음에는 혼란스러워하다가 잠시 생각한 후 말했다. "결정할 수가 없습니다. 이 여정에서 저는 혼자인가요, 아니면 동행자가 있나요?"

"한 길은 굽이굽이 평화로워 보이는군요. 하지만 일치라는 장애물과 엄격함이라는 굴곡들, 조화라는 표식들 그리고 이 모든 것에 더해 당신 옆에는 누군가가 있어요. 함께 장난치고 웃고 춤추고 무지개를 쫓을 수 있고.... 함께 유성 속으로 첨벙 뛰어들기도 하고, 함께 떠들썩하게 자연에 취해 보기도 할 수 있는 그 누군가가 있네요."

"하지만 오, 지혜로운 분이시여, 최근 저의 행로는 그렇지 않았습니다. 저는 끊어진 수 마일의 길을 홀로 걸었습니다. 포효하는 불확실(의문)이라는 바다에서 이따금씩 수영할 수 있는 자유를 누리긴 했습니다. 결코 채워질 수 없을 것 같은 공허함이라는 것을 지고 다니지만, 거의 대부분은 기다림이라는 들판에 앉아 있곤 합니다."

다시 한 번 현자가 미소 지으며 말했다. "당신의 마음속에 무엇이 있는가?"

"지혜로운 분이시여," (이 시점에서 여인은 완전히 다른 각도로 그 질문을 받아들였다.) "제 마음을 보호막으로 둘러치고 있다는 것을 압니다. 하지만 최근에 다른 사람들이 들어오도록 다리를 놓았습니다. 정문에 서 있던 문지기도 보내 버렸는걸요. 지혜로운 분이시여, 저는 개방되었습니다. 그리고 저는 두렵습니다. 어떻게 하면 제가 다시 안전함을 느끼고 충분히 사랑할 수 있을까요?"

현자는 여인을 뚫어지게 쳐다보며 대답했다. "당신의 마음속에 무엇이 있는가?"

여인은 거의 포기할 지경에 이르러 속으로 생각했다. "이건 분명히 내가 풀 수 없는

수수께끼일 거야." 하지만 바로 그 순간, 그녀는 이런 생각이 떠올랐다. "나는 혼자
가 아니야. 내 마음속에 우정이라는 따뜻한 불꽃이 있어. 어떤 폭풍우도 피할 수 있
는 피난처도 있고 순결한 내 언니들의 사랑으로 가득한 거대한 벽난로도 있고, 용기
와 힘도 있어. 이 세상에서 사랑하기에 이보다 더 좋은 무기는 없을 거야."

현자는 환하게 미소 지었다. "당신의 마음속에 무엇이 있는가?"

여인도 또한 미소 지으며 "세상이 있습니다."라고 대답하였다.

그녀가 대답하자마자, 불꽃놀이가 밤하늘에 시작되었고 나라 전체에 축제가 벌어
졌다.

모든 여정 이야기는 독특하다. 한 남성은 자신이 속한 신화적 집단에 관한 이야기
를 썼다. 그의 이야기를 통해 우리는 각자가 자신의 내면 여행 이야기를 직면하는 데
있어 집단의 힘이 얼마나 놀라운지 다시 한 번 깨달았다.

## 예 : 내부 통로[2]

이 작업은 한 집단 사람들의 영웅적
이고 의미 있는 거듭남에 공감함으로
써 자기검증에 대한 나의 욕구를 표
현해 주었다. 늘 그렇듯이 이 이야기
는 자기가치의 문제를 직접적으로 다
루고 있기 때문에 나는 읽으면서 눈
물이 났다.

우리가 따뜻하고 조용한 대지를 가로
질러 가자 오솔길이 우리에게 어서
오라고 손짓한다.

기쁨이 넘치는 생각들이 우리를 기다
리고 주변 숲이 우리를 반겨 주고 있
다. 곧 갈색 대지가 사라지고 울창한
숲이 나타난다. 인류는 이 계곡의 오

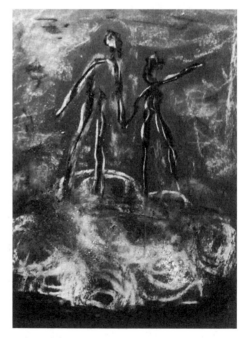

내가 얻은 교훈

솔길을 지나다녔고 우리 발자국이 지나간 자리에는 희미한 우리 존재의 흔적이 대지 위에 남는다.

곧 숲은 더 우거지고 높이 솟은 산맥들이 우리의 시야를 가린다. 우리가 부르는 노랫소리만이 검푸른 절벽 아래로 우리가 사라져 버리지 않았음을 확신시켜 준다. 산들은 마치 "네가 감히 우리 사이를 올라가 하늘에 이르겠다고? 우리는 거대한 산이고 태곳적부터 이곳에 있었어. 우리에게 과거와 미래는 곧 하나야."라고 말하며 우리를 내려다보는 것 같다.

우리 소집단은 이 무시무시한 절벽을 벗어나는 길을 찾으려 지금 아래에서 방황하고 있다. 슬픔이 깃든 검푸른 하늘은 장애물을 헤쳐 나가는 우리의 길을 거의 비춰 주지 못한다. 의구심이 밀려온다. 두려움이 엄습하고 발걸음을 무겁게 한다. 그래도 우리는 앞으로 나아가려 애쓴다. 발밑에 느껴지는 흙의 감촉으로 가는 길의 험난함을 상기한다. 구부러진 오솔길을 따라 걸어 올라가면서 우리는 서로 격려하며 밀려드는 두려움을 이겨 보려 한다. 서로가 가지고 있는 불확실성에 온정을 느끼고 우리가 지금껏 해 온 노력에 의미를 부여하면서 목적지에 도달했을 때의 고귀함을 스스로에게 일깨운다.

마침내 우리는 일몰 직전 바람에 나부끼는 나뭇잎으로 만든 밝은 초록색과 오렌지색 장식으로 꾸며진 또 다른 계곡 입구에 다다른다. 우리 부족의 마을이라는 경계를 표시해 주는 장대에 매달린 깃털들이 춤을 춘다. 우리는 밝게 빛나는 모닥불 주위에 편안하게 둘러앉는다. 또다시 우리는 집으로 돌아왔다.

## 탐색활동 : 경험에서 의미 구현하기

참가자들이 모두 모이면(작품은 그대로 두고) 우리는 워크숍 전반에 걸쳐 경험한 것에서 의미를 구현하는 과정을 시작한다. 이것은 길고도 정서적인 과정이다. 그래서 다시 함께 모이는 것은 의미 있는 마무리를 하도록 간결하게 이루어지도록 해야 한다. 우리는 모든 참가자에게 몇 분간 조용히 명상의 시간을 가지면서 자신들이 작업해 온 내용의 핵심을 한두 문장으로 요약하도록 한다. 그들은 집단에 참여하는 동안 배운 것을 비유적으로 표현해도 되고 간단하면서도 직설적인 문장으로 표현해도 된다. 예를 들면, "회색 여우 한 마리가 급류에 휩쓸려 절망의 소용돌이에 빠졌다. 까마

귀 한 마리가 그것을 보고 쏜살같이 내려가서 여우를 낚아채 친절한 동물들이 살고 있는 마을에 그를 내려놓았다." 또는 "어느 빨간 머리 여인이 거울 속 외로운 한 영혼을 보았다. 그녀가 큰 소리로 한참을 웃자 거울이 산산조각이 나버렸다. 그녀는 다시는 그 영혼을 보지 못했다." 혹은 이야기가 주는 의미에 대한 짧은 설명을 덧붙일 수도 있다. "저는 제 자신이 동작과 미술을 포함한 창조적 과정을 즐긴다는 사실을 발견했습니다.", "저의 영성이 회복되었습니다.", "저는 직업을 바꾸기로 결심했어요."

스토리텔링 후 이렇게 할 시간이 부족하다면 서너 사람으로 이루어진 소집단으로 나누어 위의 과정을 마무리한다. 이때 각자의 작품과 은유적 의미를 가진 여정 이야기, 심도 있게 깨달은 통찰력에 대해 서로 인정해 준다. 이 이야기를 나눌 때 사람들은 신비로울 정도로 서로 연결된다. 험한 산을 등반하는 한 사람의 이야기는 또 다른 사람의 영웅적인 여정과 연관된다. 어떤 사람의 이야기 속에 나오는 영혼 안내자가 된 동물은 다른 사람의 동화 속에서 숲에서 길을 잃은 소녀와 서로 연관된다. 마무리 의식 중에 우리는 자신이 배운 것을 더 나눌 수 있는 시간을 갖는다.

## 통찰력에 대한 창조적 집단사고

서로의 경험 공유를 통해 얻은 개인적, 집단적 통찰력을 재검토해 보는 것은 유용하다. 이 과정에서 우리는 플립 차트를 사용해서 의견들을 기록해 놓고 각자가 비슷한 어려움을 가지고 있다는 것을 볼 수 있도록 한다. 어떤 의견은 개인적인 관찰 내용을 반영하고 또 어떤 것들은 전체의 과정을 반영한다. 한 집단의 리스트를 예로 들어 본다.

- 나는 몸의 동작을 사용해 억눌린 감정을 극복할 수 있다는 사실을 발견했다.
- 나는 가끔씩 비열해진다는 사실을 깨달았다.
- 나는 장난스럽고 유치해지는 걸 즐긴다는 것을 알았다.
- 몇 해 전 아버지의 죽음이 생각했던 것보다 나에게 더 큰 영향을 미쳤다.
- 나는 남을 보듬어 줄 수 있는 사람이라는 사실을 깨달았다.
- 나는 오랫동안 나의 창조성을 가두어 두었다. 하지만 이제는 그 창조성을 활용하는 방법을 안다.

- 나는 자신을 돌보는 법을 배웠고 자신을 돕는 길이 곧 남을 돕는 길이라는 것도 배웠다.
- 나는 현재 나의 일을 떠나 나만의 일을 시작하고 싶다고 생각한다.
- 타문화권 사람들과 함께 생활하는 법을 배운 것은 전혀 새로운 경험이었다.
- 공동체 속에서 생활하는 것은 정말 어렵다. 나는 갈등을 회피하는 사람이라는 것을 깨달았다.
- 명상과 미술을 접목하는 것을 통해 우리는 말로 나눌 때보다 훨씬 서로 가까워졌다.

이런 일련의 진술을 빠른 속도로 돌아가며 나눔으로써 또 새로운 생각을 얻을 수 있다. 이제 각 개인은 공동체 내에서 살아가는 것에 대한 개인적 성장과 이해에 집중할 수 있다.

### 깨달음과 새롭게 배운 것에 대해 적기

10분 동안 여러분이 얻은 가장 중요한 개인적 깨달음 다섯 가지를 적습니다.

공동체 속에서 살아가는 것에 대해 여러분이 배웠던 것에 대한 몇 가지 의견도 적어 보세요.

여러분 자신과 공동체의 일원으로서의 자신에 대해 새로이 얻은 이 지식을 가지고 무엇을 하고 싶은지 자유롭게 몇 가지만 적어 보세요. 어떤 부분을 바꾸고 싶은가요? 집에서 어떤 행동을 바꾸고 싶은가요? 공동체 안에서 혹은 세상에서는 어떻습니까?

각자 기록한 것을 가지고 소집단 모임으로 이야기를 나누거나 시간이 충분하다면 전체 집단에서 나누어 본다.

## 배운 개념 살펴보기

워크숍의 마지막 몇 시간 동안 우리는 우뇌적 영역과 좌뇌적 영역을 번갈아 가며 경험했다. 미술작품과 은유적 표현으로 적은 글을 검토하고 나서 우리는 표현예술 과정의 이론과 실제에 대해 배운 것을 논의해 본다. 나는 참가자들에게 다음의 질문을 가지고 서로 인터뷰를 하도록 한다.

- 당신이 경험한 표현예술 탐색활동 중에서 깊은 자각이나 통찰력을 불어넣은 것은 어떤 것입니까? 당신의 통찰력을 나누는 것이 아니라 어떤 활동이 왜 당신에게 자각을 불러왔는지 나누어 주세요. 몸 동작을 통해서였나요? 아니면 미술활동을 통해서였나요? 글쓰기 아니면 경험 나누기였나요? 아니면 그중 몇 가지를 합친 것인가요? 그 경험을 떠올려 볼 때 창조적인 연결에 대해 당신은 무엇을 배웠나요? 한 가지 미술 형태가 다른 미술 형태에 대한 정보를 주는 것을 어떻게 경험했나요? 어느 형태가 당신의 감정에 떠올랐나요? 그런 감정들을 해소하고 전환하는 방법을 어떻게 찾았나요?
- 이 집단에서 당신은 인간중심 활동을 어떻게 경험했나요? 기억에 남는 특별한 사례가 있나요? 인간중심의 개념이 퇴색된 때나 그런 사례가 있나요?

## 보고서 쓰기에 대한 제안

워크숍이 학점 이수를 위한 것이라면 위에서 제안한 질문에 답하는 시간을 생략하고 참가자들에게 보고서를 작성하도록 한다. 내가 가르치는 워크숍에서는 보고서를 반드시 제출해야 한다. 학생들은 보고서를 작성함으로써 배웠던 것을 통합하고 개념들을 재정립하며 책에서 읽었던 내용을 개인의 성장에 연계시킬 수 있게 된다. 참가자들에게 보고서를 작성하도록 한다면 다음의 내용을 참조하라.

이 보고서를 작성함으로써 여러분은 더 큰 자기이해를 얻게 될 것입니다. 여러분에게 의미 있는 것을 충분한 시간을 가지고 탐색해 보세요.

여러분의 미술작품을 보고 글쓰기를 하면서 일주일 동안 경험했던 것을 마음속으로 되돌아봅니다. 무엇이 여러분에게 어려운 도전이 되었습니까? 창조적 연결을 통해 새롭게 발견하고 탐색했던 것 중 여러분에게 중요한 개인적 문제가 있었습니까? 여러분의 탐색활동을 방해한 특정 활동이나 순간은 무엇이었습니까? 강한 저항감을 느꼈던 적이 있습니까? 무슨 생각을 하고 어떻게 반응했습니까? 몸의 움직임, 미술, 소리내기, 글쓰기의 상호관계에 대해 무엇을 배웠습니까? 어떤 순간에 그 상호관계에 대해 이해하게 되었습니까?

인간중심 접근법 이론에 대한 이해를 포함하여 여러분 개인의 발달에 기여한 과정에 대해 의견을 나눠 봅시다. 그것은 도움이 되었나요? 그렇다면 언제 어떻게 도움이 되었나요?

여러분이 읽은 내용을 이 보고서에 자연스럽게 적용해 봅시다.

가능하다면 설명하고자 하는 미술작품의 사진을 보고서에 첨부하도록 합니다.

## 여기서 집까지 다리 놓기

우리는 워크숍 또는 수업 과정 중에는 집과 세상에 대한 소식으로부터 떨어져 안전한 보호막 안에 있었다. 하루에 세끼 영양이 골고루 갖추어진 식사를 하고 친밀한 대화를 나누고 친분도 쌓고 깊은 인생 경험을 파헤치며 영혼이 새로운 의미와 재활을 얻었다. 어떻게 하면 각자의 집으로 돌아가서도 이러한 것들을 구현해 낼 수 있을까?
   그에 대한 두 가지 실천 방법을 제안하고자 한다.

### 탐색활동 : 여기에서 집까지 다리 놓기

날씨와 환경이 허락한다면 모든 참가자가 밖으로 나가서 이 활동을 한다. 실내에서 할 수도 있지만 다른 사람들이 아니라 오로지 자신에게만 집중해서 해야 한다.

먼저, 이곳에서 지내는 동안 여러분의 생활과 경험에 대해 몇 분간 조용히 명상하면서 시작하겠습니다. 느낌과 생각에 집중합니다. (몇 분간)

이제 조용히 밖으로 나가서 시작점을 찾습니다. 그 시작점은 여러분이 이 워크숍에 있었다는 표시입니다. 걷기 시작해서 친구, 가족, 직장이 있는 집이라고 상상하는 한 지점을 향해 천천히 걸어갑니다. 걸을 때 뒤에 무엇을 남겨 두고 가는지 또 무엇을 향해 가는지에 집중합니다. 감정과 생각에 주목하세요. 이때 드는 생각이나 감정에는 옳고 그름이 없습니다. 그저 주목하기만 하면 됩니다. 10분 정도 이 과정을 진행합니다.

이 과정을 마치면 실내로 돌아와서 미술작품을 만듭니다. 3차원 콜라주를 만들거나 점토나 물감 등 원하는 표현 매체를 선택합니다. 미술활동이 끝나면, "나는 집으로 향하는 좁은 길을 걷고 있다. 떠날 때 나는 ~한 느낌이 들었다. 돌아오는 길에 나는 ~한 것을 느꼈다. 집에 도착해서 나는 ~을 경험한다." 등 1인칭 현재시제를 사용하여 글을 적는다. 20분간 실행한다. 그렇게 한 후에 파트너를 찾아서 미술작품에 대해 의견을 나누고 원한다면 글도 나눈다.

## 탐색활동 : 집에서의 환경변화 이해하기

워크숍에서 집으로의 환경변화를 이해하도록 돕는 효과적인 방법은 다음과 같다.

편안하게 느끼는 파트너 한 사람을 찾습니다. 파트너 A는 동작하는 사람이 되어 몸으로 진정성 있게 표현하고, 파트너 B는 관찰하는 사람이 되어 조용히 공감하며 지켜봅니다. B가 앉을 수 있는 공간을 찾고, A는 자유롭게 표현합니다. (벨을 울린다.)

나의 용기를 집으로 가지고 가기 : 친절한 사자

A는 눈을 감거나 부드럽게 뜨고 한곳을 가만히 응시합니다. 이 워크숍에서 여러분의 감정이 어땠는지 생각하면서 몸과 소리가 그 감정을 표현하도록 합니다. 억눌림이나 부끄러움, 실망감이나 분노, 적극적이거나 창조적임, 혹은 이 모든 감정을 느껴 보았나요? 몸의 움직임을 통해 이번 한 주간 여러분이 느꼈던 많은 감정을 탐색해 보세요. 자유롭게 경험해 봅니다. (10분 소요)

이제 집이나 직장에 있는 문으로 걸어 들어간다고 상상해 봅니다. 거기에서 여러분이 느끼는 감정을 표현하는 움직임을 탐색해 봅니다. (10분 소요)

세 번째 움직임, 즉 각 경험 중 가장 강렬했던 경험을 통합하는 어떤 것을 만들어 보겠습니다. 그것을 여러분은 어떻게 표현할 수 있겠습니까? 그것은 어떤 느낌입니까? 여러분은 집이나 직장에서 자신이 어떤 존재가 되기를 원합니까?

나는 A에게 경험을 마무리하고 파트너와 그것에 대해 의견을 나누게 한다. 그러면 파트너 B는 자신이 A의 경험을 관찰하면서 느낀 것을 A의 관점에서 피드백을 준다. 그다음은 A와 B가 역할을 바꾼다.

글을 쓰는 것은 경험을 구체화하기도 하고 참가자들이 집에 돌아간 이후에 참고할 수 있는 자료가 되기도 한다.

## 탐색활동 : 7대 후손의 입장에서 자신에게 편지 쓰기

한 학생이 워크숍 마지막 날 할 수 있는 활동을 만들어서 다음과 같이 소개했다.

우리는 자신의 삶의 창조자입니다. 이 자발적 주체성은 인간이 자연에서 생존할 수 있었던 진화의 가장 큰 힘이 되어 왔습니다. 우리는 세상을 의식하는 주체이며 삶을 함께 만들어 가는 동반자입니다. 미래 자신의 후손 중 한 사람(지금으로부터 7세대 후손)이 세상에 무슨 일이 벌어져 왔는지 지금 당신에게 편지를 쓴다고 상상해 보세요.[3]

나는 다른 학생들과 활동에 합류해 이 편지를 적었고 이 경험은 깊은 감명을 주었다.

날짜 : 2207(지금으로부터 195년 후)

발신 : 7대 후손

나탈리 할머니께,

당신은 세계 평화와 지구의 생존에 대해 매우 염려하셨습니다. 지구에 가해지는 폭력과 약탈이 가중되면서 절망에 빠지셨지요.

2020년에 사람들의 의식에 큰 변화가 있었습니다. 엄청난 의식의 전환(Great Turning)이었지요. 먼저, 인간의 탐욕 때문에 경제가 흔들리더니 붕괴되었고 석유매장량은 바닥이 났으며, 전 세계적으로 전력량도 사상 최저 수준이 되었습니다.

생존의 문제에 직면한 인류는 마침내 서로 협력하고, 다른 사람과 함께 지구를 돌보아야 하며 얻는 것보다 더 많이 주어야 한다는 것을 깨달았습니다. 삶의 원칙은 포틀래치 사회(Potlatch Society)처럼 가진 것 중에서 가장 많이 나누어 주는 사람을 존경하는 것이 되었죠. 영육 간의 치유자가 존중받는 사회가 되었습니다. 모든 공동체는 집단 농장에서 수확물을 공급받았고 그래서 더 이상 굶주리는 사람도 없고 무기도 없어졌습니다. 무기는 해체해서 땅에 묻어 버렸죠. (마이크로네시아의 팔라우에서처럼) 공동체에서 연로한 여성들은 모든 결정을 내리는 의회에 속해 최종 결정을 내리는 역할을 했습니다.

이제 가장 큰 권력은 지배력이 아니라 사랑의 힘이라고 믿습니다. 예술과 자애를 통한 자기치유가 가능하다고 믿었던 당신과 당신의 동료들이야말로 이 거대한 의식의 전환을 가져오는 데 풀뿌리 역할을 했습니다. 지금 사람들은 평화롭고 창조적인 삶을 살고 있습니다.

불행하게도 경제 붕괴와 에너지원 고갈로 말할 수 없는 고통이 있었습니다. 수십만 명의 사람들이 기근과 식수 부족으로 죽어 갔습니다. 그때가 최고의 암흑기였습니다. 하지만 지금은 모든 것이 평화롭고 인류는 상호협동적이며 서로 사랑하고 있습니다. 갈등은 타협으로 해결되고 지구는 회복되고 있습니다. 지구는 잘 있습니다.

이 경험은 나에게 매우 의미 있는 것이었고 오랫동안 마음속에 남아 있다.

## 탐색활동 : 워크숍에서 개발된 특질 중 내가 좋아하는 것과 버리고 싶은 것

나의 동료인 수 앤 해런(Sue Ann Herron)은 15명의 한국인 치료사를 대상으로 한 교육실습 프로그램의 마지막 날을 위해 이 프로그램을 만들었다. 그들은 자신들의 치료에 사용할 인간중심 표현예술을 배우고자 캘리포니아로 왔다. 교육실습 요강에 이 교육이 심층적 경험에 관한 것이라고 설명되어 있기는 했지만, 실제로 몸의 움직임과 예술표현을 통해 얼마나 깊은 정신세계에까지 도달할 수 있는지에 놀란 것 같았다. 대부분의 사람은 교육실습이 '어떻게 하는지'에 대한 학습이라고 생각하는 경향이 있다. 하지만 우리는 창조적인 연결을 사용하여 참가자들을 심오한 내면으로 인도함으로써 그들이 치유로서 표현예술을 경험하게 한다. 이 한국인 집단은 미술과 움직임에 대단한 창조력을 보여 주었다.

9일 일정 프로그램의 마지막 날은 이렇게 진행되었다.

촉진자가 부드럽고 규칙적인 박자로 북을 치는 동안 걷기명상을 했다. 참가자들은 길게 한 줄로 서서 조용히 자연 속을 거닐면서 세 가지에 집중했다. (20분 소요)

1. 내가 이 프로그램에서 개발한 특질 중 내가 좋아하는 것
2. 내가 버리고 싶은 특질
3. 나는 어떤 사람, 어떤 존재로 집으로 갈 것인가

집단이 실내로 돌아왔을 때 우리는 그들에게 다음을 실시하도록 했다. (15분 소요)

종이에 내가 개발한 특질 중 내가 좋아하는 것을 적어서 봉투(제공됨)에 넣습니다. 봉투에 이름을 적고 가지고 있습니다.

다른 종이에 내가 버리고 싶은 것을 적습니다. 그것을 두 번째 봉투에 넣어서 이름을 적습니다. 이 두 번째 봉투는 방 가운데에 있는 바구니에 넣습니다.

세 사람씩 집단을 만들어서 집으로 갈 때 내가 어떤 모습일지 그리고 내가 집으로 가지고 가고 싶은 좋은 것에 대해서 의견을 나누어 봅니다. (40분 소요)

다시 전체 집단이 원으로 모여서 각자의 좋은 특질에 대해 나누어 보고 봉투는 원의 중앙에 놓습니다.

둥근 원으로 나누는 것은 걷기명상과 개인적 나눔을 통해 얻어진 깊이와 의미가 담겨 있었다. 각자가 자신이 진심으로 소중히 여기는 것을 한 가지씩 찾았다.

마지막 날 오후 의식(ritual)에서 우리는 운 좋게도 야외 모닥불을 피울 수 있었다. 모두 모였을 때 각자 악기 하나와 버리고 싶은 것을 적은 종이봉투를 가지고 있었다. 모닥불 주위에 앉아서 북, 종, 딸랑이를 연주하면서 우리는 각자 불 옆에 준비된 의자에 앉아서 버리고 싶은 것에 대해 생각해 보는 시간을 가졌다. 그리고 봉투를 조심스럽게 모닥불에 넣었다. 마지막으로 각 개인이 자기 방식대로 집단에 감사의 말을 전하는 기회를 가졌다.

## 마지막 순서 : 작별 인사하기

나는 떠나는 순간을 학수고대하는 사람을 한 번도 본 적이 없다. 하와이에서 두 번, 우리는 프로그램이 진행되는 일주일 내내 거의 허리케인 수준의 비가 억수같이 내렸던 적이 있다. 두 번 모두 열악한 기후와 개인적 시련이 우리를 심오한 정신세계로 이끌었고 작별을 애틋하고 따스하게 만들어 주었다.

성장의 눈물

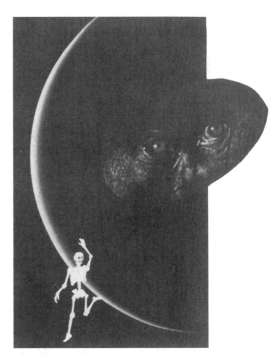

"나는 매일 연민을 가지고 살 거야."

바다에 작별 인사하기

한 번은 수도관이 파열되었다. 밖에는 물이 범람했고 안에서는 화장실과 샤워에 사용할 물조차 없었다. 돌발 상황에 적응해야 했다! 주변 마을이 홍수로 어려움을 겪고 있었고 우리는 무시무시한 바람과 비에 위협받는 사람들과 집이 매우 염려되었다. 촉진자로서 우리는 허리케인의 강한 에너지가 오히려 우리의 민감성을 연마하고 있음에 집중하도록 이끌었다. 폭풍우를 무시하기보다 오히려 의도적으로 우리의 의식 속으로 받아들이고 예술작품으로 표현했다. 우리가 어떻게 느꼈을까? 두려움? 불안? 환경에 대한 염려? 이것이 과연 우리 자신의 맹렬하고 강한 에너지를 느끼는 데 도움이 될까? 우리의 어두운 그림자를 알게 해 줄까?

일본에서 온 20명의 참가자가 화창한 날씨와 모래사장이 있는 해변을 기대하며 우리 프로그램에 참석했다. 한 여성은 멀리 러시아에서 왔다. 폭풍우가 몰아치는 가운데서도 그 일본인 참가자들은 종이학 100마리를 접어서 우리를 감동시켰고 그 지역에 사는 참가자들에게 그것을 선물했다. 공동체 정신이 너무나 아름다웠다.

프로그램의 마지막 날, 나는 그들이 집으로 돌아가기를 손꼽아 기다릴 거라고 생각했다. 하지만 집단 공동체의 응집력과 영적 연결이 마지막으로 헤어지는 순간까지 우리를 하나로 엮어 주었다. 직원들은 우리의 식사를 챙기고 화장실 물을 퍼 나르며 최선을 다해 돌봐 주었다. 우리는 마지막 작별의 시간에 그 직원들도 초대했다. 모두들 눈물로 마지막 순간을 나누었다.

　유럽, 러시아, 영국, 일본, 라틴아메리카에서 촉진했던 집단에서도 다른 많은 어려움이 있었다. 모든 갈등이 반드시 해결되지는 않겠지만 끝날 즈음에 참가자들은 집단이라는 환경이 자신의 진정한 모습을 발견할 수 있는 장이 되었음을 깨달았다. 그들은 다른 참가자들의 존중과 보살핌을 받고 때로는 그들과 문제에 직면하기도 하며 자신에게 내재된 놀라운 창조성을 발견하는 기회를 얻었다. 대부분의 사람에게 이 프로그램은 쇄신의 기회가 되었다. 황무지에 뿌려진 씨앗이 물과 양분을 머금고 새로운 생명의 싹을 틔우게 되었다. 몇몇 참가자들은 만개(full blossom)의 기쁨을 누렸다. 그러므로 이 유일무이한 장을 떠나는 것이 감사할 뿐만 아니라 슬픔의 순간도 된다는 것은 당연하다.

　이 끝맺음은 새로운 시작이 된다. 이제 우리는 완전히 다른 사람이 되었다. 이 새로운 자아를 어떻게 집에까지 연장할 수 있을까? 가족과 친구, 동료들에게 어떻게 달라진 모습을 유지할 수 있을까? 이 변화된 모습을 설명하기 위해 우리는 서로에게 어떤 예를 들어 줄 수 있을까?

　그토록 신성한 공동체를 떠나서 '실제 세상' 속으로 돌아가는 것은 일종의 문화충격을 안겨 줄 수 있다. 일상생활에서 만나는 동료나 파트너는 나의 말에 공감해 줄 시간도 없고 그럴 능력도 없다. 세상은 그다지 많은 자기반성이나 창조성을 요구하지 않을 수도 있지만 참가자들이 세상으로 출발하기 전에 우리는 몇 가지 유용한 조언을 한다.

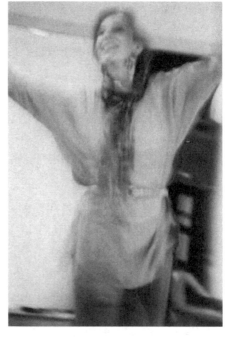

새로운 시작

내가 이전에 아버지와 함께 참만남집단을 이끌던 당시에 참가자들은 종종 집으로 돌아갈 때 겪는 감정적인 어려움에 대해 호소하곤 했다. 그들은 가족과 친구들이 그들이 배운 것과 변화된 모습에 관심을 보이고 흥미로워할 것이라고 생각했다. 하지만 원했던 반응을 얻지 못하면 실망하고 충격에 휩싸였다. 수많은 자기개발 서적과 개인 성장에 대한 관심의 일반화로 친구들이 변화된 가치관을 가지고 집으로 돌아오는 것에 좀 더 수용적인 것은 사실이다. 하지만 워크숍 참가자들은 가정과 직장 환경으로 재진입할 때 좀 더 민감해야 할 책임이 있다. 우리는 다음과 같은 지침을 제안한다.

## 일상으로의 복귀에 대한 제안

가족들이 당신을 그리워하고 일상생활에서 벗어난 시간을 보낸 것에 대해 부러워할 지도 모른다는 사실을 기억하라. 당신의 첫 번째 임무는 지인들에게 공감적 경청 기술을 사용하는 것이다. 한 주를 어떻게 보냈는지 물어보고 진심으로 들어주라!

당신이 막 경험한 내적 변화와 그 과정을 설명하는 것이 쉽지 않음을 인지하고, 우선 작은 부분부터 나누도록 하라. 당신이 얻은 깨달음을 한꺼번에 나누려고 하지 마라.

걸작품을 만든 것이 아니라 색상과 이미지를 통해 감정을 표현한 것이니 자신이 표현한 미술작품은 보여 주지 않는 것이 좋다. 다른 사람들은 이것을 이해하지 못하거나 심지어 작품을 폄하할 수도 있다. 그것에 대해 조심스럽게 나누되 당신이 원할 때마다 볼 수 있는 곳에 놓는 것은 괜찮다.

당신이 경험한 것에 수용적인 사람이 있다면 그것이 축복임을 알라. 그렇더라도 그들에게 그것을 충분히 '소화할 수 있는 시간'을 주도록 한다.

일상으로 돌아갈 때 가장 중요한 측면은 인간중심 접근법과 창조적 표현 두 가지를 모두 사용할 방법을 찾는 것이다.

다음은 참가자들이 유용하다고 생각하는 몇 가지 방법이다. 이것은 새로운 시작 이다!

- 나는 자아표현을 위해 개인적으로 미술 작업 후 글쓰기를 계속한다.
- 나는 자녀들과 시간을 정해 놓고 이것을 한다. 함께 미술작품 만들기를 하고 내가 관심을 보일 때 아이들이 매우 좋아한다.

- 나의 파트너는 종이 한 장에 두 사람이 대화하는 방법을 시도해 보고 싶어 했다 (제2장에 설명). 우리는 다른 탐색활동 몇 가지도 함께해 보았다.
- 나는 거실에서 음악을 틀어 놓고 춤을 춘다.
- 나는 매일 10분 이상씩 명상을 한다.
- 나는 뜻이 맞는 친구들과 작은 지지집단을 조직해서 표현예술 경험에 대해 나누었다.
- 나는 가정과 직장에서 잘 들어주는 사람이 되는 연습을 했다. 결과는 매우 성공적이다!

## 탐색활동 : 땅에 뿌리내리기

마지막 순간이 다가오면 모두가 '뿌리내리기'를 할 시간이다. 우리는 일주일 중 상당한 시간을 변화된 상태에서 보냈지만 차 운전석에 앉아서 무의식적으로 과속을 할 때까지는 그 사실을 잘 깨닫지 못한다. 공항 티켓 발권소에 티켓을 두고 올 수도 있다. 뿌리내리기는 지구의 에너지와 연결하는 것으로 내적 균형을 유지하기 위해 반드시 필요하다. (우리는 참가자들에게 당근이나 근대, 감자 같은 뿌리채소를 섭취하도록 권유하기도 한다.) 뿌리내리기 활동을 위한 지침은 기공운동(Qigong)에서 유래했다. 뿌리내리기는 과정에 전적으로 집중해서 침묵한 가운데 이루어져야 한다.

> 파트너를 찾아서 서로 마주 봅니다. 파트너 A가 파트너 B를 땅과 연결시킬 것입니다. 파트너 B는 눈을 감고 가만히 서 있기만 하면 됩니다. 파트너 A는 양손을 힘차게 문질러서 손바닥에 마찰과 에너지가 생기도록 합니다. 그런 다음 양손바닥을 서로 마주 보게 하고 고무줄을 당기고 놓는 모습으로 반복해서 움직입니다. 이렇게 함으로써 양손 사이에 에너지 장을 만듭니다. 그리고 나서 A는 양손을 B의 머리 바로 위로 조금 떨어지게 들어 올려서 에너지가 머리 위를 '감싸도록' 합니다. 그다음 A는 다시 양손을 내려 B의 몸 옆에 놓되 몸에 닿지는 않도록 합니다. 이렇게 함으로써 B의 에너지가 땅으로 내려가도록 합니다. 이렇게 두 번을 반복합니다. 세 번째에는 A가 B에게 몸에 손이 닿기를 원하는지 물어봅니다. 만약 그렇다면 A는 다시 머리부터 시작해서 에너지를 몸 옆으로 내려 마지막으로 B의 발을 강하게 누르면서 마칩니다. 한 사람이 땅과 연결이 되면 역할을 바꿉니다.

## 서로 연결하기

모든 참가자가 워크숍에서 새로운 연결고리를 만든다. 원한다면 공간적 거리와 문화를 초월해 연결된 상태로 유지될 수 있다. 현대의 기술은 이것을 더 용이하게 해 준다.

세이브룩대학원 학생 두 사람이 정기적으로 서로 연락하기로 결정하고 그들은 각자 개인의 성장을 위해 창조적 표현을 계속 사용했다. 이 두 학생은 치료사로, 한 사람은 캘리포니아에 있고 다른 한 사람은 영국에 거주한다. 10시간의 시차를 고려해 정해진 시간에 서로 전화를 한다. 그들은 아이채트(iChat, 서로 화면상으로 볼 수 있는 무료 인터넷 채팅 프로그램)를 사용해서 화면상으로 각자의 동작, 그림 그리기, 글쓰기를 했다. 그런 다음, 자신들의 경험을 나누고 번갈아 가며 이야기를 들어주었다. 이것은 2년 동안 계속되었고 두 사람 모두 삶에 놀라운 변화를 경험했다. 그들의 이러한 변화 과정을 다음 장에서 심층적으로 다룰 것이다.

11명으로 구성된 한 집단이 이메일과 자신들이 직접 만든 웹사이트를 통해 관계를 지속적으로 유지했다. 자칭 '스타시스터즈(Star Sisters)'인 이 집단은 영국과 아르헨티나, 베네수엘라, 미국 여성으로 구성된 다국적 집단이었다. 그들은 기쁘게도 그들의 이메일 목록에 나도 포함시켰다. 그들은 새로운 전문적인 아이디어가 생길 때마다 함께 나누고 서로 아낌없이 지지해 주었다. 어느 베네수엘라 여성은 자신의 공동체에서 평화 프로젝트를 구상 중이며, 텍사스에 거주하는 한 여성(베네수엘라 혈통)은 자신이 만든 미술작품을 모아 스페인어와 영어로 책을 출판했다. 영국 출신의 한 치료사는 용기를 내어 현재 직업을 사직하고 좀 더 보람된 일을 찾고 있다. 집단 구성원 중 세 사람은 자신의 논문을 완성하기 위해 과정을 상호교류하고 있다. 이런 종류의 상호지지 시스템이 공간을 초월해 존재한다는 것이 놀랍기만 하다.

정기적으로 만나서 개인적 · 직업적 조언을 줄 수 있는 지역 단위 집단을 만드는 것이 가능하며 이는 매우 도움이 된다. 예술이라는 매개체를 통해 활동을 강화함으로써 집단에 활력을 불어넣을 수도 있다. 나는 각각 12년과 15년 된 이런 집단활동을 계속해 오고 있다.

우리의 교육 과정에 정신건강 관련 종사자들이 많이 오기 때문에 일상에서의 주요 임무는 심리치료사, 간호사, 상담사, 기관 상담사, 교도소 고문, 사법제도 종사자로서 표현예술을 실행에 옮기는 것이다.

## 요약

워크숍을 의미 있게 마무리하는 것은 참가자와 촉진자 모두에게 중요하다. 여기에는 주의해야 할 몇 가지가 있다. 집단 간 에너지를 주고받는 과정에 발생하는 분열 현상, 참가자들이 정신적으로 워크숍을 떠나는 경향, 일상으로 돌아가는 것에 대한 슬픔과 기대의 감정 공존 등이 있다. 우리가 사용하는 탐색활동이 이러한 마무리 과정을 의미 있게 만드는 데 도움이 된다고 입증되었다. 모든 미술작품과 글을 모아서 하는 여정 경험에서 특히 그러하다. 다른 표현예술 워크숍에서 이 여정을 경험해 본 참가자들도 항상 그 순서를 기다리고 각 여정이 특징이 있음을 깨닫는다.

나는 이 단계에서 우리의 사고가 우뇌적 작업(감성, 창조력)에서 좌뇌적 작업(논리적, 분석적 사고)으로 지속적으로 변화되고 있음을 강조했다. 마무리 과정은 지난 상처를 드러내는 탐색활동을 하는 시간이 아니라 워크숍에서 얻은 모든 개인적인 경험을 모으는 시간이다. 워크숍에서 일상으로의 정신적인 연계에 다리를 놓음으로써 참가자들이 자신들의 복귀를 자연스럽게 받아들이도록 돕는다. 지속적으로 연결관계를 유지하고 상호지지를 받는다는 사실이 작별을 더 편안하게 만든다. 모든 참가자의 뿌리내리기 과정은 워크숍 기간의 길이에 상관없이 그들의 안전을 위한 필수요건이다. 끝으로 각 참가자들이 개인적인 작별 인사를 하도록 하면서 워크숍을 마친다.

다음 장에서는 우리의 워크숍을 통해 배운 것을 적용해 가는 과정에 있는 사람들의 이야기를 소개할 것이다. 고무적일 뿐만 아니라 긍정과 인내로 이루어 낸 개인과 사회 쇄신의 이야기가 다양하게 소개되어 있다.

## 주석

1. Janet Rassmusen, Course V paper, Saybrook Graduate School, 2007.
2. Greg Kerlin, Course V paper, Saybrook Graduate School, 2009.
3. Nichole Warwick, Course IV paper, Saybrook Graduate School, March 2006.

# PART 3

# 그들 자신의 목소리로

# 10

# 그들 자신의 목소리로
## 인간중심 표현예술집단 촉진의 적용

이 장은 나에게 전율을 느끼게 한다! 몇몇 예외는 있지만 글쓴이 대부분이 인간중심 표현치료연구소(PCETI, 1984~2005)나 세이브룩대학교(2004~현재)에서 인간중심 표현예술 과정을 수료했다. 나는 그들에게 이 교육훈련 과정을 적용해서 자신들의 전문적인 작업현장에서 치유와 변화를 가져온 사례에 대해 글을 쓰되 이 책에 나오는 원칙, 테크닉, 가르침을 이용해서 써 달라고 부탁했다. 그들과 수백 명의 다른 동료들이 인간중심 표현예술 과정이 가지는 철학, 가치관, 교수법을 적용함에 있어 보여 준 창조력은 실로 고무적이다. 집단적 배움의 주기가 계속 바뀌고 있다.

보다 쉽게 읽을 수 있도록 각 사례들에 제목을 달았다.

### 특성화된 내담자집단

이 에세이들은 치료사나 사회복지사, 특정 집단의 내담자와 작업하는 모든 사람에게 도움이 될 것이다. 글쓴이들은 난민 아동, 범죄희생 아동, 청소년, 노인 암환자, 섭식장애인, 언어장애인, 참전용사, 치료사와 함께 일하고 있다.

## 개인 성장 과정

어느 저자는 과도기에 있는 사람들에게 표현예술을 사용하여 치료 작업을 하는 것에 대한 이야기를 적었고 다른 한 저자는 흑인계 미국인/백인집단과 스트레스 감소와 평정 도구를 나누었다. 또 다른 저자는 자신의 미술작업실을 내담자에게 개방하여 그들이 결과물보다 창조적인 과정을 경험하는 것에 특히 집중하도록 돕고 있다. 아르헨티나 출신 한 동료는 '무형의 프로젝트'에서 새로운 존재 방식을 찾기 위해 자신을 개인적 한계의 끝으로 밀어 넣어 본다. 우리의 훈련 프로그램에서 룸메이트였던 두 여성은 시차가 10시간이나 나는 곳에 떨어져 살면서도 실시간으로 개인적·직업적 개발을 지속하며 연결관계를 유지하고 있다.

## 교육적 제공

세 사람의 저자는 자신들의 초등학교와 대학 수준의 독특한 프로그램에 대해 논의하고 있다. 러시아에 있는 한 교육자는 대학생들에게 제2외국어로서 영어를 가르치는 데 표현예술을 사용한 경험을 설명하고 있다. 다른 한 저자는 초등학교 학생들을 위한 특별한 접근법에 대해 설명하고 있다.

## 작업 환경

이 에세이에서 당신은 직장 분위기를 변화시키고 일터 환경에서 창조성을 발휘하도록 하는 프로그램에 대한 글을 읽게 될 것이다.

## 슬픔과 상실감을 전환시키기

세 사람의 저자는 슬픔과 상실감에 대해 이야기한다. 한 저자는 자기치유를 위해 여러 집단에 사용하는 치유 과정에 대해 설명하고 다른 한 저자는 일본의 한 병원에서 정신장애를 가진 사람들과 작업하는 경험에 대해 논의한다. 세 번째 저자는 교사들과 아이들이 슬픔을 나누도록 돕는 프로그램을 개발했다.

## 비교문화 연구 작업

비교문화 연구 작업은 카트만두에 있는 한 동료의 주제이자 관심사이다. 그녀는 카트만두에서 네팔 성인들을 교육훈련하여 폭력과 극심한 사회적 변동으로 가족을 잃은 슬픔을 겪고 있는 아이들을 돕도록 하고 있다. 알래스카에 있는 동료는 건강클리닉에서 원주민집단을 대상으로 작업하고 있으며 한국에서는 한 동료가 분석적 미술치료 훈련을 받은 치료사들과 함께 작업하고 있다. 한 동료는 자신이 수년 동안 일본과 영국, 이탈리아, 한국에서 비교문화 연구 작업을 하며 얻은 통찰력에 대해 나눈다.

이렇게 열정이 있는 글들은 이전 장들에서 설명한 내용에 생명을 불어넣어 준다. 이 작업 내용들을 마음껏 즐기고 배우기 바란다.

# 1 특정 집단에 표현예술을 사용하는 치료사들

## 아동과 청소년

### 슬픔에 빠진 아이들의 마음을 창조적으로 교육하기

#### 앤 블랙(Anne Black), 미국

처음으로 (혹은 어느 때든지) 죽음을 목전에서 경험할 때 아이들은 생명의 신비와 감정의 소용돌이에 놓이게 되고 변화하는 세상에서 길을 안내해 줄 누군가를 찾는다. 요즈음 아이들은 자신의 인격과 세계관을 형성하는 데 영향을 미치는 ADD/ADHD 뿐만 아니라 삶의 다양한 상황에서 겪는 상실감과 같은 새로운 어려움에 처해 있다.

교육자이자 부모, 정신건강 종사자 혹은 관심 있는 어른으로서 우리는 아이들이 죽음에 대해 이해하고 감정을 다스리는 법을 터득하도록 돕고 지도해 주어야 한다. 그렇지 않으면 아이들의 자연스러운 호기심이 억압되며 감정마비 현상을 초래할 수도 있다. 그들은 죽음을 접했을 때 자신들을 한결같이 지지해 주고 감정적으로 의지가 되며 정신적으로 개방된 어른을 필요로 한다.

죽음에 대해 터놓고 이야기하고 인생의 자연스러운 과정으로 받아들인다면, 아이들은 자라면서 그것을 두려워하지 않게 된다. 슬프게도 많은 아이들이 죽음을 인식하고 슬픔을 제어하는 법을 배우지 못할 뿐만 아니라 적절한 시기에 죽음에 대해 터놓고 이야기하는 기회도 얻지 못하고 있다. 결과적으로 전 세계적 규모의 상실에 노출된 이 세상에서 감정적으로 생존하는 법을 아이들에게 가르치는 1차 예방적 죽음인식 프로그램(primary prevention death awareness program)이 학교마다 절실히 필요하다.

### 1차 예방/표현예술 프로그램

1989년에 페널로페 심슨과 내가 만났을 때 우리는 채워지지 않은 필요, 즉 학교차원에서 슬픔을 경험하는 아이들을 지지하고 강화해야 할 필요를 느꼈다. 함께 모여 아이들이 상실감을 이기도록 도울 방법을 모색할 때마다 시너지 효과가 증가하여 '우리의 힘으로 할 수 있는 것보다 더 큰일'을 하게 되었다. 두 사람이 가지고 있

한 15세 소녀가 다른 사람에게 상실과 슬픔이 발생하는 것을 보고 자신에게 가까운 누군가도 곧 죽게 될 거라고 믿고 있다.

16세 소녀가 그린 '사방이 막힘'이라는 그림

는 교육적 · 심리학적 · 창조적 전문성을 연합하여 우리는 1990년에 HEALS(Healing Expressive Arts Loss Support) 프로그램을 만들었고 1993년에 창조적 치유센터(Center for Creative Healing)를 설립했다. 페닐로페와 나는 여전히 죽음에 대해 가르치고 가까운 누군가를 잃은 슬픔을 위로하고 죽음의 위기를 중재하며 표현예술을 사용해 사회적 감정적 기술을 증대시키는 효과적인 방법을 찾으려 노력하고 있다.

1990년에 우리가 공동 집필한 아동기 슬픔 치유를 위한 예술 : 학교현장에서의 표현예술 프로그램(*The Art of Healing Childhood Grief: A School-based Expressive Arts Program*)은 촉진자가 특정 상황과 특정 연령대에 따라 쉽게 참고할 수 있도록 도와주는 포괄적인 슬픔과 표현예술 커리큘럼 가이드로 진화했다. 다양한 활동과 표현예술 접근법을 담은 이 매뉴얼은 현재 4판 편집 중에 있다.

슬픔을 경험한 아이들을 위한 프로그램을 교육적 환경에서 실시한 이후로 우리는 현재까지 학교 상담가, 심리치료사, 자신들의 상실감을 극복하고자 지원하는 사람들을 훈련시켰다. 이 훈련을 통해 교육적이고 감정적으로 이러한 가슴으로 느끼는 (창조적인) 접근법을 사용할 수 있는 사람들이 늘어났다. 모든 전문적인 훈련은 인간의 정신과 몸, 마음에 담고 있던 거대한 상실감을 드러내 주었다. 이 상실감 중 대부분은 아동기부터 시작된 것이었다.

HEALS 교육 과정에서 죽음에 대한 교육을 인지적인 면에 초점을 맞추면서, 표현예술은 한창 활발하게 커 가고 있는 이 프로그램의 주춧돌이다. 다양한 형태의 표현예술은 아이들이 보다 쉽게 이해할 수 있는 신체 언어를 사용하게 한다. 우리는 아이들이 의미 있는 의식과 더불어 움직임, 미술, 소리, 글쓰기 등을 통해 몸을 사용할 때, 자신들의 내면세계에 갇혀 있는 생각과 감정을 탐색하고 해소할 수 있다는 사실을 곧바로 발견했다.

임상을 통해 우리는 아이들이 예술을 매개체로 했을 때 자신들을 더 잘 표현할 수 있다는 점을 알게 되었다. 또한 자신을 말로 표현하는 데도 더 능숙해졌다. 친근한 급우, 친구들 그리고 어른들과 함께 둥근 원으로 앉아 있을 때 그들은 개인적인 이야기, 생각, 감정을 나누고 다른 사람들의 내면세계를 존중하는 자세로 탐색할 수 있었다.

2년 동안 HEALS는 죽음이라는 위기에 다양한 관점으로 반응했다. 다음과 같은 다양한 현장에서 우리의 마음은 무너져 내리듯 아팠고 개인적 변화와 직업적 소명을 얻었다. 2명의 교사가 살해된 어느 초등학교, 로미오와 줄리엣의 자살, 아버지가 운전하던 차에 깔려 4세 남자 아이가 사망한 어느 어린이 집, 어머니가 자살한 어느 2학년 학생의 교구 부속학교, 모든 이의 사랑을 받던 교장 선생님이 사망하기 전후의 어느 학교의 직원과 학생들, 자신과 오빠의 학급에 큰 반향을 일으키고 백혈병으로 사망한 어느 여학생이 있던 학교의 2~3학년 교실, 말기 암 판정을 받고 자살한 어느 고등학생의 친한 친구들, 속도위반으로 추격하던 경찰의 총을 맞고 아버지가 사망한 일원이 있는 다문화 집단.

충격에 휩싸인 학교에서 폭풍우 속을 헤쳐 나가고자 직원들이 간절히 도움을 구하는 모습을 보며 우리가 온정을 가지고 그 교정으로 들어섰을 때, 이전에 경험했던 모든 위기들이 우리의 스승(인간성을 부여하는 어떤 것)이 되었다. 몇몇 학교에서 우리는 뿌리 깊은 부인(denial)과 저항의 문제를 다루어야 했다. 다행스럽게도 대부분의 경우, 교육 담당자에게 우리의 프로그램과 또 아이들과 치료 작업은 어떻게 진행하는지 설명할 때 우리 안의 자신감이 확상되었고 결과적으로는 집단적 관계가 생성되었다.

## 불 붙이기

상실감을 겪는 많은 시기 중에 특별히 아이들의 치료에 불타는 열망을 가지는 까닭에 대한 질문을 받으면, 유치원생 무렵 잘 뛰놀던 강아지가 어느 날 차에 치이는 장면을 목격한 후 나에게 치료가 절실히 필요로 했던 순간이 떠오른다. 부모님이 위로해 주시긴 했지만, 그들은 죽음에 대해 어떻게 이야기할지 몰랐고, 나는 감정에 잘 대처하도록 돕는 법을 알지 못했다. 우리는 40년 동안 데이지의 죽음에 대해 한 번도 언급하지 않았다. 마침내 나는 어머니께 그 이야기를 했고, 어머니는 "오, 애야, 네가 잊고 있기를 바랐어!"라고 하셨다.

우리는 가까운 이들의 죽음(특히 표현되지 않은 것들)을 결코 잊지 않는다. 의식적이든 무의식적이든 그 기억들은 우리와 함께하며 우리 존재의 일부가 되고 감정의 형태에 새겨지고 우리의 내면과 외부세계를 형성한다.

데이지의 죽음은 나에게 깊은 영향을 미쳤다. 그것은 내 속에 불을 붙였고 그 불은 다른 사람들에게 퍼져 나간 불, 상황이 아무리 힘들고 슬프더라도 진실을 아이들에게 말하려는 의지의 불, 아이들의 마음을 교육하고 자신들의 생각과 감정을 표현할 수 있도록 창조적인 도구를 주려는 나의 열정을 타오르게 한 불, 현재뿐만 아니라 앞으로 경험하게 될 죽음에 대해서도 잘 대처하게 해 주는 불이다.

## 다문화 청소년들과의 작업

다문화 집단 AWARE의 구성원인 샘은 아버지를 잃었다. 나는 초청을 받아 그와 7명의 다른 구성원들(두 달 전에 에이즈로 어머니를 잃은 샘의 사촌을 포함)과 흑인 학교 상담 선생님에게 HEALS 과정을 제공하게 되었다. 고등학생들은 다루기가 매우 어려울 수 있기 때문에 그들이 교실을 들어올 때 나는 부드러운 음악을 틀었다.

모든 연령대의 아이들은 심미적인 것에 반응한다. 이 고등학생들도 물론 예외는 아니었다. 이 학생들은 즉각적으로 프로그램에 참여했고 우리가 둘러앉은 원의 중앙에 놓여 있던 미술품이 뭔지 알고 싶어 했다. 분위기가 어느 정도 잡히고 우리가 왜 모였는지에 대해 설명한 후 나는 그들에게 인생에서 경험했던 가장 중요한, 혹은 좀 더 탐색해 보고 싶은 죽음을 그림으로 표현해 보라고 했다. 다양한 크기의 종이와 크레파스, 매직펜, 파스텔, 물감이 준비되어 있었다. 모두가 열정적으로 그리기 시작했고 나역시 그들을 지켜보면서 활동에 동참했다.

음악이 흐르는 가운데, 교실에는 깊이와 존중감이 느껴졌다. 학생들은 그리기에 완전히 몰입해 있었다. 20분이 경과한 후, 샘의 사촌을 제외하고는 모두가 자신이 경험한 죽음과 그것을 그린 그림에 대해 터놓고 솔직하게 이야기했다. 하지만 그녀는 자신의 그림과 그 그림을 사용해도 좋다는 동의서를 남겨 놓고 갔다.

샘의 상실 경험은 충격적이었다. 그의 아버지는 감옥에서 출소하자마자 자동차를 훔쳐 타고 가다 경찰의 추격을 받던 중 총에 맞은 것이었다. 샘은 분노로 가득 차 있었다. 우리는 강하게 일어나는 감정을 표출하는 안전한 방법에 대해 이야기를 나누었고 그는 어떤 어리석은 짓도 하지 않겠다고 약속했다. 학생들이 교실을 떠난 뒤 학교 상담 선생님이 샘을 조심스럽게 관찰하면서 주의를 기울이겠다고 했고, 이전 3년 동안보다 현재의 45분 동안 이 학생들에 대해 더 많은 것을 알게 되었다고 말했다. 그는 "왜 당신의 치료 과정을 'HEALS'라고 부르는지 이제야 알겠군요!"라고 덧붙였다.

아이들이 말과 그림, 춤, 소리로 자신들의 이야기를 펼치도록 도입 부분이 새로 만들어질 때마다 우리는 나타나는 결과물(다양하고 풍부한 감성)에 놀라고 또 놀란다. 매번 아이들의 깊은 내면세계에는 고통스러운 이야기가 숨겨져 있었고 우리는 함께 즐거워하고 함께 울었다. 필요에 따라 프로그램 진행 방식이 때로는 바뀌기도 했지만 핵심 접근법은 동일했다. 즉 각자가 마음을 열고 나눌 수 있는 안전한 공간을 만들 때 치유가 일어난다는 것이다.

'창조적인 힘'은 이 치유가 고통과 아픔이 일상의 일부인 우리 세상에 일어나도록 돕는다. 우리는 고통과 아픔을 부인하지도 그 고통에 집착하기를 원하지도 않는다. 대신 우리는 생명이 가져다주는 빛을 비추고자 하며, 그 빛으로 인해 자신들이 모든 것에 대해 의견을 나누고 탐색하고 느끼고 표현할 수 있다는 사실을 아이들이 배우기를 원한다.

나는 표현예술이 아이들로 하여금 자신들의 내면세계를 창조적으로 이해하게 하고 각각의 감정에 갇힌 에너지를 움직이는 강력한 도구라는 사실을 발견했다. 인생의 여러 사건을 헤쳐 나가는 법을 배울 때 아이들은 지속적으로 열려 있을 수 있으며 존재의 가장 소중한 부분이 사신들의 마음에 연결될 수 있다. 아이들의 마음이 조금씩 열릴 때 그들은 삶과 죽음, 기쁨과 슬픔이 모두 인생이라는 춤의 일부에 불과하며 이 세상에서 자신만의 창조적인 여정을 안무하는 활기차고 온정적이며 표현력이 풍부한 댄서가 될 수 있음을 알게 된다.

**앤 블랙**은 사망학(thanatology)과 공동체심리학(community psychology) 분야 박사학위를, 교육학 석사학위, 뉴잉글랜드 미술치료연구소와 인간중심표현치료연구소 과정 수료증을 가지고 있다. 앤 박사는 퇴역군인의 재적응을 돕는 워리어 프로젝트(Warrior Project)를 개발 중이다. ablack@sover.net.

## 청소년을 대상으로 한 표현예술 : 분노 변화시키기

### 아닌 우티가아드(Anin Utigaard), 미국

몇 년 전 표현예술 상담가로 일을 시작할 때 나는 청소년 치료센터에서 일했었다. 내가 맡은 일은 중독과 알코올, 약물 남용 등의 문제를 겪고 있는 십대들과 작업하는 일이었다. 얼마 지나지 않아 내가 깨달은 것은 그들은 중독말고도 많은 것들과 싸우고 있다는 사실이었다. 재활 과정을 거치는 동안 나타나는 감정을 표현하는 방법을 고민할 뿐만 아니라 그들이 다양한 양상의 중독적 행동을 탐색하고 그것에 직면하도록 안전한 환경을 만드는 것이 내가 할 일이었다. 지금도 내가 매우 고마움을 느끼는 한 청년이 있었다. 그 청년은 나에게 표현예술이 변화를 일으키고 청소년들의 날이 선 분노를 표출하도록 돕는 데 얼마나 효과적인지를 보여 주었다. 그는 독불장군이었고 또래들에게 수용되지 못했다. 타인에게 엄청난 분노와 화를 표출했고 거의 비협조적이었으며 적대적이었다. 맡겨진 일에 집중하지 못하고 종종 또래의 인정을 얻기 위해 돌발행동을 했다.

어느 날 나는 10명으로 구성된 한 집단에 표현예술 과정을 가르치려고 조금 일찍 강의실로 갔다. 그 청년은 늦게 도착했고 강의실에 들어오자 직원 한 사람이 그가 앉을 자리로 안내하고 있었다. 그는 얼굴을 찌푸렸고 그 자리에 앉고 싶어 하지 않는 것이 여실히 보였다. 내가 설명하고 있던 과제 대신 점토를 가지고 작업하면 안 되느냐고 물었다. 처음에는 다른 학생들과 같은 과제에 참여하는 것이 좋지 않겠느냐고 그를 설득하려고 했지만 이내 그가 점토 작업을 포기하지 않을 거라는 것이 분명해졌다. 내가 양보했다.

그 즉시 그는 누르고 손바닥으로 치고 자신이 원했던 모양으로 구부리면서 점토 작업에 돌입했다. 30분도 채 지나지 않아 형체가 드러났다. 그는 너무 집중한 나머지 강의실의 다른 곳에서 무슨 일이 벌어지고 있는지 깨닫지 못했다. 그는 자신의 '창조적인 힘'을 발휘하고 있었고 그의 에너지는 그의 의도와 일치되었음이 분명했다. 시간을 마칠 때가 되어서도 그를 멈추기가 어려웠다. 나는 그의 점토가 마르지 않도록 잘 보관했다가 그다음 주에 원한다면 계속 점토로 작업하도록 해 주겠다고 약속했다. 그는 내키지 않는 듯 보였지만 나의 제안에 동의하고서 강의실을 떠났다.

그다음 주에 그는 강의실 문을 박차고 들어와 점토가 보관되어 있는 벽장으로 달려갔다. 그것을 꺼내 들고 제대로 있는지 확인한 후 다시 작업을 시작해서 작품이 완성되었다고 판단할 때까지 몰두했다. 완성된 작품은 화산이었다. 그러고 나서 그는 나에게 화산을 더 만들 수 있게 점토를 더 사용할 수 있는지 물었다. 이것이 그에게 중요한 과정임을 깨닫고 나는 그의 요구대로 따라 주었다. 그는 더 많은 점토를 한 움큼 잡고는 화산지대를 만들었다. 셋째 주가 끝날 즈음, 그는 각기 다른 크기로 6개의 화산지대를 완성했고 나무판자 위에 나란히 세워 놓았다. 집단 구성원들은 그 작품에 관심을 보이기 시작했고 그 시간이 끝날 즈음, 여느 때처럼 각자의 생각을 나누는 시간을 할애했다. 그 청년은 자신이 꿈을 꾸었는데 그 꿈속에서 표현예술 집단 전체가 커다란 화산 산맥을 만들고 꽃과 강, 나무로 채웠다고 말했다. 집단은 이 이야기를 좋아했고 그가 꿈에서 본대로 함께 만들어 보기로 했다. 대부분의 집단 구성원들이 평소에는 그를 피하고 무시하거나 놀리고 편을 들어 준 적이 거의 없는 것에 비하면 이것은 긍정적인 변화였다. 이제는 그들이 그를 도와주고 있었다. 그의 눈과 몸짓에서 흥분을 볼 수 있었다. 그는 기쁨이 넘쳤다.

그다음 주에 나는 집단이 자신들의 화산 산맥을 표현하도록 커다란 합판과 붉은색 점토 여러 봉투를 기지고 왔다. 집단은 내가 이전에 본 그 어느 때보다도 더 함께 작업에 열중했다. 그들은 모두 개인적인 창조에 깊이 몰두하여 화산 아래 지역에 산과 강을 만들고 초록 관목과 나무를 배치했다. 어떤 이는 꼭대기에 핵에너지의 상징이 있는 원자력 발전소나 우물을 내려다보고 있는 악마의 모습과 같이 자신들의 분노를 상징하는 여러 가지의 독특한 시설을 만들었다. 시간이 흘러 마칠 때가 되었고 여느 때와 같이 나누기를 할 순서가 왔다. 그는 한 가지를 더 요청했다. 화산이 분출하고 폭발하는 것을 보고 싶어 했던 것이다.

잠시 동안 이 아이디어에 대해 생각해 보고 난 후, 회의적인 직원들에게 이것에 대해 보고해야 한다는 사실을 인지한 나는 화산분출을 유도할 방법이 있음을 깨달았다. 나는 그 과정을 집단에게 설명했고 그것이 가능한지 여부를 교수부장님 이하 직원들과 의논해 보겠다고 했다. 처음에는 화산폭발이라는 단어가 직원들에게 부정적인 반응을 불러 일으켰다. 나는 그것이 왜 그 내담자의 성장에 중요한 상징적 행동이며 과정인지를 설명했고 그들은 마침내 동의했다. 우리는 붉은 점토의 화산 모양으로 뒤덮인 합판을 주차장으로 가지고 나가 그 청년이 그토록 열렬히 바라던 마지막 작업, 즉 폭발을 시험해 보기로 했다.

화산폭발이 그 청년의 내면에 오랫동안 갇혀 있던 에너지가 대방출되는 것을 상징한다고 나는 마음속으로 확신했다. 상징적인 행동에 불과한 이 작업이 어떤 표현수단이나 출구 없이 꽉 막혀 있던 부정적이고 자기파괴적인 분노로부터 자유로워지고 싶은 그의 바람에 힘을 실어 주었다.

마침내 그날이 왔고 표현예술집단과 그 청년, 작업 과정에 흥미를 갖고 있던 그 청소년센터에 거주하는 다른 청소년들, 직원들과 나는 모두 주차장으로 나갔다. 표현예술집단 구성원들은 각자 자신들의 베이킹파우더, 식초, 붉은색 식염료를 들고 나왔고 마치 의식을 행하듯 화산지대 옆에 내려놓았다. 이 작업은 그것을 제안한 청년뿐만 아니라 그 자리에 참석한 많은 사람들에게도 중요한 사건임에 틀림없었다.

각각의 화산 위에 베이킹파우더, 붉은색 식염료, 식초의 순으로 뿌렸고 드디어 중요한 순간이 시작되었다. 용암 같은 붉은색 액체가 화산꼭대기에서 끓어오르기 시작했고 산등성이를 타고 비탈 아래로 흘러내렸다. 폭발이 계속되는 동안 흥분의 함성이 터져 나왔다. 쉴 새 없이 스며 나오고 분출하면서 폭발하는 붉은 산들의 풍경이 우리 눈앞에서 변화되고 있었다. 용암이 붉은 점토 조형물 위로 끊임없이 흘러나올 때 갑자기 환성이 터져 나왔다. 산이 붕괴되기 시작하더니 점토로 만든 꼭대기 부분은 흔적도 없이 사라지고 아랫부분만 남았다.

우리는 화산폭발 이전과 이후의 산맥의 모습을 사진으로 찍었다. 변화는 모두에게 명백하게 증명되었다. 하지만 가장 강력한 변화는 내면의 욕구와 자신의 요구 두 가지 모두가 실현된 그 청년의 내면에서 일어났다. 내가 이 이야기를 들려주었을 때 타당성에 의문을 제기하는 사람들도 있었지만 그날 그 현장에 있었던 사람들과 그 청년과 함께 일해 왔던 직원들은 결과에 놀라움을 금치 못했다. 치료센터에서 그와 함께 일해 왔던 상담 선생님과 교사들은 머리를 절래절래 흔들면서 "무슨 일이 일어난 건가요?", "도대체 당신이 무엇을 한 거지요?", "그 아이는 완전히 변했어요. 믿을 수가 없군요."라고 질문했다. 그들은 결과에 어리둥절하였고 치료의 간단함에 놀라워했다.

　이 사건을 통해 나는 상징성과 은유적 행동이 가지는 능력을 실제로 믿게 되었다. 그 청년은 변화되었다. 우리 모두가 변화되었다. 그의 분노도 사라졌다. 한 직원에 따르면 그는 더 이상 다른 사람들에게 적대적이지 않고 창조적 과정에 대해 열심히 알리고 다닌다고 한다. 그의 치료와 진전을 계속해서 관찰할 수는 없었지만 나는 그가 성취한 것이 매우 기뻤고 창조적 과정과 각자의 필요에 가장 적합한 방법으로 그 과정을 활용하도록 다른 사람들이 지지해 주는 것의 중요성을 깨달았다. 나는 우리 각자의 내면에 위대한 깨달음이 있으며 만약 우리가 이 깨달음의 소리를 듣거나 따르면 강력하고 긍정적인 변화가 일어날 수 있다고 믿는다.

　표현예술 촉진자로서 나는 내담자나 개인이 이끄는 대로 따라가는 것이 매우 중요하다는 사실을 배웠다. 이것은 그들이 과정을 시작하기 전까지는 분명하지 않더라도 어떤 수준에 이르면 자신들이 무엇을 해야 하는지 안다고 생각하기 때문이다. 다른 사람의 직관적이고 자연스러운 움직임과 흐름에 간섭하지 않고 한 발짝 떨어져 있는 것은 어렵다. 일단 나의 계획을 내려놓고 화산을 만들고자 하는 그 청년의 욕구에 순응하여 카타르시스가 일어날 수 있었다. 그 청년을 어떻게 변화시켰는지 묻는 직원에게 나는 "제가 어떻게 한 것이 아니라 그가 한 것 때문에 변한 겁니다. 저는 그가 하는 대로 내버려 두었을 뿐이죠."라고 설명했다.

　창조적 예술은 모든 사람에게 가능한 놀라운 도구이다. 우리는 젊은이들에게 그것을 사용할 수 있도록 만들 수도 있다. 너무 단순하게 들리겠지만, 효과는 있다. 창조적 예술에서 중요한 것은 안전하고 비평에서 자유로운 환경에서 재료를 제공하는 것에 관한 것이고 과정과 예술가의 창조적 지혜를 신뢰하는 것이다. 우리의 미래 주역인 젊은이들이 이 과정을 이용 가능할 때 비로소 우리는 세상에 대한 희망을 꿈꿀 수 있다. 희망이란 인간으로서 우리 모두가 직면하고 견뎌야 하는 갈등을 소통하는 보다 건강한 방법이 있는 곳으로 진화해 가는 것이고 또 우리의 젊은이들이 분노와 파괴적인 감정에 대처하는 새로운 방법을 그들의 후손에게 전수하는 것이다.

결혼가족치료사(MFT)이자 표현예술치료자(REAT)인 **아닌 우티가아드**(Anin Utigaard)는 국제 표현예술치료사협회(IEATA)의 초대 회장 중 한 사람이며 10년 이상 인간중심 표현예술치료사 연구소의 핵심 교수직을 역임했다. 그녀는 표현예술과 심리학을 결합한 치유 영역에서 20년의 경력을 가지고 있다. Anin4creativity@yahoo.com, www.personcenteredexpressivearts.com.

## 청소년을 대상으로 자존감, 역량강화, 공동체를 만들기 위한 인간중심 표현예술치료

### 브룩 벅 린(Brooke Buck Linn), 미국

인간중심 표현예술에 대한 나의 열정은 청소년을 돕고자 하는 열정과 연결되어 발전했다. 전직 대리교사이자 거주보호 상담가로서 나는 청소년기라는 발달 단계가 미래의 행복과 건강에 어떤 의미를 가지는가에 대해 점점 더 알게 되었다. 청소년들에게 자신들의 창조성을 경험할 기회를 제공하는 것이 조력자로서 나의 임무였다. 나는 젊은이들이 표현의 힘을 경험하도록 도움으로써 그들이 긍정적인 자존감을 얻고 역량을 강화하며 공동체의식을 갖도록 돕고 싶었다.

나의 첫 번째 인간중심 표현예술치료 프로젝트는 주거형 그룹홈에서 생활하는 세 사춘기 소녀를 위한 집단 프로그램을 설계하는 것이었다. 두 시간씩 세 번 만나면서 나는 그 소녀들에게 다양한 미술매체와 세 가지 미술활동을 제공했다. 프로그램의 일부로 나는 나 자신과 참가자들을 위한 매뉴얼을 만들었고 특별히 청소년을 위한 공동체 자료 모음집도 포함시켰다.

활동은 세 가지 프로그램 주제를 모두 보완하도록 개발되었다. 예를 들어, 첫 번째 시간의 주제는 자존감이었다. 이 시간에는 참가자들이 글쓰기를 하였다. 역량강화 시간에는 각 소녀들이 자기 자신의 각기 다른 긍정적인 면을 대표할 수 있는 만다라를 만들었다. 공동체 구축 시간에는 집단활동을 했으며, 각 참가자는 퍼즐 한 조각에 자신을 표현했다. 매 시간 나는 소녀들이 그 시간의 주제와 관련된 프로젝트의 주제 중 한 가지에 대해 자신의 의견을 표현하도록 유도했다. 이 토론은 그들의 저항을 완화시키기 위해 특별한 격식 없이 편안하게 진행되었다. 나의 의도는 그들이 창조와 탐색 과정을 통해 자존감과 역량강화, 공동체 구축이라는 개념에 대해 생각해 보도록 하는 것이었다.

나는 그 프로그램을 계기로 소녀들이 내면세계를 탐색하고 자신들의 새로운 면을 발견하며, 새로운 통찰력과 능력이 강화되기를 바랐다. 자신의 목소리를 발견하고 그것을 표현하는 수많은 방법을 발견하는 안전한 공간을 제공하는 것 또한 내게 중요한 임무였다.

이전에 청소년들과 작업해 본 경험이 나에게 유용한 통찰력을 제공했고, 그 통찰력은 청소년을 대상으로 치료상담 작업을 하고자 하는 모든 이들에게 적용 가능한 것이었다. 우선, 각 참가자의 말을 경청하고 그들의 표현법과 행동을 주관적으로 보지 않고 인정해 주는 법을 아는 것이 필수적이다. 나는 비록 부정적인 말이나 행동이 나를 겨냥한 것일 수도 있지만 그 이면에 있는 분노나 공격성은 나와 거의 아무런 상관이 없다는 사실을 반복적으로 재확인시켜 주는 것이 도움이 됨을 발견했다. 이 기술을 익히는 데는 시간이 필요하고 그들과 많은 경험을 쌓아야 한다.

이전 경험을 통해 얻은 또 다른 능력은 실제로 얻는 결과가 나의 기대와 다르게 나타날 때 어떻게 대처해야 할지에 대한 분명한 아이디어가 생겼다는 것이다. 예를 들어, 촉진자나 교사들이 학생이나 참가자들에게 자신이 제공하는 것에 대해 매우 흥분을 느끼는 것은 일반적이다. 하지만 안타깝게도 참가자들이 느끼는 것은 반드시 촉진자들의 기대에 부응하는 것은 아니다. 어떤 사람들은, 특히 자신들이 제공하는 것에 열정적인 사람들은 이 사실을 받아들이기 어려울 것이다. 지나친 실망감은 촉진자와 참가자 모두의 경험의 질에 영향을 미칠 수 있다. 모든 청소년이 자신만의 행동 양상, 아이디어, 과거 경험, 개인적 기술이나 능력을 가지고 온다는 사실을 이해하는 것이 중요하다. 게다가 청소년들은 매일 새로운 어려움과 자극, 문제를 가지고 온다. 이 모든 것들이 정해진 날 혹은 정해진 활동에 대한 반응에 영향을 미친다.

초기에 프로그램을 진행할 때 나는 젊은이들의 존경을 받으면서 가능한 편안하고 매력적인 존재가 되자는 목표를 가지고 시작했다. 진실성을 보여 주는 것은 나에게뿐만 아니라 안전한 환경을 만드는 데도 필수적이었다. 나는 창조적 자유를 자신의 경험으로 만들 것을 항상 강조했고 그 과정이 숙제가 아니라 그들이 즐길 수 있는 자발적인 활동임을 분명히 인식시키려 했다. 어떤 결과물을 만들어 내야 한다는 압박감을 느끼는 곳이 아니라 자유와 수용의 분위기를 그들에게 주고자 했다. 나는 이런 압박감을 없애 주는 것이 그들로 하여금 단순히 활동 지침을 지키는 것이 아니라 창조의 과정을 즐기도록 할 것이라 기대했다.

이 집단과의 경험에서 나는 인간중심 표현예술 촉진자가 되는 것이 의미하는 바가 무엇인가에 대해 몇 가지 통찰력을 얻었다. 첫째, 모든 집단이 다르다는 것이다. 집단 리더는 참가자들이 주는 단서를 인지하고 그 순간에 완전히 집중해야 한다. 이 집중력이 없으면 개인은 안전하고 편안하며 지지받는다는 느낌을 느끼지 못할지도 모른다.

둘째, 예를 들어 줌으로써 매체를 효과적으로 사용하는 참가자들의 능력에 큰 차이를 만들 수 있다는 사실을 발견했다. 만다라 활동을 처음 설명할 때 나는 참가자들이 혼란스러워하는 것을 보았고 실제 예를 들어 줄 필요가 있음을 직감했다. 소녀들은 샘플을 일단 보고 나자 열정이 되살아났고 주저함이 사라졌다. 샘플을 보고 그들은 자신의 창작품에 대한 생각의 시작점을 찾았고 자신만의 창조적 비전에 대한 아이디어에 불이 붙었다.

마지막 시간까지 소녀들의 열정과 따스함은 점점 더해 갔다. 소녀들은 나를 정기적으로 만날수록 나를 더 편안해했다. 이런 변화는 그들의 참여 수준에 영향을 미쳤다. 특히 그룹홈 청소년들을 위해 정기적이고 정해진 시간과 틀을 갖추어 주는 것이 처한 상황에 대해 편안함을 느끼고 집중할 수 있는 능력을 키우는 데 필수적이라고 생각한다. 많은 청소년들의 가정과 교육적 삶이 불안정하다는 것을 고려해 볼 때 촉진자와 내담자 간의 성공적인 관계 형성을 위해 신뢰와 일관성이 매우 중요하다. 유사한 프로그램에서 동일 집단 소녀들과 지속적으로 작업하기 위해서는 가능한 많은 시간을 함께 보냄으로써 강하고 단단한 관계를 형성하고, 이로써 그들이 온 마음을 다해 참여하도록 하는 것이 최선이다.

마지막 시간이 다가오자 소녀들은 프로그램이 끝나 간다는 사실에 눈에 띄게 낙담했다. 첫 시간과 비교했을 때 나와 표현예술활동에 대한 그들의 태도가 확연히 달라졌다. 세 번의 짧은 만남을 통해 그들은 표현예술이 가지고 있는 즐거움을 경험했고 그것은 나에게 매우 보람된 일이었다.

나는 세 소녀에게 자신들의 경험과 나의 촉진자로서의 역할에 관한 간단한 설문지를 주었다. 그 결과는 그들이 이 프로젝트에 감사해하고 그 프로그램을 계속하고 싶어 한다는 사실을 분명히 보여 주었다. 나는 특별히 그 프로그램을 '새로운 기회'라고 표현한 것에 매우 자극을 받았다.

이 경험은 나의 직업적 성장에 매우 중요한 역할을 했다. 이것을 발판으로 나는 공동체 내 치료상담을 계속해 나가게 되었다. 그 프로젝트가 끝난 후, 나는 치료 과정에 인간중심 표현예술을 결합하는 전문 조력가로서 활동 영역을 넓혔다. 표현예술의 자연스러운 힘은 나에게 매일 흥분과 영감을 준다.

**브룩 벅 린**은 현재 오리건 주 포틀랜드에 거주한다. 그녀는 인문학 석사학위를 받았고 세이브룩대학교에서 치유와 사회변화를 위한 인간중심 표현예술 과정을 수료하였다. 현재 포틀랜드 지역에서 정신건강 상담가이자 교육자로 활동하고 있다. www.createbalancenw.com.

## 가톨릭 사립학교 고등학생을 대상으로 한 영성 탐구

### 수 앤 해런(Sue Ann Herron), 미국

나의 동료이자 친구인 교육학 석사 메리 미드(Mary Mead)는 북 캘리포니아 주에 있는 한 가톨릭사립고등학교에서 종교학을 가르치고 있었다. 상급 학생들에게 영성과 의식이라는 수업을 가르치는 동안 2시간을 할애하여 영성이 그들에게 무엇을 의미하는지 학생들이 스스로 탐색하도록 돕기 위해 나는 혁신적인 인간중심 표현예술 프로그램을 설계해서 실행해 보았다. 이 총명하고 열정적인 젊은이들을 대상으로 한 그 프로그램은 그들에게 자신의 깊은 내면을 들여다보고 "영성이란 무엇인가?"라는 질문에 대한 답을 스스로 발견하도록 했다. 이 활동은 자신들이 발견한 영성의 정의가 기존의 종교에서 배운 것과 어떻게 유사한지 혹은 다른지를 알아보도록 격려하는 작업이었다. 나는 새롭고 흥미로운 방법을 제공해 줌으로써 그들이 영성에 대한 개인의 신념을 살펴보도록 도와주었다.

미드 선생님은 학생들에게 프로그램에 맞는 영적인 본질을 가진 음악을 제출하도록 했다. 나는 아이팟에 음악을 다운로드받아서 학생들과 개인적인 관계를 형성하고 동작활동을 할 때 사용했다. 첫째, 그들이 신체를 움직이면서 몸에 몰입하도록 하기 위해 나는 속도를 달리하면서 걷기, 신체의 다른 부분 움직이기, 다른 학생들의 움직임 따라 하기와 같은, 동작을 포함한 간단한 운동을 음악 없이 하도록 이끌었다. 그런 다음 음악을 켜고 그들이 음악과 자신의 감정 사이의 관계를 자각하면서 경건해지는 것을 관찰했다. 그들은 원하는 대로 자유롭게 움직였다. 가사가 아름다운 느린 곡도 있었고 밝고 빠른 곡도 있었다. 이렇게 몸풀기를 한 다음, 나는 모두에게 영성에 대한 느낌을 그림으로 그리거나 콜라주를 만들고 떠오르는 단어를 어떤 것이든 적어 보라고 했다. 세 사람씩 모여서 자신의 작품에 대해 이야기를 나누었고 그것이 자신에게 어떤 의미를 갖는지 의논했다. 마지막 순서로 그들은 자신의 작품을 학교 채플실 중앙에 놓고 모두가 볼 수 있도록 했다. 우리는 작품들을 가운데 놓고 빙 둘러서서 손을 맞잡았고 나는 간단한 마무리 활동을 이끌었다. 그 후 학생들의 동의하에 작품의 사진을 찍었고 그것을 CD에 복사해 주었다. 그들은 그것을 다시 프린트해서 영성에 대한 수업 과제로 제출했다.

나는 이 열정적인 청소년집단과 함께 작업하는 것이 너무 기뻤다. 그들은 열려 있고 정직하며 재미있고 자신들에 대한 새롭고 의미 있는 무언가를 배우는 것을 매우 즐거워했다. 편안한 분위기에서 그들은 그림과 콜라주를 통해 자신을 표현할 뿐만 아니라 신발을 벗고 춤을 추며 돌아다니고 좋아하는 음악에 맞춰 몸을 움직이는 자유를 만끽했다. 한 학생은 미드 선생님에게 "매일 이렇게 하면 안 돼요?"라고 물었다.

그들의 작품에 나타난 정서는 삶에 대한 애착과 우정에서부터 우울함과 외로움, 기분전환을 위해 음악을 필요로 하는 것까지 다양했다. 조용하고 예술적 재능이 뛰어난 한 학생은 검은 책상에 앉아 있는 자신은 푸른색으로, 다른 친구들은 배경에 빨간색으로 그렸다. 그림의 뒷면에 이렇게 적었다. "모든 것은 검은색과 푸른색이다. 내가 매일의 일상에서 느끼는 다른 감정들. 음악이 필요해!!" 연신 싱글벙글하던 낙천적인 한 여학생은 여러 개의 화살이 바깥쪽을 향하고 있는 크고 밝은 빨간색의 하트를 그렸다. 화살에는 '도둑질, 거짓말, 질투, 험담, 배신, 살인 그리고 이기심'이라는 라벨

이 붙어 있었다. 빨간 하트 모양 안에는 진한 검은색 글자로 "사랑은 모든 것을 이긴다."라고 적혀 있었다. 또 다른 학생은 야자수 나무, 바다, 장관을 이루는 석양이 밝은 노란색과 오렌지색 배경과 대비를 이루는 아름답고 화려한 콜라주를 만들었다. 배경에 그녀는 다음의 글귀를 적었다. "친구들, 우정, 친구들과 주고받기, 웃음 나누기, 친구 사랑하기." '책'이라고 불리는 마지막 수업 프로젝트는 각 학생들의 미술작품, 기도문, 영적 장소, 시, 음악, 삶의 지표로 삼는 신조, 다른 사람을 돕는 방법 등을 모아 책으로 엮는 것이다. 그들은 그림, 콜라주, 자신의 미술작품에 대해 적은 내용도 함께 포함시켰다.

그 책의 마지막 단원에 그들은 자신과 영성에 대해 무엇을 배웠는지 그리고 그것이 수업을 시작하기 전 연초에 가졌던 생각과 어떻게 다른지를 적었다. 표현예술 시간을 통해 영성의 개념이 어떻게 확장되었는지 또 영성에 대한 아이디어와 감정을 표현하는 새로운 방법을 배웠음을 나누었다. 미드 선생님은 "학생 모두가 영성에 대한 표현예술 작업이 개인적으로 자신에게 가득 차 있는 것처럼 느껴진다고 말했다."고 전했다.

몸풀기는 특히 운동을 좋아하는 몇몇 학생에게 의미가 남달랐는데, 그들은 축구와 야구도 영적인 운동이 될 수 있음을 깨달았다. 한 학생은 야구를 할 때 행복하고 편안함을 느꼈다. 그는 자신의 그림에 이렇게 적었다. "야구는 스트레스 제로이다(stress-free)."

미드 선생님은 "수 앤 선생님의 수업을 통해 학생들은 영성이라는 것이 기도나 정형화된 종교에 관한 것만이 아니라 비언어적이고 비전통적인 방법을 통해서도 나타날 수 있다는 사실을 이해하게 되었습니다."라고 말했다.

표현예술 프로그램이 학생들의 관심을 끌 수 있었던 것은 참신한 방법으로 그것을 배울 수 있기 때문이었다. 그것은 그들이 가톨릭고등학교에서 영성에 대해 생각하도록 배웠던 틀을 깼다. 표현예술 프로그램을 통해 학생들은 해답을 찾고자 내면을 들여다보게 되었고 자기반성과 미술, 움직임, 음악을 통해 영성이 어떻게 보이는지에 대한 자신들의 이해의 폭을 확장시킬 수 있었다. 빅북스(Big Books)에서 학생들은 영성이 학교에서 배운 것에 제한되어 있지 않고 '비종교적' 활동과 아이디어뿐만 아니라 종교적인 것 속에도 존재한다는 사실을 이해하게 되었다고 적었다.

그들은 모두 자신만의 독특한 형태의 영성을 발견했고, 그것을 가지고 졸업 후 성인세계로 당당히 뛰어들 수 있게 되었다.

나는 로렌 홀렌더(Loren Hollander)가 한 말을 인용하면서 끝을 맺고자 한다. "예술은 단순히 중요한 교육이 아니라 그 자체가 교육이다. 예술은 몸과 마음, 영혼의 단련장이다. 그것은 우리가 자신에 속한 모든 요소에 대해 내용이 무엇이든 상관없이 전적으로 표현할 수 있는 장이다."

**수 앤 해런**은 심리학 박사이며 아동, 성인, 국제학생들을 대상으로 표현예술 워크숍을 제공하고 있다. 해런 박사는 세이브룩대학교에서 인본주의 자아초월심리학부 교수이며 나탈리 로저스, 셜리 데이비스와 함께 인간중심 표현예술치료 자격 과정을 공동 진행하고 있다. sueannherron@comcast.net.

# 노인

## 이해하는 방법 : 노인과 함께한 표현예술

### 아닌 우티가아드(Anin Utigaard), 미국

지난 몇 년간 나는 치매와 알츠하이머 진단을 받은 노인을 대상으로 새로운 표현예술 치료 방법을 찾고 있는 수련 과정의 치료사들을 임상지도 감독해 오고 있다. 노인들이 존재가치를 인정받고 대우를 받으며 지속적으로 성장하도록 지지받는 환경을 만들고자 하는 집단적인 비전을 가지고, 인턴들과 나는 보조 생활시설 내에 치료 프로그램을 개발했다. 이곳에서 근무하는 동안 나는 언어적 장애를 가진 사람들에게 표현예술이 얼마나 강력한 힘을 발휘할 수 있는가에 끊임없이 고무되어 왔다. 더 이상 언어라는 도구를 사용할 수 없을 때, 다양한 종류의 '기억상실'을 가진 노인들은 순수한 형태의 언어, 즉 창조적인 표현을 사용해서 의사소통을 한다.

노인들과 함께 일하면서 내가 이해하게 된 것은 말은 하위 상징체계인 반면 몸짓과 소리내기, 두드리기, 종이 위의 색깔 자국은 모두 인간의 뇌가 좀 더 쉽게 받아들일 수 있는 즉각적인 형태의 의사소통이라는 것이다. 따라서 창조적인 과정은 특히 인간중심 접근법으로 제공될 때 이 연령대와 연결을 유지할 수 있는 완벽한 방법이다.

내가 처음 이 시설에 온 것은 창조성의 장점을 노인들에게 소개하기 위해서였다. 이 설명과 노인들에게 곧 사용되게 된 반복 실습은 다음과 같은 장점이 있음을 확인했다.

- 신체적 긴장감 줄이기
- 운동과 신체 움직임 증가
- 불안감 감소
- 우울증 감소
- 사회성 증가
- 삶의 질 향상
- 약물 복용 감소
- 삶을 되돌아보는 방편 제공

다음은 창조성이 어떻게 도움을 줄 수 있는가에 대한 몇 가지 예이다.

## 고립감 감소

이곳에 있는 노인들과 지속적으로 연결관계를 유지하려는 시도에서 우리는 음악, 미술, 드라마, 색칠, 모래놀이 상자, 스토리텔링, 시, 콜라주, 북 치기 등의 언어를 활용한다. 각 형태의 언어는 개개인이 고립감과 버림받았다는 상처 없이 타인과 의사소통할 수 있는 도구를 제공한다. 노인들에게 자신들의 창조적인 언어로 다른 사람과 허심탄회하게 나눌 수 있는 안전하고 지지적인 환경을 제공할 수만 있다면, 그들은 만족감을 갖고 다른 사람과 연결되어 있음을 느낀다는 사실을 나는 발견했다. 만약 여러분이 그렇게 한다면 마찬가지로 창조적인 연결관계가 생성될 것이다.

## 수치심과 내적 비난 다루기

치매의 초기 단계에서 사람들은 주로 자신의 표현의 자유에 저항하는 강한 내적 비난을 주로 경험한다. 그래서 나는 콜라주 또는 시나 음악 감상처럼 결과보다는 과정에 더 중점을 두는 창조적인 매체를 찾아야 했다. 음악을 듣는 것은 노인들에게 노래를 따라 하거나 춤을 추게 함으로써 감정을 표현하는 출구를 제공한다. 곧 그들은 자기표현의 기회를 얻는다. 자기표현의 장을 제공하는 나의 또 다른 방법은 인형극장을 제공하는 것이다. 인형극은 노인들에게 등장인물을 가지고 대본을 짜거나 이야기를 만들어 가도록 해 준다. 그리고 그 등장인물들은 궁극적으로 자신들이 경험한 삶의 재현된 모습이거나 현재 갖고 있을지도 모르는 감정의 양상을 보여 준다.

## 자극 주기 : 몸풀기, 연결 그리고 감정 표출

북 치기는 여러 면에서 노인들에게 유익하지만, 특히 좀 더 진행된 단계의 '기억상실(치매)'을 가진 경우에 더욱 도움이 된다. 각 참가자들은 둥근 원의 일부로서 더 이상 고립되거나 혼자가 아닌 공동체에 속하게 된다. 각 개인은 자신에게 삶의 리듬을 제공하고, 자신을 포함하여 둥근 원 전체를 대표하는 소리에너지를 함께 만들어 본다. 북 치기는 몸풀기이자 자극제가 되며, 신체 리듬이 균형을 찾도록 해 준다. 얼마나 혼란스러운 상황에 있든지 간에 북 치기와 음악은 개인의 정서 깊은 부분까지 도달하여 고요함과 깨달음과 타인과의 연결을 이끌어 낸다.

## 공격성과 좌절감 감소

가끔씩 나는 도발적인 행동을 표현하려는 순간에 표현예술을 활용함으로써 감정표출의 출구를 제공하고 타인으로 하여금 자신의 행동을 이해하도록 하는 방법을 마련해 준다. 예를 들어, 한 사람이 옆에 있는 의자를 발로 차면서 자신의 분노를 표현한다고 하자. 나는 그에게 정중하게 다가가서 풍선을 준다. 그는 풍선을 쳐서 공중으로 날려 보낸다. 나는 그것을 손으로 쳐서 그가 있는 쪽으로 보내고 그도 다시 그렇게 한다. 이렇게 함으로써 그는 자신의 화를 표출하고 에너지를 옮긴다. 우리는 주거니 받거니 열심히 풍선을 친다. 그는 곧 미소를 짓고 긴장이 이완된 표정이 얼굴에 번진다. 나는 주로 사람들이 준비될 때 옆에 앉아서 그들과 연결관계를 맺는다. 우리는 함께 북 치기를 할 수도 있고 종이를 돌돌 말아서 휴지통으로 날리는 활동을 할 수도 있다. 중요한 것은 동작이나 소리내기, 드라마 등을 통해 표출할 방법을 제공하는 것이다.

## 감정 정리하기와 삶을 재조명하기

우리 시설에서는 거주자들의 삶의 질을 향상시키기 위해 매일 표현예술활동을 제공하여 성장하고 발전하며 인생의 마지막 단계에서 경험하는 다양한 문제와 감정을 정리할 기회를 제공한다. 슬픔과 혼란, 두려움, 수치, 삶을 되돌아보기, 못다 한 일, 다가오는 죽음에 직면하는 것과 같은 경험들이 종종 예술 작업 과정을 통해 표현된다. 그들의 관심사와 문제는 종이 위에 사용되는 색과 에너지로 표현된다. 그들은 모래놀이 상자에서 선택한 작은 인형으로 대표된다. 그들은 인턴을 포함한 다른 거주자들과 공동으로 만든 이야기 속에 자신의 모습을 표현하고 콜라주에서 이야기를 공유하며 즉흥적인 드라마 연출로 지지를 받는다. 이 모든 활동은 노인들의 존재감을 강화시켜 준다.

대중들 앞에서 강의를 하거나 인턴들을 훈련하는 중에 나는 종종 표현예술이 노인들에게 주는 것과 동일한 효과를 제공하는 약이 시중에 나와 있다면 그 약을 제조하는 회사는 아마도 수백만 달러를 벌 것이라고 말한다.

결혼가족치료사(MFT)이자 표현예술치료사(REAT)인 **아닌 우티가아드**는 국제표현예술치료학회(IEATA)의 초대 회장 중 한 사람이며 10년 이상 인간중심 표현예술치료연구소의 핵심 교수직을 역임했다. 그녀는 표현예술과 심리학을 결합한 치유 영역에서 20여 년의 경력을 가지고 있다. Anin4creativity@yahoo.com, www.personcenteredexpressivearts.com.

## 삶을 축하하기 : 노인과 함께한 표현예술

### 마리아 곤잘레스-블루(Maria Gonzalez-Blue), 미국

나는 수년 전 우연한 기회로 노인들을 위해 일하기 시작했다. 한 친구가 여행을 하는 동안 자신을 대신해 지역대학의 노년층을 위한 프로그램에서 일해 줄 수 있느냐고 부탁했다. 그 친구가 돌아왔을 때 나는 그녀가 그 일자리를 떠날 예정이라는 사실을 알았고 결과적으로 나에게 그 일자리 제안이 왔다. 21년 후 나는 여전히 요양병원, 기숙형 양로원 그리고 좀 더 최근에는 물리치료 재활병원에서 노인집단을 돕고 있다. 나의 치료집단에 참여하는 거주자는 대부분이 여성이다. 그들은 뇌졸중, 다발성 경화증, 노인성 치매증, 알츠하이머, 최근 수술 후 회복 중이거나 기타 노화 및 건강과 관련된 상태 등 갖가지 건강상의 문제를 다룬다.

　노년기는 우리 모두가 경험하게 될 삶의 한 단계이기 때문에 이 특정 연령대와 일한다는 것은 인생이 길다고 생각되는 나에게는 특별한 관심대상이다. 노인들과 함께 일한다는 것은 여러 면에서 힘들기도 하지만 고무적이기도 하다. 그것은 나로 하여금 제한된 삶에 직면하도록 해 주고, 전 세대의 삶을 들여다보는 창문 같은 역할을 하며, 가족이 없는 사람들에게 가족이 되게 하고 심오한 영적 경험이 되기도 한다. 참가자들이 자신의 이야기를 나눌 때면, 화로 주변에 모여 앉아 서로 친밀한 연결관계 가운데 자신의 진실을 이야기하는 부족 여성들 같다는 생각을 했다. 이 여성들 대부분은 남편을 잃었고 그런 점을 고려할 때 아마도 그 시설은 죽음을 맞기 전에 그들이 마지막으로 갖게 될 '집'일 가능성이 많다. 이런 그들에게 치유가 일어나고 보호하는 환

경을 주기 위해 동행하기, 온정 베풀기, 이해하기가 필수적임을 나는 깨닫는다. 이 일
은 인내와 개인의 성찰, 경청 기술, 한계를 명확히 하는 능력을 필요로 한다. 노인들
에게 감정을 표현하도록 창조적인 출구를 제공하는 것은 흥미롭고 고무적이며 재미
있고 모든 이들에게 치유적이다. 비록 노년층을 대상으로 하는 작업이 심리치료로 여
겨지지 않더라도 치료적 반응을 필요로 하는 몇몇 사례도 있다. 저항이나 분노, 우울
증, 불신과 맞닥뜨리는 일은 흔하다. 나는 감정의 흐름에 열려 있고 안전하며 방해받
지 않는 환경을 유지하는 한편, 노인 내담자들을 위해 감정을 표출할 수 있는 출구를
만들기 위해 노력한다.

내가 이 집단에게 제안하는 과정은 개개인이나 집단의 필요나 능력에 따라 다르다.
나는 상황별로 유연하게 변동이 가능하고 다양한 커리큘럼을 개발했다. 나는 언제나
개인적인 나눔과 집단 내의 대화를 자극하려는 의도를 가지고 미술, 음악, 노래하기,
운동/동작, 스토리텔링을 소개해 왔다. 그들은 거의 자신이 통제할 수 없는 환경에서
살기 때문에 그들이 관심 있는 주제를 고르도록 배려해 주고 필요하다면 감정을 발산
할 수 있는 공간도 준다. 이 연령집단은 인생의 문제에 대해 반성하는 것이든 살면서
겪었던 기쁨이나 어려움의 순간을 회상하는 것이든 간에 과거를 추억하는 데서 만족
감을 얻는다. 이점을 기억하면서 나는 창조적인 치료 과정, 즉 기억을 깨우고 기쁨을
경험하게 하며 나눔을 격려하는 등의 활동을 통해 그들을 고무시키려고 노력한다. 나
는 계절의 변화와 동지와 하지, 춘분에 관심을 집중시키기도 하는데 이것은 여성들이
외부세계에 대한 감각과 지속적으로 연결되도록 도와준다. 실내에서만 생활하고 동
선이 제한되면 바깥 세상과의 연결고리를 잃어버릴 수 있기 때문이다.

## 스카프로 그림 그리기

내가 가장 좋아하는 작업 중 하나는 '스카프로 그림 그리기'라고 부르는 과정이다. 밝
은 색상의 스카프를 사용해서 우리는 마치 스카프로 그림을 그리는 것 같은 이미지를
만든다.[1] 최고의 주제는 정원 꾸미기와 꽃이다. 정원 꾸미기를 해 본 적이 없다는 사
람은 거의 본 적이 없다. 많은 사람이 부모님의 정원 가꾸기나 농사일에 대한 몇 가지
의 에피소드를 가지고 있다. 우리가 꽃과 정원이라는 주제로 봄을 표현할 때는 모두
의 관심과 참여도가 상승한다.

이 경험에서 집단과 나는 바닥에 정원을 만든다. 집단은 둥근 원 대형으로 모여서 바닥의 중심이 '그리기'에 사용되고 모두가 참여하는 것을 볼 수 있도록 한다. 집단이 조용해지면 나는 우회적인 질문으로 정원을 만드는 데 무엇이 필요한지 묻는다. 참가자들이 자신의 생각을 이야기하면, 나는 그에 따라 스카프를 이용해서 그림을 그린다. 토양, 햇빛, 물, 비료, 비.[2] 그다음 과정에서 집단은 장미 정원을 제안했고 장미의 색깔을 제안했다. 내가 장미 모양을 만드는 동안, 그들에게 장미에 관한 노래가 있는지 생각해 보라고 했고('텍사스의 노란 장미'와 '우울한 숙녀를 위한 빨간 장미'가 언급되었다.), 그 노래의 일부를 함께 불렀다. 나는 참가자들에게 정원 가꾸기에 대한 추억을 나누어 달라고 했다. 한 여성은 자신이 데이트를 나갈 때마다 어머니가 머리에 장미꽃을 꽂아 주었다는 이야기를 들려주었다.

## 합동 작업으로 시 쓰기

정원이 완성되면 나는 참가자들에게 이 정원에 들어가는 상상을 하고 거기에서 느끼고 보는 것을 마음속으로 그려 보라고 한다. "아름다운 정원으로 걸어 들어가는 것은 어떤 느낌인가요?" 일단 몇몇 사람이 느낌을 말하면 에너지가 생성되기 시작한다. 참가자들이 자신의 느낌을 이야기할 때 나는 그것을 받아 적는다. 몇 가지 정도의 대답이 나오면 나는 우리가 다 함께 시를 만들 예정이라고 설명하고 그들의 대답과 몇몇 단어들을 연결시킨다. 많은 사람들이 스스로 자신은 창조적이지 않다고 생각해 왔기 때문에 우리가 함께 적은 시를 읽으면 여기저기서 감사와 놀라움의 표현이 쏟아져 나온다.

### 정원

우리가 발걸음을 내디뎌 맨 처음 장미를 보았네
분홍, 노랑, 빨강 그리고 대리석 무늬의 분홍과 노랑 세실 브루너
우리는 화분에 담기고 땅에 심어진 여러 색깔의 팬지를 보네
그들이 얼굴을 들어 우리를 보네

제비꽃이 우리를 둘러싸고 있네
하양, 보라, 분홍

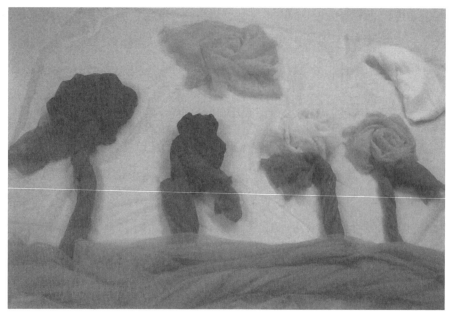

'정원'

벌새가 꽃으로 날아오네
달콤한 꿀을 마시러 날아오네
오후가 되었네
우리는 앉아서 쉬고 있네
와인과 레몬에이드, 사르사파릴라(사르사 뿌리로 만든 탄산수)를 마시며
분꽃(four o'clock)이 분홍빛 얼굴을 살포시 여는 것을 보네

사회에 더 이상 기여할 기회를 얻지 못한 노인집단과 작업하는 것은 영광이다. 나는 그들에게서 배우고 그들과 함께 웃고 때로는 함께 울 수 있는 기회를 갖게 되어서 행운이라고 생각한다. 나는 그들에게서 놀라운 이야기를 들었고 '그들의 선생님'으로서 나의 역할에 한없이 겸손해진다.

수년 전 이 일을 시작했을 때 나는 그들을 치료하고 '계몽'시키려던 모든 계획이 완전히 실패한 것처럼 보여서 좌절했었다. 나탈리 로저스와 토론하는 중에 그녀는 나에게 "그들이 원하거나 필요로 하는 것이 뭐라고 생각하세요?"라고 물었다. 이것이 나에게 전환점이 되었다. 나는 어떤 기대도 없이 그저 열린 마음으로 내 존재의 있는 모습 그대로 그들과 함께 있을 때 그들 또한 솔직한 본연의 모습을 보여 줄 수 있다는 것을 깨달았다. 그때에야 비로소 신뢰가 쌓이고 그들의 이야기에 귀를 기울일 수 있었다. 그들에게 진정으로 필요했던 것은 자신들의 존재가 있는 그대로 인정받는 것임을 깨달았을 때 그들의 이야기는 그들과 나에게 주어진 선물과도 같았다.

**마리아 곤잘레스-블루**는 표현예술치료사(REAT)이자 표현예술컨설팅 전문가/교육가(REACE)이며 12년 동안 인간중심표현치료연구소(PCETI) 교수를 역임했고 현재 CIIS에서 인간중심 표현예술치료를 가르치고 있다. 그녀는 또 성인교육 집단을 촉진하고 있으며 멕시코, 과테말라에서 가르쳤고 그라시엘라 보티니(Graciela Bottini)와 아르헨티나 인간중심표현치료연구소(PCETI)를 공동 설립했다.

## 주석

1. 에밀리 데이(Emily Day)는 수년 동안 17가지 화려한 색상으로 된 크고 얇은 천인 기발한 스카프 세트를 생산하고 있다. 동작치료를 위해 디자인되었지만 그 용도는 무한하다. emilyday@dancingcolors.com, www.dancingcolors.com

2. 참가자들은 주로 휠체어를 사용하기 때문에 스카프를 옮길 때 그들이 도와주기가 쉽지 않다. 하지만 나는 촉각적 경험으로 천을 느껴 보라고 그들을 격려한다. 종종 이러한 촉각적 경험 자체가 기억력을 자극한다.

# 내담자집단

## 회복 : 표현예술을 사용한 심리치료사 자문집단을 촉진하기

### 크리스틴 에반스(Christine Evans), 미국

금요일 아침이다. 2년 동안 매월 한 번씩 해 왔듯이 나는 내 본래의 업무와는 다소 어울리지 않는 흥분된 마음을 안고 사무실/스튜디오로 들어간다. 다른 세 사람의 심리치료사가 와서 나와 함께 자신과 타인을 만나는 방법을 탐색하게 될 것이다. 우리는 내담자들이 하는 작업을 똑같이 하면서 우리 스스로가 어떤 방법으로 동요하거나 불편함을 느끼는지를 살펴보는 것이다. 오늘 아침에 우리가 무엇을 탐색하게 될지 나는 모른다. 떠오르는 질문에 대한 답을 찾을 수 없을지도 모른다. 하지만 우리가 함께 창조해 낸 것이 각자에게 충분히 더 큰 안도감과 목적의식, 방향감각을 가지고 이 자리를 떠날 수 있도록 해 주는 것 같다. 심리치료 영역이 고립된 직업일 수 있다면 함께 만나서 작업함으로써 우리는 내담자들이 얻게 될 웰빙과 우리 자신의 치유와 성장을 이어 주는 다리 역할을 하게 되는 것이다.

### 나 자신과 신성한 공간을 준비하기

사람들이 도착하기 전에 나는 내 몸을 온전히 느낄 수 있고, 우리가 각자의 이야기를 나누게 될 방에 신성한 공간을 마련하는 것을 돕도록 고안된 나만의 의식을 하면서 시작한다. 핸드 메이드 종이로 만든 4개의 작은 주머니 안에는 몇 년 전에 있었던 한 달간의 침묵수련회에 가서 주운 작은 돌멩이 몇 개가 들어 있다. 색색의 리본은 그 당시의 모습과 나 자신과 주변 환경 사이에서 느꼈던 연결된 느낌을 상징한다. 그 주머니들을 방의 네 모서리에 놓고, 나는 종종 동서남북 네 방위와 관련이 있는 특징들을 불러낸다. "태양이 동쪽에서 떠오를 때 내가 새로운 시작을 인지하게 하소서. 남쪽의 열정과 생동감과 연결되게 하소서. 서쪽의 모험가의 영성과 북쪽으로 상징되는 역경에 직면한 힘이 나와 함께하게 하소서."

커다란 쿠션으로 원을 만들어 놓는다. 나는 그 가운데 촛불을 켜고 하늘의 광대함과 땅에 있는 이 불꽃의 직접성을 인식하는 것이 미지의 훨씬 더 거대한 배경에 갇혀 있는 모든 것을 상징하도록 이끈다. 그다음 나는 조용히 앉아서 우리가 어떻게 몇몇 비언어적 형식을 사용해서 나눔을 시작할 것인지에 대해 마음의 직관이 이끌어 가도록 한다. 다른 사람들이 도착하기 전에 나는 이것이 가능하도록 방을 준비한다.

　처음 몇 번의 만남에서 우리는 다른 구성원들이 도착할 때까지 조용히 앉아서 이미 도착한 사람들 간에 연결관계 맺기를 하는 시간을 가짐으로써 모임을 시작하기로 결정했다. 나는 주로 이 시간을 마칠 즈음 나눔의 시간 동안 우리 각자가 자신을 위해 어떤 의도를 가지기를 원하는지 생각해 보자고 제안한다. 그다음 우리는 간단한 몸풀기 동작을 하면서 일종의 표현예술을 사용해서 지금 이 순간의 에너지 수준을 탐색하기로 했다. 그런 다음 간단한 표현으로 각자의 컨디션을 체크하고 마지막으로 경험 나눔이 깊어지면서 좀 더 긴 표현예술활동에 들어서기 시작한다. 함께한 경험을 공유하면서 우리의 마무리 과정도 드러난다.

## 과정

첫 모임에서 우리는 콜라주 매체를 사용해서 각자가 가지고 있는 재능뿐만 아니라 우리가 이 집단에 합류함으로써 느끼는 두려움과 희망을 상징하는 것을 시각적으로 볼 수 있는 시금석을 만든다. 다음 날 나는 우리가 앉는 쿠션 사이사이에 늑대, 거북, 빨간 머리 소년, 청치마를 입은 소녀, 음매 우는 소, 개골개골 우는 개구리 등 우리와 함께 작업하도록 초대받은 다른 모든 손가락인형을 놓는다. 각 구성원이 손가락 인형을 하나씩 선택하고 다음의 문장을 완성시키면서 재미있는 교류가 시작된다. "오늘 저는...." 그리고 나서 다른 인형을 뽑아서 "최근에 저는...."이라고 문장을 완성한다. 또 다른 인형을 뽑고는 "저는 ~가 되고 싶어요." 그리고 마지막으로 "제가 많이 경험하지 못하는 것은 ~예요."라고 문장을 완성시킨다. 이 활동은 즐거운 표현을 사용하고 어린아이 같은 흥분을 경험할 때, 우리가 직업적인 역할을 넘어 서로를 알고 이해하도록 길을 열어 준다. 이 모든 과정을 통해 우리는 정서적 건강의 현 상태와 앞으로의 희망을 솔직하게 표현한다.

　다른 날 나는 촛불 주위에 여신을 상징하는 다양한 모래놀이 인형을 놓는다. 또 어떤 날에는 커다란 종이와 다양한 물감으로 원을 채워 놓는다. 동료들을 맞이하기 위해 스튜디오를 세팅할 때마다 준비되는 각각의 활동은 수없이 많은 가능성 중 한 가지일 뿐이다. 지난 몇 년 동안 준비활동에 소요하는 시간은 짧게는 15분 정도에서 길게는 2시간 반을 모조리 써 버리는 것에 이르기까지 다양했다.

## 우리 자신과 우리의 삶 그리고 서로를 만나기

전형적인 집단활동에서 우리가 하는 것은 대부분 준비활동과 간단한 체크인에서 나온 주제를 혼합시켜서 내가 즉흥적으로 안내 심상법 과정을 촉진하는 것이다. 나는 상세한 점진적 이완기법과 내담자나 개인에게 있어 가장 긴급한 문제를 인식하기, 관련된 감정에 대한 신체적 자각, 끝으로 색, 모양, 소리, 촉감, 온도, 냄새 등에 대한 지각을 안내하면서 시작한다. 그러면 집단 구성원들은 나의 스튜디오에 준비된 미술매체를 사용해서 자신의 마음과 몸에서 자각하기 시작한 것을 표현하고 탐색한다.

나는 정해진 매체가 없는 이 개방형 과정을 좋아한다. 이 과정에는 참가자의 상상이나 창조적인 탐색 가능성에 전혀 제한을 두지 않는다. 구성원들은 모래놀이 상자 인형, 멀티미디어 콜라주, 건설 중인 광경, 점토, 악기, 동작 혹은 이것들 중 몇 가지를 혼합해서 사용할 수 있다. 그들은 동료들이 하는 것을 보며 탐색하고자 하는 용기를 얻고 단계별로 자신들의 독특한 창작열이 이끄는 대로 따라가며 스스로와 스스로의 통찰력을 신뢰하는 능력을 심화시켜 간다.

나는 구성원들이 창조적으로 움직이고 소리를 내고 안내 심상법에서 느낀 자신들의 감정이나 이미지에 재연결될 때 자신들의 몸을 사용하도록 한다. 종종 나도 그들과 함께하는 동안 창작활동에 동참하기도 한다. 하지만 나의 자각의식의 절반 정도는 그 환경 내에서 일어나고 있는 일에 집중되어야 하기 때문에 나의 참여도는 덜 소모적이다. 우리의 창작활동이 완성되어 가는 것처럼 보이면 나는 모두에게 자신의 창작물과 관련하여 시나 글을 쓰고 동작이나 소리를 내도록 한다.

남은 시간의 정도에 따라, 모두가 두 사람씩 짝을 짓거나 더 큰 집단으로 모여서 자신들이 경험한 것에 대해 나누거나 깨달은 것에 대해 이야기를 나눈다. 나눔은 간단하게는 한 단어일 수도 있고 길게는 다른 사람들의 피드백, 이해 정도, 통찰한 내용을 듣는 시간을 포함해 전체 창조적 과정만큼 더 길어질 수도 있다.

## 연결과 친밀감

종종 집단 참가자들은 긴급한 이슈를 갖고 오거나 자신들이 탐색하고자 간절히 원하는 개인적인 이슈를 가지고 온다. 어떤 때는 특정한 관심사가 없을 수도 있다. 요즘 그들은 무의식의 자료를 불러일으키는 활동에 참여하는 데 있어 더 개방적이 되었다고 한다. 그 활동은 곧 새로운 발견으로 가는 길을 열어 준다. 우리는 어센틱 무브먼트와 북 치기, 신체지도 만들기를 연습하는 데 각각 한 시간씩 할애한다. 깊은 내면이 드러나면서 한 구성원이 다른 사람들과의 관계에서 자신이 보이지 않는 존재같이 느끼는 슬픔과 연약함에 대해 나누었다. 다른 한 사람은 우울증과의 싸움과 자녀를 더 낳을지에 대한 고민을 나누었고 세 번째 사람은 우울증을 앓았던 자신의 과거와 아들이 고민하고 있는 문제에 대한 자신의 염려를 나누었다. 촉진자로서 내가 확신하는 바는 치료 작업에서 내담자와 함께하고 그들의 짐을 나누어지는 능력은 우리가 자신의 고통과 탐색, 치유까지도 보듬어 주는 공간이 있다는 사실을 깨달을 때 더 확고해진다는 것이다.

우리가 나누는 시간 전체가 유동적인 공동창조이다. 내가 인간중심 표현예술 접근법 훈련을 받았기에 이것이 가능하다. 나는 표현예술을 통해 자신에 대해 그리고 내담자와의 치료 작업에 대해 더 많은 것을 탐색하고 발견하고자 하는 사람들을 만날 기회를 얻었다는 것에 이루 말할 수 없이 감사하다. 이 집단활동에 참여하는 사람들 속에 편안함과 목적의식, 방향감이 자라고 있음을 본다. 내담자들이 가지고 있는 문제가 우리 자신의 심리적 자료를 자극하도록 하는 방식으로 일하는 것은 치료사로서 우리가 가지는 중요한 윤리적 의무이다. 개인이 동경하는 것에 도달하도록 심리적 공간을 만들어 주는 것은 우리가 서로에게 줄 수 있는 적절한 지지이기도 하다.

하지만 내가 인식하는 혜택은 이보다 훨씬 더 커졌다. 해를 거듭할수록 나는 우리가 함께 경험하는 연결관계 그리고 솔직하고 공감적인 타인과의 관계, 즉 내면적 경험에 다가가고 서로에게 다가감을 통해서만 얻을 수 있는 통찰력과 치유의 의미와 가치를 이해하게 되었다. 아마도 우리가 인간중심 표현예술에서 얻은 연결과 친밀감이 모든 것 중에서 가장 중요한 결과일 것이다. 공동체와 다른 동료들과의 연결관계에 뿌리를 내리고 있는 심리치료사로서 우리는 내담자들과 나누고자 하는 재능과 혜택, 지지를 경험한다. 우리 모두 잘되기를 바란다.

크리스틴 에반스는 박사이자 표현예술치료사(REAT)이며 임상심리학자(clinical psychologist)

이자 캘리포니아의 마운틴 뷰에 있는 삶예술센터의 공동설립자이다. 에반스 박사는 전 세계로 다니며 강의하며 인간중심 표현예술에 대한 그녀의 열정과 헌신으로 예술이라는 무한한 치유적 능력을 접하는 많은 사람들의 존경을 받고 있다. www.Living-Arts-Center.com, Christine4Arts@aol.com.

## 진정한 영양분 : 섭식장애가 있는 사람들과 함께한 인간중심 표현예술

### 카즈 테일러(Caz Taylor), 영국

나는 병원에서 섭식장애가 있는 소규모 집단을 대상으로 치료하도록 초대되었다. 그들은 나에게 새로운 집단이었다. 우선, 나는 병원 침대에 갇혀 생활해 온 심각한 섭식장애를 가진 한 환자와 관계맺기를 자연스럽게 배웠다. 그 환자의 체질량지수(BMI)는 생명에 위협이 될 정도로 낮았다. 그녀가 갖고 있는 조건과 속도에 맞추어 만남이 이루어지고, 인간중심 접근법적 관점에서 다양한 미술매체를 제공하면서 그녀와 함께하는 법을 배워 감에 따라 나는 집단 세팅에서 무엇이 효과가 있을지도 배웠다.

집단은 일주일에 한 번, 한 시간 반 정도 만났다. 이 시간은 환자들(전부는 아니지만 대부분이 사춘기 소녀들이었음)이 집중력을 유지할 수 있는 최대한의 시간이었다. 신체 골격이 너무 가늘어져 수척해진 상태(관절에 통증을 느끼고 주의집중 시간이 제한됨)여서 그보다 더 오래 앉아 있기는 어려웠다.

나는 그들에게 섭식장애와 그들의 몸을 쇠약하게 만들고 있는 그 질병의 원인에 대해 절대 물어보지 않기로 했다. 주중에 그들이 하고 있는 또 다른 치료집단은 영양분, 웰빙, 자존감, 가족 문제 등의 교육적 주제에 초점을 맞추고 있었다. 음식과 식사(혹은 식사 거부, 섭취 후 토해내기)는 재섭취(re-feeding) 프로그램에 참여하는 이들 내담자의 주의를 집중시켰다. 병원 시설에서의 생활은 식사와 간식, 식사 후 관리로 규정되어 있었다. 그들의 약점을 건드리는 두려운 질문을 결코 하지 않겠다는 나의 결심은 성공적이었다. 만약 집단원 중 한 사람이 음식과 씨름하는 문제나 체형과 신체

크기, 체중을 바꾸고 싶다거나 음식에 대한 가족들의 신념에 대해 나누고 싶어 한다면, 물론 그렇게 할 수 있었다. 그럴 때 나는 그들과 함께 작업하기가 수월했고 미술매체와 작은 인형들, 콜라주, 음악, 안내 심상화 등의 과정을 통해 그들이 탐색하는 바를 부드럽게 도와주었다.

나는 집단에게 다양한 미술매체를 제공하고 자신들에 대해 보다 많은 면을 발견하도록 했다. 인간중심 접근은 지속적으로 '나의 내담자 옆'에 있으면서 우리가 함께한 활동의 핵심 내용이었다. 나는 그들과 그들의 작업 과정을 신뢰한다고 말해 주었다.

음악도 이 집단에게 큰 역할을 했다. 앉거나 바닥에 놓인 쿠션에 누워서 그들이 공유하고 싶어 가져온 음악을 듣는 데는 에너지(항상 에너지가 부족했음)가 적게 소모되었다. 나는 그들에게 음악이 흘러나오는 중에(때때로 한 곡만 또 가끔 전체 앨범을 듣기도 함) 어떤 느낌이 들었는지, 음악을 들으면서 떠올랐던 생각이나 감정, 기억을 설명하도록 하였다. 음악을 듣는 중에 떠올랐던 이미지를 그리기도 하고 집단과 나누어 보기도 하였다.

집단에 참여하는 사람의 수가 늘어가고 서로와 미술매체와 익숙해졌을 때 나는 연주할 악기가 든 커다란 가방을 가져왔다. 각자 한 가지씩 연주하는 것이 아니라 모두 함께 연주하는 것이다. 연주를 보여 주어야 한다는 압박감은 없다. 그것은 단지 그들이 만들어 낼 수 있는 소리와 리듬을 경험하고 연주하는 동안 떠오르는 기억들을 경험하게 하는 것이다. 악기를 연주하는 시간마다 나는 집단의 일원으로 참여하는 것이 도움이 된다는 것을 알게 되었다. 그렇게 함으로써 그들은 나를 전문가가 아니라 나 역시 소리를 낼 때 실수를 하기도 하는 연약한 한 인간으로 보게 된다. 나는 이야기 나누는 깊이와 노출의 적정선을 항상 염두에 두면서 몇 가지 기억과 감정을 나누기도 했다.

때때로 나는 연주법을 보여 주기 위해 먼저 주어진 과정을 시작하기도 했다. 그러고 나서 집단에게 함께 연주하도록 이끌어 나감으로써 그들이 소리를 시험해 보도록 했다. 혹은 참가자들이 차례로 자신들이 선택한 리듬에 맞춰 악기로 소리를 내도록 하고, 그다음 집단이 다 같이 화음을 이루면서 참여하도록 했다. 이런 방식은 즐겁고 압박감이 없는 실험적 분위기를 연출했다. 우리는 얼마나 웃었는지 모른다! 기억들이 떠올랐고 그것에 대해 이야기를 나누었다. 우리가 함께 연주하는 것이 집단이 좀 더 응집되고 연합되도록 도와주었다.

시간적 여유가 있고 참가자들이 두 번째 표현예술 매체를 사용할 에너지가 있으면, 나는 창조적 연결 과정에 근거한 무언가를 그들에게 제공해 주었다. 매주 집단의 분위기가 어떨지 확신할 수 없었기 때문에 나는 항상 다양한 매체를 준비해 갔다. 집단원 대부분이 사춘기 소녀들이었기 때문에, 그들의 끊임없이 변하는 기분과 일관되지 않은 역동성이 언제나 어려움이었다.

그들은 나와 만나는 집단이 제일 좋다고 말했다. 나는 이 말의 의미와 그 이유에 대해 생각해 보았다. 내 직감으로는 자신의 문제에 대해 압박감 없이 이야기할 수 있다는 점이 참가자들로 하여금 수용받는다고 느끼게 하고 어느 정도의 홀가분함과 삶에 대한 약간의 조정을 가능하게 하는 것 같다. 또 일주일 단위로 나는 집단원들에 대한 정확한 느낌을 얻도록 열심히 노력했다. 나는 절대로 그들이 갈 준비가 되지 않은 곳으로 가도록 밀어 붙이지 않는다는 사실을 그들에게 인식시켜 주었다. 섭식장애에 대해 자주 이야기하지 않았는데도 그들의 그 문제가 치료적으로 얼마나 해결되었는지 볼 때 놀란다.

병원의 섭식장애시설에 들어오는 것 자체가 환자에게 자신의 식습관에 대한 조절권을 포기하도록 강요한다. 이런 경험은 끔찍한 것이다. 온전하고 건강해지기 위해서 필요한 만큼 몸무게를 늘리는 것이 두려운 것이 되고 종종 엄청난 죄책감을 낳기도 한다. 자신이 통제할 수 있는 유일한 것, 즉 자신의 몸이 이제는 의료 전문가들의 통제하에 놓여 있다.

나의 집단에서 전문가는 오직 구성원 자신들이다. 표현예술은 치유를 몇 달에 걸쳐 서서히 가져오기 때문에 인내와 환자 개인에 대한 신뢰, 인간중심 표현예술 과정에 대한 신뢰가 반드시 필요하다.

**카즈 테일러**는 1994년 상담학 학위 과정을 졸업했고 감독자이자 훈련가 자격도 갖추었다. 카즈는 개인, 부부, 집단이 자신들의 독창성을 발견하고 소중히 여기며 높이 평가하도록 돕고 잠재력을 발휘함으로써 역량강화, 치유, 삶의 조화를 가져오도록 돕고 있다. www.caztaylortherapy.com, Email : info@caztaylortherapy.com.

## 슬픔 허용하기

### 톰 주바(Tom Zuba), 미국

나는 죽음이 우리를 무너뜨릴 수 있다고 믿는다. 그것은 당연하다. 사랑하는 누군가의 죽음을 마음에 담은 채 살아가는 법을 배우는 것은 우리를 기다리고 있는 변화에 우리가 의식적으로 참여하는 기회를 준다고 믿는다. 우리가 그렇게 하기로 선택할 경우에만 그렇다.

나의 18개월 된 딸 에린은 1990년에 돌연사했다. 나의 마흔세 살 아내 트리시도 1999년 새해 첫날에 똑같이 죽었고 나의 열세 살 아들 로리는 2005년 뇌암으로 세상을 떠났다. 나는 1997년 이후부터 불규칙적으로 나 자신의 변화에 의식적으로 참여하고 있다.

2004~2005년에 나탈리와 훈련을 받은 후로 나는 '나는 무엇을 느끼고 있는가?', '건강한 슬픔', '슬픔 파헤치기 – 안전하게 슬퍼하기', '상실의 변화시키는 힘 기대기', '슬픔 허용하기', '새로운 탄생의 씨뿌리기', '당신이 알고 있는 누군가의 자살이라는 죽음과 함께 살아가기', '죽음 : 마지막 미개척지' 등과 같은 제목으로 창조적 연결에 뿌리내린 다양한 소집단을 인도하고 있다. 워크숍 형식에는 매주 2시간 반씩 4~5회 하는 워크숍, 주말 반나절 워크숍, 하루 워크숍, 주말 명상 워크숍 등이 있었다. 각 형식은 각기 다른 목적을 가지고 있고 그것만의 이점을 가지고 있다. 내 워크숍 참가자들의 공통점은 그들이 사랑하는 누군가의 죽음을 경험하고 상실감을 안고 살아가는 법을 배우고 있다는 것이다.

나는 6~8명으로 구성된 집단과 작업하기를 선호한다. 시작 시간 전에 의자를 원으로 촘촘하게 배열해 놓는다. 몸이 접촉하는 것이 좋다. 나는 가운데 한 가지 매체를 놓고 제단의 받침 모양을 만든다. 그것은 스카프이다. 작은 테이블보. 우리를 땅에 연결시켜 주는 무언가. 나는 불을 붙이지 않은 초를 제단 위에 놓는다. 때때로 부가적으로 영감을 가져다주는 상징적인 아이템, 예를 들어 꽃, 물 한 그릇, 새 둥지, 부처상이나 성모상, 사진 혹은 심지어 책과 같은 것을 갖다 놓기도 한다. 제단 주변에는 참가자들과 나의 이름을 미리 적은 이름표를 놓는다. 거기다 종(bell)이나 성냥, 라이터를 놓기도 하고 눈물이 날지도 모를 참가자들을 위해 티슈박스 3~4개를 놓는다. 가능하면 조명을 희미하게 해서 분위기를 정돈하고, 긴장하는 참가자들을 맞기 위해 배경음악을 은은하게 깔아 둔다.

실내의 다른 부분에는 앉을 자리가 충분한 기다란 테이블을 둔다. 테이블 위에는 다양한 색종이와 흰 종이, 포스터 보드, 색연필, 마커펜, 풀, 가위, 펜, 연필, 잡지 등을 정리해 놓는다.

'슬픔 허용하기'라는 4과정 워크숍의 첫 시간을 준비하는 과정의 개요는 다음과 같다.

나는 다음과 같이 말하면서 이 첫 시간을 시작했다.

> 이 연속 4과정 워크숍에서 여러분은 안전하고 신성한 소집단 세팅에서 표현예술을 사용하여 슬픔과 탄식을 탐색하도록 돕고 안내받을 것입니다. 안내 명상과 감각의 자극을 사용해서 내면에 잠재해 있는 슬픔과 다시 연결하도록 해 주는 내면탐색 여행을 시작하는 방법을 발견해 보세요. 간단한 표현예술활동에 참여하면서 여러분 자신의 치유 경험을 만들어 가시기 바랍니다. 특별한 기술이 필요하지도 않고 필요한 도구는 제공이 될 것입니다. 이 워크숍은 죽음이나 이혼, 혹은 다른 개인적인 사건들을 통해 깊은 상실감을 경험하고 있는 모든 사람을 위한 것입니다.

참가자들이 도착하면 나는 문에 서서 따뜻하게 맞이하고 코트를 받아 주고 안아 주기도 하며 쿠키나 물, 커피, 차를 대접하기도 하고 원형으로 배열된 의자에 앉도록 안내한다. 배경에는 조슈아 벨의 바이올린의 로맨스(Romance of the Violin) 앨범의 첫 곡이 부드럽게 연주되고 있다.

등록된 참가자들이 모두 도착하면 나는 음악을 끄고 불을 밝게 켜고 자리에 앉는다. 나는 환영인사에 세션이 진행되는 동안 참가자들이 스스로를 잘 돌보도록 당부하는 것도 포함한다. 화장실 위치와 음료수와 쿠키가 마련된 자리를 알려 주고 원한다면 신발을 벗도록 요청한다. 이곳에서 나누는 이야기는 엄격하게 비밀이 유지되어야 한다는 것도 상기시킨다. 울음을 터트리는 것에 대한 나의 생각을 이야기하고 울음은 언제든지 전혀 문제가 되지 않음(그리고 매우 치료적임)을 확신시킨다. 필요하면 티슈를 사용하라고 한다. 누군가가 울고 있을 때 안아 주거나 손을 얹는다거나 팔을 잡는 행동은 삼가라고 당부한다. 많은 사람들에게 우는 것은 어려울 수 있기 때문이다.

'우는' 동안 누군가가 접촉을 시도하면 보통은 울음이 그친다. 우는 것은 건강한 것이고 치유적이다.

　모든 참가자들과 나를 위한 이름표가 있다고 설명하고 한 사람씩 이름을 부르며 이름표를 선택하라고 한다. 이름표는 보이지 않도록 뒤집어져 있으므로 이름표를 뽑은 사람은 자신이 뽑은 이름표의 이름을 부른다. 이름이 불린 사람은 자신임을 알리고 이름표를 받아서 목에 건다. 이름표를 받은 사람이 초에 불을 붙이고 새로운 이름표를 뽑아서 같은 과정을 반복한다. 모든 이름표를 뽑아 모두가 하나씩 걸게 되면 모든 초에도 불이 붙여진다. 이것은 분위기를 풀어 주는 매우 자연스러운 방법이다.

　나는 모든 사람이 "당신은 우리가 무엇을 알았으면 좋겠습니까?"라는 질문에 3분간 대답을 할 수 있다고 설명한다. 종을 들고 시간을 잴 것이라고 말하고 나는 3분이 경과하면 종을 흔들어서 대답 시간이 지났음을 알린다. 오늘 저녁 시간과 앞으로 계속될 4회 워크숍에서 말할 시간은 충분하다고 설명한다. 나는 참가자들이 예상된 순서에 따라 말하는 것을 좋아하지 않는다. 그래서 나는 내적 자극에 대해 설명하는데 그것에 따르면 주로 심장 박동이 빨라지고 손에 땀이 나면 자신이 이야기할 차례라는 것이다. 그들에게 나와 함께하는 그 과정을 신뢰할 것을 당부하고 자신에게 강한 감흥이 오면 그때 말하라고 한다. 나는 침묵이 괴롭거나 두렵지 않다고 말하고 만약 아무도 말하는 사람이 없어서 몇 분간 침묵한다 해도 전혀 문제가 되지 않는다고 확신시킨다. 서서히 마칠 때가 되어도 아직 말하지 않은 사람이 있다면 나는 그 사람에게 강요하지는 않더라도 말할 수 있는 기회를 줄 것이다.

　그다음으로 참가자들은 긴 테이블로 이동하여 끌리는 종이 한 장을 선택한다. 다음 30분 동안 그들은 사랑하던 사람의 죽음을 말해 주는 이미지로 가득 채운 콜라주를 만든다.

　그 30분이 종료되면 나는 참가자들에게 2인 1조로 나눔을 하도록 한다. 한 사람이 파트너가 만든 콜라주를 들고 있고 콜라주를 만든 사람은 3분 동안 자신의 파트너를 죽음으로 이별하게 된 사랑하는 사람에게 소개한다. 시간이 다되면 나는 종을 울려 참가자들이 역할을 바꾸도록 한다. 다음 3분의 나눔 시간이 지난 후, 나는 모두를 둥근 원으로 다시 모이게 한다. 가운데 있는 제단에는 내가 준비해 둔 다양한 색과 모양의 종이와 색연필, 펜이 있다.

참가자들이 종이 한 장과 쓸 것을 선택하도록 한다. 그들이 느끼는 감정을 두세 가지 정도 적도록 한다. 각자 3분 동안 자신이 원하는 것에 대해 전체 집단에서 나눈다. 그들은 콜라주를 만드는 과정에 대해, 파트너와 나눈 내용에 대해, 자신들이 느끼는 감정에 대해 혹은 다른 어떤 것에 대해서도 이야기할 수 있다. 이번에도 나는 각자에게 주어진 시간을 재고 종을 울려서 3분이 경과되었음을 알려 준다.

남은 시간에는 마치기 전에 꼭 나누고 싶은 이야기가 있는 사람이 있는지 물어본다.

촛불을 끄고 집으로 가기 전에 나는 참가자들이 어떻게 느끼든지 간에 각자가 슬픔을 파헤치는 깊은 작업을 많이 했음을 상기시켜 준다. 집으로 갈 때 운전에 좀 더 조심하고, 자신들뿐만 아니라 함께 살거나 일하는 사람들에게도 매우 온유하게 대하라고 당부한다. 나는 그들에게 모든 종류의 감정과 정서가 밖으로 노출되었을 수 있다고 설명하고, 앞으로 48시간에 걸쳐 그들이 어떤 감정을 느끼는지에 집중하라고 요청한다.

표현예술집단 경험의 촉진자로 일하면서 내가 배운 교훈은 단순하지만 심오하다.

1. 워크숍의 목적을 분명히 명시하라.
2. 목적을 지지하도록 워크숍 활동의 흐름을 계획하라.
3. 모든 기대를 내려놓고 융통성 있고 유연하며 개인과 집단의 역동성을 예리하게 관찰하라. 필요하면 즉각적으로 진행 방향을 바꿀 준비를 하라.
4. 당신의 결단력/직관을 신뢰하라. 과정을 신뢰하라.
5. 말하기보다 듣는 것에 집중하라.
6. 침묵을 두려워하지 말라

몇 번이고 나는 집단의 치유적인 힘을 목격했다. 종종 나는 우리를 지지해 주고 우리가 원으로 모여서 하는 것처럼 우리를 이끌어 준 연장자, 교사, 가이드, 이미 운명을 달리한 사랑하는 사람들에 대해 이야기한다. 할 때마다 나는 전체 집단이 동시에 변하는 것을 목격한다. 그들의 얼굴에 역력하던 스트레스가 떠나가고 짊어지고 있던 무거운 짐이 가벼워지는 것 같다. 그들의 눈은 더 총명해지고 어떨 때는 웃음소리도 들린다.

다음은 마지막 세션에서 내가 배부한 평가서에 참가자들이 적은 응답들이다.

"저는 워크숍 자체를 즐겼고 나눔 시간과 눈물, 배움, 모든 것을 즐겼습니다."

"마지막 주가 여러 가지로 좋았습니다. 그 주말이 끝날 즈음 저는 가지고 있던 분노의 상당 부분을 내려놓을 수 있게 되었습니다."

"저는 보통 무엇을 그리는 데 참여를 잘 안 하지만 이번에는 편안하게 할 수 있었습니다. 참여한 것이 너무 기쁘고 고통과 치유를 동시에 느꼈습니다."

"제가 가장 좋았던 것은 당신과 다른 사람들이 사랑하는 사람의 죽음에 대해 이야기하는 부분이었습니다. 너무 감동적이고 사랑이 가득한 추억들을 들으면서 친밀감과 진심을 느끼는 시간이었습니다. 살면서 이런 경험은 처음입니다."

"톰은 사람들이 상실감에 대해 슬퍼할 수 있도록 매우 안전한 장소를 제공합니다.... 톰은 매우 가까운 세 사람의 죽음을 경험하면서 당신의 감정을 다른 사람들 앞에서 표현하고 느끼는 것이 매우 치유적이라는 것을 배웠습니다.... 그는 어떻게 당신의 슬픔이 사랑하는 사람들과 더 깊이 연결되도록 이끄는지를 보여 줄 것입니다."

"우리는 보통 살면서 우리와 같은 것을 경험하는 사람들과 매우 교육적이고 사랑이 가득하며 안전한 방법으로 이야기를 나누는 시간을 잘 갖지 않습니다."

**톰 주바**는 비애치료사(grief guide)이자 작가, 영감을 주는 연설가이다. 그는 1999년 뉴욕타임즈 베스트셀러 작가인 게리 주카프(Gary Zukav)와 함께 '오프라 윈프리 쇼'에 출연했다. 더 자세한 사항은 다음을 참고하라. www.tomzuba.com, Facebook & Twitter. tom@tomzuba.com.

## 치유하는 영혼 : 발달장애가 있는 여성을 위한 예술지지집단

### 테레사 스코빌(Theresa Scovill), 미국

캘리포니아 북쪽의 레드우드 해안 지역센터의 많은 내담자들은 두세 가지 진단명을 가지고 있다. 그들은 발달장애와 약물 남용이나 정신장애 같은 문제를 함께 가지고 있을 수도 있다. 이 여성들은 삶에서 신체적, 정신적, 정서적으로 학대를 받아 왔기 때문에 만성적으로 낮은 자존감으로 고통받는다. 이러한 장애물들 때문에 그들 개개 인은 약물 남용이라는 문제를 가지고 있다. 일부는 현재 마약이나 알코올 혹은 두 가지 모두를 사용하고 있고, 일부는 맑은 정신을 유지하려고 노력하는 중이다. 또 어떤 이들은 그저 매우 위험한 수준에 있다. 우리는 약물 남용에 대한 이러한 성향을 그들 자신에 대한 무력함과 절망적인 상태의 인지 증상으로 본다.

그들의 문제는 너무나 복잡하고 끝이 없는 것처럼 보이기 때문에 아무도 그들과 함께 일하려고 하지 않는다. 나의 견해는 그들은 가장 기본적인 욕구가 수용받는 것을 경험하고 사람들의 관심을 받으면 '정상적'이 된다는 것이다. 그들이 마약과 알코올에 빠지게 된 것도 바로 이러한 욕구 때문이다. 마약에 취하거나 다른 사람들과 술을 마실 때, 그들은 경쟁의 장이 공평해졌다고 느낀다. 마약이나 알코올에 취해 있을 때 그들에게는 모든 사람이 '지능발달이 늦거나', '제정신이 아닌' 것처럼 보인다.

힐링 스피릿(Healing Spirit)에서의 나의 임무는 이러한 내담자들이 화학적 대체물 없이 삶을 즐기는 방법을 찾도록 도와주면서 창조적이고 건강하며 의식이 확장되는 활동을 제공하는 것이다. 우리의 프로그램은 인본주의적이고 인간중심적인 접근 방법을 취하므로 모든 내담자 안에 있는 잠재력을 본다. 이 프로그램은 해로움을 감소 시키는 프로그램이다. 즉 내담자를 향한 우리의 목표는 반드시 약물 절제라고 못박기 보다는 약물이 일으키는 해로움을 감소시키는 것이다. 이 집단 대상의 프로그램은 매우 성공적이었다. 나는 그 이유가 내담자를 존중하고 자신들의 속도에 맞춰 성장하고 발달하도록 공간을 제공했기 때문이라고 생각한다. 나는 여성 내담자들에게 자존감을 높이는 도구를 제공하는 것에 특히 관심이 있었고, 바로 그것 때문에 표현예술 경험을 그들에게 적용하기로 결심했다.

나는 6~8명의 내담자와 3시간씩 8주 동안 작업을 했다. 나의 의도는 창조적인 연결 과정을 단순화시켜서 그들이 한 번에 조금씩 습득할 수 있도록 하는 것이었다. 나는 그들이 많은 내용을 글로 적는 것은 싫어하지만 그림을 그리거나 색칠을 하거나 춤을 추거나 악기를 연주하거나 드라마를 시도하는 것은 좋아할 거라 생각했다. 나는 우리 집단을 위한 기초 작업으로 토킹 스틱(talking stick)을 소개했다. 내담자들이 그 막대기를 색칠하고 장식하고 이름까지 붙였다. 한 가지 초점은 개인적인 스크랩북이나 아트저널을 만들고 각자가 말이 아니라 이미지로 자신을 표현하는 그림이나 낙서, 콜라주를 만드는 것이었다. 우리는 또한 커다란 종이에 파스텔을 사용해서 두려움과 사랑, 행복, 슬픔과 같은 감정을 표현하는 낙서그림을 그리는 세션도 진행했다. 나는 모든 미술작품을 사진에 담아서 나중에 각 참가자들에게 나누어 주고 스크랩북에 붙여 놓도록 했다.

내 생각에 가장 강력했던 세션은 우리가 존경하는 여성들에 대해 이야기를 나누고 그 사람들처럼 옷을 차려 입어 본 때인 것 같다. 옷을 차려 입고 난 후 우리는 원으로 둘러앉아서 북을 치면서 감정을 쏟아 냈다. 내가 기쁨이나 분노, 질투 같은 감정을 소리를 지르며 표출하면 누군가가 북을 치기 시작하고 다른 사람들도 함께 따라 하는 식이었다. 몇 번이나 집단 전체가 웃음을 터뜨렸고 잠시 후 심호흡을 하고 다시 시작했다. 메이드 메리안(Maid Marian)과 세 친구들(The Three Amigas), 벨리 댄서, 인어, 괴물, 모두가 함께 북을 치면서 우리는 영혼 깊은 곳까지 서로 교감을 나누었다. 참가자들은 이 세션의 사진이 나오기를 열렬히 기다렸다.

그다음 두 부분으로 나뉜 세션은 내담자들이 '직관 인형' 혹은 '주머니 인형'이라고 부른 인형 만들기 시간이었다. 그들이 이해할지 그렇지 않을지 확신이 서지 않았지만 나는 시험적으로 바살리사(Vasalisa)의 이야기를 읽어 주었다. 바살리사의 어머니는 그녀에게 결정을 내릴 때 도움이 필요하면 함께 상의하라며 작은 인형을 주었다. 내가 읽는 동안에 내담자들이 흥미를 잃을까 염려되었지만 그들은 이구동성으로 누군가가 책을 읽어 주는 것이 너무 좋으니 다음에 또 할 수 있느냐고 물었다. 바늘에 실을 꿰거나 바느질을 하는 기술적인 문제를 제외하고는 직관 인형 만들기 작업은 이 집단 여성들에게 매우 성공적이었다.

전체적으로 피드백은 긍정적이었다. 한 내담자는 자신이 우리 집단을 좋아하는 이유가 '지루하지 않기 때문'이라고 했다. 다른 내담자는 그 시간이 재미있고 독특하기 때문에, 그리고 세션에 참석하기 위해 집에서 나올 수 있어서 좋다고 했다. 이 여성들과 지속적으로 관계를 유지하고 있기 때문에 나는 지지집단을 만들고자 하는 나의 목표가 달성되었다고 믿는다. 만약 내가 그들을 몰랐었더라면 그들은 나를 신뢰하지 않았을 것이고, 자신들의 마음을 열고 감정을 표현하지 못했을 것이다. 신뢰에 관한 문제는 중요한 사안이다. 나는 끊임없이 그러나 온유하게 비밀유지에 관한 것을 그들에게 상기시켜 주어야 한다는 사실을 알았다. 이 여성들 대부분은 비슷한 남자 친구를 갖고 있었고, 마약과 알코올을 함께 사용하기도 했다. 그들은 서로를 신뢰하지 않고 권위자는 더욱 신뢰하지 않는다. 그래서 나는 그들의 신뢰를 얻어야 하고 그것을 유지해야 할 뿐만 아니라 그들도 신뢰하는 법을 배우도록 도와주어야 한다는 것을 알았다.

이 집단에게 한 가지 문제가 있었는데 그것은 일정 시간 동안 집중할 수 있는 능력이 제한되어 있다는 것이다. 스크랩북에 대한 그들의 관심은 세 세션이 지나자 사그라져 버렸고, 그래서 나는 융통성을 발휘하여 매시간 새로운 옵션을 제공해야 할 필요성을 느꼈다. 그리고 참가자 중 두 사람은 마약과 알코올 때문에 집단활동을 제대로 할 수가 없었다. 이런 상황에서는 무조건적으로 긍정적인 관심을 보여 주는 나의 능력이 이 내담자들과의 관계를 유지시켜 주는 데 필수적이었다.

나는 석사논문을 완성한 이후부터 줄곧 이 여성집단과 함께 작업하고 있다. 창조성이라는 마법을 이 여성들에게 가져다주기 위한 노력 때문에 나는 고립감과 외로움을 느꼈던 때가 있었다. 하지만 그들은 이 모든 것을 극복하도록 나를 도와주었다. 토킹 스틱으로 체크인하고, 긍정적이고 흥겨운 음악이나 북소리에 맞춰 춤을 추고, 미술작품 만들기를 하는 일련의 순서가 정해지자 그들은 편안해하고 과정에 집중하게 되었다. 창조적인 연결 과정으로 함께 작업을 시작 한 6개월 후, 이 집단은 말로 표현할 수 없을 징도로 밀착되었다. 스스로와 서로에 대한 존중감이 자랐다.

이 여성들에게는 극복해야 할 장벽이 너무나 많다. 장애, 약물 복용, 역기능 가족, 폭력, 빈곤한 공동체에서의 생활, 여성으로 살아가는 것 등 이 모든 것이 때로는 그들의 삶을 견딜 수 없게 만든다. 표현예술은 그들에게 희망과 미래에 대한 꿈뿐만 아니라 가장 깊은 두려움과 정당한 분노를 표현하는 통로를 제공했다. 약물 복용과 학대는 여전히 그들의 사회적 현실로 남아 있지만 더 이상 그들에게 향락을 주는 유일한 것이 아니다. 그 어떤 것보다도 바로 이 사실 때문에 나는 '힐링 스피릿 여성집단'을 위해 표현예술의 햇불을 계속 들고 뛰는 용기와 힘을 얻는다.

**테레사 스코빌**은 문학석사이며 자신의 비영리 단체인 힐링 스피릿(Healing Spirit, Inc.)을 통해 캘리포니아 북부에서 발달장애 내담자를 대상으로 일하고 있다. 그녀는 소규모 학생중심 요가 클래스로 특성화된 치유예술센터(Healing Arts Center)를 직접 운영하고 있다. 테레사는 '창조적 요가'를 가르치면서 발달장애 내담자와 일한 경험에 대한 책을 집필할 계획이다.

## 암환자의 창조적 자원을 일깨우기 : 중국 표현예술집단

### 피오나 장(Fiona Chang), 홍콩

임상 경험에서 나는 암환자집단에 인간중심 표현예술치료를 활용하는 것이 집단활동 과정을 더 깊이 있게 하고 자기치유의 잠재력을 활성화시키기도 한다는 사실을 발견했다. 창조적 연결의 전체적 개념은 암환자들이 삶의 질을 향상시키는 데 상당한 도움을 주었다. 나는 암환자를 돕는 데 있어 다른 예술매체를 사용했을 때의 효과에 대해 사전사후 비교집단 조사연구를 했다. 질적 · 양적 데이터 모두 비교집단에는 유의한 변화를 보이지 않은 반면 표현예술집단 구성원들의 신체적, 심리적, 사회적, 영적 안녕에 있어서 눈에 띄는 향상을 보여 주었다.

　표현예술집단에서는 환자가 자신의 잠재된 창조성을 끌어내고 자기치유를 위한 숨겨진 잠재력을 활성화시키기 위해 자신이 편하게 느끼는 미술매체를 선택할 수 있다. 내가 표현예술 접근법을 암환자집단에 적용하는 이유는 그것이 다음과 같이 존재에 대한 중국 철학과 맥을 같이하기 때문이다.

| 표현예술의 개념 | 중국 철학/신념 | 중국 철학/신념(한자) |
| --- | --- | --- |
| 현실에 충실하기 | 마음 챙기기 | 覺察 |
| 수용적인 태도 | 어떠한 가능성에도 열린 마음으로 대하기 | 開放的心去迎接 一切可能性 |
| 진정한 존재 | 존재의 도 | 存在之道 |

나탈리 로저스는 우리에게 각자의 나라에 표현예술을 도입할 때 항상 모국 문화에 대해 의식하도록 당부한다. 표현예술치료는 서구에서 시작되었다. 중국문화에 그것을 적용하고 정착시키며 중국의 예술과 문화, 상징언어와 그것을 조화시키는 것은 매우 유익하다.

비록 암에 걸린 것은 두려운 경험일수 있으나 우리는 표현예술을 사용하는 것을 통해 몸과 마음, 영혼의 치유를 시작할 수 있다. 나는 집단 구성원들의 욕구를 더 잘 이해하기 위해 집단의 목표를 정할 때 그들과 함께 협동적으로 결정하고 검토했다. 암을 지닌 채 평화롭게 살기 위해, 이 집단은 표현예술을 통합적으로 사용함으로써 균형 잡힌 삶에서 건강하게 사는 것을 목표로 정했다. 나는 목표를 다음과 같은 것으로 좀 더 발전시켰다.

1. 부정적인 감정을 발산하고 표현하고 긴장을 풀기
2. 창조적 연결 과정을 통해 몸과 마음, 영혼을 연결 짓기
3. 창조적인 과정에서 즐거움을 찾고 창조성을 자극하기
4. 신체적, 심리적, 사회적, 영적 안녕에 균형을 발견하기
5. 자립, 상호협조, 집단 구성원들 간의 존중을 향상시키기

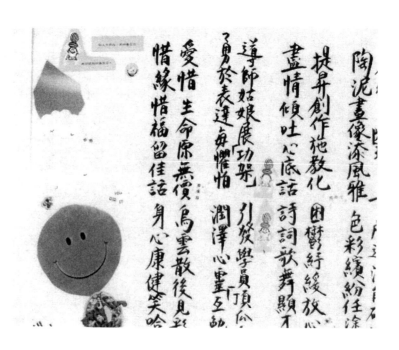

나는 연속 6주 동안 암환자를 위한 표현예술집단을 지도했다. 매주 한 번 우리는 아침에 두 시간 반 동안 만남을 가졌다. 창조적 과정은 인간중심적이고 과정중심적이었다. 안정감과 집단의 흐름에 대한 계략적인 아이디어를 얻기 위해서 분명한 구조를 가지는 것이 필수적이었다.

| 세션 | 주제 | 미술매체 |
|------|------|----------|
| 1 | 나의 색채 영역 | 즉흥적으로 그리기와 드라마연출 |
| 2 | 안전한 장소 | 입체적 창작물과 대화하기 |
| 3 | 몸의 영역 | 명상, 신체 자화상 그리기, 동작 |
| 4 | 나의 내면의 욕구 | 즉흥적 음악연주와 공동 창작 |
| 5 | 자아 상자 | 미니어처 조각하기와 창조적 글쓰기 |
| 6 | 나의 선물 | 자유 창작 |

나는 자신의 성장을 위해 표현예술의 치유적 가능성을 창조하고 시각화하고 탐색하며 경험하고 직접 목격하는, 이 독특한 여정을 가는 암환자들과 함께 작업하는 것에 매번 감사했다.

이 집단과 처음 만났을 때 나는 그들이 창조적 연결 과정에 기반을 잡고 집중하도록 돕기 위해 몸풀기 동작으로 시각화 동작을 소개했다. 우리는 연꽃에 물을 뿌리고 바람의 에너지를 느끼도록 커다란 바람개비 날개를 움직이고, 소리를 밖으로 내지르기 위해 나무를 자르는 동작을 하면서 큰소리 기합을 넣고, 중국 전통의 수프를 저어 보고 자연에서 보트의 노를 젓는 등의 동작을 통해 우리 몸의 모든 부분을 부드럽게 충전했다. 우리는 창조적인 우물에서 물을 뜨는 동작으로 마무리하면서 생기 있고, 건강하고 치유적인 에너지를 우리 몸에 주었다.

그리고 나서 우리는 장소를 이동하여 다섯 가지 정서인 '오행(Wu Xing)'을 즉흥적인 미술 형태로 만들어 보았다. 집단 구성원들은 원하는 색이나 재료를 아무거나 골라서 기쁨, 걱정, 슬픔, 두려움, 분노를 표현했다. 그들은 자신들의 몸을 느끼며 자유롭게 움직임으로써 습관적인 긴장감을 날려 버렸다. 다섯 가지 감정을 창조적으로 탐색하는 활동은 우리가 통합적인 방법으로 내면의 감정을 이해하도록 도와준다. 우리는 부정적인 에너지를 흘려보내고 삶에서 평화로운 균형을 찾도록 하는 데 표현예술의 카타르시스적 장점을 사용할 수도 있다.

두 번째 시간에 참가자들은 전체 집단을 위한 안전한 장소를 만들고 안전함을 느끼는 핵심 조건에 대해 나누었다. 그 공간은 일종의 3차원 구조여서 각 개인이 집단 내에서 신성한 공간을 즐길 수 있었다. 안전한 장소를 경험한 후, 참가자들은 각자 자신만의 안전한 장소를 만들되 직관에 따라 자신들을 대표하는 작은 물체를 선택하고 그 물체를 위해 안전한 공간을 만들었다. 나는 그들이 그곳에서 어떤 느낌을 받는지 경험하도록 돕기 위해 안내 심상법을 사용했다. 키트는 양육과 보호에 대한 자신의 욕구를 발견했다고 말했다. 그녀는 사과나무 옆에 지어진 집에서 가족들과 함께 있는 것에 감사했다. 밍은 세상을 볼 수 있는 열린 공간을 좋아했다. 페이는 우울증으로 괴로워하고 있었다. 그는 자신의 안전한 공간이 정말 안전하지는 않음을 발견했다. 그는 완전히 밀폐된 그 공간에서 거의 질식해 가고 있었고 유일한 탈출구는 주변에 있는 벽부터 제거하는 것이라는 깊은 통찰력을 얻었다.

세 번째 시간에 우리는 암에 공격받은 신체와 관련된 감정을 탐색하기 위해 실제 몸 크기의 자화상을 만들어 보았다. 그러고 나서 우리의 몸과 감정을 연결하기 위해 몸을 움직이고 경험하면서 그 자화상과 함께 춤을 추었다. 링은 삶에서 자유를 찾기 위해 보호 철창을 빠져 나오는 것을 자각했다. 뿌이인은 자신이 얼마나 느린 속도로 움직이고 있는지에 놀랐다. 움직일 때마다 그녀는 몸속에 있는 심장의 무게를 느낄 수 있었다. 그녀는 자신의 몸이 암세포로 덮여 있기 때문에 몸에 손대는 것을 꺼렸지만 자기애와 자기수용의 중요성에 대한 통찰력을 얻었다. 다시 자신의 몸과 친해지기로 결심했다. 심지어 암을 이웃으로 받아들이기까지 했다.

네 번째 시간에는 즉흥적인 음악연주를 통해 내면의 욕구를 탐색했다. 아샨은 자신의 진짜 꿈을 그린 그림에 대해 나누었다. 그 그림에서 그녀는 바다에서 수영을 하고 있었다. 그녀 앞에는 커다란 장애물이 있었다. 반대쪽에는 수많은 작은 물고기들이 행복하게 놀고 있었는데 그녀는 장애물을 넘어 가서 물고기들과 놀고 싶었지만 어려웠다. 나는 그녀와 집단 구성원들에게 그녀의 꿈을 연극으로 표현해 보자고 했다.

그녀는 키가 큰 세 사람의 참가자를 장애물 역할로 선정하고 나머지 참가자들은 작은 물고기 역할을 하게 했다. 그녀는 각 참가자에게 악기 하나씩을 나누어 주었다. 탐색 과정에서 아샨은 5분이 넘도록 그 장애물 앞에 머물러 있었다. 장애물과 함께 있는 것이 편해 보였다. 그런 다음 나는 연극을 중단시켰고 그녀에게 내가 관찰한 것을 말해 주었다. 몇 분간 침묵이 흘렀고, 그녀는 장애물을 넘을 확신이 없었다고 말했다. 그녀는 재발과 그로 인한 고통이 두려웠다. 무기력하고 장애물을 넘을 수 없을 것만 같다고 느꼈던 것이다. 그 후 나는 그녀에게 다시 그 경험을 해 보자고 했다. 이번에 그녀는 장애물에 대해 잊어버리고 작은 물고기들과 노는 것에 집중하려고 노력했다. 그녀는 매우 행복했고 바다에서 즐겁게 수영을 했다.

그녀는 여러 가지 통찰을 얻었다. 과거에 그녀는 암의 재발에 대해 생각하며 시간을 허비했고 그것 때문에 장애물 앞에서 머뭇거렸던 것이다. 삶에서 자신이 가진 것에 감사하기를 잊었었다. 행복한 작은 물고기들을 부러워했지만 막상 자신은 그들과 어울리지 않았다. 그녀는 불확실한 미래를 내려놓는 것에 대해 자각하였고 현재에 감사하게 되었다. 그녀는 삶의 모든 소중한 순간을 즐기게 되었다.

다섯 번째 시간에 우리는 2개의 자아상자를 만들었다. 하나는 부정적인 감정과 경험을 담는 것이었고 다른 하나는 우리의 내적 힘과 치유 재료를 담는 것이었다.

마지막 세션은 작별 인사를 하는 시간이었다. 모든 참가자가 집단에 줄 선물을 만들었고 표현예술집단에서 배운 것을 전체적으로 정리했다. 캄오이는 아름다운 중국 시를 적어서 표현예술집단에 대한 감사를 보여 주었다. 그녀의 우울증은 사라졌고 각기 다른 미술매체를 통해 자신의 감정을 표현할 수 있게 되었다. 아린도 이제 자신의 미술적 잠재력이 자각되었다고 했다.

인간중심 표현예술 과정으로 우리 집단 구성원들은 두려움과 절망, 당혹감, 분노를 긍정적이고 치유적인 에너지로 바꾸었다. 그들의 충만한 잠재력이 표현예술을 정신과 마음, 생각, 영혼을 위한 전체적인 치유 과정으로 적용함을 통해 실현되기 시작했다. 자신과의 새로운 관계가 형성되었고 현재 생에서 자신들이 가진 시간을 기억하고 의미를 창조하는 데 재헌신하게 되었다.

집단 구성원들의 사생활을 보호하기 위해 이 글에서는 가명을 사용했다는 것을 밝힌다.

표현예술치료사(REAT)이자 사회복지사(RSW)이며 사회과학과 이학석사인 **피오나 장**은 인간중심 표현예술에 매우 열정적이며 17년 동안 홍콩의 다양한 치료 체제 속에서 상담과 집단치료에 다중적 표현예술 과정을 통합하여 적용하고 있다. 국내외적으로 훈련 과정을 지도하고 있다. fifjfoo@gmail.com

## 범죄의 희생자들 : 아동, 청소년 그리고 사별

### 벨렌 비라몬테(Belen Viramontes), 미국

나는 2세부터 청소년 연령에 해당되는, 범죄에 희생된 아동과 청소년을 대상으로 일한다. 캘리포니아 주립 범죄피해 희생자 보상 프로그램 산하 법원이 나에게 그 아이들을 위탁한다. 내담자들이 경험하는 범죄는 가정폭력, 아동학대, 성적학대, 성추행, 아동 과실치상 등 다양하다. 대부분이 정신보건 서비스 40시간을 받아야 한다.

초반기에 내담자들은 자신의 심리적 외상에 대해 이야기하지 못한다. 그들의 감정은 상처가 그대로 노출된 상태와 같다. 어떤 내담자는 경찰과 의료진, 사회복지사와 면담한 후 아무에게도 학대에 대해 입을 열지 않기도 한다. 그들 다수가 자신의 감정을 잘 모르며 혼란스러워하기도 한다. 또 어떤 이들은 과민반응을 보이거나 두려워 떨거나 수치스러워하기도 하고 당황스러워하기도 한다. 심각한 우울증에 빠지는 경우도 있고 감정에 대해 이야기하거나 접근하려는 모든 시도에 저항하는 경우도 있다.

대부분의 초기 세션에서는 저항이 가장 뚜렷이 나타나고 분위기를 압도한다. 아이들은 심리적 외상을 떠올리거나 재경험을 하지 않으려고 저항한다. 따라서 신뢰관계 형성이 필수적이다. 이 신뢰관계 형성은 아이들이 자신의 이야기를 들려줄 때 진심으로 들어주고 그 이야기의 정당성을 입증해 줄 수 있는 누군가, 즉 치료사의 치료적 개입을 통해 이루어진다. 여기서 아이들이 정당하게 대우받으며 더 이상 상처받지 않을 것임을 확실히 느끼도록 하는 것이 매우 중요하다.

심리적 외상으로 자존감이 무너졌기 때문에 그들의 감정을 있는 그대로 수용함으로써 아이들이 자기확신을 다시 수립하도록 하는 것이 필수적이다. 일부 아동과 청소년들은 심리적 외상을 몇 주에서 몇 달, 몇 년 동안 참고 견뎌 왔기 때문에 이 과정은 시간이 걸릴 수 있다. 상처가 매우 깊기 때문에 신뢰감 형성 역시 긴 시간을 요하는 과정이다.

치료 과정 중에 어느 때든지 희생당할 때의 느낌이나 심리적 외상 경험이 되살아날 수 있다. 내담자가 법원에 가서 증언을 해야 하는 경우에도 그렇다. 대부분의 경우 가해자가 법정에 있고 희생자는 심리적 고통을 다시 느끼고 수치심과 죄책감, 분노를 떠올리게 된다고 한다. 그들이 이러한 순간에 대비하도록 돕는 것이 중요하다.

이것을 준비하는 동안 상담 시간은 새로운 의미를 갖게 된다. 그들은 여러 가지 자료를 받게 되는데 그 자료를 통해 보다 전체적인 시각으로 자신들의 감정을 기술하고 학대를 경험한 이후 자신들이 어떻게 변해 왔는지를 깨닫는다. 가장 중요한 것은 이 시간을 통해 그들은 힘을 얻고 성장과 발달을 향해 앞으로 나아가게 된다는 것이다.

아이들은 미술도구를 제공받아 감정과 정서를 표현하고 잡지를 사용하여 콜라주를 만들고 시를 쓰면서 내면 깊숙이 들어가 자신의 삶의 의미를 만든다. 그들은 방어를 해제하고 자신들의 삶을 지배해 오던 고통과 모든 감정을 느낀다.

아이들은 그 과정을 즐기고 의미 있는 방식으로 자신의 감정을 표현한다. 자신의 일부가 종이 위에 구체적으로 표현되면 자신의 이야기를 펼쳐 놓고 설명하기가 더 쉬워진다. 때때로 자신이 만든 작품을 보면서 눈물을 흘릴 때도 있다. 대부분은 자신의 경험을 설명하는 데 말이 필요 없고 작품이 모든 것을 말해 주는 대변자 역할을 한다. 자신의 미술작품에 대해 느낌을 나누면서 이 젊은 영혼들은 색과 움직임과 의미로 가득한 삶의 새로운 깊이와 너비를 경험한다.

그림을 표현 장르로 선택하는 아이들은 분노와 화, 수치심, 분개, 통제, 평화, 보호를 표현하기 위해 색을 이용한다. 그들은 세상 속에 자신의 존재감을 구현하는 자세로 종이 위에 붓을 움직인다. 세상에 자신들 존재의 표시를 영원히 종이 위에 남길 만한 색을 선택한다. 그것은 어떤 의미에서는 자아가치를 재구성하는 것이다. 미술작품을 만듦으로써 그들은 마음의 평정과 평화의 순간을 만든다. 그들에게 필요한 것은 빈 도화지 한 장이 전부이다.

콜라주를 사용해서 표현하는 청소년들은 종이를 찢거나 가위로 자르고, 자신을 대변해 주고 자신이 지나온 여정에 대해 말해 줄 완벽한 그림과 완벽한 단어를 찾는 등의 활동을 통해 전체 과정을 즐긴다. 자신에게 꼭 맞는 그림이나 단어를 찾았을 때 그들은 종종 큰 소리로 환호한다.

어떤 아이들은 전체 종이 한 장을 사용해서 미술작품을 디자인하거나 구성하고 어떤 아이들은 일부분만 사용한다. 종이는 자신의 삶의 일부 혹은 그들 영혼의 일부분을 대표한다. 그것은 그들의 여정이며 자신들이 현재 있는 곳, 더 중요하게는 자신들이 있고자 원하는 곳이다. 가끔 그들은 잡지를 찢거나 자를 때 친밀한 감정을 느낀다. 이 과정을 통해 그들은 작업의 틀을 지속적으로 만들어 간다. 도시 설계자가 세심하게 도시의 한 구획을 설계하는 것처럼 그들은 조심스럽고 주의 깊게 사진 조각을 맞춰 가며 서서히 모습을 드러내 가는 사건의 모자이크를 만든다. 이 콜라주는 잡지 조각의 모음이 아니라 구원의 순간이 된다.

몇몇 아이들은 아트저널(그림작업 후 글쓰기)에 시를 지음으로써 자신의 작품에 더 심오한 의미를 부여한다. 나에게 작품에 대해 이야기를 나누고자 하는 아이들도 있고 침묵을 지킴으로써 혼자만 작품의 내용을 알고 그 의미를 이해하고자 하는 아이들도 있다.

미술작품을 아트저널에 보관하는 것은 이따금 집으로 돌아가서도 계속 작업을 하고자 하는 아이들이 가끔 있기 때문이다. 어떤 아이는 아트저널을 나에게 맡겨 놓기를 원하기도 하는데, 안전하게 보관되었다가 그다음 시간에 다시 자신이 하는 것이 존중받고 사랑받는, 더 나은 안전한 세상을 그리고자 원하기 때문이다. 그들이 그 순간을 간절히 기다린다는 것을 나는 안다. 그다음 시간에 그들이 나를 보는 즉시 "제 아트저널 가지고 오셨어요?"라고 묻기 때문이다.

나는 또 심각한 행동장애를 가진 아동과 청소년을 위탁받아 함께 일해 본 적이 있다. 그들은 분노에 차 있고 우울하고 공격적이고 학교 수업을 따라가기에 필요한 집중력이 부족한 상태였다. 그들의 이야기를 듣기 시작하면서 나는 그들 모두가 한 가지 공통점, 즉 상실감을 가지고 있다는 사실을 깨달았다.

그들은 자신들이 알고 있는 유일한 방법인 감정을 노골적으로 표현하는 방식으로 슬퍼하고 있었다. 나는 이 아이들과 청소년들에게 집단 상담의 형식으로 표현예술을 제공했고, 그들은 그것을 기꺼이 받아들였다. 이별의 과정은 서서히 일어나므로 나는 집단에게 자신의 감정을 다스릴 수 있는 충분한 시간을 준다. 몇몇 학생은 일 년 동안, 다른 학생들은 최대 3년까지 참가하기도 한다. 나는 그들을 두 달에 한 번씩 만난다.

애완동물을 위한 표현예술 시간도 있다. 아이들은 자신들의 이야기를 나누고자 완전히 들떠 있고 죽은 애완동물의 사진을 가지고 와서 자신의 추억에 대해 이야기하도록 지지를 받는다.

망자의 날(Dia de los Muertos), 그들은 죽은 가족이나 친구의 소지품을 가지고 오며 우리는 표현예술활동의 중심을 그들을 기억하는 데 맞춘다. 금잔화와 기념적인 음식을 가지고 와서 그들의 삶을 기린다.

청소년들이 작품에 열중하며 자신이 사랑하는 사람들에 대해 이야기하고 있던 어느 날, 한 청년이 "당신은 부모님이 돌아가셨다고 비난을 받지는 않잖아요."라고 말했다. 이 말을 들으면서 나는 그가 수년 동안 이 마음의 짐을 지고 지내 왔음을 깨달았다. 그의 부모님은 그가 그들을 채 알기도 전에 교통사고로 돌아가셨다. 그는 그 사고에서 살아남았다. 나는 그가 자신의 이야기를 털어놓을 안전한 장소와 시간을 찾고 이것이 그의 치유 여정의 시작임을 알았다.

**벨렌 비라몽테**는 상담심리, 교육심리, 결혼과 가족치료(라티노 가족연구) 분야에 석사학위를 받았다. 25년 동안 학교에서 아동과 청소년을 위해 일하고 있다. 지난 6년 간 병원현장에서 표현예술을 제공했고 현재 세이브룩대학교 박사 과정에 있다.

## 정신장애를 가진 사람들과 함께한 슬픔에 대한 작업

### 쿄코 오노(Kyoko Ono), 일본

20년 전 인간중심 표현예술치료 훈련 과정에 참가한 후, 나는 워크숍을 통해 이 접근법을 소개하기 시작했고 그 후 일본에서 정신과 환자, 노인, 기타 다른 환자들을 위해 일했다.

이것은 내가 가야 할 길이고 이 길에 대해 특히 일본에서 사람들과 나누고 싶다. 또 개인적으로도 나는 여전히 이 접근법을 통해 영감을 받으며, 이것은 나에게 개인적 성장의 큰 원천 중 하나이다.

여기에서 나는 정신과 병원에서 인간중심 표현예술 치료 과정을 적용한 프로그램에서 정신장애를 가진 사람들과 어떻게 작업했는지를 설명하고자 한다.

심리적 건강이나 심리적 에너지가 결여되어 있는 사람들과 정신과 병동에서 작업할 때 우리는 어떤 종류의 표현예술이 적합한지를 고려해야 한다. 정신질환을 가지고 있는 사람들은 부정적인 경향이 있고, 나쁜 감정에 매우 쉽게 빠지는 경향이 있다. 이런 사람들에 대한 창조적 활동의 목적은 자기 탐구가 아닌 창조성을 즐기고 위로와 만족감을 주는 무언가를 창조함으로써 그들의 자존감을 높이는 것이다. 나는 그들의 감정을 너무 많이 자극하지 않는 활동을 선택해야 한다.

하지만 한 정신과 병원에서 나는 심리적으로 건강한 사람들에게 하는 것과 거의 같은 활동을 적용할 수 있었다. 이 병원에는 조현병 환자가 많지 않았고 경계선 인격장애를 가진 환자가 더 많았다. 정신과 전문의가 환자를 선별하여 자신의 내면과 과거를 볼 준비가 된 환자들을 나에게 보냈다. 폭식증, 알코올 중독 등 기타 중독 문제를 가지고 있는 환자들이 많았고 그들 중 다수가 어렸을 때 학대를 경험했다. 그리고 몇몇은 자녀를 학대한 어머니였다.

병원에서 환자들은 자신의 질병과 중독에 대한 정보와 강의를 듣는다. 나는 병원과 의료진 체제에 의해 지원을 받고 있었기 때문에 인간중심 표현예술 치료법을 통한 깊은 심리적 작업을 할 수 있었다. 환자들도 자신의 진행 과정과 문제점에 대해 의료진과 정신과 전문의에게 이야기하고 지지를 받았다. 인간중심 표현예술 접근법은 환자들에게 매우 안전한 환경을 제공했다.

8주 과정의 이 프로그램은 '미술치료를 통한 슬픔 다루기 작업'이라 정했다. 많은 환자들이 여러 번 프로그램에 참가했다. 이 프로그램의 구성 목적은 몸과 감정에 대한 자각을 높이고, 삶(과거와 미래 포함)에 대한 시각을 얻으며, 각자가 가진 자원을 깨닫고 긴장을 풀고 자신의 정신적 육체적 상태를 깨닫도록 하는 것이다. 활동은 참가자의 상태에 따라 바뀌었지만 프로그램의 전형적인 활동들은 다음과 같다.

'과거, 현재, 미래' 그리기, '몸, 감정, 생각, 영혼' 그리기, '나의 운명과 나의 본질'을 점토로 만들기, '어렸을 때 가장 좋아했던 동화나 이야기'에 대해 이야기하고 그림으로 그리기, 몸에서 몸으로 편지 쓰기, '녹이기와 성장하기' 동작, '보물섬' 콜라주 만들기, 이야기 쓰기(프로그램 과정에서 만든 작품 사용).

　이 프로그램의 목적은 예술적 표현을 사용하여 과거의 심리적 외상을 치료하고 자아 속에 있는 자원과 긍정적인 에너지를 만나는 것이다. 부차적이지만 중요한 목적은 자아에 대한 감각을 발견하고 창조성을 경험함으로써 자기표현을 회복하고 자존감을 높이는 것이다. 말 대신 미술로 자신을 표현하는 것이 그들에게 큰 도움이 된 이유는 심리적 외상을 경험한 사람은 종종 그것을 말로 표현하는 데 어려움을 겪기 때문이다. 예술적 표현은 그들에게 심리적 안녕감을 주며, 그들은 미술작품을 만들고 그것을 바라보면서 자아감각과 독창성을 경험했다. 또한 이를 통해 고통과 슬픔 외에도 그들만의 고유한 존재감과 긍정적인 면을 발견했다.

　피드백에서 그들은 몸과 감정에 대해 더 많이 자각하게 되었고 이를 통해 스스로에게 덜 가혹해졌다고 말했다. 한 사람은 "최근에 피로를 더 쉽게 느끼고 그것을 자연스럽게 받아들이는 것 같아요. 그래서 피곤할 때는 집에 있거나 집으로 돌아가고, 게으르다고 제 자신을 비난하지 않아요."라고 말했다. 이 깨달음은 정신장애 환자에게는 매우 중요하다. 그들은 균형감각을 매우 쉽게 잃어버릴 수 있기 때문이다. 그들의 상태를 알아차리는 것이 스트레스 관리에 핵심이다.

　이 환자들은 자신을 실제적인 방법으로 볼 수 있도록 해 주는 예술을 통해 그들 자신을 알게 될 때 자신을 좀 더 잘 보살피게 된다. 자아에 대한 자각과 이해의 폭이 더 넓어진다. "이 붉은 색은 나의 고통을 의미하기도 하지만 나의 열정일 수도 있어요." 보는 시각 또한 융통성이 있게 된다.

　몇 가지 피드백과 이 프로그램이 각 세션에 어떻게 도움이 되었는지에 대한 나의 생각은 다음과 같다.

- 네 가지 영역을 그림으로 그리는 것으로 그들은 많은 것을 깨달았지만, 특히 영혼을 그리는 것이 그들에게 도움이 되었던 것 같다. 종종 그들은 심리적 외상을 경험했더라도 영혼은 상처를 입지 않았다는 사실을 알게 된다. 그들 중 몇몇은 영성에 대한 새로운 자료와 새로운 차원을 발견했다.
- 점토 조소 두 가지를 만들면서 한 사람이 이렇게 말했다. "많은 어려움이 있기는 하지만 저는 여전히 하나의 온전한 존재이고 여러 조각으로 부서지지 않았어요."

- 한 폭식증 환자는 몸(위장)으로부터 편지를 받았다. "나에게 휴식을 좀 주세요. 너무 많이 먹어서 제가 고통스러워요." 그녀는 이 사실을 지적인 수준에서 이미 알고 있었겠지만, 몸에게 직접 편지를 받은 것이 더 효과적이었다. 일반적으로 몸으로부터 받는 편지는 놀라우리만치 배려가 깊다.

- 어떤 사람들은 이 프로그램에 반복적으로 참여하고 미술작품을 통해 자신들의 긍정적인 변화를 좀 더 분명히 느끼고 알아차릴 수 있다고 말한다. 한 참가자는 "이전에는 어두운 색을 많이 사용했는데 지금은 밝은 색을 사용하고 있어요!"라고 말했다.

다른 정신과 병원에서 예술치료법을 사용한 이와 유사한 프로그램을 진행하면서 나는 30대의 사쿠라를 만났다. 그녀는 내 프로그램을 반복해서 들었는데 어렸을 때 일종의 학대를 받는 고통을 경험했다. 대학을 졸업한 후 잠시 동안 일을 할 수 있었지만, 이해심이 많은 남편과 결혼하자 자신의 감정을 더 깊이 느끼게 되었고 우울증에 빠지고 말았다. 그녀는 치료를 위해 정신과에 왔고 다른 사람들에게 자신에 대해 아무런 이야기도 나눌 수 없다고 했다. 자신이 누구인지 다른 사람들이 아는 것을 두려워했다. 그리고 자신에 대해 무엇을 어떻게 이야기해야 할지 모른다고 했다. 내가 진행하던 프로그램에 참석했을 때 나눔 시간 동안 그녀는 다른 구성원들과 자신의 그림에 대해 이야기를 나눌 기회를 얻었고, 자신의 그림에 대해 이야기하는 것이 큰 도움이 되었다. 다른 참가자들은 그저 들으면서 그녀가 말하는 것을 그대로 받아들였고, 이때 그녀는 존중받는다고 느꼈다. 이 경험이 전환점이 되어 그녀는 점차 자신에 대해 이야기할 수 있게 되었다.

그 후 그녀는 내가 정신과 병원 밖에서 진행한 워크숍에 참가해서 동작치료, 소리내기, 연극 등 다른 매체도 경험했다. 그녀는 각기 다른 형태의 예술매체를 통해 표현하는 것이 자신의 다른 부분과 감정을 서로 교감하는 데 도움이 되었다고 했다.

어느 날 우리가 동작치료를 하고 있을 때 그녀는 자신의 몸을 매우 무거운 것처럼 느꼈고 무겁다는 것을 보여 주면서 움직일 수 있었다. 아닌 척하거나 애써 쾌활한 척할 필요가 없었다. 그녀는 그 순간에 자신의 감정에 따라 움직일 수 있었다. 그런 식으로 그녀는 자신의 무게를 수용할 수 있었다. 그리고 나서 우리는 점토 작업을 했다.

그녀는 점토가 너무 무겁고 다루기 어렵다고 느꼈다. 그래서 점토를 작은 조각으로 나누기 시작했다. 그때 그녀에게 깨달음이 왔다. "그래, 내 과거의 무거운 부분도 작은 조각으로 나누고 한 번에 한 조각씩 다루면 되겠네." 그녀는 그 당시에 과거의 심리적 외상으로 억눌려 있었지만, 해방되었다. 동작과 점토를 이용해 자신을 표현함으로써 그녀는 이러한 깨달음을 얻을 수 있었다.

그 후 그녀는 "상담에서 제 과거에 대해 이야기하는 것이 도움이 되긴 했지만 고통스러웠습니다. 다양한 예술매체를 통해 저를 표현하는 것이 제게 많은 도움이 되었습니다. 그림이나 동작으로 자신을 표현함으로써 즐길 수 있었고 나무를 오르는 기억과 같은 과거에 좋았던 것들을 기억할 수 있었습니다. 그것이 제게 큰 도움이 되었습니다."라고 말했다.

일본의 문화적 특성 때문에 우리는 진정한 모습을 보여 주기 위해 많은 자유와 존중을 필요로 한다. 우리는 다른 사람이나 사회에 순응하도록 배웠다. 인간중심 접근법은 일본인들이 사회나 다른 사람들이 우리에게 기대하는 모습이 되는 것이 아닌 자신의 진실한 모습을 안전하게 탐색하도록 도와준다.

표현예술 치료법은 문화가 우리에게 격려하는 부분 외에 우리 자신의 다양한 부분을 발견하도록 돕는다. 일본 문화는 우리의 부드럽고 친절한 부분을 드러내도록 격려한다. 표현예술을 이용해 우리는 우리의 열정적이고 야성적인 영역과 그 이상도 발견할 수 있다.

**쿄코 오노**는 문학석사이자 표현예술치료사(REAT)로, 일본에서 임상심리학자로 활동하고 있다. 도쿄 표현예술치료연구소의 설립자이자 대표이며 인간중심 표현예술 치료훈련 과정의 일본 대표이다. NPO(일본 예술 작업)의 설립자이며 도쿄 가쿠게이대학교와 카나가와대학교 대학원 과정에서 표현예술치료를 강의하고 있다. exa@hyogen-art.com.

## 자음발어 불능증을 가진 아동과 부모가 함께한 치료 작업 : 꼭두각시 인형놀이 워크숍 보고서

### 루츠코 아이자와(Rutsuko Aizawa), 일본

2009년 1월, 나는 나의 모국 일본에서 자음발어 불능증(말더듬)을 가진 아동과 부모를 대상으로 표현예술 워크숍을 열었다. 어렸을 때 나는 말을 더듬는 것에 대한 심한 불안증세가 있었다(항상 말을 더듬는 것에 대해 염려했다). 하지만 인간중심표현치료연구소와 세이브룩대학교에서 표현예술을 경험한 이후로는 거의 40년 동안 고생해 온 말을 더듬는 것에 대한 불안감이 사라졌다. 이러한 경험이 있었기에 나는 나와 같은 아이들을 그 두려움에서 구해 주고 싶었다.

일본에서 공립학교에는 언어장애 아동을 위한 특수학급이 있지만 일반학교 교사는 그런 아이들을 지지할 방법을 모른다. 다행히 나는 일본 기후국립대학교의 시노부 히로시마(Shinobu Hiroshima) 교수를 만났다. 그는 자음발어 불능증을 가진 아동 교육 분야의 전문가이다. 나는 시노부 교수님이 운영하는 아동을 위한 모-자 캠프에 표현예술을 실시할 계획을 제안했고 교수님은 친절히 수락했다. 다음은 캠프에 대한 보고서이다.

### 꼭두각시 인형놀이 워크숍

말을 더듬는 것 때문에 놀림을 받거나 괴롭힘을 당해 본 아이들은 사람 앞에 서는 것을 두려워한다. 이 워크숍을 위해 인형극을 선택한 이유는 아이들이 사람들의 관심을 즐기도록 하기 위해서였다. 나는 인간중심표현치료연구소(PCETI) 워크숍에서 만주샤 쉔들러(Manjusha Shandler)가 만든 인형을 미리 준비했다가 정렬해 놓았다. 일반적인 인형놀이와 구분하기 위해 그것을 '꼭두각시 인형놀이'라고 이름을 붙였다.

### 참가자와 협조자

이 주간 캠프는 2000년부터 일 년에 두 번 히로시마 박사가 조직해 왔다. 목적은 자음발어 불능증을 가진 아이들을 같은 문제를 가진 다른 아이들에게 소개해 줌으로써 그들이 혼자가 아님을 느끼도록 하는 것이다. 총 참가자 수는 초등학생 36명(19명이 말더듬 증상을 가지고 있음)과 29명의 부모와 보호자(19 가족)를 포함해 82명이었다. 다른 참가자들은 언어치료사와 말더듬 증상을 가진 성인, 히로시마 교수의 세미나에 온 학생들이었고 이들 모두는 워크숍 준비부터 진행, 사후 정리까지 도왔다. 여기 적힌 의견들은 학생들이 요약한 것에서 발췌한 것이다.

### 꼭두각시 인형놀이 프로그램과 개별적 효과
아이들을 위해 밝고 깨끗한 강당에서 집과 같은 분위기로 시작했다.

### 워밍업
말을 더듬는 성인과 마찬가지로 아이들도 매우 긴장한 상태였다. 나는 인간중심표현 치료연구소(PCETI)에서 하던 것처럼 내가 선택한 음악에 맞춰 긴장을 풀고 말이 아니라 행동으로 다른 사람과 인사를 하도록 안내했다. 일본어로 '안녕하세요'라는 뜻인 '곤니찌와'의 '고'를 제대로 발음하지 못하는 참가자가 많지만, 말 대신 손과 어깨, 발, 무릎을 사용해서 인사하면 그들은 좀 더 편안해하고 분위기는 온화하게 급변한다.

### 사전 준비
우리는 히로시마 교수의 제안에 따라 참가자들을 10개의 소집단으로 나누었다(각 집단별 8~10명). 부모와 자녀, 형제들은 다른 집단에 배치하고 말더듬 유무도 고려했다. 세미나 학생들과 성인 참가자들은 여러 집단에 나뉘어 들어갔다. 위축된 아이들에게는 모르는 사람과 함께 활동하면서 의사소통을 경험하는 것이 매우 중요하다.

우리는 스펀지와 나뭇가지, 천, 반짝이는 레이스, 나사못, 장난감의 일부 등을 포함해 아이디어를 마음껏 내도록 돕기 위해 최대한 많은 매체를 수집했다. 일본 아이들은 포장된 용구에 익숙해 있어서, 나는 그들이 사용할 부분을 스스로 결정하는 즐거움을 경험하게 하고 싶었다. 학생들과 나는 참가자들이 더 쉽게 선택할 수 있도록 매체의 종류를 각각 다른 판지로 만든 박스에 나누어 담고 그것을 각 집단에 나누어 주었다.

### 개인 꼭두각시 인형극 만들기
나는 참가자들이 마음에 가장 먼저 떠오르는 것을 만들도록 다양한 재료를 선택하게 하고, 생각하지 말고 그냥 손이 가는 대로 작업을 하게 내버려 두라고 제안했다. 말하기 전에 머릿속으로 발음을 확인하고 그것을 발음하기에 더 쉬운 소리로 대체하는 습관을 가진 말더듬 아이들에게, 생각하지 않고 뭔가를 만드는 경험은 특히 필요하다. 그들은 완성물이나 손재주에 대해 생각하지 말고 인형을 만들도록 격려되었다. 성인과 아이들 모두 작업에 몰두했고 하나둘 독창적인 인형이 만들어졌다.

### 서로에게 인형 소개하기

자신이 만든 인형에 이름을 지어 준 뒤, 아이들은 그 인형을 자신의 집단에 소개했다. 이것을 할 때, 나는 '말하는 것은 자신이 아니라 인형'임을 느끼도록 안내했다. 목소리가 인형에게서 나오고 자신에게서 나오는 것이 아님을 다시 한 번 확인시켜 주었다. 신음이나 고함 소리가 나오더라도 괜찮다. 말을 더듬는 사람들은 생각하지 않고 말하는 것을 두려워하는 경향이 있다. 그래서 나는 사전에 생각 없이 소리를 내는 것이 그들에게는 매우 중요한 연습이라고 확신한다. 나의 경험에 따르면 생각하지 않고 말하게 되었을 때 말더듬 현상이 극적으로 사라졌다.

### 전체 발표를 위한 준비(소집단 토론)

각자의 인형을 소개한 다음, 나는 소집단들이 전체 집단 앞에서 발표할 즉흥적인 쇼를 만들도록 했다. 나는 각 집단에 있는 모든 참가자에게 발표하는 동안 대사를 생각하지 말고 자신의 감정을 표현하는 데 협조하라고 격려했다. 사람들 앞에 서는 것 자체를 두려워하는 아이들은 그 아이들끼리 모여서 더 쉽게 발표할 수 있는 방법을 모색했다. 참가자들 가운데는 말을 더듬는 성인도 몇명 있었는데, 그들도 아이들과 똑같이 불안감을 느끼고 있었다.

한 아이가 나중에 이렇게 썼다. "어른과 아이들 모두 긴장했지만 우리는 많이 웃었고 즐거운 시간을 보냈다. 좋은 시간이었던 것 같다." 직원 중 한 사람은 이렇게 보고했다. "사람들 앞에서 말하기를 거부하는 한 아이가 있었다. 하지만 말해야 할 때가 오자 그 아이는 큰 소리로 발표를 했다. 너무 놀라웠다."

하지만 아이들에게 반드시 말해 주어야 할 것은 만약 그들이 모든 사람 앞에서 말하는 것을 정말로 원하지 않으면 거절할 권한이 있다는 것이다. 그렇게 하면 아이들은 말하는 것에 대해 안전함을 느낄 수 있다.

## 발표

세미나 학생들과 언어치료사들의 도움으로, 각 집단에 속한 아이들은 짧은 시간 안에 흥미로운 발표물을 준비할 수 있었다. 크고 기발한 인형을 이끌고 그 공간에서 이리 저리 왔다 갔다 하며 동요를 이용해 자신들에 대한 이야기를 들려주면서 각자가 느끼기에 가장 쉬운 방법으로 발표했고 그들은 청중에게 많은 박수갈채를 받았다. 그들은 다른 사람들의 관심을 받는 즐거움을 느꼈다.

"보통 저는 부끄러움이 무척 많지만 다른 사람들과 함께 발표하는 것이 재미있었어요.", "우리가 오늘 했던 표현예술은 너무 재미있었어요. 처음에 자신을 소개해야 할 때는 자신감이 없었지만 모든 사람 앞에서 말하고 나서는 자신감이 생겼고 그래서 너무 기뻐요." 워크숍이 끝난 후 이런 의견이 많이 나왔고 워크숍의 목적이 달성되어서 나는 매우 기뻤다.

## 청중/증인

말을 더듬고 보통 때는 사람들 앞에 서는 것을 두려워하는 아이들조차도 수치감을 느끼지 않는다면 다른 사람의 관심을 받는 것을 즐기고 자신의 능력을 더 잘 표현할 수 있다. 실제로 친절한 청중 앞에 서는 아이들이 발표를 훌륭하게 해냈다. "아이들이 자신의 탁월한 아이디어를 얼마나 잘 발표하는지 감동받았어요.", "아이들이 적극적으로 참여하는 걸 보게 되어서 기뻐요. 저도 집에 가서 똑같이 해야겠다고 생각했어요."

나는 부모들이 제출한 피드백을 보고 따뜻한 이해심을 느낄 수 있었다. 부모와 아이들 모두가 안전한 환경을 경험할 수 있었음을 확실히 알 수 있었다.

## 결론

일본에는 말을 더듬는 아이들 외에도 사람들 앞에서 말하기를 두려워하는 사람들이 많다. 우리나라는 자신의 생각을 말하거나 자신을 충분히 표현하는 전통이나 관습이 없다. 이것 때문에 교사와 학부모는 감정 표현의 중요성을 이해하지 못하고 아이들이 스스로를 자유롭게 표현하는 능력을 기르도록 도와줄 기술이 없다. 그래서 나는 항상 장기 표현예술 프로그램을 실시하고 나처럼 고립감으로 괴로워하는 아이들을 도울 교사를 훈련하고 싶었다. 감사하게도 2011년부터 나는 메이세이대학교에서 예비 교사에게 표현예술을 가르치게 되었다. 인간중심 표현예술이 말을 더듬는 불안증세로부터 나를 해방시켜 주었고 다른 사람들과 대화하는 법을 가르쳐 주었기 때문에 나도 표현예술을 통해 사람들과 의사소통하는 즐거움을 전하는 데 최선을 다하고 싶다.

**루츠코 아이자와**는 교육학 석사로 인간중심 표현예술 촉진자이며 일본 메이세이대학교에서 시간강사로 활동하고 있다. 그녀는 표현예술을 이용한 육아 프로그램과 어머니, 문제를 겪고 있는 아이들, 자음발어 불능 아동과 성인, 노인을 위한 워크숍을 조직하고 있다. 아동도서를 집필하며 삽화를 그리기도 한다. *rutsukoaizawa@mac.com*, http://web.me.com/rutsukoaizawa.

## 용사의 여정 : 참전용사와 함께한 표현예술, 지구 근거 의식과 마음챙김 이용하기

### 앤 블랙(Anne Black), 미국

고대 그리스에서는 전투가 끝난 후에 참전용사들을 내면과 외부 상처를 치료하는 신성한 아스클레피안(Asclepian, 로마신화의 의술인)온천에 데리고 갔다. 유사하게 북미 원주민들은 용사의 몸이 전쟁의 심리적 외상에서 회복되도록 19일 동안 원뿔형 천막집에 데리고 있으면서 손으로 음식을 먹여 주었다. 우리가 기억하고자 하는 것보다 더 최근에 많은 베트남 병사들이 많은 상처를 가지고 고향으로 돌아왔다. 현대에 이르러 우리의 참전용사들이 우울증으로 자살하기나 외상 후 스트레스 장애가 신화되거나 사랑하는 사람들과의 관계가 소원해지기 전에, 귀국을 환영하고 그들의 치료를 효과적으로 도울 수 있는 고대 지혜를 따라 현대적 사조를 개발해야 한다는 긴박한 필요가 나오고 있다.

이러한 문제를 다루기 위해 연구자, 치료사, 참전용사, 버몬트 지역사회 구성원으로 이루어진 한 집단이 전장에 재배치되지 않을 참전용사를 지지하고 강화하는 모델을 개발하기 위해 용사 프로젝트(Warrior Project)라고 알려진 비영리 단체를 결성했다.

용사 프로젝트는 용사들이 집으로 돌아올 때 인본주의적이고 온정적인 방법을 제공하여, 그들이 일반인의 삶으로 쉽게 돌아가서 융화되고 의미를 재건하는 기회를 얻으며 스트레스를 받을 때 사용할 효과적인 기술과 전략을 제공해야 한다고 믿는다.

조셉 켐벨(Joseph Campbell)과 나탈리 로저스, 에드 틱(Ed Tick), 제임스 고든(James Gordon), 브랜든 베이스(Brandon Bays), 베셀 반 데르 콜크(Bessel van der Kolk), 북미 원주민 노인장들과 그 외 사람들의 작품을 이용한 9단계 통합 지도(Nine-Station Integration Map)와 교육 과정은 무조건적으로 안전한 환경에서 병사가 체류하는 동안 표면으로 떠오른 모든 감정을 다루도록 표현예술과 지구 근거 의식(earth-based ritual), 마음챙김 명상 등을 이용해 개발되었다.

이 모델은 2010년 초가을 버몬트 남동부에 있는 통나무집에서 2박 3일간의 임상검증을 거쳤다. 네 곳의 전장(베트남, 걸프전, 소말리아전, 아이티 전)에서 돌아온 네 사람의 남성 참전용사가 임상검증에 참여하기로 동의했다. 사전사후 실험은 "오늘 당신의 삶에 대해 어떻게 느끼나요?"라는 질문에 대해 그림으로 표현하는 것을 포함해 외상 후 스트레스 장애, 인지, 기술, 태도를 평가하도록 설계되었다. 지역공동체는 몸에 좋은 음식을 약처럼 제공해 주었다.

이 참전용사들은 실험에 참여하는 의도가 이라크 자유작전(Operation Iraq Freedom, OIF)과 항구적 자유작전(Operation Enduring Freedom, OEF)에서 귀환하는 군인들을 돕기 위해서임을 분명히 했다. 세 사람의 참가자는 의무복역 기간 동안 '수색대 선두 병사'로 복무했으며, 자신의 내면 용사가 새로운 길을 열어 다른 사람들이 따라올 수 있도록 할 것이며 피드백을 제공하고 매일 일정을 마무리할 때 기꺼이 개인적 느낌을 간략하게 작성하겠다고 했다. 직업 군인으로서 베트남과 캄보디아의 여러 전투에 참전했던 네 번째 참전용사는 모든 임상검증에 적극적으로 참여했고 실험의 결론을 내릴 때 프로젝트를 더 앞으로 진행시키는 인상적인 정찰대 역할을 했다. 이 참전용사들은 자신의 감정과 자신의 이야기, 자신의 상실감에 대해 탐색하고 살아온 것과 그것을 억압한 대가에 대해 직접 말했다.

## 안전한 공간 만들기

아름다운 공간이 만들어졌다. 각 참가자들은 움막에 들어가기에 앞서 미지의 장소로 들어가는 전환과 정화시킨다는 의미로 쑥을 피워 연기를 쐬었다. 따뜻한 환영을 받은 후, 기밀성과 군사강령의 영적 버전인 용사의 정신(Warrior's Ethos)에 만장일치로 동의하고 신성한 공간을 만들기 위해 북을 쳤다.

안전의 중요성을 알기 때문에 우리는 참가자들에게 1~10까지의 척도를 사용하여 자신의 수준을 4~5 정도로 유지하도록 격려하고 무엇을 탐색하는 것이 옳은지 판단할 때는 그들 자신의 지혜를 신뢰하도록 당부했다. 어떤 활동이든지 원치 않으면 하지 않고 통과할 수 있으며, 동시에 참가자들은 자신이 편하게 느끼는 수준을 넘어 역량을 넓혀 가도록 격려되었다. 덧붙여 자격을 갖춘 심리치료사가 상주하고 정신과 의사도 대기 중이었다.

### 참전용사를 대상으로 표현예술 사용하기

나탈리 로저스의 창조적 연결을 위한 복합 접근법과 유사하게 우리의 창조적 치유 접근법은 구조화되어 있고 복합적이다. 그것은 무의식적인 정보를 의식적인 자각과 해방감으로 가져오고 동작하기, 소리내기, 그림 그리기/조소/콜라주/마스크 만들기/모래놀이 상자/가죽 만들기를 글쓰기와 연결시키기 위해 안내하는 방식으로 자기성찰을 이용한다.

창조적 치유 접근법은 동작으로 몸을 개방시키면서 시작된다. 동작은 기공, 리듬체조, 신체 흔들기, 어센틱 무브먼트, 요가의 형태를 취할 수도 있다. 북미 원주민들은 전쟁의 두려움에 직면하기 위해 춤과 북 치기를 사용했고 전쟁에서 돌아와서는 전쟁 중에 쌓인 공포와 분노, 슬픔을 떠나보내도록 돕기 위해 더 격렬하게 춤을 추고 북을 쳤다. 동작이 몸속에 쌓여 있는 에너지를 흔들어서 느슨하게 만드는 힘이 있다는 사실을 이해하자, 참전용사 참가자들은 기꺼이 동작을 시도했다.

그들 중 몇몇은 마지못한 듯 보였다. 그렇더라도 그들은 음악에 맞추어 몸을 '움직이도록' 격려와 지지를 받았다. 음악에 맞추어 몸 전체를 흔드는 동작을 하는 중에, 우리는 집단에서 따로 떨어져서 다른 쪽을 바라보면서 하는 것이 그들에게 더 쉽다는 것을 알았다. 한 참가자는 창문을 통해 보이는 가을 낙엽이 바람에 춤을 추듯 움직이는 것을 보며 자신의 몸을 움직였다. 우리는 어떤 것을 표현해도 환영했다.

안내 자기성찰 방식은 현재 연구자들이 우울증과 외상 후 스트레스 장애를 치료하는 훌륭한 기준이라고 여기는 통합적 마음챙김 명상 기술로 설명된다. 이 접근법은 마음을 천천히 가라앉히고 호흡과 몸 살피기, 이완하기, 현 순간 자각하기에 집중하도록 했다. 그것은 9단계 목표 속으로 천천히 흘러들어 갔고 무엇이든 드러날 준비가 된 것을 받아들였다. 차근차근히 참가자들은 내면의 깨달음을 신뢰하도록 격려되었다.

각 예술 활동은 글쓰기를 통해 통찰과 메시지를 전하도록 지혜를 제공하고 소리 내어 알리도록 했다. 따라서 글쓰기는 무의식 정보에 목소리를 주었고, 그것은 자각 수준 아래에 저장되어 있던 것을 통합하는 길을 열어 주었다.

## 9단계 통합 지도

9단계 통합 지도(Black & Simpson, 2008)는 과정 전체에 걸쳐 기준 역할을 했다. 각 단계는 해당 참전용사의 군복무 시 중요한 양상과 복무기간 동안 경험했던 고통스러운 일화를 통합하는 데 필요한 필수 단계를 설명하기 위해 다중 접근 방식을 사용하기에 앞서, 현실에 기반을 둔 교육 심리적 영역에 우선 초점을 두고 있다.

첫 번째 단계인 부름(Call)에서는 참가자들에게 자신이 군대에 입대하는 시점으로 돌아가서 그리기 도구나 칼라 모델링 점토를 사용해서 군입대에 대해 처음에 어떻게 알게 되었는지를 표현하는 기회가 주어졌다. 이 순수한 이야기에 귀를 기울이는 것은 굉장한 힘이 되었다.

입대(Initiation) 단계는 신병 훈련소와 용사가 되는 훈련 단계에 초점을 맞추었다. 마스크 만들기가 매개체로 사용되었다. 마스크의 바깥 면은 군대 프로그램의 흔적을, 안쪽 면은 군대훈련 과정을 직접 본 용사의 변화되지 않은 부분을 상징했다.

3일 안에 모든 과정을 마쳐야 했기 때문에 우리는 상실/시련(Loss/Ordeal) 단계에 죽음 관련 상실을 포함시키지 않기로 했다. 대신 참가자들이 가지는 영혼의 개념과 무엇이 그 영혼을 손상시키고 가리는지에 대해 그림을 통해 자기상실 혹은 영혼상실을 탐색했다. 이 과정은 참가자들 중 특히 한 사람, 이 시점에 자신의 영혼에 대한 감각이 전혀 없었던 한 참전용사에게 어려움을 주었다.

자원/숙달(Resource/Mastery) 단계를 진행하는 동안, 용사들은 콜라주를 이용해서 자신의 내적 자원을 끌어냈다. 이 자원에는 힘과 용기, 강한 의지, 끈기가 포함되었다. 어떤 이들은 온유함이나 온정과 같은 자원도 기꺼이 포함시키고자 했다.

　모래놀이 상자는 복귀(Return)에 대한 이야기를 들려주는 데 사용되었다. 한 남자는 다리 부상 때문에 베트남 남부에서 일본에 있는 병원으로 비행기로 수송된 이야기를 들려주었다. 그의 모래놀이 상자는 돌과 화석화된 나무 조각을 사용해서 병동에 있는 부상병들을 묘사했다. 지팡이를 들고 한쪽 팔을 뻗고 있는 마법사는 그의 다리를 구해 준 '놀라운 의사'를 나타내는 것이었다. 이야기가 펼쳐지는 모습을 지켜보는 것은 마치 각기 다른 '배우'들이 역할에 생명과 목소리를 주며 연기하는 것처럼 매혹적이

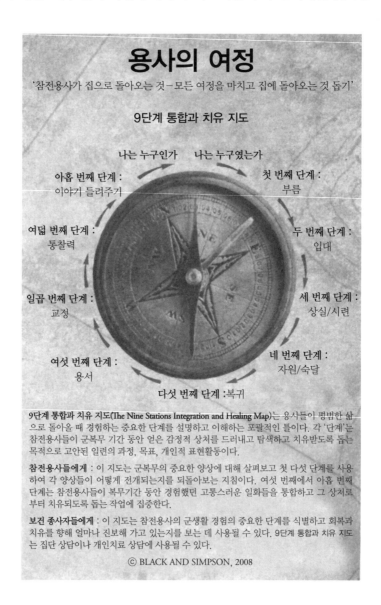

**용사의 여정**

'참전용사가 집으로 돌아오는 것－모든 여정을 마치고 집에 돌아오는 것 돕기'

**9단계 통합과 치유 지도**

나는 누구인가　　나는 누구였는가

아홉 번째 단계 :　　　　　　　　　　　　　첫 번째 단계 :
이야기 들려주기　　　　　　　　　　　　　　부름

여덟 번째 단계 :　　　　　　　　　　　　　두 번째 단계 :
통찰력　　　　　　　　　　　　　　　　　　입대

일곱 번째 단계 :　　　　　　　　　　　　　세 번째 단계 :
교정　　　　　　　　　　　　　　　　　　　상실/시련

여섯 번째 단계 :　　　　　　　　　　　　　네 번째 단계 :
용서　　　　　　　　　　　　　　　　　　　자원/숙달

다섯 번째 단계 :복귀

**9단계 통합과 치유 지도(The Nine Stations Integration and Healing Map)**는 용사들이 평범한 삶으로 돌아올 때 경험하는 중요한 단계를 설명하고 이해하는 포괄적인 틀이다. 각 '단계'는 참전용사들이 군복무 기간 동안 얻은 감정적 상처를 드러내고 탐색하고 치유받도록 돕는 목적으로 고안된 일련의 과정, 목표, 개인적 표현활동이다.

**참전용사들에게** : 이 지도는 군복무의 중요한 양상에 대해 살펴보고 첫 다섯 단계를 사용하여 각 양상이 어떻게 전개되는지를 되돌아보는 지침이다. 여섯 번째에서 아홉 번째 단계는 참전용사들이 복무기간 동안 경험했던 고통스러운 일화들을 통합하고 그 상처로부터 치유되도록 돕는 작업에 집중한다.

**보건 종사자들에게** : 이 지도는 참전용사의 군생활 경험의 중요한 단계를 식별하고 회복과 치유를 향해 얼마나 진보해 가고 있는지를 보는 데 사용될 수 있다. 9단계 통합과 치유 지도는 집단 상담이나 개인치료 상담에 사용될 수 있다.

© BLACK AND SIMPSON, 2008

었다.

여섯 번째 단계에서는 용서(Forgiveness)와 직면했다. 안내 자기성찰 과정은 무조건적인 사랑과 수용을 위한 캠프파이어에 중점을 두었다. 여기서 참전용사들은 지혜와 안전함을 나타내는 멘토와 함께 캠프파이어에 앉아 있는 자신의 모습을 그리고, 그에게 잘못을 저지른 사람이나 그가 잘못을 저질렀을지도 모르는 누군가와 마주하는 기회를 가졌다. 필요에 따라 참가자에게 마음을 열고 자기용서가 흘러들어 가게 하도록 격려했다. 어떤 소망이나 후회도 떨쳐 버리고 깨끗하게 청산하도록 긴 종이가 든 봉투를 나누어 주었다. 참가자들은 개인적으로 그 종이에 내용을 적고 봉투에 넣어 봉한 후, 장작난로에 넣어 태웠다.

마지막 날 아침에는 일곱 번째 단계인 영혼의 교정(Reclamation)과 여덟 번째 단계인 통찰력(Insight)을 통합해서 좀 더 여유롭고 묵상적인 분위기를 주었다. 북미 원주민들의 플루트 연주곡이 잔잔하게 흐르는 동안 약 주머니를 만들었다. 깊고 평화로운 분위기에서 모두들 도구를 사용해 독특하고 개인적인 방법으로 주머니를 장식했다.

마지막 단계에서는 각 참전용사가 이전 여덟 단계를 거치면서 깨달았던 것 중 나누고 싶은 것에 대해 이야기 들려주기(Telling the Story)에 집중했다. 얼굴에 그림을 그린 각 참전용사 배우들이 우리를 자신들의 '연극무대'에 초대하여 자신들의 여정에 대한 새로 창조된 이야기를 들려주었다.

## 다음 단계

말할 필요도 없이 우리는 집단으로, 가족으로, 한 부족으로 밀착되었다. 사실 주말이 끝나 갈 무렵, 참가한 참전용사들은 우리를 제1부족이라고 부르기 시작했고 많은 부족들이 앞으로 생겨날 것이라는 선언문을 만들었다.

주말이 지나고 이틀 후 나는 정찰병이었던 참전용사로부터 한 통의 전화를 받았다. 그는 미래의 부족들을 위해 강의실로 사용할 천막 하나와 숙소로 사용할 원뿔형 천막집 3개를 구하려 가격흥정을 이미 시작했다고 말했다. 2011년 5월에 열릴 최초의 5일간 숙식 프로그램 준비를 위한 멘토 훈련이 겨울에 시작되어 여름과 가을까지 계속될 예정이다. 배우자와 파트너를 위한 표현예술 교육 과정은 현재 진행 중에 있다.

임상실험은 성공적이었고 그 치유 모델을 알리기에 매우 탁월한 출발점이 되었다.

임상실험에 참여한 한 참전용사의 말을 인용하면서 이 글을 끝맺고자 한다. "용사의 주말에서만큼 환영받고 수용받고 무조건적으로 사랑받은 적은 한 번도 없었습니다. 저는 다른 참전용사들도 이 용사 프로젝트를 직접 경험해 볼 기회를 가지길 바랍니다. 특히 지금 아프가니스탄에서 복무하고 있는 제 아들이 이것을 꼭 경험했으면 합니다. 사실은 이 용사들이 모두 우리의 아들이요, 딸이고, 남편이요, 아내이며, 아버지요, 어머니입니다. 그리고 전투현장에서 돌아올 때 그들의 삶이 아주 조금이나마 더 수월해지도록 하는 데 제가 도움이 되었다는 것이 너무 기쁠 따름입니다."

**앤 블랙**은 사망학(thanatology)과 공동체 심리학 박사이며 교육학 석사이다. 뉴잉글랜드 미술치료연구소와 인간중심표현치료연구소에서 연구과정 자격을 취득했다. 현재 전쟁용사 네트워크의 상임이사역로 활동하고 있다. www.warriorconnection.org, ablack@sover.net.

# 2 문화적 · 사회적 집단 촉진

## 개인적 역량강화와 영감을 주는 워크숍

### 개인적 지지를 위한 온라인으로 한 표현예술

**케이트 글렌(Kate Glenn), 영국 & 수 앤 해런(Sue Ann Herron), 미국**

### 시작된 계기

케이트와 수 앤은 세이브룩 표현예술치료자격의 2년 과정을 수료하고(2005)난 직후
다음과 같이 썼다.

> 룸메이트로서 우리는 절친한 사이가 되었다. 케이트는 영국에, 수 앤은 캘리포니아
> 에 살았지만 우리의 표현예술 작업을 계속할 방법을 찾고 싶었다. 우리는 아이채트
> (iChat)의 화상회의 시스템을 이용해 실시간으로 서로와 인간중심 표현예술 작업을
> 할 획기적인 아이디어를 생각해 냈다. 둘 다 애플 컴퓨터를 사용하기 때문에 스카이
> 프(Skype)라는 다른 옵션이 있기는 하지만 아이채트를 사용한다. 5년 이상 아이채트
> 를 통해 표현예술 작업을 함께했음에도, 우리는 여전히 컴퓨터 화면에 각자의 얼굴
> 이 나타나면 정말 놀라워하고 실시간으로 또 한 번의 의미 있는 표현예술 작업을 함
> 께 시작한다. 인간중심 표현예술에 대한 우리의 혁신적인 접근은 우리가 지극히 개
> 인적이고 경험중심적인 표현예술 분야에 어떻게 현대 기술을 적용했는가에 대한 한
> 사례이다.

### 케이트의 초기 아이디어

케이트가 작업 방향을 바꾸고자 처음으로 생각한 것은 세이브룩대학교의 표현예술
프로그램을 담당하고 있는 셜리 데이비스가 지도한 한 임상실습에서였다. 그녀의 점
토 작업에 나타난 것은 어린 아이들의 얼굴처럼 보였고 그것은 아마도 인도를 방문
한 그녀의 경험에 영향을 받은 듯했다. 이 임상실습이 씨앗이 되어, 우리가 아이채트
를 통해 예술 작업을 할 때마다 케이트의 작품 속에는 아이들의 이미지가 계속 나타
났다. 이 표현예술 작업을 통해 그녀는 자신의 임상실습 초점을 바꾸어 고통받는 이
민 아동을 대상으로 하는 인간중심 표현예술치료사로서 현재까지 일하고 있다. 그 후

에 이 일은 표현예술치료사와 부모교육자로서의 역할을 결합하여 일하는 길을 열어 주었다. 케이트는 런던과 일본에서 육아 프로그램을 촉진, 지도하고 있고 현재 이민자 가족과 언어의 장벽을 가지고 있는 부모를 위해 영국에서 표현예술 육아 프로그램을 개발하고 있다.

## 수 앤의 영감

나탈리 로저스와 셜리 데이비스의 세이브룩 수업 과정에서의 경험은 또한 수 앤의 삶에 심오한 영향을 미쳤다. 그것은 그녀가 세이브룩대학교에서 진행 중이던 심리학 분야 박사 과정의 연구 방향을 존재론적 인본주의 심리학에서 인간중심 표현예술치료로 바꾸는 데 결정적 역할을 했다. 그녀는 나탈리 로저스 : 에이브러햄 매슬로와 칼 로저스를 능가하는 자아실현의 경험적 심리학(*Natalie Rogers: An Experiential Psychology of Self-Realization Beyond Abraham Maslow and Carl Rogers*)이라는 제목으로 나탈리 로저스의 삶과 일에 대한 전기를 썼다. 아이채트를 통해 케이트와 지속적으로 표현예술 작업을 함으로써 사별을 경험한 아동, 고등학생, 외국 대학원생, 치료사, 여성집단을 대상으로 인간중심 표현예술치료집단을 설계, 촉진하는 일에 영감과 정보를 제공받고 있다. 수 앤은 캘리포니아 주 샌프란시스코에 있는 세이브룩대학교에서 나탈리 로저스와 셜리 데이비스와 함께 인간중심 표현예술 2년 자격 과정을 공동 진행하고 있다.

## 아이채트를 통한 작업

우리의 PCEAT 아이채트 작업의 모형은 인간중심 철학과 창조적 연결 접근법에 근거를 두고 있다. 우리는 2시간가량의 아이채트 수업 시간 동안 음악, 동작, 미술, 나눔, 공동 작업, 순차적으로 함께 창조하기 등을 이용하였다. 지난 5년간 온라인으로 작업을 하면서 우리는 서로 작업에 대한 깊은 신뢰와 존경을 쌓아 왔다. 표현예술 작업을 시작할 때마다 우리는 서로 동의하에 주제를 정하거나 각자의 나라에서 임상 작업이나 훈련, 워크숍에서 사용하고자 하는 새로운 혁신적인 표현예술 아이디어를 시도해 보기도 했다. 워크숍 내용과 과정을 함께 설계하고 효과가 있는 것과 없는 것에 대해 이야기를 나누었다. 서로의 작품과 창조적 과정을 수용적이고 개인적 판단을 배제한 방식으로 깊이 존중하여 인간중심 표현예술 접근법을 고수하였다. 화상회의 시스템

창조성은 상호성과 확산성을 가지고 있다.

은 실시간이기 때문에 우리는 그 시간 동안 만든 각자의 작품을 즉각적으로 보여 주고 그것에 대해 이야기를 나누고 논의할 수 있었다. 때때로 우리는 아이채트 시간이 끝난 후에도 표현예술 작업을 계속하기로 하고 이메일로 서로의 작품과 생각을 주고받았다.

### 창조성의 쌍방성과 확산성에 대한 사례

케이트가 아름다운 콜라주를 만들어서 수 앤에게 보냈다. 수 앤은 고등학생들과 영성에 대해 탐색하는 표현예술 시간에 그 콜라주를 사용했다. 학생 중 한 사람이 케이트의 이미지를 자신의 콜라주에 편집해 넣었다. 수 앤은 그 학생의 콜라주 사진을 케이트에게 보냈고, 케이트는 또 그 이미지를 부모교육 지도자들과의 표현예술워크숍에서 사용했다. 온라인상으로 함께 작업하는 것은 놀라운 방법으로 창조성을 유발시키고, 우리의 작품이 컴퓨터 화면에 나타나는 그 순간, 실시간으로 동작과 미술, 글쓰기, 나눔을 통해 우리의 창조성과 자기표현에 불을 붙이며 그 즉시 두 대륙이 연결되고 우리 사이의 시간과 공간의 장벽이 사라지게 된다는 사실을 우리는 깨달았다.

**케이트 글렌**은 세이브룩대학교에서 인간중심 인본주의 심리치료에 석사학위를 받았고 인간중심 표현예술치료 과정을 수료했다. 영국 심리치료협회 회원(UKCP Reg. MBACP)이자 부모교육 수석강사이며 OCN 인가를 받았다. Katemglenn@btinternet.com.

**수 앤 해런**은 심리학 박사이며 아동, 성인, 국제학생들을 대상으로 표현예술 워크숍을 제공하고 있다. 해런 박사는 세이브룩대학교에서 인본주의 자아초월심리학부 교수이며 나탈리 로저스, 셜리 데이비스와 함께 인간중심 표현예술치료 자격 과정을 공동 촉진하고 있다. sueannherron@comcast.net.

## 표현예술, 급진적 자기수용, 그리고 존중하는 의사소통

### 크리스 자이델(Chris Zydel), 미국

제이미는 수년 동안 나의 표현예술 여성집단 구성원 중의 한 사람이었다. 사실 그녀는 6명의 여성이 매주 목요일 저녁 세 시간씩 모임을 가졌던 집단에서 가장 오래된 참가자였다. 집단의 모임에서 처음 한 시간 동안은 즉흥적으로 색칠하기, 자유롭게 글쓰기, 상상하며 콜라주 만들기, 어센틱 무브먼트와 같은 일련의 창조적 과제를 하고 남은 두 시간 동안은 이야기 나눔과 집단 과정을 진행했다.

때때로 그들은 시간이 더 많이 걸리는 미술 작업을 하기도 했다. 그들은 걸쭉한 종이 반죽으로 다채롭고 난폭한 내면의 악마를 만들거나 소석고 붕대거즈로 자신의 얼굴 마스크 만들기 같은 것을 한 다음 색칠과 장식을 해서 더 깊은 자아의 숨겨진 면을 드러냈다. 집단이 깊은 신뢰의 단계에 다다른 어느 시점에서 그들은 소석고를 이용해 사람 몸통을 만들었고 물감과 풀, 반짝이를 사용해서 장식한 다음 여성의 몸에 대한 각기 다른 수준의 감정과 신념을 탐색했다.

그들이 창조성의 힘을 사용하여 영혼과 심리의 내면적 작용을 탐색할 때, 나는 그들에게 창조적 과제의 결과물에 관심을 빼앗기지 말고 창조적 과정을 경험하는 데 집중하도록 격려했다. 이것은 창조 작업을 할 때 자신들의 내면에서 일어나고 있는 것, 즉 그들의 감정과 생각, 몸의 감각에 가치를 두도록 가르치기 위한 것이었다.

나는 여러 가지 모습으로 그들에게 흐르는 생명 에너지를 직접 경험하는 것이 얼마나 소중한지 그리고 그 다양한 경험을 모두 표현하는 방법을 그들에게 가르치려고 노력했다. 이런 것들은 아름답고 예술적으로 만족스러운 무언가를 만들려고 하는 것과는 상반된다.

실제적이고 진실된 모습을 보여 준다면, 그들은 한눈에 보아도 추하다고 느낄 만한 자신들의 슬픔이나 분노, 두려움을 반영하는 어떤 것을 만들 것이다. 또 어떤 때는 예술을 통해 자신들의 힘을 표현하기도 하고, 당혹감이나 수치심을 불러일으킬 수도 있는 성정체감을 표현할지도 모른다.

그들에게 예술 과정에서 나타나는 것을 항상 좋아하게 되지는 않을지도 모른다고 알려 주었다. 그들은 결과물이 '좋은 작품'이 아니거나 거실에 걸어 놓을 정도는 아니라고 생각할지도 모른다. 하지만 자신들의 작품에 대해 어떤 생각을 갖든 간에, 중요한 것은 내가 급진적 자기수용이라고 부르는 이 태도를 가지고 자신들에게서 드러나는 모든 감정을 다스리는 법을 배우는 것이었다.

다시 말해서 내가 주안점을 둔 것은 좋든 싫든 그들이 자신의 창조적 노력에 대해 가질지도 모르는 어떠한 판단에 대해서도 너무 진지하게 받아들이지 않도록 도와주고, 드러나는 모든 감정에 대해 그저 집중하도록 지지하는 것이었다. 나는 그들이 창조 그 자체에 가치를 두고 그것이 드러내 줄 내면의 모습을 기대하기를 원했다.

이것에 대해 생각해 볼 때 염두에 둘 또 다른 방법은 그들이 존중이라는 렌즈를 통해 자신들의 모든 창조적 노력을 바라보도록 격려하는 것이다.

사전에서 존중(respect)이라는 단어를 찾아보니, 그것은 '존경을 보여 주거나 느끼는 것, 예우하는 것, 기꺼이 배려와 감사를 보여 주는 것'이라고 정의되어 있었다.

또 존중은 성실함에 부수적으로 따라 오는 것이라고 생각한다. 그것은 당신의 계획에 맞추도록 영향력을 미치려 하지 않고 그들 스스로가 원하는 사람 혹은 스스로가 원하는 모습이 되고 원하는 것을 갈망하며 스스로의 필요를 충족시키고 스스로 선택하도록 자유를 주는 것이다. 그것은 당신이 무언가를 선호하기 때문에 또는 그렇게 하는 것이 편하기 때문에 누군가가 무엇을 하기를 원하는 개념과 상반되는 것이다.

존중은 당신이 그들의 결정에 대해 뭐라고 생각하든지 간에, 사람들로 하여금 자신이 중심이 되고 자신만의 경계를 가지고 자신의 삶을 살도록 허락하는 것이다. 존중한다고 반드시 좋아하거나 그들의 선택에 동의하는 것은 아니며 다만 그 선택을 한 사람들의 권리에 대해 무조건적으로 긍정적인 생각을 갖는 것이다.

나는 학생들에게 이와 같은 관점에서 자신들의 창조적 노력을 대하도록 격려한다.

나는 그들에게 그림이나 글, 동작이 이끄는 대로 가고 창조적 과정이 인도하는 대로 따르고 통제력을 내려놓으며 놀라운 일이 생길 것을 기대하고 무엇보다도 판단력을 제어하는 연습을 하도록 제안함으로써 옳은 관점을 갖도록 도와준다.

이 개념은 대부분의 사람들에게 큰 도전으로 다가오는데, 그 이유는 미리 정하고 바꾸고 조종하고 싶고 예술에 관한 한은 뭔가 보기에 좋은 것을 만들고자 하는 유혹이 너무나 강하기 때문이다. 사람들은 창조적 노력의 결과를 원하는 대로 통제할 수 있어야 한다고 생각한다. 자신의 창조 작업을 전적으로 통제하려는 이러한 욕구는 바꾸기 어렵다.

하지만 그 욕구를 변화시킬 수만 있다면, 즉 그들이 그림이나 글, 동작이 그것들만의 생명력을 갖도록 내버려 둔다면, 문이 활짝 열리고 그들은 창조적 마법과 자기애의 심오한 경험을 가능하게 하는 깊고 풍부한 강으로 들어가게 된다.

나는 창조성에 강조점을 두고 창조적 힘을 통한 예술 사업을 시작했다. 나의 목표는 사람들이 자신이나 타인의 판단에서 자유로운 가운데 창조적 자기표현을 경험할 수 있는 피난처를 만드는 것이었다.

나는 심리치료사와 집단 촉진자의 경험을 가지고 있기 때문에 구성원들이 안전함을 느끼면서 서로에게 창조적 능력을 사용한 치유를 촉진할 수 있도록 해 주는, 도전과 지지를 담을 수 있는 그릇 역할을 하는 창조적 공동체를 개발하는 데 관심이 있었다.

그 안전한 경험을 창출하려는 노력의 일환으로 나는 그 피난처로서의 기능을 강화시킬 목적을 가지고 나의 학생들이 창조적 과정에 접근하는 방법에 조건을 제시했다.

예를 들어, 나는 그들에게 서로의 작품에 대해 긍정적이든 부정적이든 아무 의견도 제시하지 않도록 하고 모든 평가적인 언급은 판단으로 규정짓기로 했다. 또 미술작업실을 신성하고 명상적인 공간으로 생각해서 창조 작업을 하는 동안에 이야기나 잡담을 피하고 조용한 분위기를 유지하도록 요청했다. 이렇게 함으로써 그들은 자신이 만든 결과물을 더 큰 경외심과 감사함으로 바라볼 수 있었다.

지난 몇 년간 이 작업을 하면서 나는 매우 흥미로운 현상을 발견했다. 즉 내가 학생들에게 자신의 창조적 작업에 대해 가지도록 당부하는 존중의 태도가 그들이 서로를 대하는 모습에서 확연히 보인다는 것이었다.

그 현상에 대한 매우 구체적인 한 가지 사례가 바로 이 글의 첫 부분에 언급했던 제이미이다. 제이미는 통찰력과 지지, 사랑이 매우 풍부한, 진정성이 느껴지는 현명한 여성이었다. 그 집단에 참가한지가 너무 오래되어서 여러 면에서 그녀는 사실상 나와 공동 리더였다. 다른 집단 구성원들은 그녀를 '엄마'처럼 따랐다.

다른 모든 여성은 제이미가 들어온 후에 그 집단에 참여한 것이어서 집단에 대한 그들의 경험은 제이미와 쌓은 경험이 전부였다. 제이미는 그들에게 안정감과 일관성의 상징이자 근원이었다. 그래서 그녀가 집단을 떠날 때가 되었다고 말했을 때 모두들 매우 슬퍼했다. 그녀의 결정은 슬픔과 상실, 분노와 두려움 같은 많은 감정을 불러일으켰다.

우리는 그녀가 떠나는 문제에 대해 시간을 갖고 모두가 자신의 감정을 전달하고 처리할 기회를 주었다. 그리고 나를 정말 놀라게 한 것은 다른 구성원들 중 누구도 제이미가 집단을 떠나기를 원하지 않았고 그녀와의 작별은 말할 수 없는 고통이었음에도 불구하고, 그들 모두는 자신의 감정을 온전히 전달하면서도 여전히 떠나려는 그녀의 결정에 대해서는 절대 존중해 주었다는 것이었다.

제이미가 자신의 개인적 성장을 위해 집단을 떠나야 한다는 것을 모두가 분명히 알고 있었다. 변화를 주고 자신의 인생에 다른 것을 시도해야 할 때였던 것이다. 마치 그녀는 졸업을 하는 것 같았다. 그녀의 마음 한 구석에는 떠나고 싶지 않은 생각도 있었다. 하지만 우리는 창조적 작업을 통해 끊임없이 수련해 온 직관의 소리를 신뢰하기로 선택했다. 그 직관의 소리는 그녀에게 이제 집단을 떠나야 할 때임을 부드럽지만 단호하게 말하고 있었다.

다른 여성들은 마음껏 울고 불편한 마음을 표현했으며, 제이미에게 그들이 얼마나 그리워할지 그리고 그녀가 떠나기를 진심으로 원하지 않았음을 알렸다. 하지만 그들은 자신의 감정을 순수하게 표현했을 뿐 제이미가 그들의 안타까움에 대해 죄책감을 느끼거나 책임감을 느끼도록 만들지는 않았다.

제이미가 마침내 집단을 떠났을 때 모두는 슬픔과 기쁨, 엄청난 사랑과 수용으로 그녀를 보냈다.

수년 동안 치료집단에 참여하면서 깊은 개인적 성장 작업을 한 후, 이 여성들은 모두 깊고 세련된 의사소통 기술을 터득했다. 나는 진심으로 그 수년의 시간 동안 그들이 자신의 창조적 과정에 대한 사랑과 존중, 깊은 수용의 자세 또한 수련하고 있었다고 믿는다. 판단을 최소화한 상태에서 자신들의 창조적 삶에서 무슨 일이 일어나고 있는지를 감지하는 능력은 어렵지만, 가치 있는 대인관계 기술에 있어서도 동일한 시각을 가져오도록 하는 데 중요한 역할을 했다.

문학석사이자 창조적 힘 예술(Creative Juices Arts)의 설립자인 **크리스 자이델**은 32년의 경력을 가진 온정적이고 숙련된 창조성 안내자(creativity guide)이다. 그녀는 개인적인 실습과 주간 수업, 워크숍, 훈련 프로그램 등을 통해 많은 학생들에게 창조적 격려와 영감을 제공하는 데 헌신하고 있다. www.creativejuicesarts.com.

## 스트레스 해소하기, 마음의 평온 찾기 : 건강한 삶을 위한 도구들

### 해리엇 터브먼 라이트(Harriet Tubman Wright), 미국

급변하는 사회 속에서 개인적 · 집단적 스트레스가 증가하고 있다. 우리는 우리가 통제하거나 이해할 수 없는 사건과 상황에 직면하지만 전례 없이 역동적인 변화뿐만 아니라 일상에서 나타나는 평범한 스트레스를 다루는 실용적이고 효과적인 방법을 또한 찾아야 한다.

캘리포니아 주 오클랜드에 있는 우리 교회에서 건강과 행복 사역(Health & Wellness Ministry)을 담당하면서 나는 표준 스트레스 해소 워크숍을 휴가철의 성가심과 부산함을 내려놓는 데 초점을 맞추도록 부분 수정했다. '스트레스 해소하기, 마음의 평온 찾기 : 휴가기간 동안 참된 건강 유지하는 비법'이라는 제목을 가진 이 워크숍의 목적은 마음의 평온과 조화를 확대시키고 스트레스를 해소하는 법과 휴가기간뿐 아니라 그 이후에도 몸과 마음, 영혼의 건강과 안녕을 얻는 법을 가르치는 것이었다.

토요일 오후에 4시간 동안 진행되는 이 워크숍은 성숙한 성인과 아프리카계 미국인, 백인, 그리고 모든 교회 교인들의 관심을 모았다. 소개 시간에 각 참가자들은 직장과 가정 환경에서 스트레스를 줄이고 싶다는 의지를 밝혔다.

표현예술, 고요함과 휴식의 상징물이 놓인 제단(altar), 관련 유인물을 사용해서 나는 참가자들이 역동적이고 상호작용이 많은 경험을 하도록 안내하고 매일 규칙적으로 스트레스 해소 훈련을 하는 개인적 행동지침을 만들도록 했다.

### 워크숍 하이라이트

환영 인사와 자기소개, 워크숍에 대한 개요를 설명한 후, 나는 모두에게 일어나서 자유롭게 움직일 수 있는 공간을 찾고 음악에 맞추어 나의 지시에 따라 움직이도록 요청했다. 그들은 눈을 감고 몸의 감각에 집중했다.

"여러분의 움직임에 집중하세요. 여러분의 몸은 무엇을 느끼고 있습니까? 몸의 어느 부분에 스트레스를 담고 있습니까? 그곳을 알면 그 부위에 있는 긴장이나 뭉침을

스트레스 해소, 마음의 평온 찾기 워크숍

극대화시키세요. 긴장을 최대화시켜서 잠시 그 상태를 유지하면서 몸속에 긴장과 스트레스를 최대한으로 느껴 보세요.... 이제 멈춥니다. 준비가 되면 자리로 되돌아가세요. 저널에 방금 여러분이 경험한 것에 대해 적으세요. 어떤 생각이나 느낌이 들었는지, 무엇을 배웠는지 적으세요."

이 첫 과정은 약 20분 정도가 소요되었다. 그것은 동작을 하고 그 움직임과 감정을 극대화시키고, 저널에 기록함으로써 신체에 미치는 영향에 대한 자각을 높이며 마지막으로 각자가 얻은 통찰력을 집단과 나눔으로 스트레스가 우리의 신체적 존재에 얼마나 영향을 미치는가를 보여 주기 위해 고안되었다.

그다음 시간에 나는 스트레스가 신체, 정신, 감정에 미치는 영향, 만성적 스트레스의 조건, 특히 심리적 영향에 대한 짧은 강의를 하고 마지막으로 참가자들이 스트레스에 대한 자신들의 태도를 평가하는 활동을 이끌었다.

다음 시간에는 참가자들이 스트레스를 해소하는 간단한 비결과 실용적인 도구에 대해 알아보도록 했다. 모두에게 일어나서 원을 만들도록 하고 부드러운 스트레칭 시범을 보여 준 뒤 나를 따라 하도록 했다. 우리는 몸을 이완시키기 위해 하타요가를 변형한 부드러운 스트레칭 동작을 머리에서부터 발끝까지 했다.

다시 모두가 자리에 앉아서 심호흡을 했다. 그리고 나서 참가자들은 누울 자리를 찾고 점진적인 근육 이완 동작을 했다. 심호흡을 하면서 발에서 머리, 팔다리, 몸통으로 몸의 각 부분을 이완시키는 것은 참가자들로 하여금 긴장을 완전히 풀도록 해 주었고, 몇몇 사람은 코를 골기까지 했다. 나는 점진적인 근육 이완 동작을 하는 내내 부드러운 음악을 틀어 놓았다.

15분 휴식을 한 뒤, 약 한 시간이 소요되는 워크숍의 2부 시간에는 스트레스 해소와 자기관리 실습을 가정과 직장에서 활용하도록 하는 개인 행동지침을 개발하고 그 계획에 대한 헌신을 강화시키기 위해 예술 작업을 하는 데 초점을 맞추었다. 적어도 두 사람이 함께 작업할 수 있는 작은 테이블 위에 마커펜과 크레용, 가위, 종이가 준비되어 있었다. 잡지로 가득 채워진 2개의 상자는 바로 옆에 놓여 있었다. 나는 그들에게 자기관리나 마음의 평온, 조화를 떠오르게 하는, 마음이 끌리는 이미지를 사용하라고 했다. 자기지침의 초점이 무엇이든, 자신들의 작품 속에 이미지와 간단한 단어를 활용하여 그것을 강화할 수 있었다. 이때에도 부드러운 음악이 배경에 흐르고 있었다.

말할 필요도 없이 아무도 작품 만들기를 멈추고 싶어 하지 않았다!

작품을 완성했거나 그만두고 싶은 사람은 우리가 만든 원의 중앙에 그것을 내려놓았다. 우리는 모아진 작품을 보기 위해 원 대형으로 집결했다. 나는 각자에게 자신의 작품과 그것을 만드는 과정에 대해 간략하게 설명하고 간결한 단어로 결론짓도록 했다. 원 대형으로 모여서 작품에 대해 나누는 것은 강한 결속력을 느끼게 하는 활동이다.

우리는 가정과 직장에서 더 많은 마음의 평온을 찾을 수 있는 방법에 대해 떠오르는 생각들을 간략하게 나누고 예술활동을 통해 배운 것을 복습한 후 그 시간을 마쳤다. 모든 참가자들은 평가서를 작성하고 그 경험을 견고히 할 다음 단계를 기약했다.

인간중심 표현예술은 치료 작업과 사회변화 및 옹호를 위한 노력뿐 아니라 개인 성장에 포함되어야 할 중요한 도구이다. 오늘날 개인적, 전 세계적으로 경험되는 변화의 속도와 깊이, 또 그것에 대한 스트레스는 우리로 하여금 창조성을 포용하고 내적 지혜와 자연의 지혜에 순응할 것을 요구하고 있다.

자연과학과 인문과학 석사인 **해리엇 터브먼 라이트**는 라이트 리조트의 설립이사로 세계적 진화에 대비한 개인적 변화를 촉진하고 있다. 그녀는 여성들이 사고방식장애(mindset block)로부터 벗어나고 자신이 돌보는 사람들의 역량을 강화시키는 독특한 재능과 창조성을 표현함으로써 자신이 좋아하는 일을 하면서 성취감을 느끼도록 돕는 일을 하고 있다. www.thewrightresort.com.

## 과도기에 있는 사람들을 위한 표현예술

### 주디스 발리안(Judith Balian), 미국

나의 12주 과정 표현예술집단에 참여하는 사람들은 뭔가 새로운 시작을 구하고 있는 경우가 많다. 그들 대부분의 마음속에 떠오르는 질문은 "다음은 뭐지, 그리고 어떻게 거기에 도달할 수 있지?"라는 것이다. 서로 알아 가고 각자의 이야기를 풀어 놓는다. 공통적으로 나타나는 요소는 대부분 최근에 나타난 건강의 위기, 사랑하는 이의 죽음, 이별이나 이혼, 실직 혹은 구직, 재정적 압박, 나이든 부모님 문제, 자녀들이 장성하여 떠난 후 빈 둥지 가구가 주는 어려움, 퇴직 등과 같은 일종의 과도기 단계에 있다는 것이다.

표현예술을 알거나 그것이 무엇인지 이해하는 사람은 거의 드물기에 나의 첫 임무는 잠재적인 집단원들을 교육하는 것이었다. 내가 직면하는 가장 큰 장애물은 모인 집단에게 현재 우리가 작업하는 이 시간은 미술교육 시간이 아니며, 뭔가를 얻어 가기 위해 특별한 재능이나 예술적 능력이 필요한 것이 아니라 그저 열린 마음과 자신에 대해 배우고자 하는 열정만 있으면 된다는 것을 사람들이 알아차리도록 설득하는 작업이다.

나는 그 집단이 각자에게 적당한지 확인하고 오해를 피하기 위해 조심스럽게 사람들을 살핀다. 구성원들은 90%가 여성이고 연령대는 19~75세로, 대부분이 40~60세 사이이다. 전문 직업을 가지고 있는 사람이 대부분이며 상당수가 개인치료, 워크숍, 치료 관련 수업을 포함해 개인적으로 성장 작업을 많이 한 경험을 가지고 있다.

첫 만남에서 나는 인간중심 집단에 대한 가이드라인을 정하고, 몸을 중심으로 안내 심상화와 이미지 만들기, 글쓰기, 동작하기를 순서대로 사용해 표현예술 과정을 구성원들에게 소개했다. 첫 시간부터 마법과 같은 일이 일어난다. 참가자들은 표현예술 과정을 단 한 번만 경험하면 그것이 가진 힘을 깨닫게 된다.

나는 나의 아트저널을 보여 주면서 그 개념을 설명하고, 참가자들에게 12주 동안 지속적으로 저널을 쓰도록 격려한다. '결과물이 아닌 과정중심'은 12주 내내 끊임없이 강조되어야 할 개념이다.

나는 매주 다양한 활동을 활용한다. 2주 동안은 그림 그리기와 글쓰기를 하면서 그들 자신 혹은 부 인격(sub-personality)의 다양한 면을 발견하고 짚어 본다. 이 활동들은 내면의 두려운 비평가를 끌어내며, 한 주의 전 과정 동안 자신의 내면의 비평가를 적대관계에서 동맹관계로 바꾸는 데 할애된다. 많은 참가자들은 이것이 그들에게 특별히 의미 있는 활동이었다고 말한다.

남은 세션에서는 자기발견 콜라주 과정과 몸중심 예술, 글쓰기, 동작하기 그리고 심리극과 자기표현으로서의 동작을 한다. 동작하기가 가장 어렵지만, 그것은 내려놓기를 어려워하는 사람들에게 엄청난 에너지와 자유로움을 제공할 수 있다. 마지막 세션에서 하는 활동은 점토 작업인데, 참가자들이 자신들의 새로운 출발을 은유적인 조소로 표현한다.

참가자들에게서 가장 자주 듣는 말은 안전한 공간을 제공해 준 것에 대한 감사함이다. 어떤 활동보다도 이것이 경험의 핵심축이 된다. 60세의 한 여성은 자신에 대해 완벽하게 나눌 정도로 안전한 환경에 존재해 본 적이 한 번도 없었다고 털어놓았다. 안전한 공간을 찾는 데 60년이 걸렸다니 지금 같은 세상에 이 얼마나 서글픈 말인가! 매우 성공적이고 많은 것을 성취한 사람일수록 이 안전한 환경에 대한 욕구가 강하다.

표현예술을 경험하고 나서 직업세계를 떠나 자가사업을 발견한 나의 경험처럼, 내가 촉진한 집단의 구성원들도 자신들만의 성공적인 변화를 만들어 갈 통찰력과 힘을 발견한다. 한 여성은 개인코치로 새로운 일을 시작했고, 파산한 한 여성은 재기할 힘을 얻었으며 만족감이 없는 직업을 떠나 새로운 사업을 시작했고, 한 여성은 자신의 꿈을 좇아 요리학교에 들어갔고, 또 다른 한 사람은 스트레스가 많은 판매직을 떠나 좀 더 성취감을 주는 일을 시작했으며, 또 한 사람은 용기를 내어 알코올 중독자인 애인을 떠나기로 결심했다. 창조적 과정이 힘을 마음껏 발휘하고 있다. 예술에 대해 꿈도 꾸지 않던 기술자가 그림 그리기를 하고, 건설현장 인부가 소설을 쓰기 시작하고, 퇴직한 사회복지사가 피아노 공부를 다시 시작했다. 표현예술 과정이 놀라운 힘을 발휘하면 크고 작은 변화가 아름답고 자연스럽게 나타난다.

인간중심 표현예술 과정은 변화에 직면하거나 삶에 변화를 주고자 하는 사람들에게 구명보트와 같다. 표현예술활동은 사람들에게 무엇이 중요한지를 분별하고 이해하도록 도와주고, 심리적으로 안전한 환경은 그 사실들에 근거해 행동할 수 있도록 용기를 주며 돕는다. 참가자들이 자신들을 막고 있는 장애물을 제거할 때, 그들은 비로소 앞으로 나아갈 수 있다.

**주디스 발리안**은 호프스트라대학교에서 심리학 및 상담학 석사학위를 받았고 세이브룩대학교에서 표현예술 과정을 수료했다. 자신의 회사를 설립하기 전 20년 동안 그녀는 기업 마케팅과 경영 분야에서 일했다. 표현예술뿐 아니라 그녀는 소기업들에 마케팅 서비스도 제공한다. jbalian@excoveries.com, www.excoveries.com

# 교육

## 사회정의를 위한 교사교육에 참여하기와 표현예술[1]

### 루시 바브래(Lucy Barbera), 미국

> 말 한 마디 하지 않고도 얼마나 많은 정보를 얻을 수 있는지 놀랍다.
>
> 대화가 없었기 때문에 비언어적인 표현이 가능했다.
>
> 카타르시스를 느꼈다.
>
> 무언가를 결정하는 한 가지 방법이었다.
>
> 억압된 무언가가 팬터마임을 통해 한 이야기를 들려주었다.

이와 같은 평가를 받은 잘 만들어진 콜라주는 표현·심리극 과정에 참여한 한 대학원생이 만들었고 그는 사회정의에 대한 문제를 설명하고 구체화하기 위해 움직이는 예술작품을 만들었다. 학생들이 만든 이미지들은 소속감−배타감과 억압−자유의 문제를 나타냈다.

나는 대학원 수업에서 표현예술을 사용하는 교육자로서 교사를 위한 교육과 사회정의 교육, 표현예술을 통합하여 리더십과 사회정의를 위한 변화에 활력을 주는 학습공동체를 만들고자 노력하고 있다. 나는 교사들이 교육 분야에 지속적인 변화를 가져오고 교실과 학교, 학생들의 마음에 정의를 주도할 수 있는 좋은 위치에 있다고 믿는다.

표현예술은 학생들에게 사회정의 문제를 식별하고 검증하며 대변하는 강력한 도구를 준다. 예술은 현재 상황에 이의를 제기하고 도전하며 학생들로 하여금 변화를 위한 행동을 취하게 한다.

지루(Giroux, 2006)는 나와 같은 고등교육 전문가들에게 학생들로 하여금 세상에 대해 생각하고 그 세상에서 행동하는 방식을 바꿀 만큼 강력한 교육을 일으키라고 도전장을 내밀고 있다. 그는 교육자들이 단순히 기술적인 문제가 아닌 도덕적인 방법론을 개발해야 한다는 책임감을 가지고, 학생들로 하여금 스스로 사회정의 문제에 관여하도록 이끌어야 하는 긴급한 필요가 있다고 주장한다.

나는 학생들이 자신과 그들의 학생, 학급, 학교, 나아가서는 전 세계에 영향을 미치는 도적적이고 정치적인 이슈에 대해 이야기할 때, 그들의 사회적 상상력(Greene,

1995)뿐만 아니라 반대적 상상력(Rapp, 2002)도 키워 주는 교육을 제공한다.

## 감지할 수 있는 교육

표현예술은 내가 감지할 수 있는 교육(Barbera, 2009)이라 이름 붙인 것을 제공한다. 이 것은 표현예술과 학습을 통합하고, 감정이 생겨나고 느껴지도록 하며 학습자로 하여 금 그 감정을 행동에 옮기도록 동기부여하는 데 초점을 맞추게 한다. 감지할 수 있는 교육은 표현예술을 이용하여 상호관계와 공동체 구현, 다른 관점에 대한 자유로운 표현을 촉진시키는 데 근거를 두고 있다.

## 사회정의 교육에 있어서의 자아정체성, 대화, 반추, 공동체

나는 사회정의를 가르치는 데 있어 중요한 네 가지 효과적인 구성요소, 즉 자아정체성 (자기탐구), 대화, 반영, 그리고 공동체를 발견했다. 이 구성요소들은 완전히 서로 연 관되어 있으며, 나의 학생들로 하여금 변화를 일으키는 행동으로 나아가도록 하는 심 오한 감정을 일으킨다. 이 핵심 요소들은 예술과 융합되면 뚜렷한 교육으로 변화된다.

## 자아정체성

자아정체성을 탐색하는 방법으로 두 가지 접근법이 사용된다. 자화상 그리기와 자서 전, 이 두 가지는 정의와 관련된 자신의 이야기를 만드는, 다양한 수준의 학생들의 경 험과 기억을 같은 선상에 올려놓는다. 이 활동을 통해 학생들은 자신이 삶에서 가졌 던 사회정의에 대한 관심의 뿌리를 탐색하고(과거), 교육 분야에서 자신들의 일을 알 리며(현재), 사회정의를 실현하기 위해 지속적으로 노력하려는 확고한 헌신을 하게 된다(미래).

　한 학생은 자화상과 자서전을 통해 자아정체성을 탐색한 후 다음과 같이 나누었다.

> 저는 백인 학생들만 있는 학교에서 유일한 황인종이었고, 그 사실을 한 번도 잊은 적이 없습 니다. 어머니는 제가 학교에 처음 등교하던 날, 공단과 얇은 명주로 만든 옷을 입히고 하얀 댄 스화를 신겼습니다. 다른 학생들은 모두 멜빵바지를 입고 왔고, 선생님은 저희 어머니께 제가 편하게 놀 수 있는 옷을 입어야 한다고 말씀드렸습니다.... 경험을 통해 저는 타인에 대한 깊 은 연민을 갖게 되었습니다.

저는 하루에 다섯 가지의 신문을 읽으며 뉴스와 정치를 통해 세상에 대한 개인적인 의견을 정리하고 식견을 넓혀 갔습니다. 저는 그렇게 스스로 배웠습니다.

유사한 활동에서 또 다른 학생인 엘리는 자신의 다양한 교육적 자서전이 정의라는 주제와 어떤 관련이 있고 또 자신의 이야기가 교육자로서 현재의 직업에 어떤 영향을 미치는가와 관련이 있기 때문에 그것을 정리해서 함께 나누었다. 그때, 그녀는 우아한 목소리로 반주 없이 '무지개 너머 어딘가에(Somewhere Over the Rainbow)'라는 노래를 부르기 시작했다. 주변에 있던 모든 사람이 하던 일을 멈추고 고개를 놀려 그 노래에 귀를 기울였다. 엘리에게 이 노래는 희망을 상징했다. 그녀는 "저는 학생들에게 미래에 대한 희망을 주고 싶어요."라고 말했다.

이 사례에서 볼 수 있듯이 자아정체성을 탐색함으로써 학생들은 자신이 삶에서 사회정의에 관심을 가지게 된 계기를 탐색하게 된다. 그 탐색활동은 교육과 휴먼서비스 분야에 있는 그들의 직업을 계발시키고 지속적으로 사회정의를 위한 노력을 기울이도록 하는 데 확고히 기여한다.

## 대화

마지막 과제로 학생들은 '무능력함에서 무(無) 제거하기'라고 불리는 행동지침을 만들었다. 그 과제에는 다섯 가지 양식[신체외형 그리기, 콜라주, 이미지 정렬하기(Boal, 1979; 1992), 시 쓰기, 워드 웹]이 포함되었다. 이 다섯 가지 양식은 상호작용을 통해 학생들에게 능력은 정적 존재 방식이 아니라 연속체이며 각자의 삶에서 어느 순간엔가 경험하게 되는 어떤 상태라고 봄으로써 자신의 삶과 장애를 가진 다른 사람들의 삶에 관련되도록 했다.

학생들은 두 사람씩 짝을 지어 커다란 종이 위에 서로의 실루엣을 따라 그렸다. 그들은 살면서 어떤 식으로든 '장애'를 경험한 적이 있다면 그때를 생각하며 몸 그리기를 했다. 다음은 이 활동을 하면서 주고받은 몇 가지 대화이다.

저는 아이를 가질 수 없다는 이야기를 들었습니다. 너무나 고통스러웠습니다.
저는 차별대우를 받았습니다.
불안은 제게 직업적으로, 개인적으로 영향을 미칩니다. 두려움은 아주 나쁜 것입니다. 저는 사람들에 대해 많은 두려움을 느꼈습니다.

저는 신체에 장애가 있을 때 느끼는 감정, 그 외톨이 같은 감정을 기억합니다.

장애를 바라보는 자신의 시각에 대해 당신은 무엇을 배웠습니까?

저에게 장애가 생겼을 때, 사람들은 저를 더 이상 전문가라고 생각하지 않았습니다.

이것은 우리에게 능력에 대해 무엇을 가르쳐 줍니까?

이 행동지침을 고안하도록 도와준 학생은 다음과 같은 매우 의식적인 말을 하면서 이 활동을 마무리했다.

> 우리는 사람들을 바라보는 기준을 다시 세워야 합니다. 장애(disability)와 힘(power)은 서로 연결되어 있습니다. 만약 당신이 장애가 없는 일반인이라면 당신은 힘을 가졌습니다. 일반적인 사람이 아니라면 힘을 가지지 못한 것입니다. 우리(행동지침집단)는 사람들이 이 사실을 인지하고 바뀌기를 원합니다.

## 반영

나의 학생들이 반영을 위해 주로 사용하는 것은 그들의 시각 저널(visual journal)이다. 전체 과정을 거치면서 나는 학생들에게 경험과 예술, 배운 것을 자신의 영역에 적용하고자 하는 아이디어 등을 되새겨 보도록 장려하였다.

학생들은 자신의 삶과 수업에서 배운 것을 되짚어 보는 시간을 가지는 것이 사회정의를 배우는 데 있어 중요한 요소라고 말했다. 그 대표적인 예는 많은 학생들이 꾸준히 글씨기를 해 왔던 것에 대해 감사한다는 사실이다.

> 저는 수업 시간에 창작활동을 하는 중에 혹은 그 후에 우리의 생각과 감정을 저널에 기록하는 기회를 가졌다는 것에 감사합니다. 꾸준히 할수록 더 쉬워졌습니다. 이 경험을 다 끝났을 때 저는 표현예술 글쓰기를 혼자서도 계속할 수 있을 것 같습니다. 제 학생들에게도 그렇게 하라고 격려하고 싶습니다.

린지라는 또 다른 학생은 이렇게 말했다.

> 글쓰기뿐만 아니라 스케치를 통해서도 자신을 표현하는 법을 배웠습니다. 과거와 현재의 제 감정을 반성하고 평가해 보는 것은 치유하고 성장하게 하는 일종의 약이었습니다. 그것은 또 저의 창조적 마음을 열었고, 지금은 자신을 표현하는 일이 훨씬 쉬워졌습니다.

이 학생들과 다른 많은 이들에게 글쓰기는 교사로서의 개인적, 직업적 생활에 습관으로 발전했고, 그들에게 자기반성적이고 반영한 내용을 행동으로 옮기는(Valli, 1997) 교육자가 되는 중요한 도구가 되었다.

덧붙여 나는 감정과 정서가 감정을 생성하고 통합하며 변화시킴으로써 사회정의 사업을 위한 동기부여 도구 역할을 한다는 사실을 발견했다. 표현예술은 "사회정의 문제와 참가자들의 감정적 연결관계와 그 문제들에 대한 그들의 지적 이해의 강도와 속도를 높이는 촉매 역할을 한다(Shapiro, 2006)."

## 공동체

매 학기말에 나는 모든 학생에게 그림, 시, 다양한 교육적 자서전, 시각 저널을 포함한 모든 예술작품을 모으고 작가노트를 달도록 하였다. 이 회고전은 학생 개개인이 공동체에 속한 다른 학생들을 존중하고 그들의 여정을 인정함과 동시에 자신들의 독특한 여정을 깨닫게 되는, 역동적 인간관계 안에서 역동적인 모두를 하나의 공동체로 묶어 주는 것이다. 그 결과, 개개인을 친밀하고 응집력 있는 공동체로 엮어 주는 예술의 힘에 대한 놀라운 증언들이 나열되었다. 학생들의 회고전에서 **공동체** 단결과 축하라는 표현을 사용하며 **자아정체성**과 반영이 나타났다.

참가자들은 회고전을 통해 자신들이 경험한 유대감과 공동체 의식을 표현했다.

> 회고전은 그 자체가 예술이었습니다. 그것은 아이스크림 위에 올려진 체리가 아니었습니다.
> 오히려 아이스크림의 한가운데 같았고, 모든 것의 핵심이 한데 모인 것 같았습니다.
> 저는 제 자신의 내면을 깊이 파헤쳐 보았고, 제 마음과 온정을 발견했고 다른 사람들과 이것
> 에 대해 나누었습니다.
> 그것은 저에게 다른 사람에 대한 정말로 사랑스럽고 개방된 시각을 주었습니다.

회고전을 준비하는 집단적 노력은 공동체 정신의 좋은 예가 되었고, 학생들은 그것이 사기를 북돋아 주고, 공감과 온정, 더 고차원적인 목표를 이끌어 낸다는 다양한 정의를 내렸다.

나는 사회정의 교육의 핵심 요소로서 공동체의 중요성을 발견한 사실에 그다지 놀라지 않았다. 표현예술은 학생들에게 진정한 의미의 공동체를 체험하게 하고, 사회정

의를 위해 일하는 데 필요한 동지애와 확신을 주며 그들을 서로 감정적으로 연결시켜 줌으로써 행동을 취하게 하는 잠재력을 길러 준다.

표현예술은 사회정의 교사 교육의 핵심 요소에 몇 차원을 더해 주고 사회정의를 위한 리더십과 학교 내 변화를 위한 구체적인 교육을 강화하였다.

**바브라 박사**는 뉴욕주립대학교 인본주의 다문화교육 대학원 과정에서 가르치고 있으며 뉴욕 주 공인 표현예술 치료사이자 스페셜니즈학교(Special Needs School)의 교장이다. Lucyebarbera@gmail.com.

## 주석

1. 이 글이 발췌된 원문인 바브라 박사의 논문, '감지할 수 있는 교육 : 표현예술, 리더십, 사회정의 교사교육의 변화(Palpable Pedagogy: Expressive Arts, Leadership, and Change in Social Justice Teacher Education)'는 OhioLink ETD Center에서 무료 전자판으로 볼 수 있다. www.ohiolink.edu/etd.

## 참고문헌

Boal, A. (1979). *Theatre of the oppressed.* New York: Theatre Communications Group.

Boal, A. (1992). *Games for actors and non-actors.* New York: Routledge.

Giroux, H., 2006, Higher education under siege: Implications for public intellectuals. *The NEA Higher Education Journal, Thought & Action.* Vol.22, Fall.

Greene, M. (1995). *Releasing the imagination: Essays on education, the arts, and social change.* San Francisco: Jossey-Bass.

Rogers, N. (1993). *The creative connection: Expressive arts as healing.* Palo Alto, CA: Science and Behavior Books.

Shapiro, L. (2006). Releasing emotion: Artmaking and leadership for social justice. In C. Marshall & M. Oliva (Eds.), *Leadership for social justice: Making revolutions in education* (pp. 233-250). Boston: Pearson.

## 표현예술을 사용해서 제2외국어로서 영어 가르치기

### 이리나 라부토바(Irina Labutova), 러시아

"우리는 마음과 감정을 가지고 있다. 이 두 가지를 분리시키는 것은 우리의 모든 존재를
부인하는 것이다. 이 두 가지를 통합하는 것은 우리의 잠재적 존재를 깨닫도록 도와준다."
-G.I. 브라운(G.I. Brown), 생기 있는 교실(*The Live Classroom*)

나는 러시아에 있는 니즈니노브고로드언어대학에서 TEFL(제2외국어로서의 영어) 과
정을 가르치고 있다. 나의 학생들은 21세 전후의 남녀, 젊은 러시아인들로 국제관계
를 전공하는 4학년 학생들이다. 수업 규모는 11~14명 사이로 다양하다. 그들의 영어
수준은 상중에서 상으로 복잡한 사회정치, 철학 원문을 읽고 모든 종류의 집단 토론
에 참여할 수 있는 정도이고 따라서 언어적, 지적으로 발전할 기회가 많다. 외국어를
가르치는 것이 나에게는 언제나 학생들의 감정적, 영적 성장을 돕고, 심리적 억압을
극복하도록 해 주며, 창조적 에너지의 개인적 원천을 끌어내 준다고 믿어 왔다. 우리
모두가 알듯이 이런 종류의 성장은 결코 쉽게 오지 않는다. 그것은 학습자의 자유의
지와 유능하고 배려 깊은 지도가 필요하다.

1995년에 모스크바에서 나탈리 로저스와 함께 참여했던 5일 과정의 표현예술 치료
와 그녀의 저서, 인간중심 표현예술치료 : 창조적 연결을 통해 얻은 정보는 나의 직장생
활에 매우 시기 적절한 축복이었다. 그때 나는 덜 기계적이고 더 의미 있는, 덜 통제
적이고 더 자율적인 상호작용을 할 수 있는 수업을 만들기 위해 노력 중이었다. 나는
학생들이 수업 시간에 구경꾼이 아닌 주인이 되기를 원했고 정보의 소비자가 아니라
아이디어의 생산자가 되기를 바랐다.

지난 수년간 함께 작업했던 학생들이 가장 좋아하는 활동은 콜라주 만들기였다. 내
가 아는 많은 사람들에게(아이들뿐만이 아니라) 콜라주는 매력적인 활동이었다. 낡은
잡지와 신문을 뒤적거리면서 이미지와 슬로건에서 아이디어를 얻고 오래된 사진을
발견하고, 재미난 조합을 만들어서 모양과 의미를 부여하고, 색깔 펜이나 물감을 이
용하고 오리고 붙이는 것은 흥미진진한 일이 될 수 있었다. 각자 창조적 힘을 끌어내
면 낼수록 콜라주 만드는 과정은 점점 더 매혹적인 활동이 될 수 있었다. 세 가지 H,

즉 머리(head), 가슴(heart), 손(hand)을 사용하면 개인적으로 더 몰입할 수 있다. 일단 완성된 콜라주는 놀라운 해방감과 성취감을 주고, 부산물로서 치유적 효과를 더해 줄 수도 있었다.

이러한 점을 고려할 때 나는 교수법에 콜라주 만들기 활동을 포함시키는 것에 대해 전혀 의구심을 가지지 않았다. 그것이 충분한 영향력을 발휘하여 영어를 정복해 가는 동안 학생들이 개인적 경험을 얻도록 하는 데 도움을 줄 것이라고 확신했다. 나는 나의 국제관계 전공 학생들과 가장 관련성이 높은 콜라주 주제가 무엇일까 생각해 보았고 '역사 속의 한 해'라는 생각이 자연스럽게 떠올랐다. 다음은 학생들의 콜라주 작업 과정이다.

## 콜라주 : 역사 속의 한 해

콜라주를 만들기 위해서 여러분은 지침을 잘 따라야 합니다.

1. 이제 저물어가는 한 해를 되돌아보세요. 개인적으로 여러분이 기억할 만한 중요한 사건이나 날짜, 사람들을 떠올려 보세요. 올 한 해에 대해 친구, 친척, 집단원들과 대화를 나눠 보세요. 변화를 가져온 몇몇 날짜와 대중적인 사건에 대해 온라인에서 찾아보고 또, 올 한 해 동안 여러분은 어떤 것을 성취하고 발견했는지, 어떤 돌파구와 실망들을 경험했는지, 어떤 주목할 만한 감명을 받았는지에 대해 생각해 보세요. 다음의 질문을 여러분 스스로에게 해봅니다. 올 한 해에 대해 나는 무엇을 생각하는가? 그것에 대해 나는 어떻게 느끼는가? 무엇으로 이 한 해를 기억하기를 원하는가? 그것은 무엇을 연상시키는가?

2. 오래된 잡지와 신문을 뒤지면서 시선을 사로잡는 것은 무엇이든 오려 냅니다. 사진이나 슬로건, 그림, 만화, 헤드라인, 다양한 모양 등을 사용하되 이것들이 대표하는 측면뿐만 아니라 상징적인 면에도 집중합니다. 이 모든 것이 콜라주의 주제인 '역사 속의 한 해'와 관련된 것이어야 하고, 한 해 동안 경험한 다양한 특징과 측면을 되돌아보세요.

3. 잘라 낸 이미지를 종이나 카드보드 위에 붙이세요. 이것이 여러분 개인의 포스터가 될 것입니다. 포스터의 크기와 모양은 여러분이 어떤 결과물을 만들고자 하느

냐에 달려 있습니다. 잘라 낸 이미지 외에도 여러분이 직접 그린 그림이나 기호, 표어를 사용해도 되고 시나 인용구, 유머, 속담을 적을 수도 있고 포스터에 붙인 이미지 사이의 빈 공간에 색칠을 할 수도 있습니다.

4. 수업 시간에 콜라주를 보여 주면서 설명할, 3분 정도의 발표 시간을 준비하세요. 여러분의 아이디어를 집단원들에게 가장 효과적으로 전달할 수 있는 방법을 찾아보고 콜라주에 대해 설명하고 각기 다른 부분들을 해석할 준비를 합니다. 그것들에 대한 질문에 답할 준비도 해야 합니다.

여러분의 콜라주가 반드시 예술작품일 필요는 없습니다. 단지 시각적 구성물이기만 하면 됩니다. 그것이 여러분의 두뇌활동의 소산물이자 마음의 소산이라 생각하고 자랑스럽게 생각하세요.

두말할 필요도 없이 위와 같은 활동이 언어를 사용한, 의사소통이 지나치게 강조되고 정서적 활동이 디저트로 제공되는(만약 있다면) 외국어 수업 시간에 전형적으로 하는 것은 아니다. 그래서 내가 이 활동을 소개한 첫 시간에 몇몇 학생은 당황하고 거부감을 보였다. 보통은 "오, 이런, 전 이런 거 싫어해요."라고 하거나 "저는 시키지 마세요. 전 못해요.", "전 전혀 창조적이지 않아요.", "이 활동에 어떻게 접근해야 할지 전혀 모르겠어요. 한 번도 해 본 적이 없어서요."라고 말하면서 거부한다. 나는 분명 반대 입장을 보이는 학생들을 잘 다루고 창조성을 발휘하지 못하도록 하는 장애물을 경험하는 학생들을 도와주어야 했다. 그래서 나는 **인간중심 표현예술치료 : 창조적 연결**에서 발췌한 읽을 거리를 학생들에게 제공하기로 했다.

첫 번째 자료는 제2장 '창조성의 촉진'에서 발췌했다. 나는 그 아름다운 소개글("우리 각자의 내면에는 비밀 정원이 있다....")과 그 단원에 있는 다른 몇몇 부분을 사용했다. 그다음은 제3장 '탐색하기'에서 발췌했는데, 그 부분에서 나탈리는 불안감을 해소하고 창조성에 역행하는 장애물을 극복하도록 도울 수 있음을 단언했다. 읽기 시간에 이어 진행한 토론은 적절했고, 그 시간을 통해 학생들은 자신들이 가지고 있는 내면적 비판의 소리뿐만 아니라 실패에 대한 두려움, 미지의 세계에 대한 두려움, 인정받고자 하는 욕구 등이 자연스러운 것이며 창조적 임무에 직면한 수백 명의 다른 사람들도 같은 고민을 하고 있다는 것을 깨달았다. 위험을 감수함으로 얻는 여섯 가지

혜택에 대한 또 다른 자료를 읽고 학생들은 위험을 변화의 필수적인 일부로, 변화 그 자체를 위대한 존재적 가치로 바라보게 되었으며 열띤 토론을 이어갔다. 그들은 자기비판을 그치고 자신들을 좀 더 신뢰해야 하는 필요성에 대해 배웠다.

콜라주 만들기 작업을 위해 학생들을 계속 준비시킴으로써 나는 창조적 환경을 강화하고 신뢰를 쌓도록 충분한 시험을 거친 다양한 기술을 사용했다. 학생들에게 자극을 주는 가장 효과적인 방법은 이전에 다른 사람들이 한 과제를 그들에게 보여 주는 것이다. 이것은 그들에게 할 수 있다는 자신감을 주고 정확한 목표를 알도록 해 준다.

일단 모든 반대의견이 잦아들고 빗발치는 질문에 답하기가 끝나면, 학생들은 콜라주 작업을 시작할 준비가 된다. 나는 그들에게 그것을 과제로 내주고 동의하에 2주간의 시간 제한을 둔다. 이 2주 동안 나는 언어적인 격려와 지지를 하고 요청하면 조언을 하기도 한다. 약속한 날에 우리는 강의실 벽에 모든 콜라주 작품을 걸어 놓고 나누는 시간을 가진다. 우선 강의실을 돌아다니며 모든 콜라주를 훑어보고 관찰하며 즉각적으로 떠오르는 생각을 적는다. 그런 다음 순서대로 각자가 자신이 만든 콜라주에 대해 설명하는 것을 듣고(약 15분 소요), 인상적이었던 부분에 대해 나누고 질문을 하며, 무엇보다도 각자의 창조적 아이디어와 그 아이디어를 자신만의 방법으로 시각화한 점을 높이 평가한다.

마치 이것으로는 부족한 듯 나는 피드백 시간에 한 가지를 더 살펴보도록 한다. 학생들이 사용하는 영어의 다양한 특질. 그것은 더 개인적이고 더 개별적이며 덜 일률적이고 더 자발적이다. 언어교사로서 나는 사람들이 자신을 표현하고 다른 사람과 관계를 맺도록 도와주는 살아 있는 언어의 탄생과 성장을 지켜보면서 짜릿한 흥분을 맛본다. 이것은 그 자체로 이런 직업이 가지는 환상적인 매력이다.

콜라주 만들기의 다른 이점은 무엇인가? 나의 학생들이 글로 적어 제출한 피드백 몇 가지를 언급하고자 한다. 우선, 그들은 모두 이 과제를 자신의 언어적 발달과 직업적 성장에 반드시 필요한 부분으로 받아들였고 그래서 나는 당당하게 교과 과정 속에 이 작업을 포함시킬 수 있었다.

다음은 2007~2010년 수강 학생들이 제출한 몇 가지 증거자료이다.

　　이 프로젝트는 매우 유용했다. 나의 영어 실력을 위해서뿐만 아니라 다른 분야에 대한 지식에도 도움이 되었다. 물론, 그것을 함으로써 나는 상상력을 조절할 수 있었고 우뇌가 활성화되었다. 매우 좋았다! (올레그 말리셰브)

우선, 이 프로젝트 덕분에 나는 삶을 돌아보고 여러 가지 사건들을 요약해 보게 되었다. 내 삶이 얼마나 생산적이었는지, 긍정적인 변화가 얼마나 많았는지를 깨닫게 되었다. 과거를 좀 더 소중히 여기는 법을 배웠다. (바실리나 안토노브스카야)

보통은 내가 어떻게 사는지, 누군가 혹은 무언가가 내 삶에서 어떤 의미를 가지고 있는지에 대해 별로 생각해 보지 않는다. 그저 매일매일 그렇게 살아간다. 이런 평면적 접근법으로 콜라주를 만드는 작업은 내 삶에서뿐만 아니라 세상에서 일어나고 있는 사건에 대해 곰곰이 생각해 보게 했다. 2006년에 일어났던 사건을 마음속에 정렬해 놓고 평가하며 우선순위를 정하는 것은 정말 흥미로운 일이었다. 이런 프로젝트가 적어도 가끔씩은 당신이 인생을 철저히 살도록 만들어 줄 거라고 믿는다.

학생들이 말했듯이 콜라주 만들기 프로젝트의 효과는 다양하다. 어학담당 교사로서 나에게 가장 중요한 것은 다음과 같은 이유로 이 프로젝트가 언어수업에 인간성을 부여한다는 것이다.

- 이 작업은 의미 있는 학습이 가능하도록 하며 매우 경험적이다.
- 그것은 하나의 전체적인 학습 과정에서 지적, 감성적, 영적 차원을 통합한다.
- 그것은 학생들에게 외국어를 공부함에 있어 진정한 자신의 모습을 찾는 것에 대한 자각이 일어나게 한다.
- 그것은 학생들에게 깊은 소속감을 준다.

한 가지만 더 언급하고 이 글을 마치고자 한다. 현대 세계에서 영어는 국제 공용어이자 사람들을 연결해 주는 매개물로서 간주된다. 그래서 영어 교사는 이 흥미진진한 과정을 그대로 느낄 수밖에 없다. 언어가 국가 간 관계에 있어서 오해와 갈등의 소지가 될 수도 있다는 사실 때문에 국제관계 전공 학생들에게 영어를 가르치는 것은 엄청난 책임감으로 다가온다. 외교적 갈등을 해결하고 국가 간 이해를 도모하는 데는 언어 그 이상이 필요하다. 나는 학생들이 해박하고 영어를 능숙하게 하며 활기차고 인정 넘치고 온정적이 되었으면 한다. 창조적 연결은 나에게 이 목적을 성공적으로 달성하기 위한 견고한 발판이다.

**이리나 라부토바** 박사는 니즈니노브고로드언어대학교 부교수로 국제관계 전공 학생들에게 영어를 가르치고 있다. 그녀는 집중훈련 교수법 과정의 공인 트레이너이고 15년 동안 러시아의 볼가 지역에서 EFL(외국어로서의 영어) 교사 훈련프로그램 운영에 참여하고 있다. labutova@sandy.ru.

## 초등학교 미술 수업에서의 창조적 연결

### 보니 슬레이턴(Bonnie Slayton), 미국

나는 지난 수년 동안 5~11세 사이의 초등학생 미술 시간에 창조적 연결 과정을 사용해 왔다. 이 학급들은 다양한 문화와 경제적 수준, 경험을 갖고 있는 학생들로 구성되어 있었다. 나의 미술 수업은 다양한 종류의 예술을 함께 사용할 수 있도록 자연스러운 환경이 조성된 것 같다.

　어느 해 초, 첫 미술 수업은 원으로 둘러선 학생들이 자신의 이름을 말하면서 털실뭉치를 서로에게 던지는 활동이었다. 각 학생들은 다른 사람에게 건네주기 전에 털실의 일부를 잡고 있었다. 마지막 학생이 던지고 나면, 우리 모두는 서로와 연결된 실을 잡고 서서 우리가 공통으로 가지고 있는 많은 것들에 대해 이야기를 나누었다. 그런 다음 나는 원 주위를 돌면서 각자가 붙잡고 있는 털실을 끊었다.

　그리고 나서 우리는 각자 좋아하는 것과 경험을 나누면서 자신만의 독창성에 대해 이야기했다. 모두가 제자리에 앉을 때는 손에 들고 있는 끊어진 실을 들고 어떻게 움직일지를 각자가 결정할 수 있었다. 몇몇은 앉고 싶어 하지 않아서 빠른 속도로 움직였고, 또 몇몇은 그 실이 마치 다른 어떤 것이 된 듯 질질 끌면서 갔다. 자신에게 정해진 자리에 앉아서 안정감을 느끼고자 하는 아이들도 있었다.

　그다음 활동에서 나는 학생들에게 가지고 있는 실을 템페라 물감에 담갔다가 커다란 종이 위를 가로질러 움직이도록 했다. 이 과정에서 중요한 부분은 실 자국들 사이에 흰 여백을 남기는 것이다. 이 작업이 끝나면 다음 세션 전까지 그림을 말려 놓았다.

그다음 시간에 나는 그들에게 자신들이 실로 그린 그림을 다양한 각도에서 살펴보면서 실 자국 너머에 있는 의미를 보고, 흰 여백을 사용해 모양과 물체를 상상하고 만들어 보라고 한다. 어떤 학생들은 사람의 얼굴을 보았고, 어떤 학생들은 바다 생물과 새, 꽃 등을 보았다. 하지만 아무것도 못 본 학생들도 있었다. 그들은 창조적으로 보도록 도움을 받아 모양과 이미지들을 볼 수 있게 된다. (창조적으로 보게 됨으로써 학생들이 더 많은 경험을 가지게 되며 그러할수록 더 많은 아이디어가 흘러나온다.) 검정 오일 파스텔로 흰 여백에서 본 모양의 윤곽을 잡고 나면 원하는 색으로 윤곽 테두리 내부를 채운다. 이 예술작품에 대한 마지막 과정은 이 작품에 대해 설명하거나 그것에 대한 이야기를 만들어서 동료들과 나누는 것이다.

털실을 활용해 할 수 있는 또 다른 프로젝트는 멕시코 원주민들이 수년 동안 해 왔던 것과 유사한, 실로 '색칠하기'이다. 자신의 아이디어를 두꺼운 종이 위에 그리고 나서, 학생들은 풀을 바르고 실을 그 위에 눌러 붙인다. 정교한 실 그림이 창조되면서 기울여진 모든 수고에 학생들은 갑자기 감사하는 마음을 느낀다. 작품 만들기를 마쳤을 때 나는 그들에게 자신이 만든 실 그림에 대한 글을 한 단락 정도 적거나 시를 써 보도록 했다. 그들이 적은 글은 시각예술작품만큼이나 아름답고 상상력이 풍부했다.

나는 아이들이 자신을 표현하기 위해 보다 깊숙한 창조적 공간으로부터 나오는 단어들을 사용할 때마다 흐뭇하게 지켜보았다. 초기 예술활동은 그들이 내면적 지혜를 끌어내도록 영감을 주었다. 이와 같이 한 가지 아이디어를 탐색하는 동안 그리기, 동작하기, 글쓰기 등 다양한 예술매체를 결합시키는 방법은 창조적 표현의 정수이며 참가자들, 특히 이 사례에서는 아이들에게 놀라운 경험이 되게 하고 그들에게 새로운 시각을 심어 주었다.

창조성은 안내와 육성이 필요하다. 나의 한 친구는 자라면서 예술을 접할 기회가 없었기 때문에 자신이 그렇게 창조적일 거라고 생각하지 않았다고 말했다. 하지만 예술은 나이를 불문하고 우리 몸의 모든 세포로부터 지혜와 창조성을 내뿜게 한다.

뉴만과 웰리지(Newman and Wehlage, 1993)가 시행한 연구에 따르면, 진정한 예술교육을 규정짓는 다섯 가지 특징은 다음과 같다(NAEA Advisory, 1997).

- 보다 고차원적인 사고의 사용
- 주제에 대한 심도 있는 대화
- 성취를 위한 동료들의 지지
- 깊이 있는 지식의 습득
- 교실 수업을 넘어서는 가치와 의미

창조적 연결 교수법은 이 모든 특징을 충족한다. 나의 견해로, 보다 고차원적 사고란 그저 뇌의 기능만 사용하는 것이 아니라 우리의 직관을 사용하고 우리 몸 전체에 대해 아는 것이다.

내가 부딪치는 어려움 중 한 가지는 학생들에게 시작할 공간을 주고 독창적으로 생각해 내도록 안내하는 것이다. 이것에 대한 한 예로 나는 3학년 미술 수업에서 커다란 식료품 가방으로 조끼를 만들고 자신들이 원하는 패턴과 디자인으로 그것을 장식하도록 했다. 그리고 조끼가 완성되면 후배들이 그 조끼를 연극공연에서 입을 것이라고 말해 주었다. 이 과제의 한 가지 목적은 집 주변에서 쉽게 구할 수 있는 재료를 재활용하는 것이었다. 어떤 학생들은 시작하기도 전에 재료를 재활용하여 사용하는 것 때문에 이 작업을 마음에 들어 하지 않았다. 하지만 작업을 조금씩 더 진행해 가면서 그것을 더 좋아하게 되었다. 연극 당일 날, 1학년 학생들이 그 조끼를 입었고, 3학년 학생들은 매우 뿌듯해했다. 그들은 모두 그 조끼를 쓰레기 통에 버리지 않고 자랑스럽게 집으로 가지고 갔다.

또 다른 어려움은 학생들에게 실을 들고 움직이는 작업이나 자신들의 예술작품에 대해 글을 쓰는 것이 실제적으로 그들의 창조성과 지성을 넓힐 것이라고 확신시키는 것이다. 나는 많은 사람들(연령에 상관없이)이 특히 또래집단 앞에서 동작을 할 때 수줍음을 느끼고, 자신의 몸으로부터 단절되어 있음을 발견했다. 초등학교에서 비평받지 않고 안전함을 느끼도록 자유로운 환경을 만든다는 것은 쉬운 일이 아니다. 어떤 아이들은 뭔가 적합하지 않다는 느낌과 불안을 느끼게끔 하는 가정 환경에 있지만, 표현예술을 사용하여 뭔가를 시도하려고 마음을 정할 때 흔히 돌파구가 찾아온다. 창조적 연결 과정은 그들이 혁신적이고 자발적이 되도록 도움을 준다.

가장 큰 문제는 일반 대중에게 모든 교육에서 예술이 얼마나 중요한가를 인식시키는 일이다. 내가 시도한 한 가지 방법은 한 지휘자의 도움을 얻어 학생들의 가족들을 위한 공연에서 시각예술과 음악, 동작을 통합하는 것이었다. 어떤 공연에서 몇몇 학생이 춤을 추는 동안 다른 학생들은 노래를 부르면서 그림을 그렸다.

또 다른 한 공연에서는 동굴같이 생긴 구조물을 만들어서 학생들이 배우고 직접 만든 동굴 그림을 걸어 놓았다. 공연을 마친 후, 모든 학생은 준비된 전등을 들고 동굴 내부를 탐색하면서 걷기도 하고 자신이 만든 작품을 찾아보기도 하는 시간을 가졌다. 이것은 매우 성공적이었고 공연이 끝난 후 서둘러 떠나는 대신 모두가 한 공동체가 되어 함께하는 시간을 가졌다. 그렇게 함으로써 공연의 내용이 의식 속에 오래 머무르고 더 깊은 수준까지 스며들게 할 수 있었다. 나는 의미 있는 삶을 사는 데 예술이 얼마나 중요한 역할을 하는지에 대한 사람들의 깨달음이 변하고 있다고 믿는다.

예술교육 문학석사이자 표현예술 촉진자인 **보니 슬레이턴**은 1980년 이후 줄곧 모든 수준의 예술을 가르쳐 왔다. 현재 가족과 동물들과 함께 미시간 주에 살고 있으며 미술작품 활동, 글쓰기, 스토리텔링을 하고 창조성, 역량강화, 건강, 통찰력, 평화를 촉진시키는 일을 하고 있다. blsayton@hotmail.com, www.expressiveartsong.com.

# 직장과 문제해결

## 직장을 변형시키기 위해 표현예술 사용하기

### 테리 고슬린 존스(Terri-Goslin-Jones), 미국

직업은 사람들의 삶의 중요한 부분이고 개인이 가지고 있는 재능을 표현하고 개인적 · 영적 개발을 확대시키며 세계화 비전을 함양할 수 있는 통로가 될 수 있다. 나는 개인의 직업이 세계를 바꿀 변화를 가져오는 좋은 방법이라고 믿는다. 개인이 자신의 독창적인 재능, 소질, 관점을 표현함으로써 창조성이 직장 내에서 발휘될 때 직업은 더 많은 의미를 가지게 된다. 실제로 '직장에서 사람들의 재능 발견하기'는 나의 사업적 임무가 되었다. 이 글은 표현예술을 사용하여 개인과 직장에서 창조성을 이끌어내는 것에 대해 논한다.

컨설팅 회사에서 일하는 동안 나는 한 세션이 10~12명 정도의 간부로 구성된 집단을 대상으로 '깨어나기'라고 불리는 창조성 워크숍을 촉진하였다. 이 워크숍은 표현예술과 긍정적 탐구 방법론을 이용해서 참가자들의 창조성과 영적 연결관계를 자신들의 인생 목적과 직업으로 확장시키도록 구성되어 있다. 나는 음악, 미술, 요가, 명상, 스토리텔링, 글쓰기, 창조적인 그림 그리기를 이용해서 간부들의 소망과 꿈을 탐색했다. 이 경험을 통해 각자는 '자극적인 명제(provocative proposition)'라는 것을 만들었는데, 그것은 자신의 소망, 꿈, 삶에 대한 비전을 설명한 것이다.

이 워크숍 과정에 참여한 후, 참가자들은 자신들이 내면적 삶에 더 집중할 수 있게 되었음을 깨달았고, 더 충만한 삶을 살고 직업에 더 헌신하도록 도와주는 더 건강한 자각과 진정성을 어떻게 습득하게 되었는지 설명했다. 참가자들 중 한 사람인 가브리엘은 몇 년 전 그가 창조성 워크숍을 끝냈을 때 내가 인터뷰했던 인사부 부장이었다. 그는 표현예술이 자신을 어떻게 각성시켰는지에 대해 나누었다.

그가 참가했던 워크숍이 최고조에 달했을 때 각 참가자는 자신들의 '자극적인 명제'를 상징하는 그림을 그렸다. 가브리엘은 노래 부르기와 소리내기를 사용했고 자신의 아름다운 목소리와 그가 전달한 메시지로 집단을 매료시켰다. 그 후 나와의 인터뷰에서 그는 이렇게 말했다. "워크숍 이후에도 꾸준히 표현예술 작업을 이어 왔는데, 그 노력은 어디에 있든 진정한 저의 모습을 찾는 과정이 되어 수년 동안 비록 느리기는 했지만 분명히 직업에도 영향을 미쳤습니다. '깨어나기' 워크숍에 참석한 후, 저는 지역 합창단과 극단에 가입했습니다. 이것은 제 스스로와 전체적으로 보다 편안함을 느끼도록 도와주었고 직장에서도 더 편안함을 느낍니다. 어딘가에서 본 기업 이미지의 캐리커처처럼 보이려고 나 자신에게 강요할 필요가 없습니다."

'깨어나기' 워크숍을 인도한 후, 나는 박사학위 논문에서 의미 있는 직업 확장과 일터 환경에서 창조성을 극대화하는 방법 모색에 대해 집중했다. 나의 질적 연구는 '인간중심 표현예술 프로그램이 직업 경험에 미치는 인지된 효과는 무엇인가?'라는 질문에 대한 답을 탐색했다. 나는 세 가지 주제, 즉 직장에서의 창조성, 의미 있는 직업 그리고 인간중심 표현예술에 대해 연구했다.

나는 예술가/치료사, 사업 컨설팅 전문가, 사업 개발가, 전직 기술자, 현직 표현예술 촉진자, 경영관리 코치, 조직개발 컨설팅 전문가, 간호사/성인교육 연구 전문가, 품질보증 컨설팅 전문가, 영업판매사원, 사회복지사, 통신회사 프로젝트 매니저, 발달장애 분야의 PD, 연구 코디네이터를 포함한 다양한 직업적 배경을 가지고 있는 14명의 참가자를 인터뷰했다.

개별적으로 혹은 직접 대면하거나 거리가 문제가 될 때는 전화로 진행한 철저한 90분간의 약식 인터뷰를 통해 데이터를 수집했다. 짧은 추가 인터뷰를 하면서 더 많은 정보를 얻었고 이전 인터뷰가 올바로 해석되었는지에 대해 확인하는 작업을 거쳤다. 인터뷰 데이터는 주제별 내용 분석을 사용해서 분석했다.

14명의 연구 참가자들이 경험했듯 인간중심 표현예술의 효과는 네 가지 주제로 설명될 수 있다. 일반적 변화와 개인적 변화, 자신 및 타인과의 더 깊고 더 창조적인 관계, 언어 습득시기 이전의 경험과 창조성과의 연결, 영적 자각을 확대시켜 주는 창조적 표현. 이 결과는 인간중심 표현예술 과정에 참가함으로써 새롭고 가치 있는 직업적 기술을 얻는다는 사실을 보여 준다. 참가자들은 의사소통 능력과 갈등해결 능력, 창조력, 의사결정력, 공감 능력, 직관력, 문제해결 능력, 관계유지 능력이 향상되었음을 발견했다. 어떤 이들은 표현예술을 사용하는 것을 변화주도적이라고 표현했고, 더 완전해지고 잠재력이 발휘되고 영적 각성이 한 단계 더 성장했다는 느낌을 받았을 뿐만 아니라 직업적 변화도 경험했다고 말했다.

직장에서 표현예술을 사용하기 시작했을 때, 나의 의도는 직장에서 창조성을 향상

한 약사와 조직개발 컨설팅 전문가가 자신의 삶과 직업에 대해 더 명확히 알고자 예술을 사용하고 있다.

시키는 것이었다. 나는 개인적으로 창조성이 문제해결과 통찰력으로 이끄는 현재적이고 시간을 초월하는 상태로 들어가는 것을 경험했다. 하지만 나 자신과의 관계를 비롯해 관계가 더 돈독해지는 이점까지는 기대하지 않았었다. 창조적 과정에 몰입하는 것과 관계 강화 사이의 연결관계는 나의 예비연구와 논문 인터뷰, 그리고 직장에서 내가 인도했던 워크숍에서 꾸준히 나오는 메시지였다.

진정성과 공감, 온정은 이 연구에서 인간중심 표현예술을 사용하는 거의 대다수의 참가자들에게 나타났고 더 개발되었다. 그들은 '새로운 발견과 통찰력이 나타나는 시간을 초월하는 상태'에 들어가는 것에 대해 설명했다. 나는 표현예술이 성장과 조화, 변화를 제공해 준다는 사실을 발견했다.

예를 들어, 이전에 엔지니어로 일했던 연구 참가자인 라이나는 표현예술이 전통적인 분석 모델로는 해결될 수 없는 복잡한 사업상의 문제를 해결하는 데 사용될 수 있음을 알아냈다. 다른 참가자들은 자신의 창조성이 어떻게 다시 살아났는지, 자기 강화를 어떻게 경험하게 되었는지 그리고 이것이 어떻게 새로운 사업 전략과 자신의 생계를 유지시켜 주었던 새로운 제품 개발로 이어졌는지를 알게 되었다.

이 연구는 직장이라는 일터에 대해 강력하게 시사하는 바가 있다. 안전하고 신뢰가 바탕이 된 환경에서 표현예술은 생산성에 영향을 미치고 생산 과정과 회사가 개발하는 제품을 강화하는 데 사용될 수 있다. 많은 사람들은 직업을 통해 자신이 가지고 있는 최고의 잠재력과 최고의 사고력, 창조력을 보여 주고자 한다. 일을 통해 개인적 성장과 성취감도 경험하기를 원한다. 내 연구와 워크숍에 참가하는 대부분의 사람은 직장에서 자신이 가지고 있는 잠재력과 창조력을 온전히 깨닫는 데 표현예술이 도움이 되었다고 했다. 그 결과 그들은 직업과 개인적인 삶 모두에서 더 큰 의미를 느끼게 되었다.

**테리 고슬린 존스** 박사는 직장심리학, 창조성, 조직개발, 리더십개발의 전문가이다. 그녀의 전문적인 초점은 인간중심 표현예술, 경영관리 코치, 리더십개발, 팀 형성, 사업팀의 효율성 연구를 포함한다. 테리 박사의 논문에 이 주제와 관련된 더 많은 정보가 있다. discoveryconsultig@msn.com, www.terrigoslin-jones.com

# 비교문화 집단

## 표현예술 : 고대로부터 내려오는 생활방식

### 멜라니 쿠에바(Melany Cueva), 미국

동작, 그림 그리기, 조소 만들기와 같은 표현예술은 알래스카 지역보건요원을 대상으로 한 암 교육 과정 속에 조화롭게 녹아들어 있다. 다양한 성인 참가자들이 가진 역동적인 지혜와 경험을 잘 아우르도록 문화적인 측면도 고려했다. 각종 암 관련 주제와 건강 유지법을 탐색해 갈 때 표현예술활동은 참가자들의 이해력을 심화시키도록 도와준다. 학습이란 인간의 인지적 존재 방식의 단순한 연장 그 이상이다. 표현예술은 마음을 경험과 연결해 주는 역할을 한다.

알래스카 현지 지역보건요원들은 이렇게 말한다. "이곳 민족들은 타고난 예술가입니다.", "예술은 경험과 치유를 편안하고 전통적인 방법으로 나눌 수 있게 해 주죠."

예술을 매개로 한 표현활동은 참가자의 숫자나 집단이 가진 역동성, 여유 시간, 암교육 커리큘럼, 참가자들의 암 관련 관심사에 따라 다양하다. 변수가 무엇이든 나는 마음과 생각, 신체를 온전하게 연합하는 전인적 배움의 장을 만들고자 끊임없이 노력하고 있다. 우리는 예술을 나누는 활동부터 시작하여 참가자들이 새롭고 창조적인 방법으로 자신의 역량을 넓히고 성장하는 기회를 주고자 한다. 활동적인 과정이 포함된 학습은 참가자들로 하여금 안전한 영역을 넘어서, 새로운 방법으로 경험하고 느끼고 생각하고 행동하도록 독려한다. 사람들이 새로운 것을 탐험, 경험, 발견하기 위해서는 반드시 신뢰가 형성되어야 한다. 나는 종종 소심함이 내재된 강렬한 열정이 표현되기도 하는, 다양한 감정이 있다는 사실도 인정한다.

틀링깃 족과 멕시코계 혈통을 가졌으며 두 번의 암을 경험한 생존자 로라는 이렇게 말한다. "예술은 종교의식과 같은 것을 우리의 삶 속으로 끌어들이도록 도와줘요. 예술을 통해 사람들은 그것(암)에 대해 위협적이지 않은 방식으로 이야기하게 됩니다. 일단 우리가 마음을 열고 사람들이 그것(암)에 대해 이야기하도록 하고 나면, 바로 거기서부터 다음에 취할 스텝을 시작할 수 있게 되는 거죠." 예술은 참가자들에게 표현에 있어서 비언어적인 통로를 확장시켜 준다.

알래스카 교외 지역에서 열린 한 지역공동체 주최 암 교육 모임에서 나는 15명의 여성으로 구성된 우리 집단(십대부터 노인까지)에게 크레용과 매직펜, 파스텔, 핑거 페인트를 주고 종이봉투에 지역공동체의 건강을 위해 그들이 바라는 것을 그리도록 했다. 한 참가자의 말이다. "당신이 문장으로 감정을 표현할 수 없다면, 그림으로 표현해 보세요. 감정을 표현하는 것은 마음속에 있는 것을 꺼내도록 도와주며 결과적으로 말로 자신을 표현하는 것을 더 쉽게 해 줍니다." 종이봉투 위에 그림 그리기는 살아 있는 희망의 표현이 되었다. 겉으로는 미소를 짓고 활발한 사람의 종이봉투를 열자, 깊은 고통과 괴로움을 볼 수 있었다. 대화의 촉매로서 참가자들은 사람들이 내면에 있는 것을 표현하도록 유도하는 법에 대해 서로 의견을 나누었다.

한 젊은 여성은 바다표범과 과일, 야채를 비롯해 노인들이 가진 생계수단 기술인 전통음식 수확법을 차세대와 공유하기를 바라는 희망을 그림으로 그렸다. 한 노인은 담배 연기가 자욱하고 아이들이 간접흡연으로 그 병든 공기를 마시고 있는 집을 그렸다. "나도 수면과 적정한 체중, 가족, 친구, 재정적 안정처럼 나를 기분 좋게 만들고 인생을 더 쉽게 만드는 것이 뭔지는 압니다. 하지만 그림 속 장면을 보니 다시 한 번 생각해 보게 되네요."

다른 한 사람은 종이봉투로 꼭두각시 인형을 만들었다. "사람들은 보통 그런 것(암)에 대해 이야기하지 않거나 드러내 놓고 이야기하지 않아요. 그런 것(암)을 생각하면 현실에 더 가까워진다고 믿기 때문이죠." 꼭두각시 인형을 통해 우리는 문화와 암, 건강의 개념을 탐색하기 시작했다.

한 북미원주민 청년은 이렇게 말했다. "표현예술은 의사소통을 도와주고 무의식의 진실을 드러낼 수 있도록 해요."

지역공동체 활동 중에 한 노인은 담배 파이프를 청소할 때 사용하는 도구를 활용해 알류트 족(Aleut) 방식으로 바구니를 만들었다. 만드는 동안 그녀는 각각의 파이프 청소 도구가 어떻게 다른 민족을 대표하는지 말해 주었다. 개개인의 재능이 함께 모여야 공동체가 건강해지고 강화된다는 것이었다. 그녀의 바구니는 모든 사람이 한데 모여 이루어진 공동체의 건강함을 상징했다. 한 지역보건요원은 "건강은 공동체의 마음속에 있습니다."라고 말했다.

조소 작업은 표현을 위한 또 다른 통로를 제공한다. 공작용 점토는 참가자들이 자신의 신체를 강하고 건강하게 유지하는 법을 배워 가면서 재미와 웃음, 즐거움을 가

미해 준다. 성인들이 연어 낚시, 과일이나 야채 채집, 개썰매 타기, 카약 타기, 원주민 춤 배우기, 원주민 게임하기 등과 같이 자신의 지역에는 없는 독특한 활동을 공작용 점토로 만들 때 그들의 문화는 살아나게 되었다.

점토로 조소 만들기를 하는 것은 종종 심리를 안정적으로 만들면서 변화시키는 힘이 있다. 한 알래스카 원주민 여성은 두 손으로 높이 든 매끈한 하트 모양을 만들었다. 그녀가 자신의 마음을 나누었을 때, 우리는 매끄러운 외향적인 표면을 볼 수 있었고 우리가 내면을 볼 수 있도록 자신의 마음을 열고자 변화하는 모습을 보는 특권도 누렸다. 우리는 깊은 상처로 울퉁불퉁해진 뒷모습도 보았다. 그녀는 "저의 치유가 시작되었습니다."라고 말했다.

에리카는 점토를 사용해서 작은 구멍이 있는 굳게 쥔 주먹을 만들었다. 그 작품을 보고 나는 그녀의 자신감과 힘이 터져 나오기 시작했음을 느낄 수 있었다. 이 경험이 있고 6개월이 지난 후, 나는 에리카에게 이메일을 보내 그녀가 만들었던 점토 형상에 대해 설명해 줄 것을 부탁했다. 그녀는 이렇게 말했다. "저희 문화에서는 감정을 터놓지 않습니다. 감정을 느끼지 않는 것이 아니라 감정에 대해 이야기를 하지 않을 뿐입니다. 오직 자신과 신께만 마음을 엽니다. 경험을 나누는 것은, 특히 깊은 감정적인 경험에 있어서는 매우 어렵고 종종 관련된 모든 이에게 불편함을 줍니다.... 교육 과정을 통해 저는 치유를 받았고 때로는 다른 사람에게 다가가서 오로지 혼자만 간직하고 있던 자신의 일부를 보여 주는 것도 괜찮다는 사실을 이해하게 되었습니다."

주로 암에 대한 교육 과정이 끝날 때쯤, 나의 딸이자 무용 강사인 케이티 쿠에바(Katie Cueva)가 합류해서 집단 구성원들에게 자신의 신체를 통해 배우도록 이끌었다. 케이티는 집단 구성원들의 배움의 여정을 상징하는 동작을 창작하였다. 집단은 각자 다른 사람의 신체 표현을 따라 모방하기도 하고 동작을 만들어 가며 함께 움직였다. 한 사람이 소용돌이치며 내려갔다가 파트너의 도움으로 다시 소용돌이치며 올라오는 동작을 제안했다. 함께 아래로 내려갔다가 상호 지지를 받는 가운데 배움의 공동체로서 다시 올라오는 것을 몸으로 체험하는 것이 어떤 느낌인지 모두가 경험했다. 우리가 고환 검사나 전립선 검사, 대장 내시경, 자가유방 검사, 자궁경부암 검사 하나하나에 대한 몸동작을 창작했기 때문에, 암 검사가 상징적인 표현으로 바뀌었다. 모든 검사를 상징하는 동작이 만들어졌다. 한 지역보건 담당자의 말이다. "건강 댄스를 하고 나서 받은 암 검사를 어떻게 잊어버리겠어요!"

참가자들이 말했듯이 표현예술은 가능성을 깨워 주었고 창조성을 북돋아 주었으며 시야를 확장시켜 주었다. 참가자들을 연합하게 했고 암에 대해 이야기할 수 있도록 도와주었으며 알고 기억하는 전체론적 방법을 지지해 주었고 건강을 지키는 법과 자가관리를 강화시켰고 재미와 웃음, 즐거움으로 배움에 활기를 더해 주었다. 이 참가자들의 마음과 생각, 신체는 교육 과정을 통해 양분을 공급받고, 그로 인해 각자는 더 큰 치유와 이해, 의사소통에 대해 열린 마음을 가지게 되었다.

**멜라니 쿠에바**는 공인등록 간호사(RN)이자 교육학 박사로 알래스카 주 앵커리지에 근거지를 둔 알래스카 원주민 부족 보건 컨소시엄과 협력하고 있다. 쿠에바 박사는 알래스카 원주민 부족들과 공동으로 미국암학회(American Cancer Society)가 후원하는 멘토형 연구학자상의 일부로 표현예술과 지역공동체 기반 암 교육을 통합시키고자 노력하고 있다. mcueva@anthc.org.

## 보이지 않는 것을 보이게 만들기

### 묵티 칸나(Mukti Khanna), 미국

15년이 넘도록 나는 교육훈련 과정 중에 있는 상담사들의 다문화적 의식 및 문화적 수용력을 높이는 일에 초점을 맞추어 왔다. 가장 이상적인 방법은 문화적 정체성 발달에 있어 '간디의 마음-일치' 단계로 개인이나 집단, 공동체를 이동시키는 것인데, 이 단계는 자각과 협력이라는 전통적 단계를 삶의 심오한 상호연관성을 이해하는 단계까지 확장시킨다. 전통적으로 공동체 내에서 일어나는 문화적 정체성 문제나 그에 대한 대화들은 부인, 과소평가, 문화의 이동, 문화적 양면성, 정체성 회피, 억압자와의 동일시(Ridley, 2005)를 포함한 방어 기제를 불러일으킨다. '간디의 마음-일치' 발달 단계는 확장된 관점으로 옮겨 간다. 부티건(Butigan, 2005)은 이렇게 말했다.

모든 삶은 하나다. 그러나 이 하나됨은 육체적, 경제적, 문화적 및 심리적 위협, 두려움과 분리에 근거한 구조적 폭력 시스템에 의해 심하게 왜곡된다. 마음-일치는 다음과 같은 과정이다.

1. 모든 삶이 근본적으로 상호연관되어 있다고 확신하는 과정

2. 이 하나됨을 왜곡하거나 약화시키는 어떠한 형태의 구조적 폭력 및 억압에 대해서도 강력하게 도전하고, 저항하고, 벗어나려 시도함으로써 이 상호연관성을 구체화하는 과정. 마음-일치는 종종 '도움(helping)'과 특권이라는 형태로 협력관계가 축소될 수 있는 것을 넘어서 있다. 그것은 다름에 대한 심오한 자각이기도 하지만 또한 자기이해와 가정, 선택을 변화시킬 수 있는 분열이 없는 '다름'이기도 하다(Butigan, cited in Slattery, Butigan, Pelicaric and Preston-Pile, 2005, pp. 122-124).

현재 나는 워싱턴 주 올림피아에 있는 에버그린주립대학에서 20대 초반부터 50대 후반까지의 연령대 학부생들에게 9개월 과정의 범학문적인 학습 공동체에 대해 가르치고 있다. 학생들의 상당수가 가족 중에서 처음으로 대학을 다니는 경우이다. 그들은 미국의 각기 다른 지역에서 왔고 약 1/3 정도가 워싱턴 남서부 출신이다. 고학년 수준의 다문화 상담 프로그램에서는 학생들이 임상실습으로 인간중심 표현예술에 대해 배우며 어려운 정체성 문제를 다루는 법과 상담 분야에서 일하는 데 필요한 문화적 수용력을 개발하는 법을 배운다.

한 집단의 학생들은 '상담 시에 발생할 수 있는 동성애자 차별 문제 분석 : 담화적 접근 (Croteau et al., 2004)'을 공부하다 어려움에 봉착하자 비의도적 인종차별주의, 장애, 사회계층, 연령차별 등의 문제를 통찰하게 되었다. 인종차별주의와 정체성의 차이가 사회 및 문화적 권력 시스템과 얼마나 복잡하게 얽혀 있는가에 대한 난제로 수개월을 씨름한 후, 나는 성적 정체성 문제를 둘러싼 그 학생집단의 매우 자극적인 반응에 미처 대처할 준비가 되어 있지 못했다. 성에 대한 성향이 다양한 공동체에 살고 있는 우리의 내담자들의 삶에 어떤 영향을 미치는가를 논의할 때는 강의실 분위기가 극도로 긴장되어 있었다.

이 특정 집단 내에서 1/3 이상의 학생들은 자신이 남성 동성애자나 여성 동성애자, 양성애자 혹은 성전환자라고 밝혔다. 성전환자라고 밝힌 학생 중 다수가 동성 파트너와 함께 살고 있었다. 22명의 학생 중 또 다른 1/3은 그들이 믿는 종교적 신념에 근거

하여 동성애가 잘못된 것이라고 믿고 있었다. 이전 7개월 동안 다져 왔던 모든 억압반대 효과에도 불구하고 분위기가 경직되고 민감해졌다. 나는 우리가 다루고 있는 것이 바로 몇몇 학생들의 정체성의 핵심을 위협하는 신념 구조와 신체 깊숙이 자리 잡은 문화적 정체성이라는 사실을 깨달았다.

한 소집단의 학생들과 나는 표현예술실습을 계획하고 강의를 듣는 학생들에게 각자 2개의 가면을 만들도록 했다. 한 가면은 세상에 보여 주는 자신의 얼굴을 다른 하나는 세상이 모르는 자신의 내면의 자아를 그리도록 했다. 이 활동은 침묵 가운데 이루어졌다. 그런 다음 학생들에게 일종의 의회에 참여하는 기회가 주어졌다. 그 의회의 안쪽 원에 있는 사람은 가면을 쓰고 말하거나 쓰지 않고 있는 그대로 말할 수 있었으며, 내용은 성적 정체성과 동성애차별주의에 대해 어떤 신념을 가지고 있는지를 전체 학생 공동체(클래스 전체)가 알기를 원하는가 하는 것이었다. 한 사람씩 이야기를 마친 후, 종이 울리면 전체 학생들에게 숨을 세 번 크게 쉬도록 했는데, 이렇게 하는 것은 모든 목소리를 주의 깊게 듣고 존중하게 하는 데 도움이 되기 때문이었다.

바깥 원은 안쪽 원의 뒤쪽에 앉아서 각 사람이 말한 것을 마샬 로젠버그(Marshall Rosenberg)의 비폭력 대화 패러다임에 근거하여 감정과 필요들로 재해석했다. 칼 로저스의 의사소통 과정을 확장시킨 마샬 로젠버그의 저서 **비폭력 대화 : 일상에서 쓰는 평화의 언어 삶의 언어**(*Nonviolent Communication: A Language of Life*)(캐서린 한 역, 2011)는 학생들이 그때 공부하고 있던 것이다. 학생들은 비폭력 대화 전달자의 역할을 하는 안쪽 원과 관찰자의 역할을 하는 두 번째 바깥 원을 번갈아 가면서 체험했다. 안쪽 원에 속한 각각의 학생에게는 개인적인 비폭력 대화 전달자가 한 사람씩 있었다. 이 일련의 과정을 마친 후에는 가면들을 원의 중심에 놓고 토킹 스틱을 사용하며 원형으로 모여서 열린 대화를 나누었다.

학생들은 자신의 근본적인 종교적 정체성이나 성적 성향을 바꾸지는 않았지만, 모두가 다른 사람의 세계관을 더 깊이 이해하는 계기가 되었다. 이 표현예술실습에 참여한 모든 학생은 어떤 식으로든 변화를 경험했다. 집단 내에 감돌던 긴장감이 눈에 띄게 줄어들었고, 자각하는 수준이 더 깊어졌다.

나는 각자 다른 세계관을 가진 타인의 내면형상을 들여다보는 것이 화해나 명상, 전적인 변화를 이끌어 내는 데 굉장한 잠재력을 가지고 있다는 사실을 알게 되었다.

문화적 정체성 문제를 다루는 데 있어 표현예술 대화법은 자신과 다른 인생 경험을 가진 사람들을 존중과 공감을 가지고 이해하는 능력을 확장시켜 준다. 학생들의 성적 성향에 대해 내면에 숨겨진 모습뿐만 아니라 그들의 가면을 봄으로써 전체 학생들은 이해와 통찰력, 전적인 변화를 촉진시키는 마음—일치 단계에서 서로를 경험할 수 있었다.

아래에 인용된 학생들의 말을 들어보면 이 9개월간의 프로그램을 통해 그들이 얻은 경험의 깊이를 알 수 있다.

> 나의 종교, 인종, 민족성, 가치관, 신념이 도전을 받았습니다. 이 도전들 때문에 스스로 더 강한 확신을 갖게 된 한편, 다른 사람들을 더 이해하게 되기도 했습니다.

> 목소리의 치유 능력에 관심을 가지고 있었는데 그것 때문에 스토리텔링의 치유 능력도 더 깊이 이해하게 되었습니다... 저는 이 고대 의식이 저력을 가지고 되살아나서 이웃을 연합시키고 서로 지지해 주는 공동체를 만들 거라 믿습니다.

> 이 수업은 제가 다른 문화를 어떻게 바라보는지 또 각기 다른 문화는 서로를 어떻게 바라보는지에 대한 이해를 깨우쳐 주었습니다. 다문화 문제를 다룬 이 수업을 듣지 않았더라면 백인 남자인 제가 사회에서 누리는 능력과 특권에 대해 생각해 보지 않았을 것입니다. 다양한 이 집단들의 대변자이자 협력자가 되어서 저는 스스로의 소신을 분명히 밝힐 수 있는 독특한 위치에 있다는 사실을 깨달았습니다.... 쉽지는 않았습니다. 제가 믿는 신조의 핵심이 된 이슈 때문에 압력을 받기도 했으니까요.

**묵티 칸나** 박사는 개인 혹은 집단, 공동체의 형태로 남부 유트 인디안 보호구역(Southern Ute Indian Reservation), 국립 인권박물관(National Civil Rights Museum), 간디연구소(Gandhi Institute), 레이첼 코리 평화와 정의 재단(Rachel Corrie Foundation of Peace and Justice)을 포함한 다양한 단체와 협력하고 있다. 그녀는 상담 전문가이며 에버그린주립대학교 교수이다. khannam@evergreen.edu.

## 참고문헌

Croteau, Lark, Lidderdale, and Chung (2004). *Deconstructing Heterosexism in the Counseling Profession: A Narrative Approach.* Sage Publications, California.

Naperstak, B. (2004). *Invisible Heroes: Survivors of Trauma and How They Heal*. New York: Bantam Books.

Ponterotto, J.G., Utsey, S., and Pederson, P. (2006). *Preventing Prejudice: A Guide for Counselors, Educators and Parents, Second Edition.* Sage Publications, California.

Ridley, C.R. (2005). *Overcoming Unintentional Racism in Counseling and Therapy: a Practitioner's Guide to Intentional Intervention.* Sage Publications, California.

Slattery, L., Butigan, K, Pelicaria, V. and Preston-Pile K. (2005). *Engage: Exploring Nonviolent Living*. Available from Pace e Bene Nonviolence Services, 1420 W. Bartlett Avenue, Las Vegas, Nevada 89106.

## 모든 경계를 넘어서 : 네팔에서의 작업

### 글로리아 시모노(Gloria Simoneaux), 미국

교사들에게 표현예술치료를 가르치기 위해 카트만두에 도착했을 때 나는 나이로비에서 국제교육행정가 프로그램 학자 신분으로 상담을 배우는 학생들에게 표현예술을 가르치던 생활을 막 청산한 시점이었다. 케냐에서 보낸 일 년 반은 무수히 많은 예측 불허 속에서 살아야 하는 힘겨운 시간이었다. 관료제도와 부패, 국민들 대다수가 경험하는 절대빈곤 현상 때문에 나의 인내심은 날마다 시험대에 올랐다. 간단히 말해 나는 지쳤다!

카트만두로 가는 동안에도 어려움은 계속됐다. 짐가방을 분실하는 바람에 도착하자마자 옷가지를 모두 다시 사야 했다. 하지만 하루하루 시간이 지날수록, 나의 경험과 정신이 급속도로 회복되었다.

첫 번째 수업은 카트만두에서 비행기로는 잠깐이지만 지프를 타고는 꽤 여러 시간이 걸리는 팔파라는 지역의 작고 오래된 언덕에 위치한 호텔에서 열렸다. 교사들은

아버지가 살해당하는 장면을 목격한 어린 꼬마

각자의 마을로 돌아가 또 다른 학생(교사들)들을 훈련시켜서 갈등과 폭력에 가장 영향을 받은 아이들과 직접 일하도록 할 예정이었다. 팔파 지역은 2005~2008년 사이에 발생했던 마오쩌둥주의 게릴라들의 공격에 가장 영향을 크게 받은 곳 중 하나였다. 아름다운 마을의 상당 부분이 파괴되었고 아직도 재건 작업이 진행 중이다. 잔해 속에서 하는 수업은 강력한 힘을 발휘하기도 하고 슬프기도 하였다.

　25명이 워크숍에 참여했다. 몇몇은 이틀을 걸어서 도착했다. 장맛비와 언제 닥칠지 모를 산사태 등 수많은 장애물이 있었다!

　나의 가장 큰 고민거리는 통역사가 영어를 아주 조금 밖에 못한다는 것이었다. 첫날 수업 후, 누군가가 나에게 다가와서 "왜 우리가 수화를 배워야 하죠?"라고 물었다. 통역사가 **상징**이라는 단어를 수화라고 통역했던 것이다. 그때 나는 전적으로 수용하는 것을 연습하기로 결심했다. 꼬박꼬박 수업을 진행하고 최선을 다했다.

　일기장에 나는 수업 첫날에 대해 이렇게 적고 있다. "교실이 생겼고, 마음들이 열리고 감정들이 쏟아져 나온다."

　한 남성이 마을이 불타고 아버지가 살해당하는 장면을 지켜보고 있는 소년의 그림을 그렸다. 그는 이렇게 반문했다. "당신은 어떻게 이런 아이들을 치료할 수 있나요? 어떻게 하면 이 아이의 마음이 누그러질까요?"

　나는 "중요한 질문을 해 줘서 고마워요. 앞으로 3일 동안 여러분은 이 아이의 말을

들어주고 이 아이가 자신도 힘을 가지고 있음을 기억하도록 돕는 기술을 배우게 될
거예요."

3일째 되던 날, 질문을 했던 그 남성은 그 네 살짜리 꼬마가 바로 자신이었다고 고
백했다. 그때쯤 나는 더 노련한 통역사를 구할 수 있었고, 완벽하지는 못하더라도 인
간중심의 표현예술을 사용해 충분히 의사소통할 수 있었다. 나는 그 남성에게 자신이
안전하다고 처음으로 느낀 순간을 그림으로 그려 보라고 했다. 그는 그림에 신뢰할
수 있는 사람들을 자신 옆에 그려 넣었다. 그리고 그가 자각한 것을 자신의 몸 안으로
이끌어서 자신이 가진 강점을 확인하도록 이끌어 냈다. 그는 지금 이 순간에 존재하
는 자신의 신체를 그렸다. 그 후 그는 이렇게 말했다. "내면에서 숨이 막혀오는 걸 느
꼈어요. 지금은 더 가뿐해졌어요."

다음은 수업에 관한 몇 가지 의견이다.

제 아내와 아이에게는 제가 세미나에 참여하고 있다고 말했습니다. 두 사람 모두 저를 자랑
스러워했습니다. 하지만 저는 춤을 추고 있었습니다. 아내와 아이에게는 비밀로 해 주세요.

이 수업을 통해 저는 자신을 투시해 볼 수 있게 되었습니다.

저희는 아이들이 스트레스를 표현할 수 있다는 걸 매우 빨리 배웠습니다.
예술도 말을 하는군요.

당신은 예술을 통해 실제 순간을 정확히 보여 줄 수 있습니다. 당신은 언어적으로 많은 것들,
예를 들면 시체 같은 것에 대해 이미지를 떠올리고 설명하기만 하면 됩니다.

3일 간의 수업을 마치고 학생들은 마을로 돌아가 매우 외딴 지역에서 네 가지의 훈
련 과정(총 5일 과정)을 가르쳤다. 그중 두 군데에서 이루어진 수업에 나는 직접 참관
하여 관찰해 보았다. 우리는 안개와 빗속을 뚫고 산길을 달려(믿을 수 없을 정도로 무
서웠다) 카필바스투라는 곳에 도착했다. 카필바스투는 석가모니의 출생지와 매우 가
깝다. 그곳에서 나의 수업에 참여했던 세 젊은이가 아기를 안고 온 15명의 여성들을
가르치고 있었다(베이비시터였던 5~7세 형제 여럿을 포함한 아기 8명과 개 한 마리).
인도와의 국경지대 근처 아열대성 벼농사 지역에 살고 있는 이 여성들은 동굴이나 염
소 우리에서 나온 것처럼 보였다. 매우 원시적이고 천진난만해 보였다. 그녀들이 입

네팔 여성들의 워크숍

은 사리와 이마에 찍은 붉은 점, 머리카락이 눈부시게 아름다웠다.

내가 가장 좋아하는 활동 중 하나는 '생명나무'라는 것인데, 이것은 남아프리카공화국 심리사회지원 팀에게서 배운 것으로 약간의 조정과 수정 작업을 거쳤다. 그것은 모든 문화권 사람들이 자아탐색을 시작할 수 있는 자연스럽고도 창조적인 방법이다.

대부분의 네팔 여성은 자그마하지만 학생 중 한 사람은 키가 크고 뼈대가 굵었다. 그녀는 슬퍼 보였다. 나는 첫눈에 그녀가 마음에 들었다. 생명나무에 대해 나누면서 그녀는 자신이 아홉 살에 결혼해서 열두 살에 첫 아이를 출산했다고 고백했다. 첫 아이는 곧 사망했다고 했다.

그녀는 모든 활동에 적극 참여했고 우리는 가끔씩 서로를 쳐다보면서 미소 지었다 (나는 활짝 웃었고 그녀는 웃을락 말락 할 정도였다). 마지막 날 주차장에서 태워 줄 지프를 기다리고 있는데 그녀가 (아기를 안고) 다가와서 나를 마주하고 섰다. 그녀는 무표정한 얼굴로 나의 눈을 응시했다. 나의 통역사였던 리타가 그녀에게 무엇을 느끼느냐고 물었다. "사랑을 느껴요."라고 그녀가 말했다. 나의 가슴이 쿵쿵 뛰었다! 나는 항상 분노를 다스리는 시간을 꼭 포함시킨다. 훈련생들은 인생에서 분노를 느꼈던 때를 떠올리고 그 에너지를 재생시키며 자신의 몸 내부를 관찰한다. 그러고는 돌아다니면서 소리를 내고, 감정을 그림으로 그린다. 남동생을 돌보기 위해 따라왔던 한 예쁜 소녀가 그 활동에 참가하게 되었다. 매우 열심히 그림을 그리는 모습을 지켜보고 나서 나는 통역사였던 리타에게 그 소녀가 무엇을 하고 있는지 알아보라고 부탁했다.

그녀는 찻잔, 접시, 오븐을 그리고 있었다. 그런 다음 검정색과 빨간색 크레용으로 팔을 강하게 앞뒤로 움직이며 그림 위를 휘갈겨 버렸다. 그녀는 집에서 말 그대로 부엌데기였던 것이다. 그녀는 분노를 품고 일하고 있었다. 놀라지 않을 수 없었다. 나는 그녀를 국제 비서로 고용하고 싶었지만 안타깝게도 여섯 살밖에 안 된 소녀였다.

나의 젊은 학생들 세 사람도 훈련 과정을 훌륭히 마쳤다. 네팔어를 이해하지는 못했지만, 나는 그들이 전심으로 인간중심 접근법을 가르치고 있다는 것을 보고 느낄 수 있었다. 그들은 실제로 팔파에서 있었던 수업에서 나에게 직접 배운 것을 다시 다른 훈련자들에게 가르쳐 주고 있었던 것이다. 놀랍지 않은가!

거기서부터 우리는 험한 협곡과 논을 가로지르며 10시간 동안 먼지 자욱한 길을 내달려 내 수업을 들었던 다른 네 사람의 학생이 5일 과정 훈련을 진행하고 있던 바룽이라는 지역에 도착했다. 그곳에서는 아이 딸린 25명의 여성이 훈련에 참여하고 있었다. 역시 수업은 굉장했다. 네팔의 오지에서 표현예술을 가르치고 있다니! 너무나 고무적이고 흥분되는 일이었다.

**글로리아 시모노**는 해럼비예술원(Harambee Arts)의 창립 이사이다(www.harambeearts.com). 해럼비예술원은 빈곤, 폭력 및 그 외 문제들로 트라우마를 겪고 있는 전 세계 아이들을 돕기 위해 설립되어 사하라 남부 아프리카에 본부를 두고 있는 표현예술 기관이다. 그녀는 노숙 아동을 위한 예술학교인 드로우브리지(DrawBridge)의 창립자이기도 하며, 소아 암환자들을 위해 폭넓게 일하고 있다.

## 난민 아동 돕기 : 눈으로 보고, 기다리고, 경이로워하라

### 케이트 글렌(Kate Glenn), 영국

문화적 차이는 아이들과 함께 작업할 때 상당히 중요한 부분을 차지한다. 이런 점에서 인간중심 표현예술은 아이가 자신의 문화적 뿌리를 인식하고 우리 영국 문화가 공급해 줄 수 있는 것을 조합하도록 도와주는 훌륭한 방법이다.

내가 만나는 아이들은 주로 전쟁이나 내란, 경제위기가 있는 국가에서 온다. 내가 일하는 학교의 선생님들이 그 아이들을 나에게 보내 준다.

나는 모든 아이들은 우리의 대화가 어떤 방향으로 흘러가면 좋을지를 알고 있다고 믿는다. 아이들은 치료적 관계에서 내가 보여 주는 공감과 수용, 진정성을 느끼면 본능적으로 총체적인 반응을 한다. 각각의 아이는 생각하고 느끼며, 자신의 가장 깊은 내면 속에 있는 자아의 모습을 보여 준다. 이렇게 함으로써 모든 아이들이 자신의 감정, 심지어 불편한 감정들까지도 수용하게 된다. 모든 아이에게 소중하고 상징적인 표현을 마음껏 표출할 자유가 주어진다. 자신이나 다른 사람에게 피해를 주지 않는다면 화난 모습으로 행동을 해도 괜찮다.

나는 모든 아이와 대화하는 바로 그 순간에 집중하고, 자발성과 창조성의 흐름을 유지하려고 노력한다. 산만한 생각이 떠오르면 부드럽게 그 생각을 한쪽으로 밀쳐 두고 다시 아이에게로 관심을 집중시킨다. 아이들이 모래상자와 상자 속의 작은 인형들에 생명력을 불어 넣을 때 아주 잠시 동안이지만 나는 아이들의 신성한 세계에 들어간다는 사실을 알고 있다. 예술도구와 놀이를 통해 아이들은 그들의 삶과 감정, 경험 그리고 그들이 배우는 것 안에서 새로운 테마를 재창조한다. 이 과정이 어떤 결과를 가져오는지는 실로 놀랍다.

수년간 나는 전문 하프연주자로 일했었고 지금은 아이들과 상담할 때 가끔씩 음악을 활용한다. 상담 과정을 시작할 때 아이들에게 원한다면 음악을 소개해 주겠다고 한다. 대부분의 아이들은 "좋아요!"라고 말한다. 정말 적극적으로 말하는 아이가 있다면 나는 컴퓨터에서 직접 곡을 골라 보라고 하거나 아니면 좋아하는 곡이 있는지 물어보고 다음 상담 시간에 그 곡을 가져온다.

"저는 백인들의 나라에서 원주민 꼬마로 살기 싫어요. 원주민 나라에 사는 원주민 꼬마이고 싶어요.”라고 말했던 한 소년의 상처를 치유하는 데 음악은 매우 중요한 역할을 했다.

다른 아이들과 의사소통을 하거나 놀이에 끼지 못하고 비참한 모습으로 운동장 한편에 혼자 앉아서 나뭇가지로 땅바닥을 긁적이던 그를 기억한다. 상담 초기에 그는 매우 불행해 보였고 울거나 완전히 비참한 표정으로 몸을 앞뒤로 흔들었다.

어느 날 나는 그의 옆에 앉아서 부드럽게 콧노래를 부르기 시작했다. 그의 눈이 조금은 누그러지는 것이 보였다. 반응을 보이는 것 같았다. 몇 번의 상담 시간 동안 함께 콧노래를 부르며 몸을 앞뒤로 부드럽게 흔들었고 그 후에는 그에게 나직이 노래를 불러 주었다. 그는 반응을 보였고 나와 함께 노래를 부르기 시작했다. 그때부터 함께 노래를 부를 때마다 작은 불꽃 하나가 조금씩 자라는 것이 느껴졌고 마침내 그는 생기를 되찾았다. 가끔 함께 앉아 있을 때, 그는 실로폰으로 짧은 노래를 치고 나서 나에게 똑같이 쳐 보라고 하기도 했다. 그러면 우리는 번갈아 가며 노래도 부르고 실로폰을 연주하기도 했다.

나는 그가 작품 만들기에 몰두할 때 우리가 함께 부르던 노래를 흥얼거린다는 것을 알게 되었다. 우리는 작품을 탐색하는 활동도 많이 하긴 했지만 그가 새로운 나라에서 더 행복하고 안정을 되찾는 데는 음악이 단연 중요한 역할을 했다. 그는 지금 많은 친구를 갖고 있으며 고등학교에 갈 준비를 하고 있는 활기찬 소년이다.

한 어린 아프리카 소녀는 인형을 너무 좋아했는데 내가 그런 그녀의 모습을 알아차리면서 문화적 차이를 받아들이도록 돕는 계기가 되었다.

다행스럽게도 아시아 인형과 흑인 인형, 빨강머리 인형, 금발의 백인 인형 사진을 실은 유명한 어린이 잡지가 있다. 소녀는 처음에는 자신의 작품을 만드는 데 백인 인형만 사용했다. “왜 백인 인형만 사용하니?” 나는 물어보았다. 소녀는 동작을 멈추고 잠시 생각한 후 다른 종이를 가지고 와서 천천히 다른 문화권 인형들도 포함된 콜라주를 만들기 시작했다. 그녀는 이후에 다양한 문화권의 인형들이 함께 춤을 추는 모습의 깜찍한 그림을 그리기도 했다. 우리는 함께 동요도 고르고, 소녀는 춤도 추고 직접 그린 그림 속의 인형들처럼 팔을 이리저리 흔들기도 했다.

이 어린 소녀의 삶에 다른 많은 슬픈 문제들이 있긴 했지만, 문화적 차이를 받아들이는 것은 우리의 상담에 있어 큰 부분을 차지했다. 소녀는 우리가 함께 그린 그림을 보고 "아프리카 그림 그리는 걸 저한테 배우셨군요. 저는 숲 속에 달팽이 그리는 걸 좋아해요."라고 말했다.

어떤 이유에서든 상담에서 인간중심 표현예술을 사용하는 것은 말하기를 거부하는 아이들에게 특히 효과가 크다. 그들이 어떻게 행동하든지 나는 그들을 온전히 수용한다. 질문도 전혀 하지 않는다. 속내를 끄집어내려고 하지도 않는다. 그저 내 눈에 보이는 것을 되짚어 보고 자연스러운 관심을 보여 준다.

몇 번의 상담을 진행하는 동안 아무 말도 하지 않다가 '냄새 나는 발'이라는 동요를 매우 좋아하는 것처럼 보였던 한 아이가 기억난다. 몇 번의 상담 시간이 지난 어느 날, 나는 그의 눈에 한 줄기 빛이 반짝이는 것을 보았고 키득키득 웃는 소리를 들었으며 그다음엔 발이 움직이기 시작했고, 마침내 너무 놀랍게도 입을 열고 동요를 완벽하게 불렀다. 다른 많은 아이들처럼 그 아이도 치유 과정이 시작되었을 때 노래를 불렀고 그림을 그릴 때도 노래를 불렀다. 얼마나 놀라운가! 나는 그토록 놀라운 변화의 일부가 되는 특권을 누린 것 같다는 생각이 들었다.

상담 과정을 마치고 나서 교사들은 아이들이 수업에 더 안정적으로 적응하고 공부할 수 있게 되었다고 말한다. 아이들은 친구를 사귀면서 다른 아이들과 잘 어울리고 자신의 나이 수준에 맞게 발달하고 있다는 증거를 보여 주고 있다. 모두가 반에서 리더의 역할을 맡고 있다.

나는 거의 하는 게 없다고 느낀다. 아이가 무엇에 관심이 있는지 지켜보고, 그 아이가 놀이를 이끌어 가도록 해 줄 뿐이다. 상담 과정을 통해 우리가 어디로 흘러가는지 가만히 지켜본다. 한 가지씩 일어나는 일들은 마치 살아 있는 기적처럼 느껴진다. 내가 하는 역할은 매우 간단하다. 그저 지켜보고 기다려 주고 경이로워하는 것이다....

**케이트 글렌**(문학석사)은 런던과 일본에서 표현예술을 사용한 육아 프로그램을 촉진시키고 멘토링하고 있다. 그녀는 인간중심 인본주의 심리치료에 실무 경험을 가지고 있으며, 런던학교에서 이주민 아이들을 대상으로 일하고 있다. 세이브룩대학교에서 인간중심 표현예술치료 과정을 수료했으며 영국 심리치료협회 회원(UKCP Reg. MBACP)이다. 부모교육 수석강사이며 OCN 인가를 받았다. Katemglenn@btinternet.com.

## 한국에서의 표현예술 : 동물의 치유능력 끌어내기

### 미리암 라베스(Miriam Labes), 미국

"일 년간의 대화보다 한 시간의 놀이를 통해 사람에 대해 더 많은 것을 발견할 수 있다."
—플라톤

동료인 나탈리 로저스와 6일간의 인간중심 표현예술치료 과정을 가르치기 위해 한국으로 출발하기 전날 밤, 나는 일기장에 이렇게 적었다. "나는 창조성 없이는 살 수 없다. 그것은 생명력을 주는 힘이고 비밀상자를 여는 열쇠이며 마음속에 얼어붙은 곳을 고치는 힘이다. 그것이 나의 여정에 희망과 기쁨을 준다."

표현예술치료사이자 놀이치료사로서 동작에 대한 사랑과 열정은 아이들이나 십대, 집단과 상담할 때 활기를 불어넣어 준다. 자신의 몸이 전달하는 언어와 메시지를 들을 줄 아는 개인의 능력이 모든 수준의 통합과 융합의 강력한 기초가 된다고 믿는다. 나는 내면세계로 가는 교량으로서 동작을 자각하고 우리 몸을 중심으로 하는 치료, 표현예술, 마음챙김 명상을 사용한다. 워크숍에서 우리는 동작에 대해서 호기심을 가지고 탐색하고 조사하며, 동작을 통해 얻는 즐거움에 놀라고 경이로워한다. 우리는 동작을 통해 찰나와 현재를 발견한다. 이 발견에서 우리는 내면에 있는 메시지와 깊은 지혜를 신뢰하는 법을 배운다.

30명의 한국 참가자는 미술치료사, 미술치료학과 교수, 동작치료사, 드라마치료사, 사회복지사, 인간중심 표현예술치료 훈련을 받고 싶어 하는 몇 명의 미술전공과 및 무용전공과 학생들이었다. 워크숍은 대구미술치료연구소와 영남대학교 미술치료학과의 후원으로 개최되었다. 나탈리와 나는 두 사람의 탁월한 한국 통역사를 만났다. 워크숍을 위한 조용한 공간은 창밖으로 산이 내다보이는 대형 회의실이었다. 산은 우리가 바라보며 명상하고, 돌아다니고, 창조적 과정에서 매일 경이로움을 느끼기에 안성맞춤인 오래된 지형이었다.

이 워크숍을 위해서 나는 참가자들이 동물의 지혜를 경험하도록 해 주는 활동을 선택했다. 이 활동은 자연계를 연구하고 동물들의 상징적이고 신비로운 면을 분간할 수 있게 된 고대 사회의 믿음에 근거를 둔 것이다. 동물 및 자연과 우리 사이의 관계를 이해하는 것은 우리의 마음과 영혼을 울린다. 동물의 지혜는 지침과 지지를 제공해 줄 수 있고 우리 자신뿐 아니라 우리에게 있는 영적 및 원형적 에너지에 대한 새로운 지식을 보여 준다.

워크숍에서 나는 참가자들이 자연에 있는 동물집단을 만나고 환영하며 존중하고 자신을 동물들에게 소개하는 안내 명상으로 이끌었다. 이후 명상 시간 동안 그들은 동물들이 전달하고자 하는 메시지를 귀 기울여 듣고 동물들로 하여금 자신들의 지혜와 능력을 나누도록 하였다. 명상의 마지막 부분에서 참가자들은 그 동물을 몸으로 표

북 치기, 한국인 워크숍

현하여 강의실에 있는 다른 모든 동물과 함께 동물이 움직이는 것처럼 돌아다녔다.

한국에서 이 부분을 강의하는 동안 참가자들은 장난스럽게 행동하고 소리를 사용하여 새나 개, 거북이, 곰, 고양이, 다람쥐, 코끼리, 다른 야수 등으로 변했다. 크고 작은 동물들이 서로 교통하고 비슷한 종류끼리는 친구가 되었다. 어떤 것은 다른 동물로부터 도망치기도 하며 현장은 동물 소리와 웃음소리, 놀이, 열기로 가득했다. 에너지가 상승했다가 다시 조용해졌다. 그때 나는 모든 참가자들에게 눈을 감고 그들의 몸속에 있는 느낌에 집중하도록 했다. 그리고 그들의 영혼 동물에게 받은 메시지가 있는지 물었다. 몇 분 동안 침묵이 흘렀다. 나는 그들에게 경험을 색깔이나 점토로 표현해 보도록 했다.

모두가 경험한 것의 형상을 만들기 시작했다. 그 일을 마쳤을 때 그들은 그 과정에 대해 적기 시작했고, 소집단으로 경험을 나눈 후 마침내 그들이 만났던 동물과 그 동물이 그들에게 준 메시지에 대해 더 큰 집단 앞에서 나누었다.

한 참가자는 그녀에게 소중한 메시지를 가져다준 큰 새에 대해 말했다. "새가 천천히 다가와서는 날개로 저를 안아 주었습니다. 그 새가 준 메시지는 서두르지 말고 천천히, 자세히 보고 즐기라는 것이었습니다." 그녀는 눈이 크고 날개를 펼친 새의 모습을 그렸다.

종신 교수인 또 한 참가자는, "저는 게으름을 매우 싫어했어요. 개미처럼 일했죠. 이 활동을 통해 돼지를 수용하는 법을 배웠어요."라고 말했다. 그녀는 점토로 잠자는 돼지를 만들면서 시간을 보냈다.

또 다른 참가자는 흰 개를 통해 색깔과 그림에 대해 이야기했다. "저는 제 자신에 대한 신뢰와 믿음을 상징하는 흰 개를 만났어요. 그 개(암컷)를 보고 저는 그것을 신뢰할 수 있었어요. 저는 여성스러움을 거부하고 남성스러움을 사용했어요. 저는 성장하는 개예요. 지금처럼 그 사실을 받아들일 수 있어요."

한 참가자의 영혼 동물은 다람쥐였다. "저는 다람쥐의 지혜와 유머, 활기를 배웠어요. 이야기들이 마치 보석 같아서 모든 삶 속에 박혀 있는 이 보석들을 찾는 건 그야말로 기쁨인 거 같아요."

다른 한 사람은 산을 오르는 코끼리 그림을 그렸다. 코끼리가 준 메시지는 "어디를 가든지 나는 존재감을 가질 수 있다."는 것이었다.

참가자들은 웃음, 놀이, 창조성(안전하고 긍정적인 방법으로 온전함과 건강함으로 돌아가도록 해 주는 보편적인 언어)을 발견했다. 이번 기회에 참가자들은 창조적인 과정을 통해 자기수용과 자신의 역량이 강화됨을 느낄 수 있었다.

워크숍이 끝날 즈음, 참가자들이 집단에 대해 나누었던 몇 가지 은유는 자신들의 변화를 보여 주었다. 우리는 그들에게 "이 집단은 ~와 같다."로 문장을 완성하도록 요청했다. 몇 가지 예를 나열해 본다.

"내 육신의 자유"
"빛으로 가는 길"
"치유하는 샘"
"내가 자유롭다는 사실을 깨닫게 해 주었어요."

한국에서 이날 워크숍을 진행하면서 나는 참가자들 내면에 있는 아름다운 놀이정신을 느꼈다. 심오한 무엇인가가 그들 속에 시작되었음을 느낄 수 있었다. 그들의 변화, 역량강화, 자기수용의 현장에 내가 있었던 것을 영광으로 생각한다. 한 참가자가 나에게 이렇게 말했다. "워크숍 전에는 제 몸이 마치 감옥처럼 느껴졌어요. 그런데 지금은 자신을 표현하는 데 더 자유롭고 더 수용적이고 더 자신 본연의 모습으로 돌아온 것 같아요." 이것이 바로 창조성과 표현예술의 힘이다.

문학석사이자 결혼 및 가족치료사(MFT)인 **미리암 라베스**는 전인적이고 통합적인 접근법의 치유를 이용하는 전문 치료사이다. 그녀는 캘리포니아 주 아르카타 시에 위치한 자신의 사무실에서 아동, 십대, 성인 및 집단을 대상으로 상담을 진행하고 있다. 나탈리 로저스와 함께 전 세계적으로 그리고 캘리포니아에서 가르치고 있다. creativityheals@yahoo.com.

## 문화를 연결하는 다리로서의 인간중심 표현예술

### 셜리 데이비스(Shellee Davis), 미국

내가 인간중심 표현예술을 처음 접하게 된 것은 1973년 학생 때였다. 칼 로저스의 동료들이 설립한 표현예술학교는 내가 경험한 중에 가장 존경할 만하고 흥미로운 환경인 공동체였다. 우리는 각자 자신의 마음을 좇아 살아가고 우리 자신에게 무엇이 가장 중요한지 탐색하며 그것을 다른 사람들과 나눌 수 있도록 격려와 지지를 받았다. 그 학교는 자아발견과 자기역량강화를 지지해 주었고, 그로 인해 나도 다른 사람들에게 동일하게 지지하도록 고무되었다. 미국뿐만 아니라 영국, 일본, 이탈리아, 한국에서도 이것을 가르치게 된 것은 꿈이 이루어진 것이었다.

모든 문화권에서 인간중심 임상실습은 쉽지 않다. 전문가들은 종종 상담의 다른 이론이나 임상기법을 사용하곤 한다. 문화적 관습 때문에 참가자들이 개인적인 문제에 열린 마음으로 접근하거나 인간중심 가치관을 수용하는 데 방해를 받기도 한다.

하지만 인간이 자기결정을 내릴 능력을 가지고 있다는 믿음과 각자의 필요와 목표에 적응해 가는 개인의 과정을 지지하기 때문에, 인간중심 철학은 다른 문화에 민감하고 적응성이 뛰어나다. 나는 항상 참가자들이 자신만의 독특한 영역(인간관계와 인생 과도기의 어려움, 트라우마와 치유, 개인적인 목표와 꿈, 인생에 있어서 의미부여와 목적의 필요)뿐만 아니라 모두에게 있는 보편적인 부분까지도 변함없이 끄집어내는 것을 보면 매우 놀랍다.

## 직업적인 어려움

내가 함께 일하는 한국인들은 성공적으로 기반을 다진 잘 훈련받은 상담사와 미술치료사들이다. 임상기법을 사용하는 데 익숙하기 때문에 그들은 내담자와 함께하는 인간중심의 방식을 이해하고 적용하는 데 어려움을 느낀다. "약간의 비판이나 분석, 해석은 분명히 도움이 될 거라고 생각해요."라는 식이다.

하지만 내담자로서 인간중심 표현예술을 경험했던 어떤 사람은 상담을 받는 동안 너무 민감하고 무방비한 상태이며 감정이 상처받기 쉬운 상태여서 어떤 형태의 비판이나 분석, 해석에도 자신의 마음을 닫아 버렸을 거라고 말했다. 공감과 일치성, 무조건적 수용이라는 생각이 자리를 잡자, 그녀는 수년 동안 자신을 괴롭혀 왔던 감정적인 난국을 헤쳐 나갈 수 있었다.

칼 로저스는 인간중심 접근법은 책에서 배울 수 있는 것이 아니라 경험을 통해 습득되어야 한다고 말했는데, 내가 보아 온 것도 그러했다. 참가자들은 그 과정에서 느끼는 개인적인 경험에 가장 감동하고 영향을 받으며 그로 인해 그 접근법이 자신들의 내담자와 학생들에게도 효과를 보일 것이라고 신뢰하게 된다.

## 문화적 어려움

일본에는 "튀어나온 못은 망치로 두드려 박는다."라는 속담이 있다. 모든 문화는 권위에 대해 어느 정도의 순응과 순종을 요구한다. 그리고 내가 함께 일하는 모든 집단은 동료집단의 압력과 그들 개인에 대한 사람들의 반응에 대해 우려한다.

한 가지 예를 들어 보겠는데, 참가자의 사생활을 보호하기 위해 내 이름의 일부를 사용했다. 그리고 실제로 나도 인간중심 표현예술을 처음 접했을 때 비슷한 반응을 보였기 때문에 그 사람을 나라고 보아도 상관없다.

내가 동작 워크숍을 진행하는 동안 방 안에 있는 다른 사람들이 각자의 동작으로 분주한 가운데, 눈물을 주르륵 흘리며 동상처럼 앉아 있는 한 참가자를 보았다. 다른 사람들이 경험을 나누고 있을 때 셸은 침묵으로 일관하며 끊임없이 눈물만 흘리고 속상해하며 매우 긴장하고 있는 듯했다. 나는 혹시 집단이 도와줄 수 있는 것이 있는지 물어보았다. 그녀는 아무 생각이 없었다. 그래서 내가 "제가 안아 드릴 테니 마음껏 우세요."라고 말했다. 깜짝 놀라며 그녀는 고개를 끄덕였고, 눈물이 잦아들 때까지 나는 그녀를 꼭 안아 주었다. 그때부터 집단은 전체가 서로를 향해 더 부드러워진 것 같았다. 워크숍이 끝날 때 셸은 나에게 안아 달라고 했고, 그 즉시 포옹을 원하는 사람 몇몇이 줄을 섰다.

스킨십을 거의 하지 않는 가족이나 문화에서는 불안과 무방비 상태에 놓여 있다고 느낄 때 안정감과 지지를 느끼게 해 주는 스킨십에 대한 갈증이 있는 것 같다.

집단활동에서 내가 항상 제기하는 문제는 공동체로서 우리가 어떻게 개인 및 집단 활동에서 부딪히는 어려움을 의식적으로 해결하고 의견 차이와 반대를 포함한 다양성을 포용할 수 있는가 하는 것이다.

이탈리아에서는 참가자들이 전원 지각을 하고 쉬는 시간을 학수고대하다가 강의에 돌아오는 데는 늑장을 부렸다. 나는 표현예술 경험을 위해 충분한 시간을 확보하고자 하는 마음과 그들의 문화적 리듬에 맞추어야 하는 필요 사이에서 갈등하고 있었다. 몇몇 사람이 강의 시간이 짧아지는 것에 대해 불평을 하여 이 문제를 논의할 회의를 소집했다. 상호 간의 해결책을 찾도록 서로 다른 의견을 가진 이들의 요구에 귀를 기울일 수 있게 도와주었다. 마침내 누군가가 참가자들이 강의에는 늦으면서 식사 시간에는 절대 늦지 않는다는 점을 꼬집었다. 모두가 웃었다. 그러고는 일과 인생이 얼마나 고된지, 늘 시간이 얼마나 부족한지에 대해 말했다. 서로의 입장에 공감함으로써 강의 시간 엄수에 의견을 모았고 모두가 수용하고 그대로 지켰다.

일본에서는 한 참가자가 자신들의 문화에서는 '나'라는 단어를 사용하지 않기 때문에 '나' 전달법이 적당하지 않다고 반박했다. 나는 그럴지도 모르겠다고 인정하고 나서 그 메시지의 목적은 다른 사람을 비난하거나 탓하지 않으면서 자신의 경험에 대해 이야기하는 것이라고 설명해 주었다. 다른 사람을 비난하거나 탓하는 행위는 흔히 방어적인 태도를 불러일으키거나 오해를 심화시킨다. 그런 다음에 나는 갈등이 일어났을 때 의사소통을 명확하고 건설적으로 하려면 어떤 것이 더 효과적일지 생각해 보라고 했다. 일단 개념을 이해하고 나자 그들은 반박을 멈추었다. 하지만 그들이 더 나은 대안을 생각해 냈을 수도 있으며 나는 그 가능성을 항상 열어 놓는다.

어떤 일을 개선하기 위해서 서로의 생각, 관심, 제안을 정중하게 받아들일 준비가 되어 있을 때 비로소 우리는 서로에게서 배울 수 있으며 모두가 수혜자가 된다.

## 개인적인 어려움

자신이 그린 그림을 보고 사람들은 그것이 드러내는 의미에 놀라고 힘을 얻기도 하지만 때로는 고통을 느끼기도 한다. 인간중심 환경은 그러한 진행 과정을 지지한다. 예를 들면, 참가자들은 자신의 그림에서 성적인 주제가 드러날 때 당황하거나 수치스러워한다. 하지만 집단 구성원들이 공감해 주고 비슷한 감정을 느낀다고 고백할 때 그것을 통해 그들은 새로운 통찰력을 얻고 든든함을 느낀다.

사람들이 이처럼 스스로에게 진솔해질 때 떠오르는 질문은 심오하다. 나 자신의 감정과 생각, 성향을 신뢰할 수 있는가? 지금의 나로 살아가는 것(나 자신의 모습을 있는 그대로 드러내 놓고 사는 것)이 안전한가? 내가 변하면 다른 사람들이 나를 수용해 줄까, 거부할까? 외부 권위(이 강의의 강사를 포함해서)에 의존하지 않고 나 자신의 길을 선택한다면 나는 벌을 받을까?

사람들이 경험한 환경이 더 억압적일수록 가족 내에서든 문화에서든, 스스로를 오픈하는 것이 안전하다고 느끼거나 심지어 상상하기가 더 어려워진다.

하지만 첫 번째 과정을 마치고 나서 참가자들은 종종 자신의 본연의 모습으로 돌아오는 것 같은 느낌을 받는다고 말한다. 한국에서 한 참가자는 이렇게 적었다.

> 일주일 동안, 잃어버렸던 또 다른 나를 찾아 여정을 떠났다. 구석에 쪼그리고 앉아서 비판받기를 싫어하고 어색함을 떨쳐 버리기 원하던 나였지만, 원래는 새싹이 틀려고 하는 씨앗처럼 밝고 충만한 아이였다는 사실을 깨닫게 되었다. 내 몸 구석구석에 숨겨져 있는 잊힌 기억들을 되찾았다. 그 누구보다 나 스스로에게 관대할 수 있다는 것도 깨달았다. 나는 어떤 비판도 없이 나 자신을 수용했고 가장 진실한 자아를 경험했다.

동작 워크숍에서 내가 만났던 꼼짝없이 앉아서 눈물만 흘리던 셀은 결국 전체 심화 과정에도 참여하게 되었다. 여전히 자의식이 매우 강하고 내성적인 상태였던 셀은 그림 그리기를 혼자 하거나 파트너와 단 둘만 나누는 것을 더 좋아했다. 하지만 집단 구성원들은 다정하게 격려해 주었고, 어느 상담 시간에 그녀와 네 사람의 다른 집단원들이 이야기를 들려준 후 그 이야기를 복장을 갖춰 입고 연극으로 표현했다. 그들은 매우 즐거워했고 웃음을 참지 못할 정도였다. 셀을 본 것 중에 가장 자연스러운 모습이었다.

나중에 셸은 집단 내에서 개인적인 이야기를 나누기 시작했고, 어느 날 저녁 모두가 모인 자리에서 그녀는 음악을 틀고 복장을 갖추어 입고 춤을 추며 방을 이리저리 뛰어다녔다. 마지막 상담 과정에서 셸은 직장에서 분노가 쌓였었고 그 분노를 상사에게 표출했는데, 다행히 그 문제가 잘 해결되었다고 했다. 이것이 성공적인 첫걸음이었다. 그녀는 습관적으로 긴장하고 억제되었던 것에서 좀 더 편안하고 도전을 받아들이며 적극적인 사람으로 변해 갔고 변화된 모습은 일상생활에서 효과적인 의사소통과 행동 방식으로 나타났다.

이것은 모든 문화권에 속한 거의 모든 사람의 이야기다. 어떤 사람은 소심하게, 또 어떤 사람은 즉각적으로 심오한 영역으로 들어간다. 어느 경우든지 환경은 사람들로 하여금 안정감을 느끼게 하기 때문에 이런 점진적인 발전이 있는 것이다. 판단받지 않을 때 그들은 스스로와 타인을 신뢰하고 좀 더 실험적이 되며 더 폭넓은 자아를 경험한다.

나는 문화권은 다르지만 마음이 맞는 사람들을 만나고 가르치고 함께 일하는 것을 좋아했다. 우리가 가진 강점과 목표, 꿈, 비판을 견뎌 낸 이야기들, 완벽함을 요구받을 때의 고통, 아동학대, 배우자학대, 성적 학대 같은 문제에 대해 이야기를 나눌 때, 인간 정신의 복원력에 감탄한다. 우리의 삶과 공동체가 건강하고 창조적인 방법으로 치유되고 변화하는 모습을 보며 나는 세상에 희망이 있음을 느낀다.

문학석사, 표현예술치료사(REAT)인 **셸리 데이비스**는 18년 동안 인간중심표현치료연구소(PCETI) 공동대표이자 교수로 역임했으며 영국, 일본, 한국, 캘리포니아 소재 3개 대학에서 인간중심 표현예술 프로그램을 공동 창설했다. 그녀는 현재 세이브룩, CIIS(California Institute of Integral Studies), 대구 미술치료연구소에서 개인 및 정치사회적 변화를 일으키는 창조성의 힘에 대해 가르치고 있다. colville@sonic.net.

## 무정형 프로젝트

### 실비아 야스트람(Silvia Jastram), 베네수엘라

무정형(특정한 형식이 없는) 프로젝트 아이디어는 내가 자궁절제술을 받고 난 몇 시간 후, 매우 상징적인 신체 기관을 잃은 슬픔에 피할 수 없는 공허감이 밀려오는 바로 그 순간에 탄생했다.

마취에서 완전히 깨어나지도 못한 상태였지만 이상하게도 생소한 이 감정에 용기를 얻어, 일기장에 몇 문장 휘갈겨 적었다. 후에 그 문장들을 인용하여 아래와 같은 목록을 얻었다.

> 무정형 프로젝트
>
> 목표는 없지만 본질은 확실함
>
> 강사는 없지만 방향은 있음
>
> 존재하는 그대로이므로 제안서나 계획안이 따로 없음
>
> 시간이 적혀 있지만 거기에 얽매이지 않음. 시간을 자유롭게 사용함
>
> 공간이 적혀 있지만 거기에 구애받지 않음. 공간을 자유롭게 사용함
>
> 특정 기법은 없지만 모든 기법을 포함함
>
> 연합시키지만 결코 나누지는 않음
>
> 수용하지만 비판하지 않음
>
> 자연스러운 표출에는 열려 있음
>
> 내면 및 외면적 본성에 귀를 기울임
>
> 위험을 무릅씀
>
> 나락까지 떨어지는 위험을 무릅씀
>
> 나락까지 떨어지는 것에 대해 비판받는 위험을 무릅씀
>
> 유일한 자원은 존재임
>
> 따라서 그렇지 않은 존재가 되는 위험을 무릅씀
>
> 그것의 기본 원리는 본질에 대한 믿음임
>
> 하나님이 거론될 수도 있고
>
> 그렇지 않을 수도 있음
>
> 항상 같음

무정형 프로젝트는

환기 작용이며

시적 행위이며

지속적인 명상이며

활동 중에 있을 때도 움직임이 없는

벌새의 꿈이다.

나의 새로운 상태에 대한 안도감을 찾은 데 대해 행복해하며 나는 위의 목록을 출력해서 두 해가 넘도록 서랍에 보관해 두었다. 병원에서 갈겨쓴 것이 내가 여태껏 촉진시켰던 것 중 가장 도전적이고 창조적인 것을 도래시킬 영감이 될 것이라고는 전혀 깨닫지 못했다.

그 당시 나탈리 로저스, 셜리 데이비스와 내가 공동 연구하던 표현예술은 최고점에 달해 있었다. 정신을 자연스럽게 표현하는 데 예술을 사용하고자 하는 것과 같은 새로운 아이디어로 온통 가득 차 있을 때 나는 어릴 때부터 변화와 고통, 전환에 대처하기 위해 창조성을 사용해 왔다는 사실을 문득 깨달았다. 게다가 미술이 아이들과 십대들에게 자신들의 내면 갈등의 흐름 속으로 미끄러져 들어가게 하는 유일한 방편일지도 모른다는 사실을 호흡치료사인 나는 직관적으로 알아차렸다.

본성도 마찬가지였다. 본성 속을 탐색해 보는 것은 언제나 나를 진정한 자아로 되돌아가게 했다. 그래서 나는 이 모든 것, 즉 예술, 본성, 무정형 프로젝트가 주는 혁신적인 메시지를 모두 통합시키기로 했다.

배경으로 베네수엘라 남부 지역에 있는 웅장한 고원지대인 그란사바나를 선택했다. 나는 이미 몇 번 그곳에서 강의를 한 적이 있었고 그곳 원주민인 페몬 족을 좋아하게 되었다. 그들의 온화한 성품은 우리의 영적인 내면과 외면의 여정을 갖는 분위기에 많은 도움이 되었다.

그러나 이번 경우는 완전히 달랐다. 만약 프로젝트가 형식이 없는 무정형이라면 촉진 계획이 무슨 소용이 있겠는가? 일련의 교육훈련 과정이나 개인이 얻어갈 이득을 제공하지 않고 어떻게 명상회 등록비를 받는단 말인가?

스스로의 계획에 다소 당혹스러워하며 나는 자아의 근본에 초점을 맞추도록 되돌려 주는 공통 맥락을 찾아 선불교와 수피 시인들, 기독교 신비주의자들의 고대 가르침에 집중하기로 결심했다. 에크하르트 톨레(Eckhart Tolle)도 물론 있었는데, 그의 가르침은 개인 성장과 인생 철학에 대한 나의 견해를 완전히 바꾸어 버렸다.

그래서 결국 무정형 프로젝트를 단지 그 이름만 믿고 시작했다. 몇몇 용기 있는 사람들이 가방 몇 개만 들고 아무 기약 없이 찾아오긴 했었다.

인생에서 처음으로 나는 다음 날 주어진 집단에게 무엇을 가르칠 것인지 전혀 계획을 세우지 않고 잠자리에 들었다. 이 이상한 아무런 틀이 없는 동작중심의 댄스가 마지막 경력이 되지는 않을까.... 아니면 또 다른 촉진 방법의 시작이 될까 궁금해하면서 모든 것을 신의 손에 맡기기로 했다.

새벽이 희미하게 밝아오자 벌새 한 마리가 얼굴 위로 매우 가까이 날아다니며 잠을 깨웠다. 나는 늦게 자는 편이어서 미소를 한번 지어 보이고는 다시 잠을 청하려고 했다. 하지만 벌새가 침대 이쪽저쪽으로 날아다니면서 떠나지 않자 어쩔 수 없이 일어나야 했다.

그런데 갑자기 이전에 작성했던 목록에 벌새 이야기가 언급되어 있다는 사실이 떠올랐다. 얼른 일어나서 차 한 잔을 마시고 현관에 앉아 시 한 편을 적기 시작했다. 이것이 바로 무정형 프로젝트가 온전히 탄생하게 된 배경이다. 벌새는 매일 나를 깨웠고 시가 한 편씩 지어졌으며, 그 시를 나는 집단에게 멋쩍은 듯이 읽어 주다가 그것은 우리 상담 시간의 영감이 되었다.

초기에 지은 시 중 하나는 이렇다. 만약 당신이 분별력이 있다면.... 어떻게 환상을 이런 피난처로 바꾸나요?

집단 모임에서는 보통 이런 글을 읽으면서 시작해서 새로운 제안에 대해 나누었다. 우리는 강으로 가서 점토를 모으고 명상도 하고 형상을 만들기도 하며 졸졸 소리를 내며 흐르는 물 옆에서 완성된 미술작품에 대해 이야기를 나누기도 했다. 어떤 참가자는 환경에 미치는 손실을 최소한으로 줄이기 위해 점토를 다시 자연으로 되돌려 놓기도 했다.

그림에도 마찬가지였다. 재활용 종이를 사용하기는 했지만 나는 어떻게 하면 이 종이를 사용하지 않고도 표현활동을 계속할 수 있을까 곰곰이 생각해 보았다. 그래서 결국 우리는 강 옆에 있는 커다랗고 편편한 바위 위에 색분필로 삶의 이야기를 요약해 나타내게 되었다. 바위 위에 그려진 그림을 다 같이 검토한 후에는 물을 뿌려서 지였다.

환경을 보호한다는 것 외에도 이 방법은 형태라는 것이 덧없는 반면 형태가 없는 것으로서 영원한 존재인 것은 끊임없이 새로운 창조를 탄생시킨다는 개념을 더 잘 이해하도록 도와주었다.

이 무정형 프로젝트의 또 다른 면은 우리가 명상회를 가지는 그 땅이 삶의 터전인 원주민 부족과 관계를 형성할 수 있다는 것이다. 한편 그들은 우리를 관광객으로서 환영한다. 하지만 우리의 창조적인 활동에 그들을 동참시키고 독특한 임무(정글로 우리를 안내해서 식물 종에 대해 알려 준다거나 그들의 원형 불춤에 우리를 끼워 주는 등)를 위해 그들을 고용함으로써 양쪽 모두 하나가 되어 상호작용을 시작한다. 오래된 신화에 갑자기 새로운 관객이 생겨나고 관객들은 변화하는 세상의 새로운 패러다임 속으로 그 신화들을 재현하고 편입하려 열성으로 노력한다.

한편 개인의 자기주장을 존중하고 자기표현을 지지하는 것에 기초를 둔 인간중심 표현예술 접근법은 주변을 둘러싼 자연자원과 공존하려 하지 않고 인간 공동체로서만 번성하고자 이제껏 지켜본 천 년의 지위와 그들의 진정성을 잃어 가는 부족에게 안전한 환경을 조성하려는 것처럼 보인다.

무정형 프로젝트에 참여한 개개인들은 인생이 바뀌는 도움을 받았고, 외부의 권위에 의존하지 않고 스스로 영적 여정의 키를 잡고자 하면서 책임감이 커졌고, 무한한 자원을 가진 창조적 공동체에 속해 있다는 소속감을 얻었으며, 협동과 공동 창조 작업에 집중하면서 결과적으로 경쟁적 라이벌의식이 감소되었고, 보편적 존재와 바깥 창조세계와 본질적으로 연결되어 있는 우리 자신이라는 존재를 거부할 수 없지만 신비로운 근원에 대한 새로운 확신을 얻게 되었다고 평했다.

한 참가자는 이렇게 말했다. "프로젝트가 말해 주듯이 첫날에는 아무런 형식 없이 시작되었어요. 그리고 나서 한 가지 형식을 발견했는데 다시 사라져 버렸죠. 내면 깊숙이 그것은 무형이 모든 실체의 근원이 되며 창조가 예상치 못한 것을 낳는다는 철학적 견지를 설명해 주었어요. 그것은 몸과 마음, 영혼에 놀라운 모험이었어요."

나는 절대적으로 모든 인간이 개인적 성장에 있어서 항상 다음 단계로 성장할 준비가 되어 있다고 믿는다. 완전히 초고속으로 성장하는 것, 스스로가 추구하는 것이 바로 우리의 존재 실체이지만 이 확신을 얻고 효과적으로 실천하기 위해 우리는 여전히 엄청난 용기가 필요하다.

무정형 프로젝트는 나 자신에게도 우리의 직관이 끊임없이 우리의 의식을 비추고 있고 그 세밀하고 민감한 메시지를 신뢰하라고 가르쳐 주었다. 때때로 우리는 그 메시지를 즉각적으로 깨닫는다. 하지만 대부분의 경우 우리는 자신의 창조적인 표현에서 흘러나오는 좀 더 정확한 문장이나 자연에서 얻을 수 있는 미묘한 힌트들로부터 충분한 문답이 이루어져야만 그 메시지를 받아들인다.

진정한 내면 존재 속으로 들어가는 단순하지만 절대적으로 확신에 찬 탐색이 어떻게 자유와 기쁨으로 가는 출구가 되는지를 깨달을 때 나의 마음은 감사함으로 가득하다.

**실비아 야스트람**은 신문방송학 학사학위(UCAB, 베네수엘라)와 표현예술치료 수료증(Saybrook, USA)을 갖춘 리버더(Rebirther, 탄생재현요법사)이자, 국제 조력자, 리더십 강사, 미술가, 시인, 두 언어를 구사하는 작가이다. 그녀는 자신의 라디오 쇼를 진행하고 있으며, 베네수엘라에서 평화촉진집단(Peace Promoting Group)을 이끌고 있고, 최근에 자신의 첫 소설을 영어로 출판했다.

# 각 장의 더 많은 탐색활동

## 제5장 표현예술 경험 : 시작 단계

### 탐색활동 : 거울 보기 동작을 통해 서로 친숙해지기

말을 사용하지 않고 사람들을 서로 친숙해지도록 돕는 한 가지 방법은 서로 미러링 (mirroring) 훈련을 하게 하는 것이다. 이 훈련은 매우 활기차고 장난스러울 수 있는 동시에 참가자들로 하여금 파트너에 대해 무언가를 배우는 기회를 제공해 준다. (나는 주로 참가자들이 활동을 시작하기 전에 그들 중 한 사람과 직접 시연을 한다.)

각자 파트너를 정해서 서로 마주 보고 섭니다. 이것은 말을 사용하지 않는 미러링 훈련인데 여러분 자신에 대해 더 배우고 파트너와도 친숙해지도록 도와줍니다. 재미있게 하거나 멍청해 보여도 상관없습니다. (각 미러링 팀마다 5분씩 준다.)

계속 서서 서로 눈을 쳐다봅니다. 그리고 서로 마주 보면서 손바닥을 듭니다. 이 훈련에는 리더도, 따르는 사람도 없습니다. 손과 몸을 천천히 움직여서 쭉 뻗기도 하고 구부리기도 하고 언어를 사용하지 않고 서로 의사소통할 때 어떤 일이 일어나는지

미러링 연습하기, 러시아

음악을 들으며 그린 세 장의 그림

주목합니다.

배경 음악을 켜놓고 할 수도 있고 그렇지 않을 수도 있다. 한 사람은 리드하고 다른 한 사람은 따라서 하다가 다시 역할을 바꾸어서 할 수도 있다. 하지만 더 깊은 자기통찰은 위에 언급된 깃처럼 할 때 얻어진다.

5분쯤 경과한 후,

이 과정을 어떻게 마칠지 생각해 봅니다. 리드하고 따르면서 여러분이 스스로에 대해 무엇을 배웠는지 파트너와 몇 분간 나누어 봅니다. 누가 먼저 리드하기 시작했나요? 리드하기와 따르는 것 중 어느 편이 더 편안했나요? 덧붙이고 싶은 말이 있나요?

이 과정을 적어도 두 번 정도, 만약 시간이 있다면 세 번 정도 할 것을 제안한다. 사람들은 다양한 파트너를 통해 다양한 것을 배운다. 서로 즉각적인 반응에 대한 의견을 나눈다면 그들은 존재 그 자체로서 우리가 보내는 메시지뿐만 아니라 서로에게서 느끼는 미묘하면서도 비언어적인 정보를 이해하기 시작한다. 또 사람들이 마지막 파트너와 함께 서 있는 동안 어떤 통찰을 얻었는지 간략하게 이야기 나누어 달라고 하면 서로 다름을 수용하는 공동체 정신이 나타나기 시작한다.

## 탐색활동 : 자연에서 믿으면서 걷기

이 과정은 오래되고 의미 있는 감각 인지 훈련이다. 목적은 두 가지다. 리드하고 따르는(신뢰) 능력을 이해하는 것과 후각, 촉각, 청각을 통해 경험하는 것이다. 방법은 다음과 같다.

> 파트너를 찾아서 첫 15분간 누가 리드하고 누가 따를지 결정합니다. 한 과정이 지나면 역할을 바꾸어 똑같이 합니다.
>
> 따르는 사람은 15분 동안 눈을 감을 수도 있지만 우리가 준비해 둔 안대를 사용하는 것이 더 좋습니다.
>
> 리더는 조심스럽게 파트너를 자연 속으로 안내합니다. (만약 야외로 나가는 것이 불가능하다면 실내 체험으로 적용하면 된다.) 목적은 파트너에게 시각을 제외한 모든 감각을 사용하도록 하는 흥미로운 경험을 하게끔 하는 것입니다. 꽃이나 돌을 찾아서 파트너가 냄새를 맡아 보거나 만져 보도록 할 수도 있고 분수로 데리고 갈 수도 있고, 딸기를 맛보게 할 수도 있습니다. 이 15분간 모두에게 안전한 경험이 되도록 유념합니다. 계단이 있다면 경고해 주세요. 반면 안전한 범위 내에서는 최대한의 자유를 줍니다. 이것은 기본적으로 말을 하지 않는 훈련입니다. 두 사람이 경험한 것에 대해 의견을 나누는 시간이 올 때까지 기다립니다. 15분 후에 제가 벨을 울리면 역할을 바꿉니다.
>
> 두 사람이 번갈아 가며 리더와 따르는 사람의 역할을 끝내면, 서로 경험을 나누어도 됩니다. 누군가에게 전적으로 의존하는 것이 어떤 느낌인지, 누군가에 대해 전적으로 책임을 지는 것이 어떤 느낌인지 그들의 생각과 느낌을 반드시 나누라고 저는 당

부합니다. 어떤 것이 놀라웠는지 물어보세요. 자연에서 믿으면서 걷기를 한 후에 그림을 그려 보는 것도 경험에 깊이를 더해 줍니다.

## 탐색활동 : 나를 걱정시키는 것, 나를 흥분시키는 것

이 효과적인 훈련은 사람들로 하여금 누군가와 즉각적으로 대화를 나누고 그들의 내면으로의 여정을 시작하게 한다. 그림을 그리고 그림으로 다가가고 그림에 세 단어를 적어 넣고 이야기를 나눔으로써 모든 사람은 의미 있는 방법으로 자신의 존재감을 인정받는 기회를 얻는다.

### 파트너 인터뷰하기

모두 파트너를 한 사람씩 찾습니다. 각자의 파트너가 인생에서 깊이 염려하고 있는 것과 흥미를 갖고 있는 것에 대한 설명을 10분간 듣습니다. 듣는 사람은 코멘트를 달거나 충고하지 않고 그저 잘 듣기만 하며, 분명한 이해를 돕기 하기 위해 질문을 할 수는 있습니다.

그다음 순서로 역할을 바꿉니다.

### 그림 두 장 그리기

20분이 지난 후, 두 사람은 각각 그림 두 장씩을 그립니다.

우선, 백보드에 종이를 테이프로 붙여 고정시킨 후 여러분이 양손으로 쉽게 색칠할 수 있도록 준비합니다. 그런 다음 방금 말로 표현했던 두 가지 인생 경험에 대해 묵상하면서 눈을 감고 종이의 촉감을 느껴 봅니다. 눈을 뜨고 색깔이 여러분을 선택하게 합니다. 평소에 주로 사용하지 않는 손이나 양손을 사용해서 여러분의 염려에 대해 혹은 삶에서 그 어려움에 대해 어떻게 느꼈는지를 그림으로 표현합니다. 그다음은 삶에서 만나는 흥미로움에 대해 어떻게 느꼈는지를 두 번째 그림으로 표현합니다.

### 그림으로 다가가기

그림 그리기를 마치면 일어나서 이미지가 있는 쪽으로 갑니다. 소리를 내도 됩니다.

1인칭, 현재 시제로 이렇게 적습니다. "나는 ~에 대해 염려합니다." 그리고 "나는

~이 재미있습니다."

파트너와 이야기 나눕니다.

원래의 파트너에게 돌아가서 그림과 동작, 글에 대해 나눕니다.

## 더 큰 집단에서 나누기

마지막으로 그림을 큰 집단으로 가지고 옵니다. 마음속에 떠오른 것을 몇 문장으로 나눕니다.

## 탐색활동 : 세 가지 난화 그리기

"나는 그림 그리기나 색칠을 잘 못해."라는 생각을 떨쳐 버리는 과정을 심화시키기 위해 촉진자는 2시간이 넘게 걸리는 다음의 과정을 제공한다.

처음 두 그림에는 음악을 사용한다. 5~10분 정도 길이의 음악 두 곡을 정한다. 한 곡은 부드럽고 서정적이며 다른 한 곡은 강한 비트의 거친 곡으로 정한다. 마지막 그림에는 음악을 사용하지 않는다. 내면의 음악을 사용한다.

각 사람은 세 장의 종이를 취해서(18″×24″ 정도면 좋다.) 모두 겹친 후 네 모퉁이를 백보드에 테이프로 고정한다. 모퉁이를 테이프로 고정시키면 양손으로 그림을 그려도 종이가 흘러내리지 않는다. 세 장을 겹치는 것은 공간을 아낄 수 있기 때문이다. 모든 사람이 종이를 잘 고정시키고 파스텔 통이나 오일 파스텔을 옆에 준비해 둘 때까지 기다린다.

## 부드럽고 서정적인 곡을 들으며 첫 번째 그림 그리기

준비되고 조용해지면 눈을 감고 종이의 촉감을 느껴 봅니다. 종이의 질감, 크기, 자신의 호흡에 주목합니다.

5분 동안 음악을 틀어 놓을 것입니다. 우선, 눈을 감은 채 음악에 맞춰 자연스럽게 손과 팔로 춤을 춥니다. 리듬과 음악의 분위기를 느껴 봅니다.

첫 번째 음악은 서정적이고 부드러운 곡입니다. 사람들은 손을 저으며 춤을 춥니다.

여러분이 준비되면 눈을 뜨고 평소 잘 사용하지 않는 손으로 색깔을 선택합니다. 혹은 양손으로 색깔을 선택하고 양손으로 동시에 그림을 그립니다. 음악을 들을 때 모든 가능성을 열어 둡니다. 음악을 들으면서 느껴지는 감정을 손을 이용해서 표현합니다. 이 방법에는 옳고 그름이 없습니다.

5분이 경과하면 1분 내에 마쳐야 한다고 말해 준다. (하고 있는 활동이 곧 끝날 거라는 것을 알려 주는 것은 항상 도움이 된다.) 부드럽게 음악을 줄였다가 끈다. 음악을 끄면 모두에게 일어나서 새로운 각도에서 각자의 그림을 바라보라고 한다. 다시 각자의 그림이 있는 곳으로 돌아가도록 한다.

### 일어나서 첫 번째 그림으로 다가가기

자신의 그림을 바라볼 때 당신이 보고 느끼는 것을 당신의 몸과 손, 팔로 표현할 수 있는지 봅니다. 선과 색이 부드럽고 굴곡이 있으면, 동작으로 그것을 표현해 봅니다. 각이 져 있다면, 몸으로 그 각에 반응해 봅니다. 동작을 할 때 마음에 떠오르는 두세 단어가 있다면 무엇입니까?

### 그림에 세 단어 쓰기

마음에 떠오르는 그 세 단어를 그림의 앞면이나 뒷면에 씁니다.

백보드에서 첫 번째 그림을 떼어 내고 두 번째 음악 곡을 준비합니다.

### 강한 리듬의 음악에 맞춰 두 번째 그림 그리기

모두가 첫 번째 그림을 치우고 두 번째 음악을 들을 준비가 되면 첫 번째와 동일한 지침을 준다. 모두가 동시에 시작하는 것이 중요하다. '병행놀이'는 참가자들이 적극적으로 되도록 용기를 준다.

### 지침 반복하기

눈을 감고 종이의 질감을 느껴 봅니다, 종이의 질감을 느끼면서 명상을 합니다, 음악을 들으면서 손을 들고 춤을 춥니다 등

#### '내면의 음악'에 맞춘 세 번째 그림

다시, 참가자들이 눈을 감고 종이의 결을 느끼며 명상하도록 한다.

> 세 번째 그림에서 여러분은 **내면**의 음악을 듣게 될 것입니다. 몇 분간 생각과 감정을 따라 내면으로 들어갑니다. 그다음 눈을 뜨고 평소에 주로 사용하지 않는 손으로 색깔을 고릅니다.

> 그다음 일어나서 그림이 있는 곳으로 소리를 내면서 다가갑니다. 이 그림 위에 세 단어를 적습니다.

#### 다른 한 사람과 나누기

세 가지 난화가 완성되면 우리는 집단에게 가이드라인을 주고 파트너끼리 그림에 대해 나누어 보라고 한다.

시간이 충분하다면 우리는 참가자 전원에게 자신의 그림을 큰 원 안에 놓되 첫 번째 그림은 자신에게 가장 가까이, 두 번째 그림은 원의 중앙에 가까이, 세 번째 그림은 중앙에서 가장 가까이 놓도록 한다. 그리고 나서 우리는 각자가 일 분 동안 세 가지 난화를 보고 이 활동을 통해 자신에 대해 배운 것을 요약할 한두 문장을 생각해 보라고 한다.

### 탐색활동 : 듣기연습

이 탐색활동은 워크숍에서 하거나 과제로 할 수도 있다.

> 누군가가 걱정거리나 개인적 문제에 대해 얘기할 때 15~20분 동안 아무런 충고를 하지 않은 채 듣기만 하는, 다른 사람을 이해하고 공감하는 능력을 테스트하는 과제가 있다고 친구에게 말합니다. 여러분의 의도는 친구가 그것을 경험할 때 당신이 문제를 감지할 수 있는지 보는 것입니다. 즉 다시 말해서 그 친구가 경험하는 세상을 보는 것입니다. 다음 단계는 여러분이 친구를 이해했다고 그 친구가 느낄 수 있도록 말로 표현하는 것입니다.

> 친구가 동의한다면 처음 5분 동안은 듣기만 합니다. 신체 언어로 여러분의 의도는 친구가 말하는 것을 귀 기울여 듣는 것이라는 것을 보여 줍니다. 이 첫 5분 동안은

아무 말도 하지 않습니다.

나머지 10~15분 동안은 친구의 말을 계속 들으면서 그의 생각과 감정을 모두 이해하려고 노력합니다. 가끔씩 들은 것의 핵심이나 본질을 말로 표현해 줍니다. 여러분은 화자의 감정과 대화 내용 두 가지 모두를 집중해서 듣고 그것에 반응하고 있는 것입니다. "~라고 말한 거니?", "~라고 느끼니?"라고 말하면서 운을 뗄 수도 있습니다. 그러고 나서 여러분이 이해한 것을 요약해서 친구가 "맞아, 정확히 이해했어."이라고 말하는지 봅니다. 혹은 "내가 바로 이해했는지 확인해 볼게."라며 시작해도 됩니다.

만약 친구가 "음, 그게 아니라 내가 느끼는 건 이런 거야."라고 말한다면 친구가 "맞아. 바로 그거야."라고 수긍할 때까지 여러분이 들은 것을 반복해서 말해 줍니다. 15분 동안 이런 식으로 계속합니다.

그런 다음 이 활동이 각자에게 어땠는지 의견을 나누어 봅니다. 이 과정에 대해 여러분은 무엇을 배웠습니까? 듣는 입장으로서의 자신에 대해 무엇을 배웠습니까? 공감하는 반응자로서는 어땠습니까?

## 제6장 집단의 중반기 : 그림자에 빛 밝히기, 영혼 회복하기

### 탐색활동 : 멈추고 보고 듣기

이 활동은 사람들의 감춰진 부분을 드러낼 뿐만 아니라 조금은 거칠어지면서 아이처럼 순수해질 수 있는 기회를 주므로 사람들에게 활기를 더해 주는 생동감 넘치는 게임이다. 이 활동을 소개하면 다음과 같다.

활동적이고 재미있는 게임에 당신을 초대합니다. 일명 '멈춰! 바라 봐! 들으세요!'라는 게임입니다. 함께 있고 싶은 특정한 동물을 떠올리고, 그 동물 이름을 정서적 특징을 담아 말하면서 시작합니다. "저는 게으른 고양이입니다."와 같이 말하면 됩니다. 제가 그렇게 하면 여러분은 각자 자신만의 방법으로 게으른 고양이 흉내를 냅니다. 재미있게 흉내를 내 보세요. 그런 다음 누군가가 고양이 흉내를 내는 것이 지겨워지면, "멈춰! 바라 봐! 들으세요!"라고 외칩니다. 여러분은 멈춰서 무슨 일이 일어나는지 주위를 둘러봅니다. 소리를 외친 사람은 새로운 리더이고 새로운 동물 이름을 말합니다. "저는 으르렁거리는 늑대입니다." 모두 늑대가 되면 분위기도 변합니다. 다시, 새로운 리더가 나타나서 "멈춰! 바라 봐! 들으세요!"라고 외치고 같은 과정을 반복합니다.

이 게임은 집단 내의 역동성이 줄어들고 귀찮아하는 분위기가 구름처럼 둥둥 떠다닐 때 해도 좋다. 그것은 집단이라는 '수프(soup)'를 잘 저어서 새로운 모습으로 태어나게 해 줄 것이다.

## 탐색활동 : 내면의 양극성 초월하기

온전히 진실된 모습이 되기 위해서는 내면에 숨겨진 양극성의 균형을 맞추는 것이 중요하다. 정반대인 두 면의 결합은 더 고차원적인 자아를 가져온다. 연합되기 위해서 내면에 있는 빛과 어둠은 서로 통합되어야 한다. 우리의 숨겨진 부분을 발견하면 이 두 면은 동지가 된다. 완전하고 온전하며 생기발랄하고 자비로운 사람이 되려면 오랫동안 잃어 버렸던 우리의 부인격을 찾아야 한다. 그 후에 이어지는 탐색활동에서 참가자들은 정반대의 성질 사이에 존재하는 역동적인 긴장을 통합하고 아우르는 데서 나타나는 에너지를 발견한다.

### 양극성에 대해 브레인스토밍하기

우리는 내면의 양극성에 대해 이런 질문을 한다. "사랑/증오, 슬픔/기쁨, 강함/약함, 소극성/적극성, 재미/진지함처럼 사람들이 경험하는 정반대의 기질에는 어떤 것이 있을까요?"

### 그러고 나서 '만약-그러면' 동작을 소개한다

우리가 방금 논의한 특징들 중 몇 가지를 적용하면서 방 주위를 돌아다녀 봅시다. 이 활동은 만약-그러면 체험이라 불립니다. 마치 사랑에 빠져 있는 것처럼 표현할 때 당신의 몸은 어떻게 표현합니까? 증오할 때는 어떻게 움직이나요? 재미있을 때 당신의 동작은 어떻게 변합니까? 적극적으로 변하나요?

만약-그러면 동작을 할 때 우리는 감정의 상태와 신체적 표현 사이의 관계를 볼 수 있다. 다른 사람들을 볼 때 그리고 스스로 이 동작들을 경험해 볼 때, 우리의 몸이 우리가 느끼는 바를 나타내는 것은 분명하다.

### 내면의 양극성에 집중하기

사람들이 걸을 때 나는 이렇게 제안한다.

> 여러분들이 탐색하고자 하는 한 가지 양극성에 집중하세요. 시간을 충분히 가지세요. 이것은 여러분의 개인의 여정입니다. 양극성의 한쪽 면을 탐색하면서 걷거나 자세를 취해 보세요. 그런 다음 양극성의 다른 면을 탐색하면서 자세를 취해 보세요. 두 동작들 사이를 왔다 갔다 하면서 운동 감각적 의미에서 양극성의 각 측면을 이해해 봅니다.

### 미술 : 두 장의 그림을 그리라

> 두 장의 그림을 그리는데 여러분이 가진 양극성의 각 면을 한 장씩 그립니다. 색깔을 사용할 때 여러분의 자세를 기억하세요. 평소 사용하지 않는 손을 사용해서 그림을 그립니다.

### 동작으로 그림을 표현하기

> 여러분이 그린 그림을 바라보면서 서십시오. 각각의 그림을 동작으로 표현합니다. 원한다면 소리를 내도 됩니다. 움직일 때 떠오르는 서너 단어를 적으세요.

> 정반대의 기질을 통합하는 동작을 해 보세요. 여러분은 앞서 양극성의 양쪽 면을 그림으로 표현했습니다. 여러분 자신의 이 양극성을 통합시킬 방법을 상상할 수 있겠습니까? 이것을 탐색하는 한 가지 방법은 눈을 감고 어떤 움직임이든 미지의 것으로 다가오게 하는 것입니다. 이 동작이 어떤 식으로든 여러분에게 메시지를 보내고 있습니까?

### 다른 매체를 통한 미술 작업

> 이 마지막 동작을 표현하는 점토 형상을 만듭니다.

### 파트너끼리 나누라

동작과 미술 작업을 통해 여러분은 스스로에 대해 무엇을 배우고 있습니까?

### 전체 집단과 만나라

완성된 점토 형상을 앞에 놓고, 여러분 스스로에 대해 발견할 것을 요약하십시오(전체 경험이 아니라 두세 문장으로 요약).

참가자들은 이 활동이 심오하다는 것을 알게 된다. 우리는 자주 우리가 누구인지, 선한지 악한지, 너무 수동적인지 주장이 강한지에 대한 내적 대화를 듣는다. 이러한 내적 갈등을 탐색함으로써 우리는 자신의 모든 면을 수용하게 된다. 그러한 수용과 통합은 전체성을 가져온다.

## 탐색활동 : 내부/외부 상자

### 필요한 재료

**상자** : 적어도 한 사람당 하나씩, 작지만(신발 상자 크기) 다양한 크기와 모양. (여분이 있으면 참가자들에게 선택의 폭을 넓혀 준다.) 신발 상자나 선물 상자 등 재활용 택배 상자면 된다.

**콜라주 재료** : 잡지, 색깔 있는 화장지, 리본, 조개껍질이나 작은 돌, 막대기, 실, 레이스, 손톱 또는 다른 금속물체 등과 같이 흔히 발견되는 물건들, 콩깍지, 유목 등 자연에서 얻어지는 것들 각자 집에서 재료를 수집할 때 상상력을 동원하라.

**풀과 글루건, 스테이플러, 스카치 테이프, 보호 테이프**

### 과정

몇 가지 준비 동작을 한 후 참가자들을 자리에 앉게 한 후 다음과 같은 지침을 준다.

눈을 감고 내적 자아와 자아상, 내면의 삶에 대해 어떻게 생각하는지 느껴 봅니다. 스스로에게 솔직하세요. 여러분 내면의 삶은 어떻습니까? 여러분은 혹시 자기비판적 입니까? 아니면 스스로에게 관대합니까? 혼란스럽다고 느낍니까? 혹은 안정되었다고 느낍니까? 아니면 그 중간 정도라고 느낍니까? 스스로에게 질문해 봅니다.

"내면세계에서 나는 누구인가?" 사람들이 보지 못하는 나의 모습에는 어떤 것들이 있는가? 내 자신에게만 비밀로 간직하는 부분은 무엇인가? 그리고 여러분이 세상에 보여 주는 자신의 모습에 대해 생각해 봅니다. 겉으로 어떤 모습을 보여 줍니까? 사람들을 만날 때 그들은 무엇을 보고 느끼고 경험합니까?

이제 여러분에게 맞는 상자를 찾아 갑니다. 한 시간 동안 콜라주 재료로 상자의 내부를 여러분 자아 내면의 본질처럼 꾸며 봅니다. 상징이나 비유를 사용해도 좋고, 여러분의 상상력에 완전히 맡겨도 됩니다.

그다음은 상자의 외부도 장식합니다. 여러분은 세상에 무엇을 보여 줍니까? 이 부분을 꾸밀 때, 이렇게 생각해 봅니다. "나의 내면은 이렇게 생겼어. 내가 다른 사람들에게 이런 모습을 보여 주고 있어."

흥미로움과 특별한 주의집중이 여기저기에 놓을 정확한 이미지를 선택하기 위해 집중된다. 각각의 조각이 특별한 의미를 가지는 것 같다. 한두 사람과 이 과정에 대해 나누는 것은 온전한 자아표현력을 얻는 핵심이다. 종종 사람들은 자신들의 양면성을 보여 주는 기념품으로 이 장식된 상자를 수년 동안 보관한다.

## 제7장 표현예술을 통해 몸의 지혜 발견하기

제7장에 묘사된 긴 워크숍 과정을 적절히 적용할 수 있는 다양한 방법이 있다. 예를 들어, 이 장에 나와 있는 도입 단계 중 하나를 참가자들이 자신들의 몸에 익숙해지도록 하는 데 사용할 수 있다. '몸의 각 부위를 자각하기 위한 동작'을 사용하고 그다음에 글쓰기를 한다. 혹은 두 번째 단계 '동작을 한 후 그 반응을 점토로 작업하기'를 사용하고 나서 그것에 대해 글을 쓸 수도 있다.

### 탐색활동 : 신체 따라 그리기

자유롭게 그리기로 오른쪽/왼쪽 신체를 그리는 대신, 몇몇 촉진자가 참가자들을 바닥에 놓인 큰 종이 위에 눕히고 몸 윤곽을 그린다. 몸에 대한 감정을 표현하기 위해 이 이미지의 내부를 색칠하거나 콜라주를 만들어도 된다. 참가자들은 이 과정을 통해 스트레스를 받는 부위나 자기비판을 하는 부분이 어느 곳인지 찾아낸다. 그다음에는 참가자들이 자신의 신체 모양 그림을 벽에 핀으로 고정시키고 제7장에 제안된 절차를 따라 하도록 한다. 즉 그들이 증인 역할을 하는 집단의 지지를 받으며 그림이 있는 쪽으로 움직여 간다.

### 탐색활동 : 몸을 가볍게 두드리기

졸음을 깨우고 긴장이나 고통을 느끼도록 하기 위해 머리부터 발끝까지 몸을 두드리는 단순한 활동을 종종 소개한다. 방법은 다음과 같다.

> 양손을 머리 위로 들어 올리고 마치 비가 내리듯 부드럽게 머리를 두드립니다. 그리고 부드럽게 보살피듯 애정을 담아 얼굴을 톡톡 두드립니다. 그다음 어깨를 두드리고, 그다음은 또 가슴, 배... 순으로 두드립니다. 다리까지 쭉 내려가서 발까지 그렇게 합니다.

나는 가끔씩 참가자들이 가슴을 두드릴 때 소리를 내 보라고 제안하기도 한다. 쉰 목소리를 내거나 바보스러운 행동이 나올 때도 있다. 어떤 것도 상관없다!

### 탐색활동 : 집단을 위해 시각화하도록 안내하기

신체 동작이 참가자들에게 힘들다면 그 활동 속에 내재된 메시지를 얻기 위해 자신들의 신체 일부로 움직여 다니도록 하는 안내 심상화를 구상해 본다. 참가자들에게 간단한 그림을 그리거나 콜라주를 만들게 한다. 또는 그 경험에 대해 글을 쓰도록 한 다음, 한두 사람과 이야기를 나누도록 한다.

## 제8장  치유와 사회변화를 위한 표현예술

공동체 형성에 대한 몇 가지 추가적인 탐색활동이 여기 있다.

### 탐색활동 : 직원들이 창조하는 세상

이것은 제8장에 설명된 활동을 약간 변형한 내용으로 자신들의 내적 역동성을 이해하고자 하는 직원이나 관리자 집단에 사용될 수 있다. 참가자들이 선이나 색, 형태를 사용하여 직원들 내에서 어떻게 상호작용하는가(혹은 고립된 상태로 있는지)를 정직하게 보여 주고자 한다면, 효과적인 논의가 이루어질 수 있다. 이 과정은 집단 내에 존재하는 어려움과 갈등을 조명해 준다. 직원 각자가 깊은 부분까지 속내를 터놓는 경우 토론을 이끄는 것은 매우 중요한 임무이다. 직원들 사이에서 발생하는 문제에 대해 자각의식을 높이는 것이 도움이 되기는 하지만, 개개인은 공격에 무방비로 노출된다고 느낄 것이다. 경청과 명상이 창조적인 해결책을 가져올 수 있다.

이 탐색활동에 대한 지침은 다음과 같다.

> 이 공간은 직원으로서 여러분이 비언어적으로 상호작용을 하는 곳입니다. 그림을 그리거나 색칠을 하거나 어떤 재료를 종이에 사용할 때, 여러분은 이 직원집단에 있는 것에 대해 어떻게 느끼는지 솔직하게 표현해 주세요. 이 원 안에(혹은 긴 종이 한 장 일수도 있다.) 칠을 할 때 여러분은 "개인적인 공간이 얼마나 필요할까? 어느 정도의 개인 사생활과 경계가 적당할까? 누구와 관계를 맺고 싶은가? 나와 은근히 의견 차이를 가졌던 사람이 있는가?" 등의 질문을 고려해 봅니다. 미술 재료를 이용해서 이것을 표현해 보세요.

의미한 바의 깊이는 각자가 자신이 표현한 것을 가지고 무엇을, 어떻게, 왜 그렇게 했는지 논의할 때 나타난다. 저변에 깔린 어떤 생각과 감정에는 심화적으로 탐색활동이 필요하다.

이 활동에 이어 참가자들이 큰 종이를 사용해 그 위에 **자신이 팀에 바라는 것을 그리는 활동**을 할 수 있다. 협동으로 제안된 아이디어는 해당 팀과 개인이 흥미로운 방법으로 앞으로의 활동을 진행해 가도록 할 수 있다.

## 탐색활동 : 종이 위에서 나누는 대화

이 활동은 다른 한 사람과 무언의 대화를 나누는 방법을 제공해 준다. 만약 집단원들에게 의사소통에 어려움을 겪는 한 사람을 선택하라고 하면, 이 활동을 통해 그들은 새로운 시각으로 서로를 이해할 수 있게 된다. 그림이 완성되면 관련된 두 사람이 차례로 자신들이 경험한 그 활동에 대해 의견을 나눈다. 이렇게 하면 보통은 우리가 어떻게 의사소통을 막고 있는지 혹은 스스로를 방어하고 있는지, 다른 사람들에게 어떻게 다가가는지를 볼 수 있다. 활동의 과정과 그림 두 가지 모두에 대해 의견을 교환하는 것은 한 사람에게 명백하게 보이는 것이 다른 사람에게는 완전히 다르게 보일 수도 있다는 사실을 알려 준다.

## 배경

테이블이나 바닥 위에 큰 종이($18''\times24''$) 한 장을 놓는다. 두 사람이 종이의 양쪽 끝에 앉는다. 각자는 색연필이 들어 있는 상자를 가지고 있다.

## 종이 위에 색칠하기(20분)

여러분이 보는, 이 큰 종이는 맞은편에 앉아 있는 사람과 여러분이 공유하는 공간입니다. 이것은 비언어적 활동입니다. 공동으로 사용하는 방이라고 생각해도 좋고, 대화를 나누는 공간이라고 생각해도 좋습니다. 이 공간에 들어갈 때 스스로에게 솔직해지는 것이 중요합니다. 실제적이고 정직하게 하면 됩니다. 이것에 옳고 그름은 없습니다. 유일한 규칙은 말을 해서는 안 된다는 것입니다. 색깔을 사용해서 이 상황에서 여러분이 어떻게 느끼는지 표현해 보세요.

## 경험에 대해 적기(10분)

이 과정은 여러분에게 어땠습니까? 어떻게 들어가서 어떻게 진전되었나요? 이 사람과 이 공간을 공유하는 것을 어떻게 경험했나요? 마음속에 어떤 생각이 들었나요? 어떤 느낌이었나요? 자신에게 솔직해지세요.

## 경험에 대해 말하기(15분)

때로는 두 사람이 서로의 말을 들을 때 촉진자가 옆에 있는 것이 중요하다. 그들은 이 점을 염두에 두고 의견 나누기에 집중해야 한다.

여러분은 공유된 공간에 어떻게 들어갔나요? 개인적인 공간이 필요해서 경계를 그었나요? 상대방은 어떻게 반응했나요? 상대방에게 다가가기가 머뭇거려졌나요? 아니면 대담하게 다가갔나요? 상대방의 반응은 어땠나요? 상대방과 대화를 나누는 것이 행복하고 즐겁다고 느낀 순간들이 있었나요? 침범받았다거나 오해받았다고 느낀 적도 있었나요? 호기심이 생기거나 화가 난 적은 있었나요? 이런 것들에 대해 대화를 나눌 때, 두 사람 중 서로에 대한 새로운 이해를 얻게 되었던 사람은 있었나요? 여러분 자신의 전형적인 의사소통 유형에 대한 통찰력을 얻었나요? 앞으로 바꾸기로 마음먹은 것들이 있나요? 다름이나 갈등을 해결하는 데 도움이 될 만한 조언이 있나요?

## 세계에서 일어나는 사건에 반응하는 표현예술의 또 다른 예

### 전시의 슬픔을 표현하는 공동체 행사

나의 동료인 크리스틴 에반스(Christine Evans)는 가족들을 위한 다문화 워크숍을 구상하고 예술을 사용하여 미국의 이라크 침공에 대한 반응을 표현하도록 했다. TV에서 보았던 것처럼 폭탄이 터지는 '충격과 공포'의 공격은 대중들 사이에서도 다양한 감정적 반향과 반응을 불러일으켰다. 나는 크리스틴이 워크숍을 기획한 방법과 그에 이은 과정을 상세히 설명한 글을 발췌했다. 그것은 유용한 모델이다.

크리스틴은 지역 커뮤니티 센터에서 하루 행사를 계획했었다. 영어, 스페인어, 중국어로 된 광고지를 공동체에 두루 배포했다. 통역사들이 대기하고 있었고, 동료들이 자연물 재료, 종이, 매직펜, 파스텔, 잡지, 그림물감, 천, 점토, 일상용품, 창조적 과정에 도움이 될 만한 모든 다양한 도구들로 넘치는 테이블 세팅을 도왔다. 크리스틴은 이렇게 적고 있다.

참가자들이 도착하기 전에 우리 촉진자들은 25명의 참가자를 위해 진정성과 존재감을 어떻게 구현할 것인가에 대해 우리의 목적과 우리 자신의 나눔의 깊이를 되짚어 보았다.

표현예술을 통해 나는 고립감을 줄이고 힘든 감정을 표현하도록 돕고 세계차원에서 도움이 되는 첫 단계로서 내면의 평안을 돕는 창조적 대안을 찾는 기회를 제공하고자 했다.

명상과 표현예술에 대한 설명에 이어 그녀는 '풀뿌리 창조성'을 위한 시간을 제안했다.

감정을 표현하도록 돕는 동작을 한 후, 참가자들은 소집단으로 나뉘었다. 그들은 배신, 고립, 좌절, 발언권이 없는, 열망, 사랑, 희망, 슬픈, 두려움, 중압감, 속임수에 넘어간, 연결 등과 같은 단어를 소리 내어 외쳤다. 이 과정에서 지침은 자신들의 직관이 올바른 선택으로 이끌 거라 믿으며 열린 마음으로 미술매체에 다가가는 것이었다.

미술작품을 만든 후, 참가자들은 소집단으로 자신들의 개인적인 작품 만들기 과정에 대해 나누었고 그 미술작품을 방의 한 가운데 놓았다. 그들은 서로의 이야기를 들었다.

오후에는 심상화로 시작했다. "여러분이 안정감, 평안 혹은 소속감을 느꼈던 때를 떠올려 보세요." 유일한 지침은 이렇다. "여러분이 경험한 것을 반영할 세 가지 아이템을 고르고, 다른 세 사람과 함께 그 재료를 사용해서 무언가를 협동으로 창작해 보세요." 각 집단은 독창적으로 이 활동에 접근했고, 각자가 심오한 은혜와 감사, 이 경험을 통해 집단에서 얻은 것 등을 발표했다.

우리는 서로 팔짱을 끼고 마무리 음악에 맞추어 몸을 흔들며 끝냈다. 한 참가자는 이렇게 회상했다. "저는 제 길을 막는 모든 사람들에게 화가 나는 대신, 더 평안하고 더 연결된 것 같은 느낌을 받았어요." 수개월이 지난 후, 또 다른 참가자가 말했다. "시간이 흐르긴 했지만 그 느낌은 아직도 생생해요. 다른 사람들과 연결된, 마음이 열려 있고 솔직하며 노출되어 있지만 안전했던 그 순간 말이예요."

·····································································

# 등록한 참가자를 위한 설문지

워크숍 참가자들이 일단 선등록비를 지불하고 나면, 당신은 다음과 같은 정보를 얻고자 할 것이다.

## 설문지

이름 : _____

이메일 주소 : _____

우편 주소 : _____

전화번호 : _____

긴급 연락처 : _____

(이름과 전화번호)

학위가 있다면 전공 과목과 학교명을 적어 주세요.

직업 :

심리학과 예술을 공부한 적이 있다면 간략하게 설명해 주세요.

자신의 강점이라고 생각하는 것 세 가지는 무엇입니까?

삶에서 당신에게 기쁨을 주는 것은 무엇입니까?

현재 개인 혹은 집단 심리치료를 받고 있는 중입니까? 예/ 아니요

개인 혹은 집단 심리치료를 받아 본 적이 있습니까? 예/ 아니요

이 집단의 구성원으로서 당신에 대해 진행자나 담당자가 알아야 할 중요한 사항은 무엇입니까?

어떠한 개인적/직업적 목적을 위해 이 프로그램에 참여하게 되었습니까? 2년 후에 이 프로그램에서 졸업을 한다고 상상해 보세요. 스스로를 위해 무엇을 얻어 가기를 원하십니까?

**다음의 사항을 확인해 주세요.**

☐   나는 이 과정이 2년에 걸쳐 6주간 이루어진다는 것을 알며 미리 날짜를 비워 두었다.

☐   나는 이것이 마약이 허용되지 않는 프로그램임을 안다. 모든 불법 마약이나 과도한 음주가 금지된다.

☐   그 외 프로그램 시작 전에 알리고자 하는 문제나 필요 또는 요청사항이 있습니까?

# 공동체를 위한 지침

우리는 각자 자신에 대한 책임을 지고 집단 내 타인을 배려하는 것에 대한 집단 토의를 촉진시키기 위해 아래의 가이드라인을 나눠 준다. 참가자들은 다음과 같이 자신들의 제안도 추가한다.

# 공동체 형성 지침서

## 인간중심 표현예술 프로그램

일정 시간 이상 함께 일하거나 생활하는 모든 집단은 공동체가 된다. 그 공동체가 안전하고 힘을 주는 환경이 될지는 촉진자뿐만 아니라 그 공동체에 속한 개개인에 달려 있다. 우리 모두는 인사이더 혹은 아웃사이더가 되는 것, 인정을 받거나 그렇지 못한 것, 공동체 안에서 존재감을 가지고 이해받는 것에 대한 감정을 가지고 있다. 이 훈련의 주된 의도가 여러분으로 하여금 내면을 드러내고 기술을 얻게 하는 환경을 조성하는 것이지만, 우리가 창조하는 공동체는 여러분이 학습하는 데 있어 능력을 발휘하기에 중요한 요소이다. 때때로 진행자가 당신에게 적합한 것과 적합하지 않은 것이 무엇인지 공동체를 통해 확인할 것이다. 기회가 있을 때 의견을 분명히 제시하라. 집단은 그것에 속한 사람들의 생각과 감정을 반영하는 유기체가 된다. 지침은 다음과 같다.

1. 비록 이곳에 개인적인 성장과 지적 성장을 위해 왔지만 당신은 공동체의 중요한 일부이다.
2. 운영진은 개방적이고 솔직한 의사소통을 돕기 위해 여기에 있다. 개인적으로 그리고 집단으로 일어나는 기쁨, 슬픔, 좌절감을 함께 들어준다.
3. 공동체와 그 공동체의 구성원에 의해 야기되는 지속적이고 빈발하는 감정이 있음을 기억하고, 그것들을 표현하는 방법을 찾는 데 책임을 다하라. 당신이 자신을 표현하는 데 미술이나 동작, 글쓰기를 사용할 때 안도감, 명확함, 통찰력, 지지 등을 얻을 수 있다.

   또 당신의 혼동, 분노, 불만족을 해소시키기 위해 신뢰하는 친구나 운영위원, 공동체에 도움을 요청할 수도 있다. (기쁨을 나눌 수도 있다.)
4. 가능한 한 서로에게 솔직하고 마음을 열어라. 이 훈련 프로그램은 의사소통 기술을 연습하기에 좋은 곳이다. 즉 비판 없이 타인들의 말을 들어주고 자신의 시각과 감정을 인정하는 곳이다.
5. 서로 조화를 이루는 연습을 하라. 다른 사람에게 공감하면서도 자신의 생각과 감

정에 진실하게 반응하라.

6. 공동체의 힘은 각 개인에 대한 존중과 다양함 속에 공존하는 능력에 달려 있다. 솔직하게 의사소통하도록 책임을 다하라. (예 : "이렇게 느끼는 사람은 나밖에 없을 거야."라는 생각이 들겠지만, 다른 사람들도 그렇게 느낄 가능성이 매우 높다.)

7. 모두가 모든 사람을 좋아해야 하는 것은 아니다. 목표는 의사소통을 깔끔하고 분명하게 하는 것이다.

8. 투사가 일어나기도 한다. (이것은 누군가가 당신의 누나 혹은 어머니, 친구를 상기시키는 행동을 할 때 발생한다. 따라서 당신은 마치 그 사람이 누나, 어머니, 친구인 것처럼 반응한다.) 공동체 내의 누군가가 많은 감정을 부추긴다면 어떤 형태의 투사가 일어나고 있는지 스스로에게 물어보라. 종종 다른 사람들은 우리 자신이 가지고 있는 문제의 거울이다. 이 프로그램은 이런 '문제'를 극복할 수 있는 흔치 않은 기회이다.

9. 시간을 엄수하는 것도 또한 당신의 책임이다. (당신을 지각하게 만드는 요인이 무엇인지, 다른 사람들이 지각할 때 당신이 어떻게 느끼는지에 주목하라.)

수업에 불참할 경우에 집단원 중 누군가에게 알리라. 수업이 시작되면, 우리는 종종 "안 온 사람이 있나요?"라고 묻는다. 당신이 참석하지 않기로 선택했다는 것을 집단이 아는 것은 도움이 된다. 당신의 선택은 존중되고 우리는 당신에게 별 문제가 없다는 것을 알게 된다.

# 미술 재료

이 목록은 표현예술집단을 위해 적절한 재료를 찾는 데 도움을 주기 위함이다. 이 재료들 중 몇 가지는 큰 잡화점에서 구매할 수 있다. 미술용품점에 가면 이 재료들 중 대부분이 있다. 혹은 원하는 것을 찾거나 주문을 하고자 할 때 온라인 구매도 가능하다.

## 종이

### 도화지

신문용지는 저렴하지만 만족스럽지 못하다. 14kg(30파운드), 18kg(40파운드) 또는 그 이상인 종이를 구하라.

모릴라(Morilla)와 스트라스모어(Strathmore)에서는 묶음으로 나오는 질 좋은 중간 중량 종이를 판매한다.

$12'' \times 14''$

$14'' \times 17''$

$18'' \times 24''$

아트저널 묶음

$8-1/2'' \times 11''$ 정도의 스프링 철로 된 아트저널 묶음

### 판지(색판지)

다양한 색상이 포함된 묶음으로 나온다.

$9'' \times 12''$

$12'' \times 18''$

### 수채화 종이

수채물감을 사용할 계획이라면, 수채화 종이를 구하는 것이 도움이 되며, 그것은 다양한 크기의 묶음으로 판매된다. 스트라스모어에서 중급에서 고급 정도의 종이가 나온다. 개인적으로 36kg(80파운드)에서 59kg(130파운드) 종이를 추천한다. 아르슈

(Arches)가 최상급이지만 초보자는 꼭 이 종이를 쓰지 않아도 된다.

### 큰 두루마리 종이

너비 91cm(36인치), 길이 15~30m(50~100피트), 무게 23kg(50파운드) 정도의 큰 두루마리 종이를 고려해 보라. 큰 벽화나 스플래쉬 페인팅(splashy painting)을 하려면 이 종이를 바닥에 펼쳐라. 이 책에 언급된 '우리가 경험하는 세상'이라는 프로젝트를 구현하는 데 필요한 종이가 바로 이것이다. 용지공급 도매 회사에서 구할 수 있다. 전화번호부의 '종이' 부분을 활용하라.

## 채색

### 펠트펜

할인점이나 문구점, 미술용품점에서 낱개로 혹은 색상별 세트로 나온다.

### 오일 파스텔

펜텔(Pentel)이나 크레파스(Cray-Pas)는 학생용이다. 24색 세트가 좋다. 그룸바커(Grumbacher)와 렘브란트(Rembrandt)는 좀 더 고가의 고급 브랜드이다.

### 초크 파스텔

초크 파스텔은 12, 24, 48개들이 네모난 나무 상자로 나온다. 사전트(Sargent) 제품은 질이 좋다. 온라인 쇼핑이 가장 용이하다.

### 템페라 물감

부을 때 사용하는 주둥이가 있는 플라스틱 통에 든 템페라 물감을 권한다. 이런 병을 사용하면 물감이 마르는 것을 방지하고 사용하기에 편하다. 템페라 물감은 미술용품점이나 학교용품점에서 구매할 수 있는 작은 병에 담겨 판매된다. (전화번호부를 보라.) 붓도 함께 구매하라. 템페라 물감은 할인점에서 작은 항아리에 담겨 나오기도 한다. 주요 색상(빨강, 노랑, 파랑)과 검정, 갈색, 초록색, 흰색을 구매하라. 프랑(Prang)

은 고급 브랜드이지만 베스템프(BesTemp)와 다른 브랜드들도 괜찮다.

## 수채화 물감

수채화 물감은 튜브나 작은 용기에 8~12가지 색상이 들어 있는 상자로 판매된다. 초보자에게는 세트로 된 상자를 추천한다. 프랑이 고급 세트를 잘 만든다.

## 콜라주 재료

콜라주를 만드는 것은 종이나 판지, 메이소나이트(Masonite)와 같은 단단한 표면에 다양한 종류의 재료를 풀로 붙이는 작업이다. 오래된 잡지, 특히 고급스런 색깔의 광고나 사진이 들어 있는 것이 시작하기에 가장 좋은 재료이다. 다른 재료들로는 천, 단추, 비즈, 색깔 있는 화장지, 깃털, 그리고 나무껍질, 풀, 막대기, 손톱과 같은 쉽게 구할 수 있는 물건들(found object)이 있다. 재료는 상상력에 따라 무궁무진하다.

## 점토

세라믹 점토는 11kg(25파운드)짜리 자루에 담겨서 판매되는데 가장 싸면서도 가장 만족스러운 재료 중 하나이지만 종종 간과되는 미술 재료이다. 미술용품점에서 구매할수 있다. (전화번호부에서 '세라믹 판매' 항목을 보라.) 만들기에 적당한 점토를 달라고 하면 된다.

## 기타 재료

템페라 그림을 위해(물감과 물 섞기) : 낡은 컵케이크 틀이나 알루미늄 호일 컵케이크틀, 유리병

수채화를 위해 : 수채화 팔레트

점토 만들기를 위해 : 점토 만들기에는 손 외에 다른 도구는 필요하지 않지만 몇 가지도구를 사용할 수도 있다. 이 도구들은 유용한 점토용 도구가 될 수 있다. 나무 롤링핀, 나무 스푼이나 주걱, 낡은 식사용 나이프, 포크, 스푼. 세라믹용품점에서 구매할수 있는 몇 가지 점토용 도구도 있다. 가벼운 전선 몇 가닥이나 치실도 11kg(25파운드)이나 되는 점토 덩어리를 자르는 데 도움이 된다.

# 다목적 용도를 위해

보호 테이프

스카치 테이프

스테이플러

가위

풀(Elmer 풀과 딱풀)

종이 접시(납작한 종류. 점토 만들기에 사용할 수도 있음)

자유 글쓰기를 위한 줄이 있는 수첩

펜, 연필

아트지를 받칠 때 사용할 벽보판

모든 미술활동에 사용할 수 있는 플라스틱이나 천으로 된 타폴린(방수 천의 일종)


# 음악/사운드

CD와 테이프를 사용할 수 있는 스피커, 테이프 플레이어, 붐 박스가 갖춰진 아이
패드

클래식, 재즈, 록 뮤직, 뉴에이지를 포함한 가장 좋아하는 음악 CD 또는 카세트,
사용하고자 하는 음악 중 아이팟에 저장된 곡들

드럼이나 클라베스(claves), 탬버린, 종, 징, 트라이앵글, 간단한 플루트, 실로폰 등
과 같은 사운드를 만드는 간단한 악기들. 이러한 악기들은 학교용품 카탈로그나 음
반가게에서 구매할 수 있다.

# 집단을 위한 음악

참가자들이 작품 만들기에 열중하는 동안 영감을 주거나 배경으로 사용할 음악을 고르는 것은 민감한 문제이다. 필요할 때 용이하게 사용하도록 음악의 분위기와 템포를 알아 두는 것이 도움이 된다. 참가자들에게 음악을 틀어 놓기를 원하는지 아니면 음악이 없는 상태에서 작업하기를 원하는지 의견을 물어보는 것이 좋다.

춤을 추거나 몸풀기를 하거나 기운을 북돋아 주는 음악을 선정하는 것은 쉽다. 종종 참가자들은 자신들이 가지고 있는 곡을 가지고 오기도 하는데 이때는 촉진자가 가지고 있는 것에 추가해서 사용하면 된다.

Ahmad Jamal. *In Search Of.*

Brian Culbertson. *Secrets.*

Carlos Nakai and Nawang Khechog. *Minds of Devotion.* info@earthrecords.com.

Carlos Nakai. *Inner Voices; Migration*; or any of his music.

Celtic Treasure. *Legacy of Turlough O' Carolan.*

Copland. *Greatest Hits.*

David and Steve Gordon. *Sacred Earth Drums.*

David Fanshawe (recorder). *East Africa Ceremonial & Folk Music.*

Dream Catcher. *Native American Flutes.*

Enigma. *MCMXD a.D.*

Gabrielle Roth and the Mirrors. *Bones; Totem.*
ravenrec@panix.com. http://ravenrecording.com.

Georgia Kelly and Dusan Bogdanovic. *A Journey Home.*

Govi. *Guitar Odyssey.*

Hawaiian Slack Key Guitar. *Master Collection.*

Hildegard von Bingen. *The Gold Collection; Vision.* Spiritual Songs of Hildegard.

Ibrahim Ferrer. *Buena Vista Social Club Presents Ibrahim Ferrer.*

IZ (vocalist). *Facing Future.*

Jobim. *Blue Note Plays.*

Joshua Bell. *Romance of the Violin.*

Keith Jarrett, Gary Peacock, and Jack Dejohnette. *Changeless.* www.ecmrecords.com.

Krishna Das. *Doors of Faith.*

La Vienta. *Forgotten Romance.*

Lena Horne. *Being Myself.*

Lila Downs. *Una Sangre (One Blood).*

Manchu and Mongol Shamanism. *Drums of the Ancestors.* The Foundation for Shamanic Studies. (415) 380−8282.

Michael Jones (Piano). *Living Music.*

Miles Davis. *Birth of the Cool.*

Miriam Makeba. *Eyes on Tomorrow.*

Moira Kerr. *Celtic Soul.*

Mozart for Meditation. *Quiet Music for Quiet Times.*

Mystical Dream. *Benedictine Sisters of Perpetual Adoration.*

Natalie Merchant (vocalist). *Tigerlily.*

Nicolas Gunn. *The Sacred Fire.*

Night, Falling. *Jazz for the Quiet Evenings: Hear Music.*

Norah Jones (vocalist). *Come Away with Me.*

Olatunji. *Drums of Passion.*

Pastorale. *Music of Nature and Grace; Tingstad and Rumbel.*

Putumayo. *Afro-Latin Party.* www.putumayo.com.

Secret Garden. *Songs from a Secret Garden.*

Steven Halpern. *Chakra Suite; Music for Lovers; Trance-Zendance.* With Paul Horn. *Connections.* With Paul McCandless. *Perfect Alignment.* www.innerpeacemusic. com.

Talking Stick. *Medicine Drum.*

Ted de Jong, Klaus Wiese, and Matthias Grassow. *El-Hadra: The Mystic Dance.*

Windham Hill. *Mozart Variations.* Collection: *Conversations with God; Mozart Variations; Prayer; Songs without Words.* Sampler: *The Romantics; The Impressionists.*

World 2003. *Music Without Frontiers.*

# 기관 및 웹사이트

Association for the Development of the Person-Centered Approach (ADPCA)
www.adpca.org

Association of Humanistic Psychology (AHP)
www.ahpweb.org

Association for Transpersonal Psychology
www.atpweb.org

Carl Rogers Archives
This link takes you to the Santa Barbara Special Section including video and audio tapes of Carl Rogers.
http://www.oac.cdlib.org/findaid/ark:/13030/tf2f59n977
Videos of client sessions and more
www.carlrogers.info

Carl Rogers
The Library of Congress, Washington, D.C., holds 59.2 linear feet of Carl's personal and professional papers. To access the library catalog use
http://catalog.loc.gov

Center for Studies of the Person (CSP) Video and Audio Tapes on Groups
"Carl Rogers Speaking on Peace in South Africa, Central America, and The Camp David Accords." 1986.
"Is There Another Way? Carl Rogers Interviewed by Carole in South Africa." 1986.
www.centerfortheperson.org

Expressive Media Inc: Art therapy films and resources.
www.expressivemedia.org

Focusing and Expressive Arts Institute
Laury Rappaport, PhD., ATR-BC, REAT
www.focusingarts.com

International Expressive Arts Therapy Association (IEATA)
P.O. Box 332399, San Francisco, CA 94132.   Phone: 415-522-8959.
See links to education and training worldwide.
www.ieata.org

Natalie Rogers's Website – Includes information on Carl Rogers.
www.nrogers.com

National Coalition of Creative Arts Therapies Associations
c/o AMTA, 8455 Colesville Rd., Ste. 1000, Silver Spring, MD 20910
www.nccata.org

Person-Centered and Experiential Psychotherapies (PCEP): Journal of
the World Association for Person-Centered and Experiential Psycho-
therapy and Counseling (WAPCEPC)
www.pce-world.org/idxjournal.htm

Person-Centered Counseling – Carl Rogers
www.person-centered-counseling.com

Psychotherapy.net – Psychotherapy videos and DVDs
www.psychotherapy.net

World Association for Person-Centered and Experiential Psychotherapy
and Counseling (WAPCEPC)
www.pce-world.org

# 인간중심 표현예술 훈련 프로그램

지난 수년간 우리 표현예술 과정을 수료한 학생 몇몇이 자신들의 나라에서 6주간 진행되는 총 400시간 훈련 프로그램을 개설하고자 했다. 이 훈련 프로그램은 현재 미국에 있는 세이브룩대학교에 개설된 자격증 과정일 뿐만 아니라 일본, 아르헨티나, 한국, 홍콩에서도 진행 중이다.

나탈리는 아르헨티나와 영국, 한국, 일본에서 진행한 강의와 워크숍에서 몇몇 초기 연락망을 구축했다. 그에 이어 인간중심표현치료연구소(PCETI) 교수진들이 새로운 프로그램 개발을 돕기 위해 각국을 수차례 방문했다.

1990~2000년까지 셜리 데이비스(Shellee Davis)가 기초 작업을 도왔고 테스 스터록(Tess Sturrock)과 다이나 브라운(Dinah Brown)이 영국에서 프로그램을 성공적으로 이끌었다. 마리아 곤잘레스-블루(Maria Gonzalez-Blue)는 1995년 그라시엘라 보티니(Graciela Bottini)를 도와 아르헨티나에 이 프로그램을 정착시키기 위해 직접 그곳으로 갔다. 그라시엘라의 끊임없는 헌신으로 프로그램은 지속적으로 성장하고 있다. 셜리 데이비스는 일본으로 가서 쿄코 오노(Kyoko Ono)와 함께 프로그램의 기반을 다지는 데 기여했다. 쿄코와 그녀의 동료들은 여전히 이 프로그램을 잘 이끌어 가고 있다. 셜리는 또 2010~2011년에 한국에서 전태옥 교수를 도와 인간중심 표현예술 훈련을 시작했다. 2011년에는 크리스틴 에반스(Christine Evans)와 나탈리 로저스가 홍콩에 가서 피오나 장(Fiona Chang)과 함께 이 프로그램 설립에 도움을 주었다.

다음은 각 국가별 연락처이다.

**USA: Saybrook University**
Website: www.saybrook.edu or
www.nrogers.com, click Saybrook Certificate Program
**Faculty: Shellee Davis, Sue Ann Herron, Natalie Rogers**

**Argentina: Pcetiargentina**
Person-Centered Expressive Art Therapy
Institute Sede Argentina
Marcelo t de Alvear 1262
Buenos Aires, Argentina
Tel: 0541 1 48163770
Website www.pcetiargentina.com.ar
**Faculty: Graciela Bottini and Maria González-Blúe**

**Hong Kong (English Language)**
Center on Behavioural Health (Expressive Art Therapy Program)
G/F, Pauline Chan Building, The University of Hong Kong,
10 Sasson Road, Pokfulam, Hong Kong
Tel: 852-2589-0500
Fax: 852-2589-0512
E-mail: bhealth@hku.hk
or Fiona Chang at: fionafoo@sw.hku.hk
Website: http://cbh.hku.hk
**Faculty: Fiona Chang and Christine Evans**

**Japan: Expressive Art Therapy Institute**
Hyogen-art Therapy Instituete  2-7-6 kamisaginomiya
Nakano-ku, Tokyo 165-0031, Japan
Tel: 03-5971-2703
Fax: 03-5971-2702
Email exa@hyogen-art.com
Website: http://hyogen-art.com
**Faculty:  Kyoko Ono, Shellee Davis, and Hiroyuki Hamanaka**

**South Korea: Person Centered Expressive Arts Therapy Institute**
1309 ho, 432, Dongdaegu-ro, Dong-gu,
Daegu 41250, Korea
Tel: 82-53-744-3444
Website: http://pc-artstherapy.com

**United Kingdom:** For person-centered expressive art therapy training
programs, contact Tess Sturrock: tess_sturrock@hotmail.com.

# 참고문헌

## 책

Achterberg, Jeanne. *Imagery in Healing: Shamanism and Modern Medicine.* Boston: Shambala, 2002.

_____. *Lightning at the Gate: A Visionary Journey of Healing.* Boston: Shambhala, 2002.

Achterberg, Jeanne, Barbara Dossey, and Leslie Kolkmeier. *Rituals of Healing: Using Imagery for Health and Wellness.* New York: Bantam Books, 1994.

Adamson, Edward. *Art as Healing.* York Beach, ME: Nicolas-Hays, 1984.

Adler, Janet. *Offering from the Conscious Body: The Discipline of Authentic Movement.* Rochester, VT: Inner Traditions, 2002.

Allen, Pat B. *Art Is a Way of Knowing: A Guide To Self-knowledge and Spiritual Fulfillment Through Creativity.* Boston: Shambhala, 1995.

_____. *Art Is a Spiritual Path: Engaging the Sacred Through the Practice of Art and Writing.* Boston: Shambhala, 2005.

Anderson, Harold H. *Creativity and Its Cultivation.* New York: Harper & Brothers, 1959.

Anderson, Robert, and Kenneth N. Cissna. *The Martin Buber – Carl Rogers Dialogue: A New Transcript with Commentary.* New York: State University of New York Press, 1997.

Arrien, Angeles. *The Five Universal Shapes and How to Use Them.* Sonoma, CA: Arcus Publishing, 1992.

_____. *The Nine Muses: A Mythological Path to Creativity.* Penguin Putman, Inc., 2000.

_____. *The Tarot Handbook: Practical Applications of Ancient Visual Symbols.* Sonoma, CA: Arcus Publishing, 1997/1987.

_____, ed. *Working Together: Producing Synergy by Honoring Diversity.* San Francisco: Berrett-Koehler Publishers, Inc, 2001.

Assagioli, Roberto. *Psychosynthesis: A Manual of Principles and Techniques.* New York: Viking, 1965.

Barlin, Anne Lief, and Tamara Robbin Greenberg. *Move and Be Moved.* Los Angeles: Learning Through Movement, 1980.

Barron, Frank. *Creativity and Psychological Health.* Princeton, NJ: Van Nostrand, 1963.

Bartall, Leah, and Nira Ne'eman. *The Metaphoric Body: Guide to Expressive Therapy Through Images and Archetypes.* London: Jessica Kingsley Publishers, 1993.

Barton, A. *Three Worlds of Therapy: An Existential-Phenomenological Study of the Therapies of Freud, Jung, and Rogers.* Palo Alto, CA: National Press Books, 1974.

Bayles, David, and Ted Orland. *Art and Fear: Observations on the Perils (and Rewards) of Artmaking.* Santa Barbara: Capra Press, 1993.

Benzwie, Teresa. *A Moving Experience: Dance for Lovers of Children and the Child Within.* Tucson, AZ: Zephyr Press, 1987.

Berman, Morris. *Coming to Our Senses.* New York: Bantam, 1989.

Black, Anne, and Penelope Simpson. *The Art of Healing Childhood Grief: A School-Based Expressive Arts Program Promoting Social and Emotional Literacy.* Bloomington, IN: Author House, 2004.

Boal, Augusto. *Theatre of the Oppressed.* New York: Theater Communications Group, 1985.

Bolton, Robert. *People Skills: How to Assert Yourself, Listen to Others, and Resolve Conflicts.* New York: Simon & Schuster, 1979.

Bozarth, Jerold. *Person-Centered Therapy: A Revolutionary Paradigm.* Ross-on-Wye, England: PCCS Books, 1998.

Brewer, Chris, and Don G. Campbell. *Rhythms of Learning: Creative Tools for Developing Lifelong Skills*. Arizona: Zephyr Press, Inc., 1991.

Bridges, William. *Transitions: Making Sense of Life's Changes*. Menlo Park, CA: Addison-Wesley, 1980; Revised 25th Anniversary Edition, 2004.

Brown, J. *Psychotherapy and Process: The Fundamentals of an Existential-Humanistic Approach*. New York: Random House, 1978.

Brown, J., et al. *Free Writing! A Group Approach*. Rochelle Park, NJ: Hayden Books, 1977.

Bugental, James F. T. *The Art of the Psychotherapist*. New York: W. W. Norton, 1987.

Burtis, John O., and Paul D. Turman. *Group Communication Pitfalls: Overcoming Barriers to an Effective Group Experience*. Thousand Oaks, CA: Sage Publications, Inc., 2005.

Cameron, Julia. *The Artist's Way: A Spiritual Path to Higher Creativity*. New York: Jeremy P. Tarcher/Putnam, 1992.

_____. *The Vein of Gold: A Journey to Your Creative Heart*. NY: Jeremy P. Tarcher/Putnam, 1996.

Campbell, Don G. *The Roar of Silence: Healing Powers of Breath, Tone, and Music*. Wheaton, IL: Theosophical Publishing House, 1989.

_____. ed. *The Portable Jung*. New York: Viking Penguin, 1971.

Campbell, Jean, Marian Liebmann, Frederic Brooks, Jenny Jones, and Cathy Ward, eds. *Art Therapy, Race and Culture*. London: Jessica Kingsley Publishers, 1999.

Campbell, Joseph. *The Mythic Image*. Princeton, NJ: Princeton University Press, 1974.

Cane, Florence. *The Artist in Each of Us*. Craftsbury Common, VT: Art Therapy Publications, 1953.

Capacchione, Lucia. *The Art of Emotional Healing: Over 60 Simple Exercises for Exploring Emotions Through Drawing, Painting, Dancing, Writing, Sculpting, and More*. Boston: Shambhala, 2006.

_____. *The Creative Journal: The Art of Finding Yourself.* Athens, OH: Swallow Press, 2001/1979.

_____. *The Power of Your Other Hand: A Course in Channeling the Inner Wisdom of the Right Brain.* North Hollywood, CA: Newcastle Publishing, 2001/1988.

_____. *Recovery of Your Inner Child.* New York: Simon & Schuster, 1991.

Carey, Lois, ed. *Expressive and Creative Arts Methods for Trauma Survivors.* London: Jessica Kingsley Publishers, 2006.

Carroll, Julia. *Harmed by Night, Healed by Light: Professional Art Therapy Modalities and Incest Survivor Memoirs.* Houston, Texas: Reiki Touch Institute of Holistic Medicine Publishing, 2006.

Cassou, Michell, and Stewart Cubley. *Life, Paint and Passion: Reclaiming the Magic of Spontaneous Expression.* New York: Jeremy P. Tarcher/Putnam Book, 1995.

Chadwick, Peter. *Personality as Art: Artistic Approaches in Psychology.* Ross-on-Wye, UK: PCCS Books, 1999.

Chicago, Judy. *Through the Flower: My Struggle as a Woman Artist.* Garden City, NY: Doubleday, 1975.

Cooper, Mick, Maureen O'Hara, Peter R. Schmid, and Gill Wyatt, eds. *The Handbook of Person-Centred Psychotherapy and Counselling.* New York: Palgrave Macmillan, 2007.

Corey, Gerald. *Case Approach to Counseling and Psychotherapy,* 6th ed. Belmont, CA: Thomson Brooks/Cole, 2005.

_____ . *Theory and Practice of Group Counseling,* 7th ed. Belmont, CA: Thomson Brooks/Cole, 2008/2004.

Corey, Gerald, and Marianne Schneider Corey. *I Never Knew I Had a Choice: Explorations in Personal Growth,* 8th ed. Belmont, CA: Thomson Brooks/Cole, 2008/2006.

Corey, Gerald, Marianne Schneider Corey, and Robert Haynes. *Groups in Action: Evolution and Challenges.* Belmont, CA: Thomson Brooks/Cole, 2006.

Corey, Gerald, Marianne Schneider Corey, Patrick Callanan, and J. Michael Russell. *Group Techniques*. Brooks Cole, 2003.

Corey, Marianne S., and Gerald Corey. *Groups: Process and Practice*. 3rd ed. Pacific Grove, CA: Brooks/Cole Publishing Company, 2008/1987.

Cornell, Judith. *Drawing the Light from Within*. New York: Prentice Hall, 1990.

Darley, Suzane, and Wende Heath. *The Expressive Arts Activity Book: A Resource for Professionals*. London: Jessica Kingsley Publishers, 2007.

Diaz, Adriana. *Freeing the Creative Spirit: Drawing on the Power of Art to Tap the Magic and Wisdom Within*. San Francisco: Harper San Francisco, 1992.

Edwards, Betty. *Drawing on the Artist Within: A Guide to Innovation, Invention, Imagination and Creativity*. New York: Simon & Schuster, 1986.

_____. *Drawing on the Right Side of the Brain: A Course in Enhancing Creativity and Artistic Confidence*. Los Angeles: J. P. Tarcher, 1989.

Embleton, Louise Tudor, Keemar Keemar, Keith Tudor, Joanna Valentine, and Mike Worrall. *The Person-Centred Approach: A Contemporary Introduction*. NY: Palgrave Macmillan, 2004.

Fairhurst, Irene, ed. *Women Writing in the Person-Centred Approach*. Ross-on-Wye, UK: PCCS Books, 1999.

Farber, Barry A., Debora C. Brink, and Patricia M. Raskin. *The Psychotherapy of Carl Rogers: Cases and Commentary*. New York: The Guilford Press, 1996.

Farrelly-Hansen, Mimi. *Spirituality and Art Therapy: Living the Connection*. London: Jessica Kingsley Publishers, 2001.

Feder, Elaine, and Bernard Feder. *The Expressive Art Therapies: Art, Music and Dance as Psychotherapy*. Englewood Cliffs, NJ: Prentice-Hall, 1981.

Feldenkrais, Moshe. *Awareness Through Movement: Health Exercises for Personal Growth*. New York: Harper & Row, 1972.

Fernandez, Lorena. *Spiritual Healing with Art: A Bilingual Memoir*. Bloomington, IN: Author House, 2006.

Feinstein, David, and Stanley Krippner. *The Mythic Path: Discovering the Guiding Stories of Your Past – Creating a Vision for Your Future*. Elite Books, 2007.

Fox, Matthew. *Creativity: Where the Divine and the Human Meet*. New York: Jeremy P. Tarcher, 2002.

_____. *The Coming of the Cosmic Christ: The Healing of Mother Earth and the Birth of a Global Renaissance*. San Francisco: Harper & Row, 1988.

Ganim, Barbara. *Art and Healing: Using Expressive Art to Heal Your Body, Mind, and Spirit*. New York: Three Rivers Press, 1999.

Gawain, Shakti. *Creative Visualization*. New York: Bantam, 1985.

_____. *Living In the Light: A Guide to Personal and Planetary Transformation*. San Rafael, CA: New World Library, 1986.

Gaylin, Ned. L. *Family, Self and Psychotherapy: A Person-Centered Perspective*. Ross-on-Wye, UK: RCCS Books, 2001.

Gendlin, Eugene T. *Focusing*. New York: Everest House, 1978.

Ghiselin, Brewster. *Creativity and Personal Freedom*. Princeton, NJ: Van Nostrand, 1968.

_____, ed. *The Creative Process: A Symposium*. Berkeley, CA: University of California Press, 1952.

Gilroy, Andrea, and Gerry McNeilly, eds. *The Changing Shape of Art Therapy: New Developments in Theory and Practice*. London: Jessica Kingsley Publishers, 2000.

Gold, Aviva, with Elena Oumano. *Painting from the Source: Awakening the Artist's Soul in Everyone*. Harper Perennial, A Division of Harper Collins Publishers, 1998.

Goldberg, Natalie. *Wild Mind: Living the Writers' Life*. New York: Bantam, 1990.

_____. *Writing Down the Bones: Freeing the Writer Within*. Boston: Shambhala, 1986.

Goldman, Jonathan. *Healing Sounds: The Power of Harmonics*. Great Britain: Element Books, Limited, 1992.

Goleman, Daniel, Paul Kaufman, and Michael Ray. *The Creative Spirit: Companion to the PBS Television Series*. New York: A Plume Book, Published by the Penguin Group, 1993.

Gordon, Thomas. *Group-Centered Leadership: A Way of Releasing the Creative Power of Groups*. Boston: Houghton Mifflin Company, 1955.

Grof, Stanislav. *The Adventure of Self-Discovery: Dimensions of Consciousness and New Perspectives in Psychotherapy and Inner Exploration*. Albany: State University of New York Press, 1988.

Gunther, Bernard. *Sense Relaxation: Below Your Mind*. New York: Macmillan, 1969.

Habibi, E. *The Optimist*. Tel Aviv: Hakibutz Hameuhad Publishing House, 1995.

Hagman, George. *Aesthetic Experience: Beauty, Creativity, and the Search for the Ideal*. Amsterdam: Rodopi, 2005.

Hall, M. *Peacequest: Cultivating Peace in a Violent Culture*. Sausalito, CA: Peacequest, 2003.

Halprin, Anna. *Dance as a Healing Art: Returning to Health with Movement and Imagery*. Mendocino, CA: Life Rhythm, 2000.

_____. *Experience as Dance*. Berkeley, CA: University of California Press, 2007.

_____. "My Experience of Cancer." *Moving Toward Life*. Hanover, NH: Wesleyan University Press, 1995, pp. 65-69.

Halprin, Anna, et al. *Collected Writings*. San Francisco: San Francisco Dancers' Workshop, 1973.

Halprin, Daria. *The Expressive Body in Life, Art and Therapy: Working with Movement, Metaphor and Meaning*. London and Philadelphia: Jessica Kingsley Publishers, 2003.

Hanh, Thich Nhat. *Being Peace*. Berkeley, CA: Parallax Press, 1987.

Harman, Willis. *Global Mind Change: The Promise of the Last Years of the Twentieth Century*. Indianapolis, IN: Knowledge Systems, Inc., in cooperation with the Institute of Noetic Sciences, 1988.

Harman, Willis, and Howard Rheingold. *Higher Creativity: Liberating the Unconscious for Breakthrough Insights.* Los Angeles: J. P. Tarcher, 1984.

Heider, J. *The Tao of Leadership: Lao Tzu's Tao Te Ching Adapted for a New Age.* Atlanta, GA: Humanics Limited, 1985.

Heilbrun, Carolyn G. *Writing a Woman's Life.* New York: Ballantine, 1988.

Henderson, Hazel, Jean Houston, and Barbara Marx-Hubbard. *The Power of Yin: Celebrating Female Consciousness.* New York: Cosimo, 2007.

Henley, David. *Clayworks in Art Therapy: Plying the Sacred Circle.* London: Jessica Kingsley Publishers, 2002.

Heron, John. *Sacred Science: Person-Centred Inquiry into the Spiritual and the Subtle.* Ross-on-Wye, UK: PCCS Books, 1998.

Hieb, Marianne. *Learning to See and Record Your Life as a Work of Art.* London: Jessica Kingsley Publishers, 2005.

Hollingshed, Andrea B., and Marshall Scott Poole. *Theories of Small Groups: Interdisciplinary Perspectives.* Thousand Oaks, CA: Sage Publications, Inc., 2004.

Houston, Jean. *The Possible Human: A Course in Enhancing Your Physical, Mental, and Creative Abilities.* Los Angeles: J. P. Tarcher, 1997/1982.

Ingerman, *Soul Retrieval: Mending the Fragmented Self.* San Francisco: Harper San Francisco, 1991.

Jaffee, Aniela, ed. *C. J. Jung: Word and Image.* Los Angeles: J. P. Tarcher, 1982.

Jourard, Sidney M. *The Transparent Self.* New York: Van Nostrand Reinhold, 1971.

Jung, Carl G. *Man and His Symbols.* Garden City, NJ: Doubleday, 1964.

_____. "Mandala Symbolism" in *Collected Works of C. G. Jung*, Volume 9, Part I. Bollingen Series XX. Princeton, NJ: Princeton University Press, 1959.

_____. *Memories, Dreams, and Reflections.* New York: Pantheon, 1963.

Jung, Carl G., Sonu Shamdasani, Mark Kyburz, and John Peck. *The Red Book.* W.W. Norton & Company, 2009.

Kaplan, Frances, ed. *Art Therapy and Social Action: Treating the World's Wounds.* London: Jessica Kingsley Publishers, 2006.

Kenny, Carolyn. *The Mythic Artery.* Atascadero, CA: Ridgeview Publishing, 1982.

Keyes, Laurel Elizabeth. *Toning: The Creative Power of the Voice.* Marina del Rey, CA: DeVorss & Co., 1973.

Keyes, Margaret Frings. *Inward Journey: Art as Therapy.* London: Open Court Publishing, 1983.

Keys, Suzanne, ed. *Idiosyncratic Person-Centred Therapy: From the Personal to the Universal.* Ross-on-Wye, UK: PCCS Books, 2003.

Kiebert, Coeleen. *All of a Sudden: The Creative Process.* Aptos, CA: Coeleen Kiebert, 2000/1996/1994.

Kirschenbaum, Howard. *On Becoming Carl Rogers.* New York: Delacorte, 1979.

_____. *The Life and Work of Carl Rogers:* Ross-on-Wye, UK: PCCS Books, 2007.

Kirschenbaum, Howard, and Valerie Land Henderson. *The Carl Rogers Reader.* Boston: Houghton Mifflin, 1989.

Knill, Paolo. "Intermodal Learning in Education and Therapy." Cambridge, MA: published by the author, 1978.

Knill, Paolo, Ellen G. Levine, and Stephen K. Levine. *Principles and Practice of Expressive Arts Therapy: Toward a Therapeutic Aesthetics.* London: Jessica Kingsley Publishers, 2004.

Knill, Paolo J., Helen Nienhaus Barba, and Margo N. Fuchs. *Minstrels of Soul: Intermodal Expressive Therapy.* Toronto: Palmerston, 1995.

Koff-Chapin, Deborah. *Drawing Out Your Soul: The Touch Drawing Handbook.* Langley, WA: The Center for Touch Drawing, 1996.

Kramer, Edith. *Art as Therapy: Collected Papers.* London: Jessica Kingsley Publishers, 2001.

Krippner, Stanley, Fariba Bogzaran, and Andre Percia De Carvalho. *Extraordinary Dreams and How to Work with Them*. New York: State University of New York Press, 2002.

Krippner, Stanley, and Joseph Dillard. *Dreamworking: How to Use Your Dreams for Creative Problem-Solving*. Buffalo, NY: Bearly Limited, 1988.

Kriz, Jurgen. *Self-Actualization*. Norderstedt: Herstellung und Verlag: Books On Demand, 2006.

Kutash, Irwin L., and Alexander Wolf, eds. *Psychotherapist's Casebook: Theory and Technique in the Practice of Modern Therapies*. San Francisco: Jossey-Bass Inc., Publishers, 1986.

Lago, Collin. *Race, Culture, and Counselling*. Maidenhead, UK: Open University Press, 2005.

Lago, Colin, and Barbara Smith, eds. *Anti-discriminatory Counselling Practice*. London: Sage Publications, 2003.

Lago, Colin, and Mhairi MacMillan. *Experiences in Relatedness: Groupwork and the Person-Centered Approach*. Ross-on-Wye, UK: PCCS Books, 1999.

LeShan, Lawrence. *How to Meditate: A Guide to Self-Discovery*. Boston: Little, Brown, 1974.

Levant, Ronald F., and John M. Shlien. *Client-Centered Therapy and the Person-Centered Approach: New Directions in Theory, Research, and Practice*. New York: Praeger Publishers, 1984.

Levine, Ellen. *Tending the Fire: Studies in Art, Therapy and Creativity*. Toronto: Palmerston Press, 1995.

_____. *Jewish Perspectives on Illness and Healing*. Danbury, CT: Rutledge Books, 2001.

Levine, Stephen K. *Poiesis: The Language of Psychology and the Speech of the Soul*. Toronto: Palmerston Press, 1992.

Levine, Stephen K., and Ellen G. Levine. *Song the Only Victory: Poetry Against War*. Canada: EGS Press, 2007.

_____, eds. *Foundations of Expressive Arts Therapy: Theoretical and Clinical Perspectives*. London: Jessica Kingsley Publishers, 1999.

Lewis, Penny, ed. *Theoretical Approaches in Dance-Movement Therapy, Volume II*. Dubuque, IA: Kendall/Hunt, 1984.

Liebmann, Marian, ed. *Arts Approaches to Conflict*. London: Jessica Kingsley Publishers, 1996.

_____. *Art Therapy in Practice*. London: Jessica Kingsley Publishers, 1989.

Lippin, R. "The Arts: Are They Real Medicine?" Keynote address presented at the Spirit of Hospice Awards Dinner, New Jersey Hospice and Palliative Care Organization Conference, 1998. Retrieved July 7, 2003, from the World Wide Web: www.ricklippin.com/papers6.htm.

London, Peter. *No More Secondhand Art: Awakening the Artist Within*. Boston: Shambhala, 1989.

Macy, Joanna. *World as Lover, World as Self: Courage for Global Justice and Ecological Renewal*. CA: Parallax Press, 2007.

Macy, Joanna, and Molly Young Brown. *Coming Back to Life: Practices to Reconnect Our Lives, Our World*. British Columbia: New Society Publishers, 1998.

Maslow, Abraham. *Toward a Psychology of Being*. Princeton, NJ: Van Nostrand, 1962.

_____. *The Farther Reaches of Human Nature*. New York: Viking, 1971.

Mathieu, W.A. *The Listening Book: Discovering Your Own Music*. Boston: Shambhala, 1991.

May, Rollo. *The Courage to Create*. New York: Bantam, 1975.

McMurray, Madeline. *Illuminations: The Healing Image*. Berkeley, CA: Wingbow Press, 1988.

McNiff, Shaun. *Art as Medicine: Creating a Therapy of the Imagination*. Boston: Shambhala, 1992.

_____. *Art Heals: How Creativity Cures the Soul*. Boston: Shambhala, 2004.

_____. *Art-Based Research*. London: Jessica Kingsley Publishers, 2009/1998.

_____. *Creating with Others: The Practice of Imagination in Life, Art, and the Workplace*. Boston: Shambhala, 2003.

_____. *The Arts and Psychotherapy*. Springfield, IL: Charles C. Thomas, 1981.

_____. *Trust the Process: An Artist's Guide to Letting Go*. Boston: Shambhala, 1998.

Mearns, David. *Developing Person-Centred Counselling*. London: Sage Publications, 1994.

_____. *Person-Centred Therapy Today: New Frontiers in Theory and Practice*. London: Sage Publications, 2000.

Mearns, David, and Brian Thorne. *Person-Centred Counselling in Action*. 2nd ed. London: Sage Publications, Ltd., 1988/2005.

Merry, Tony. *Invitation to Person-Centred Psychology*. London: Whurr Publishers Ltd., 1995.

Mindell, Arnold. *Dreambody: The Body's Role in Revealing the Self*. Boston: Sigo Press, 1982.

_____. *The Year 1: Global Process Work. Community Creation from Global Problems, Tensions and Myths*. London: Penguin Group, 1989.

Moodley, Roy, Colin Lago, and Anissa Talahite, eds. *Carl Rogers Counsels a Black Client: Race and Culture in Perspective*. Ross-on-Wye, UK: PCCS Books, 2004.

Moon, Bruce L. *Existential Art Therapy: The Canvas Mirror*. Springfield, IL: Charles C. Thomas, 1990.

_____. *Art-Based Group Therapy: Theory and Practice*. Springfield, IL: Charles C. Thomas, Publisher, Ltd., 2010.

Moore, Judy, and Campbell Purton, eds. *Spirituality and Counselling: Experiential and Theoretical Perspectives*. Ross-on-Wye,UK: PCCS Books, 2006.

Moustakas, Clark E. *Creativity and Conformity*. New York: Van Nostrand Reinhold, 1967.

_____. *The Self: Explorations in Personal Growth.* Joanna Cotler Books, 1975.

Nachmanovitch, Stephen. *Free Play: Improvisation in Life and Art.* Los Angeles: J. P. Tarcher, 1990.

Naranjo, Claudio, and Jean Houston. *Healing Civilization.* Gateway Books and Tapes, 2010.

Natiello, Peggy. *Person-Centered Approach and Client-Centered Therapy.* Llangarron, Ross-on-Wye, UK: PCCS Books, 2001.

_____. *The Person-Centered Approach: A Passionate Presence.* Ross-on-Wye, UK: PCCS Books, 2002.

Oaklander, Violet. *Windows to Our Children.* Moab, UT: Real People Press, 1969.

Page, Richard, and Daniel Berkow. *Unstructured Group Therapy: Creating Contact, Choosing Relationship.* Ross-on-Wye, UK: PCCS Books, 2005.

Pallaro, Patrizia, ed. *Authentic Movement: Essays by Mary Starks Whitehouse, Janet Adler and Joan Chodorow.* London and Bristol, PA: Jessica Kingsley Publishers, 2003.

Patterson, C. H., and S. Hidore. *Successful Psychotherapy: A Caring, Loving Relationship.* Northvale, NJ: Jason Aronson, 1997.

Pelletier, Kenneth R. *Mind as Healer, Mind as Slayer: A Holistic Approach to Preventing Stress Disorders.* New York: Dell, 1977.

Phillips, Jan. *Marry Your Muse: Making a Lasting Commitment to Your Creativity.* Wheaton, IL: Quest Books, Theosophical Publishing House, 1997.

Prinzhorn, Hans. *Artistry of the Mentally Ill.* New York: Springer-Verlag, 1972.

Progoff, Ira. *At a Journal Workshop: The Basic Text and Guide for Using the Intensive Journal Process.* New York: Dialogue House Library, 1975.

Purce, Jill. *The Mystic Spiral: Journey of the Soul.* New York: Avon, 1974.

Ramsay, Graham Gordon, and Holly Barlow Sweet. *A Creative Guide to Exploring Your Life: Self-Reflection Using Photography, Art, and Writing.*

London: Jessica Kingsley Publishers, 2008.

Raskin, Nathaniel J. *Contributions to Client-Centered Therapy and the Person-Centered Approach.* Ross-on-Wye, UK: PCCS Books, 2004.

Ray, Michael, and Rochelle Myers. *Creativity in Business.* New York: Doubleday, 1986.

Rhyne, Janie. *The Gestalt Art Experience.* Monterey, CA: Brooks/Cole Publishing Co., 1973.

Richards, Ruth, and Mihaly Csikszentmihalyi. *Everyday Creativity and New Views of Human Nature: Psychological, Social, and Spiritual Perspectives.* Washington, DC: American Psychological Association, 2007.

Rico, Gabriele L. *Writing the Natural Way: Using Right-Brain Techniques to Release Your Expressive Powers.* Los Angeles: J. P. Tarcher, 1983.

Ristad, Eloise. *A Soprano on Her Head: Right-side-up Reflections on Life and Other Performances.* Moab, UT: Real People Press, 1982.

Robbins, Arthur. *A Multi-Modal Approach to Creative Art Therapy.* London: Jessica Kingsley Publishers, 1994.

_____. *The Artist as Therapist.* New York: Human Sciences Press, 2000/1987.

Robbins, Lois. *Waking Up in the Age of Creativity.* Santa Fe, NM: Bear & Co., 1985.

Rogers, Carl R. *A Way of Being.* Boston: Houghton Mifflin, 1980.

_____. *Becoming Partners: Marriage and Its Alternatives.* New York: Delacorte Press, 1972.

_____. *Carl Rogers on Encounter Groups.* New York: Harper and Row, 1970.

_____. *Carl Rogers on Personal Power: Inner Strength and Its Revolutionary Impact.* Great Britain: Constable and Company, 1985/1978/1979/1982.

_____. *Client-Centered Therapy: Its Current Practice, Implications, and Theory.* New York: Houghton Mifflin, 1951/1965.

_____. *Counseling and Psychotherapy: Newer Concepts in Practice.* Cambridge, MA: Houghton Mifflin Company, 1942.

_____. *On Becoming a Person:* Boston: Houghton Mifflin, 1961/1995.

Rogers, Carl R., and David E. Russell. *Carl Rogers the Quiet Revolutionary: An Oral History*. Roseville, CA: Penmarin Books, 2002. (An autobiography published posthumously.)

Rogers, Carl R., and H. Jerome Freiberg. *Freedom To Learn*, 3rd ed. New York: Merrill, an imprint of Macmillan College Publishing Company, 1994/1983.

Rogers, Carl R., and Ruth Sanford. "Reflections on Our South African Experience." *Counseling and Values*, 32 (1), 1987, pp. 17-20.

Rogers, Natalie. *Emerging Woman: A Decade of Midlife Transitions*. Santa Rosa, CA: Personal Press, 1980.

_____. *The Creative Connection: Expressive Arts as Healing*. Palo Alto, CA: Science and Behavior Books, 1993.

Rosenberg, Marshall B. *Nonviolent Communication: A Language of Compassion*. Encinitas, CA: Puddle Dancer Press, 2000.

Roth, Gabrielle, John Loudon, and Angeles Arrien. *Maps to Ecstasy: The Healing Power of Movement*. CA: Nataraj Publishing, A Division of New World Library, 1998.

Rubin, Judith Aron, ed. *Approaches to Art Therapy: Theory and Technique*. 2nd ed. Philadelphia, PA: Brunner-Routledge, 2001/1987.

Ryde, Judy, and Colin Lago. *Being White in the Helping Professions: Developing Effective Intercultural Awareness*. Jessica Kingsley Publishers, 2009.

Samples, B. *The Metaphoric Mind: A Celebration of Creative Consciousness*. Reading, MA: Addison-Wesley Publishing Company, Inc., 1976.

Samuels, Michael. "Dance As a Healing Force." In Anna Halprin, *Dance As a Healing Art*. Mendocino, CA: Life Rhythm Books, 2000.

_____. *Healing with the Mind's Eye: How to Use Guided Imagery and Visions to Heal Body, Mind, and Spirit*. Hoboken, NJ: John Wiley & Sons, Inc., 2003/1990.

Samuels, Michael, and Mary Rockwood Lane. *Creative Healing: How to Heal Yourself by Tapping Your Hidden Creativity*. San Francisco: Harper San Francisco, 1998.

Savirsky, G. "The Impact of Women in Black in Israel." In L. A. Lorentzen and J. Turpin, eds. *The Women and War Reader*. NY: New York University Press, 1998.

Schneider, Kirk J. *Rediscovery of Awe: Splendor, Mystery, and the Fluid Center of Life*. St. Paul, MI: Paragon House, 2004.

Schnetz, Martina. *The Healing Flow: Artistic Expression in Therapy*. London: Jessica Kingsley Publishers, 2004.

Schoop, Trudi. *Won't YOU Join the Dance?* Palo Alto, CA: National Press Books, 1974.

Seed, John, Joanna Macy, and Pat Fleming. *Thinking Like a Mountain: Towards a Council of All Beings*. New Catalyst Books, 2007.

Sharoni, S. *Gender and the Israeli-Palestinian Conflict: The Politics of Women's Resistance*. New York: Syracuse University Press, 1995.

Silverstone, Liesl. *Art Therapy – The Person-Centred Way: Art and the Development of the Person*. 2nd ed. London: Jessica Kingsley Publishers, 1997.

_____. *Art Therapy Exercises: Inspirational and Practical Ideas to Stimulate the Imagination*. Jessica Kingsley Publishers, 2009.

Simon, R. M. *Self-Healing Through Visual and Verbal Art Therapy*. S.A. Graham, ed. London: Jessica Kingsley Publishers, 2005.

Skaggs, Ruth B. *Music: Keynote of the Human Spirit*. Baltimore, MD: Publish America, 2004.

Steinnes, Kris, and Jean Houston. *Women of Wisdom: Empowering the Dreams and Spirit of Women*. Seattle, WA: Wise Woman Publishing, 2008.

Stevens, John O. *Awareness: Exploring, Experimenting, Experiencing*. Moab, UT: Real People Press, 1971.

Suhd, Melvin M., ed. *Positive Regard: Carl Rogers and Other Notables He Influenced*. Palo Alto, CA: Science and Behavior Books, Inc., 1995.

Thorne, Brian. *Carl Rogers: Key Figures in Counselling and Psychotherapy*. London: Sage Publications, 1992/2003.

_____. *Love's Embrace: The Autobiography of a Person-Centred Therapist.* Ross-on-Wye, UK: PCCS Books, 2005.

_____. *The Mystical Power of Person-Centred Therapy: Hope Beyond Despair.* London: Whurr Publishers, 2002.

Tudor, Keith. *Group Counselling.* London: Sage Publications, 1999.

Tudor, Keith, and Mike Worrall. *Person-Centred Therapy: A Clinical Philosophy.* London: Routledge Taylor & Francis Group, 2006.

Ueland, Brenda. *If You Want To Write: A Book about Art, Independence and Spirit.* St. Paul, MN: Graywolf, 1987.

Vaughan, Frances E. *Awakening Intuition: Greater Realization Through Your Intuitive Powers.* New York: Doubleday, 1979.

_____. *The Inward Arc: Healing and Wholeness in Psychotherapy and Spirituality.* Boston: Shambhala Press, 2001/1986.

Virshup, Evelyn. *Right Brain People in a Left Brain World.* Los Angeles: The Guild of Tutors Press, 1978.

Wadeson, Harriet. *Art Psychotherapy.* New York: John Wiley & Sons, 1980.

Waldman, Mark Robert, ed. *Shadow: Searching for the Hidden Self.* New York: Jeremy P. Tarcher/Putman, 2002.

Walsh, Roger. *The World of Shamanism: New Views of an Ancient Tradition.* Woodbury, MN: Llewellyn Publications, 2007.

Walsh, Roger N., and Frances Vaughan, eds. Paths *Beyond Ego: Transpersonal Dimensions in Psychology.* Los Angeles: J. P. Tarcher, 1980.

Watanabe, Carole Rae. *The Ecstatic Marriage of Life and Art.* Sebastopol, CA: 2008.

Weisberg, Naida, and Rosilyn Wilder, eds. *Expressive Arts with Elders: A Resource.* London: Jessica Kingsley Publishers, 2001/1985.

Wheatley, Margaret J. *Turning to One Another.* San Francisco: Berrett-Koehler Publishers Inc., 2002.

Zausner, Tobi. *When Walls Become Doorways: Creativity and the Transforming Illness.* New York: Harmony Books, 2006.

Zweig, Connie, and Jeremiah Abrams, eds. *Meeting the Shadow: The Hidden Power of the Dark Side of Human Nature.* Los Angeles: Jeremy P. Tarcher, Inc., 1991.

Zweig, Connie, and Steven Wolf. *Romancing the Shadow: A Guide to Soul Work for a Vital, Authentic Life.* New York: Ballantine Wellspring, The Ballantine Publishing Group, 1999.

# DVD와 비디오

*Art Therapy Has Many Faces.* Judith Aron Rubin, PhD, Henry Joust, ed. Producer and Distributor: Expressive Media, Inc., 128 North Craig Street, Pittsburgh, PA, 15213. www.expressivemedia.org. 51 minutes. DVD.
> An overview of modern art therapy from its roots in ancient times, including sources, history, diversity, characteristics, technique, approaches, growth, and rationale. Clinicians worldwide demonstrate the healing power of art, illustrating how the creation of art helps people to cope with pain and to enhance the quality of life. Winner of the Jim Consoli Film Award, American Art Therapy Association 2004.

*At the Threshold.* Carolyn Grant Fay. Producer: Bushy Theater, Inc. Distributor: The Jung Center, www.junghouston.org. 1 hour. DVD.
> A journey to the sacred through the integration of Jungian psychology and the expressive arts.

*Beyond Our Differences.* Director: Peter Bisanz. Producer: Entropy Films, LLC. Distributor: PBS Home Video, a Department of the Public Broadcasting Service. www.ShopPBS.org. 72 minutes. 2009. DVD.

*Bill T. Jones: Still Here.* David Grubin. Interview by Bill Moyers. Distributor: www.billtjones.org. 57 minutes. Videocassette.
> A rare glimpse into dancer/choreographer Bill T. Jones's highly acclaimed dance, "Still/Here." At workshops around the country, people facing life-threatening illnesses are asked to remember the highs and lows of their lives, and even imagine their own deaths. They then transform their feelings into expressive movement, which Jones incorporates into the dance performed later in the program. Jones
>
> demonstrates for Moyers the movements of his own life story – his first encounter with white people, confusion over his sexuality, his partner Arnie Zane's untimely death from AIDS, and Jones's own HIV status.

*Carl Rogers and the Person-Centered Approach.* Producer & narrator: Howard Kirschenbaum. Distributor: Values Associates, % www. HowardKirschenbaum. com. Videocasette or DVD.
> A comprehensive overview of Carl Rogers' life and work. Many audio

and video examples of Rogers counseling clients and working with groups, plus over 100 photographs and Power-Point slides, illustrate this 60-minute presentation. Used in over 1,000 universities and training programs worldwide.

*Carl Rogers: A Daughter's Tribute*. Natalie Rogers, PhD, ed. Distributor: Psychotherapy.net. 2002. CD-Rom.
> Archival resources of this immensely influential psychologist psychotherapist, and researcher. Award-winning vintage video footage spanning childhood through the last years of his life, including excerpts from actual therapy sessions.

*On Being a Feminine Cocreator*. Barbara Marx Hubbard. Producer and Distributor: Foundation for Conscious Evolution. www.evolve.org. 15 minutes. 2005. DVD.
> An evolutionary woman is now appearing on the planet; one who is connected through the heart to the whole of life, awakened from within by a passionate desire to express her unique creativity for the good of the self and the whole human family.

*Person-Centered Child Therapy with Anin Utigaard, MFT.* Jon Carlson and Don Keat. Producer: Allyn & Bacon. 2002. Distributor: psychotherapy.net. 2 hours. DVD.
> Person-centered child therapist Anin Utigaard in an actual counseling session with a shy eight-year-old girl. Interacting with her through play and art, Utigaard builds safety and trust, and sparks the girl's sense of initiative. The session is followed by an in-depth discussion of the further impact and uses of this approach. Part of the 11-DVD Series: *Child Therapy with the Experts.*

*Person-Centered Expressive Arts Therapy: Dr. Natalie Rogers*. Producer: Allyn & Bacon. Distributor: psychotherapy.net. 2 hours. Videocassette.
> In three 45-minute segments, Natalie is interviewed about her work in relation to her father's, she counsels a client using art, followed by theory discussion.

*Person-Centered Expressive Arts Therapy: An Interview with Dr. Natalie Rogers.* Sue Herron. Distributor: sueannherron@comcast.net. 2005. DVD.
> Sue Ann Herron interviews Natalie in her home art studio in 2005, discussing how person-centered expressive arts therapy evolved,

including the theory and concepts. Natalie shares her personal art journals.

*Returning to Life*. Melinda A. Meyer DeMott. Norwegian Institute for Expressive Art Therapy, Oslo, Norway. 1999. Videocassette.
Shows how a group of Bosnian war refugees received help finding their way "home" through the arts.

*The Creative Connection*. Natalie Rogers, PhD. Producer and Distributor: Natalie Rogers. www.nrogers.com. 29 minutes. 1987. DVD.
"Self-Expression as a Path to Personal Empowerment." A documentary depicting the interrelations of movement, art, music, writing, sound, and improvisation as expressions which nurture each other and our spiritual development. A counseling session demonstrates how the person-centered approach is combined with the expressive arts.

*The Steel Shutter*. Carl Rogers and Pat Rice. Distributor: Pat Rice. Fitzrice24@aol.com. 1973. Videocassette.
Documents an encounter between five Protestants and four Catholics from Belfast, Northern Ireland. Carl Rogers and Pat Rice facilitate an emotional discussion about the troubles: war, violence, and political, religious, and social class conflict. Participants argue, feel deeply, and transform themselves.

*Transformation Through Art: A Personal Mythic Journey*. Patricia Waters. Produced and distributed by Patricia Waters. www.creativeartstudio.com. 46 minutes. Videocassette.
A woman's inner journey through over fifty years of her artwork. In examining her life through art, Patricia Waters connects her individual self-expression with mythological roots.

*Women's Rites: Remembering the Wisdom of the Body*. Georgina Jahner. Director: Karina Epperlein. Producer: Georgina Jahner. jahner@aloha.net. 2000. Videocassette.
Five women's self-portrait rituals using the Halprin life/art process.

# 논문

인간중심 표현예술치료의 강력한 치유적 측면를 입증하는 (혹은 반증하는) 연구를 하는 것은 매우 중요하다. 다음의 목록은 그러한 연구 과정의 시작을 알린다.

## 2010

Goslin-Jones, Terri. *The Perceived Effects of Person-Centered Expressive Arts on One's Work Experience.* Dissertation: Saybrook University, 2010. 208 pages; AAT 3418926.

Herron, Sue Ann. *Natalie Rogers: An Experiential Psychology of Self-Realization Beyond Abraham Maslow and Carl Rogers.* Dissertation: Saybrook University, 2010. 220 pages; AAT 3428084.

Kurkinen, Josanne. *A Person-Centered Qualitative Study of the Transformative Effect of Creativity and Expressive Arts Therapy on Personal Change and Healing.* A dissertation in progress. Saybrook Graduate School and Research Center, 2010.

Reese, J. *Examining Intuitive-Creativity via Reading Tarot Cards in a Person-Centered Climate.* Dissertation: Saybrook University, 2010. Retrieved from Dissertations & Theses: Full Text. (Publication No. AAT 3396955). Published in "open access" via ProQuest/UMI dissertations (free). Or go to Joan's website at www.myicf.net and click the "About Joan" page for a link to the dissertation.

Scovill, Theresa. *Creating an Arts-Based Support Group for Women with Developmental Disabilities and Problems with Substance Abuse.* Thesis: Saybrook University, 2010.

## 2009

Barbera, Lucy E. *Palpable Pedagogy: Expressive Arts, Leadership, and Change in Social Justice Teacher Education (An Ethnographic/Auto-Ethnographic Study of the Classroom Culture of an Arts-Based Teacher Education Course).* Dissertation: Antioch University, 2009. 254 pages; antioch1255357023.
http://etd.ohiolink.edu/view.cgi?acc_num=antioch1255357023

# 사진 및 예술작품 크레디트

제공자의 이름이 없는 사진들은 대부분 나탈리 로저스가 제공했다. 사진을 찍은 사람들에게 미리 누구인지 확인할 수 없음에 대해 사과하고 싶다. 또한 내가 확인할 수 없었던 몇몇 오래된 작품사진과 인물사진도 포함되어 있다. 확인하지 못한 사람들에게는 이 이미지를 사용함으로써 내용을 설명하는 데 도움이 되었다는 점과 나의 주안점에 맞추어 편집한 점을 이해해 주기 바란다. 내가 미리 양해를 구하지 못하고 포함시키게 된 점에 대해 양해를 구한다. 사진 속의 어떤 사람에 대해서도 누구인가를 밝히지 않았다. 이 점은 앞서 출판된 나의 저서와 마찬가지이다.

**Chapter 2**
> All photos by Miriam Labes.

**Chapter 3**
> p. 84, Art: "What do you think you are doing?" by Caren Baroff. Photo by Fiona Chang.

**Chapter 5**
> p. 118, "Moving to get here," photo by Miriam Labes.
> p. 124, "Becoming aware of feelings," photo by Miriam Labes.
> p. 134, "Demonstrating art media," photo by Fiona Chang.
> p. 137, "The art process," photos by Fiona Chang.
> p. 145, Art: "Clay head," by Yunkoo Lee.

**Chapter 6**
> p. 154, Art: "Feelings about war," by Natalie Rogers.
> p. 156, Art: "I am beginning to find the power of my voice," and "My neck is being held tight by my father," by Mireya Alejo.
> p. 158, Art: "I have my serpent power and my voice is strong," by Mireya Alejo.
> p. 163, Art: "Growling bear says it all," by Natalie Rogers.

**Color Pages**
> p. 180, Art: "Connection and change," by Brooke Linn. Photo by Fiona Chang.

pp. 181-185 , photos by Natalie of an unidentified participant in 1982.

p. 186　Art: "Through the dark tunnel, reaching for light," by Patricia Waters.

pp. 187-201 , photos of Shellee Davis's art by Natalie Rogers.

p. 192 , Art: "Envisioning personal and world peace," art and photo by Yunkoo Lee.

p. 192 , Art: "Vibrant energy emerges," by unidentified participant.

p. 193 . Art by Natalie Rogers.

p. 194 , Art: "Self-portrait," (on left) by Janet Rasmussen.

p. 194 , Art: "Self-portrait" (on right) by Silvia Jastram.

## Chapter 7

p. 196,　Art: "Self body portrait," by Janet Rasmussen.

p. 201,　"Scarf dance," photo by Lucy Barbera.

p. 203,　Art: "Clay in response . . ." by unidentified Ireland participant.

p. 209,　Art: "Self-portrait," by Janet Rasmussen, and "Self-portrait," by Silvia Jastram. Photos by Natalie Rogers

p. 211,　Art: "Self-portrait," by Nichole Warwick. Photo by Natalie Rogers.

p. 215,　Art: "A War Veteran's self-portrait," by unidentified 1982 participant. Photo by Natalie Rogers.

p. 217,　Art: "Pain and Joy," by unidentified Norway participant, 1983.

## Chapter 8

p. 222,　Art by Terri Goslin-Jones.

p. 229,　"Collaboration," photo by Graciela Bottini.

p. 231,　Art: "The world as we experience it," by Norweigan group, 1983.

p. 233,　Art: "Puzzle pieces come together," Saybrook 2009 cohort. Photo by Fiona Chang.

p. 235,　Art: "As One," by Terri Goslin-Jones.

p. 243,　Art: "Web of Connectedness," computer rendition by Satya Levine.

p. 248,　Art: "Envisioning personal and world peace," by Yunkoo Lee.

## Chapter 9

p. 252,　"Ritual," photo by Fiona Chang.

p. 254,　Art: "Connecting the threads," art and photo by Sue Ann Herron.

p. 259,　Art: "A learning I gained," art and photo by Fiona Chang.

p. 269,　Art: "A tear of growth," art and photo by Fiona Chang.

p. 269,　Art: "I will live each day with compassion," art and photo by Natalie Rogers.

## Chapter 10

p. 278, Photo by Graciela Bottini.

p. 342, Diagram by Anne Black.

p. 347, Art: "Creativity is interactive and contagious," by Kate Glenn, Sue Ann Herron, and high school participant.

p. 353, "Releasing Stress, Creating Serenity workshop," photo by Harriet Tubman Wright.

p. 375, "A pharmacist and an organizational development consultant use the arts to develop clarity about their work and life," photos by Terri Goslin-Jones.

p. 385, "As a boy, watching his father be murdered," photo by Gloria Simoneaux.

p. 406, Photo by Fiona Chang.

# 찾아보기